ISBN 978-0-364-03464-4
PIBN 10617390

Abraham's a St. Clara,

weiland k. k. Hofprediger in Wien,

Sämmtliche Werke.

Zwölfter Band.

Passau,
Druck und Verlag von Friedrich Winkler.
1837.

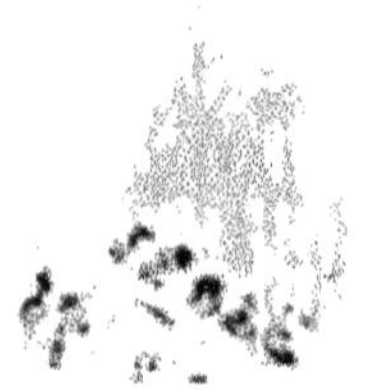

MERCURIALIS

oder

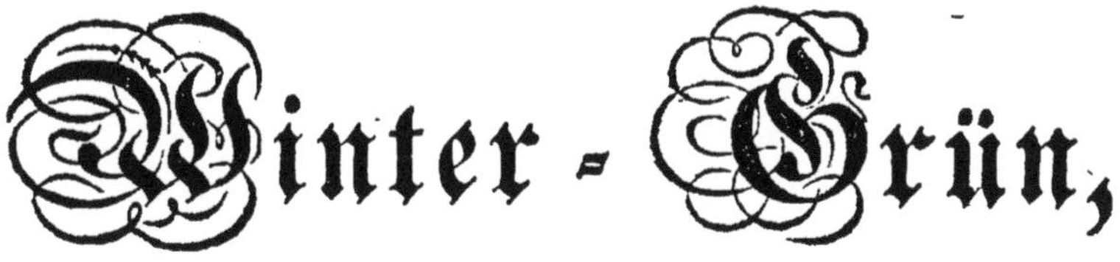

Das ist:

Anmuthige und Kurzweil-volle

Geschichte und Gedichte,

worinnen

Unterschiedliche sittliche Lehr-Puncte und sehr reicher Vorrath biblischer Concepten zu finden.

Von

P. Abraham a St. Clara,

Baarfüßer, Kaiserlichem Prediger ꝛc.

Passau,

Druck und Verlag von Friedrich Winkler.

1837.

Das 1. Kapitel.

Es Einem wohlgefallt,
Wenn gut man ihn halt.

Da Gott der Allmächtige nach seiner unergründlichen Barmherzigkeit den Menschen aus lauter Nichts zu seinem Ebenbild erschaffen, solcher aber durch die Sünd sich der göttlichen Anordnung entzogen, so war nichts mehr übrig, welches, die verlorne Gnade zu erlangen, in ihm eine Hoffnung erweckte; sintemalen von keiner Kreatur der göttlichen Gerechtigkeit könnte genug gethan werden. Also begegnete die Brunnquell aller Güte und Gnade solchem unserem Verderben und bevorstehenden Uebel mit einem wunderlichen und zugleich unerhörten Rath und That, daß nämlich die andere Person aus den drei vereinigten Personen, Christus Jesus, per quem accepimus gratiam, den höchsten Himmelssaal solle verlassen, die menschliche Natur annehmen, in dem Namen Unser mit vielen Kreuz und Plagen, ja mit seinem Tod selbsten der göttlichen Majestät genug zu thun, qui dedit semetipsum pro peccatis nostris. Indem, weil durch eines einigen Menschen tödtliche Uebertretung das ganze menschliche Geschlecht in den Tod gefallen, so war nothwendig, daß der eingeborne Sohn Gottes sich mit der menschlichen Natur bekleide, wie solches der königliche Prophet schon längst geweissaget: „Ecce venio; in capite libri scriptum est de me, ut facerem voluntatem tuam; Deus meus volui, et legem tuam in medio cordis mei; sehe, ich komm; im Anfang des Buchs ist von mir geschrieben, daß ich thue deinen Willen; mein Gott, ich habe wollen, und dein Gesetz ist mitten in meinem Herzen!“ Als wollte er sagen: In dem Anfang des Buchs der Ewigkeit und aller zukünftigen Dinge deiner Vorsehung und Weisheit stehet geschrieben, daß ich menschliches Fleisch anziehen solle, so bin ich nun auch bereit, in die Welt zu steigen, und für aller Menschen Sünde genug zu thun.

Als jener Sunamiterin einiger Sohn sein Leben mit dem Tod verwechselte, verfügte sie sich geschwind zu dem großen Propheten Elisäum, fiel vor ihm nieder, weinte, greinte, klagte und plagte den guten Alten, daß er seinen Diener mit dem Stab vorhero schickte, in Meinung, ihr so liebes Kind wieder in das Leben zu erwecken. Aber weilen solches vergebens, ist Elisäus selbsten dahin gereiset, ihm das Leben wieder beizubringen; derowegen neigte er sich alsobald auf den Körper des Verstorbenen, posuitque os suum super os ejus, et oculos suos super oculos ejus, et manus suas super manus ejus; et incurvavit se super eum, et calefacta est caro pueri; und legte seinen Mund auf dessen Mund, seine Augen auf dessen Augen, seine Händ auf dessen Händ; dadurch erhitzte er mit seinem

Athem und Wärme des Leibes alle Glieder des in Tod Verblichenen, und schenkte ihm wiederum das Leben. Diese Sunamiterin ist das menschliche Geschlecht, ihr Sohn aber unser Vater, der Adam, mit uns Allen. Denn nachdem dieser Adam und seine Nachkömmlinge durch Uebertretung des göttlichen Befehles gestorben, hat das menschliche Geschlecht durch vielfältiges Gebet von Gott dem Herrn so viel erworben, daß er sich über solches erbarmet, viele seiner Diener, Patriarchen, Propheten und Könige mit dem Stab der Wunderwerke geschicket; aber Alle umsonsten, sintemalen durch sie das verdorbene und gestorbene menschliche Geschlecht niemal könnte zu dem Leben gelangen, sondern es würde erfordert, daß Gott selbsten durch erbärmliches Bitten und Flehen der Menschen gleichsam auferwecket, herab auf die Erde kam. Denn es rufet das menschliche Geschlecht immerdar: „Domine inclina coelos tuos et descende, Herr, neige deine Himmel, und fahre herab.“ Und wiederum: „Domine mitte, quem missurus es, ach mein Herr, sende, welchen du senden willst.“ Sobald er in diese Welt, darinnen der Todte lag, sich verfüget, qui in forma Dei esset, non rapinam arbitratus est, esse se aequalem Deo, semetipsum exinanivit, servi formam accipiens, in similitudinem hominum factus, der in göttlicher Gestalt war, hat für keinen Raub gehalten, Gott gleich zu seyn, sondern hat sich selbst erniedriget, die Gestalt eines Knechtes an sich nehmend, ist andern Menschen gleich worden, machte sich aus Gott zu einem Menschen, aus einem Unsterblichen zu einem Sterblichen, und erweckt das menschliche Geschlecht in das Leben. Darum all=

bereit durch den Propheten wurde ausgerufen: „Ecce virgo concipiet, et pariet filium, daß eine Jungfrau werde empfangen, und einen Sohn gebären;“ nämlich das Wort des Vaters, verbum caro factum est, welches ist Fleisch worden. Denn wir wären schon Alle zu Grund gangen, wenn nicht hätte wollen zu Grund gehen derjenige, welcher nicht zu Grund gehen kann. O große Lieb, o liebliche Süßigkeit, o süße Barmherzigkeit! daß Gott also die Welt geliebt in Dargebung für dieselbige seines einigen Sohns, damit wir Kinder genennet würden des lebendigen Gottes, vocabuntur filii Dei vivi. Denn zuvor, gleichwie Acker und Pflug, Wasser und Krug, Rettig und Ruben, Huren und Buben, Hühner und Hahnen, bleiben Gespanen, also der Höllen wir waren Gesellen, die wir jetzt die Erlösung haben durch sein Blut, in quo habemus redemptionem per sanguinem ejus.

Als Samson sich in eine Philisterin verliebet, seine Eltern aber sich bearbeiteten, ihn davon abwendig zu machen, und zu ihm sagten: „Nunquid non est mulier in filiabus fratrum tuorum, et in omni populo tuo, quia vis accipere uxorem de Philisthiim, qui incircumcisi sunt? ist denn kein Weib unter den Töchtern deiner Brüder und allem Volk, weil du willst ein Weib nehmen bei den Philistern, welche unbeschnitten sind?“ hatte er keine andere Entschuldigung, als nur allein: „Quia placuit oculis meis, daß er dermassen in Lieb gegen sie entzündet sey, daß er keine Andere lieben könnte, weil sie seinen Augen gefallen.“ Gleiche Antwort gibt auch unser Samson Christus Jesus; denn nachdem er bei sich beschlossen, das menschliche Geschlecht zu erlösen, verliebte er sich dergestalten in unsere philisterische Natur, daß sich die weite breite Welt samt dem mit goldenen Sternen besetzten Himmelszelt darüber verwunderten, indem sie sagten: »Quid. est homo quod memor es ejus? aut filius hominis, quia visitas eum? was ist der Mensch, daß du seiner gedenkest? und des Menschen Sohn, daß du ihn heimsuchest?« Er aber, in der Liebe ganz entbrannt, wußte sich nicht anders zu verantworten, als daß er dermassen in die menschliche Natur verliebet sey, daß er keine andere mit Lieb umfangen könne. Deliciae meae esse cum Filiis hominum, denn seine Lust sey bei den Menschenkindern. Ein Werk ohne Beispiel! eine Demuth ohne Maaß! eine Gnad ohne Verdienst! Ach allergütigster Gott, kann denn deine unendliche Liebe gestatten, daß dein eingeborner Sohn anziehe die Schwachheit der menschlichen Natur? oder sich der Sterblichkeit durch seinen ihm vorbehaltenen Tod unterwerfe? War denn der Theil unserer Seelen eines solchen Werths, daß wir anders nicht konnten erlöset werden, als durch Vergießung jenes werthesten rosenfarbenen Bluts, deines so lieben Kinds? Ach liebreichester Gott, uns aber armseligen Menschen, daß wir solchen liebenden Gott nicht aus allen Kräften lieben! indem doch seine Liebe anders nichts begehret, als einen Gegenhall und Wiederhall, nämlich, damit wir seiner so übermäßigen Liebe mit einem kleinen Funken einer Gegenlieb begegnen, oder unser Gemüth ein wenig lassen fasten und rasten von dem Gewimmel und Getümmel anderer Geschäfte, auch unsere Gedanken in diesem Leben freiwillig erheben von dem Zeitlichen zu dem Ewigen; allein leider animalis homo non percipit ea quae sunt spiritus Dei, der thierliche Mensch vernimmt nicht die Lehr und die Ding, so von dem Geist Gottes seynd.

Es pflegen zu Zeiten die Lehrmeister ihrer studirenden Jugend Lust zu machen, einen geistlichen Stand anzutreten, sie an solche Plätze zu führen, wo die stumme Schwätzerin die halben Wort nachspricht; allda bilden sie ihren Lehrknaben ein, als ob ihr Schutzengel an solchem Ort gleichsam aus einem Oraculo rede, und die Frag beantworte, was für eine Religion ihnen zu erwählen. Derohalben zu welchem Orden sie ihre Discipel geneigt ersehen, lassen sie ihnen denselbigen nennend rufen, als nämlich: debeo ne fieri Jesuita, Servita, Minorita, Barnabita, Carmelita? und dergleichen; da gibt das Echo einen Wiederhall, und spricht: Ita, ja. Wenn wir unsere Seele wollen hinaus führen in eine holdselige Wüstenei, zu erfahren von einer wiederrufenden Stimm, wessen wir uns bearbeiten sollen, so zeiget uns der Prophet Jesaias eine solche, da er sagt: »Vox clamantis in deserto, parate viam Domini, die Stimm des Rufenden in der Wüste bereitet den Weg des Herrn.« Wie aber der Weg des Herrn zu bereiten, lehret uns der dritte darauf folgende Vers: »Vox dicentis clama, daß die Stimme des Rufenden solle seyn nichts anders, als nur das Wörtlein Clama.« Dieses Clama wird uns unterrichten durch unser Rufen bei der mundlosen Rednerin, was uns zu thun, nämlich, daß wir uns sollen üben in dem Lieben; denn wenn wir dem Echo zurufen Clama, gibt sie auf die zwei Vokale Clama einen annehmlichen Konsonanten,

Zustimmung und Wiederhall: Ama, liebe, oder du sollst lieben. Liebe willst geliebet werden, in dem Himmel, auf der Erden, denn ohn' gleiche Liebe dein, kannst du nicht geliebet seyn. Niemals pflegt Unbestand Jesu Lieb einzuschieben, liebst du ihn recht, wird er dich ewig lieben. Darum solle jederzeit in unserm Sinn und Gemüth nichts anders erschallen auf die Wort des Propheten am obgenannten Ort, da er sagt: „Quid clamabo?“ als der Wiederhall: „Amabo, ich will lieben;“ und solches „Ich will lieben“ sollen wir in dem Werk stets erzeigen, weilen nach dem h. Gregorio die Prüfung der Liebe ist die Erzeigung des Werks, probatio Dilectionis est exhibitio Operis.

Da jener Prophet von dem allerhöchsten Gott wurde in die große sündenvolle Stadt Ninive abgeschicket, aber sich mit sicherer Flucht durch das unsichere Meer nach Tharsis verfügen wollte, erhob sich ein so großes Ungewitter auf solchem gläsernen Grund, daß Alle, so im Schiff waren, in höchste Gefahr gerathen, und sich eines Schiffbruchs befürchtet. Jonas aber sagte zu ihnen: „Tollite me, et mittite in mare, et cessabit mare a vobis, nehmet mich, und werfet mich hinaus in das Meer, so wird es von euch ablassen.“ Die Verkostung des verbotenen Apfels verursachte in dem Meer dieses Jammerthals ein so starkes Ungewitter, daß die ganze Menschheit in Gefahr eines allgemeinen Schiffbruchs gerathen; sobald aber der himmlische Jonas, die andere Person von der höchsten Dreieinigkeit, die menschliche Natur angezogen, und in das Meer unserer Mühseligkeiten sich werfen lassen, hat das Meer von uns abgelassen, und das Ungewitter sich gelegt.

Es erzählet der heil. Augustinus von Asbestos, einem Stein in Arcadia, daß wenn er in etwas entzündet werde von dem Feuer, solcher niemalen mehr erlösche. Also sollen auch wir beschaffen seyn, daß wenn wir etwas von dem Feuer der Liebe Gottes empfangen, niemals mehr erlöscheten. Wir haben uns nicht zu fürchten, als ob wir verbrennen würden in solchem Liebesfeuer, nein, sondern Gott hat unsere Herzen mit der Eigenschaft jenes indianischen Flachses begabet, welcher in dem Feuer nur säuberer wird. Also auch die menschlichen Herzen, je mehr sie entbrennen in dem Feuer der Liebe Gottes, werden sie nur schöner, glänzender, reiner und gleicher ihrem Erschaffer. Und dieses ist, was Gott dem Mosi befohlen wegen der Arche, daß er sie inwendig und auswendig übergolden solle, deaurabis eam auro mundissimo intus et foris. Die Liebe ist das Gold, mit welchem unser Herz, als eine Arche, darinnen das göttliche und himmlische Manna, Christus Jesus, verlanget zu ruhen, soll in- und außerhalb überzogen werden. Niemand kann mit der göttlichen Süßigkeit bereichert werden, man habe denn gegen die irdischen Lieblichkeiten ein Abscheuen, als gegen den Tod selbsten. Derjenige aber kann gar bald mit dem himmlischen Erbgut begnadet werden, dessen Gedanken von dem Weltgetümmel gerichtet seynd in den Himmel. Welcher hingegen seine Zeit ohne geistlichen Nutzen verzehret, der irret und führet den Namen blos eines Christen, sintemal was ein Lager ist ohne Zelt, was ein Säckel ohne Geld, was ein Wald ohne Holz und Wild, was eine Rahme ohne Bild, was ein Weiher ohne Fisch, was ohne Speis ein gedeckter Tisch, was ein Sailer ohne Sail, was ein Köcher ohne Pfeil, was eine Wiese ohne Gras, was ein Keller ohne Faß, was ein Schuster ohne Schuh, was das Schlafen ohne Ruh, was ein Kast, der allzeit leer, war ein Soldat ohne Wehr, was ein Garten ohne Blum, was ein Kriegsfürst ohne Ruhm, was ein Redner ohne Maul, was ein Reiter ohne Gaul, was eine Kuchel ohne Haf, was ein Schäfer ohne Schaaf, auch nicht mehr ist ein Christ, der allzeit ohne Tugend ist. Ach uns Unglückseligen, daß wir nicht alle unsere Kräfte zu dem Lobe Gottes und Dankbarkeit richten, damit wir lebten nicht uns selbsten, sondern dem allein, der aller Lebendigen Leben ist! Welcher, auf daß er uns lebendig machte, verlangte, die menschliche Blödigkeit an sich zu nehmen, und bei uns zu wohnen, darum auch so oft an der Herzenskammer anklopfet. Aber ach, kaum ein Einiger ist zu finden, der ihm einen Zugang in sein Herz gestattet, also daß er sich bei seinem Erzkanzler beklaget, da er sagt: „Die Füchs haben ihre Höhlen und die Vögel der Luft ihre Nester, aber des Menschen Sohn hat nicht, da er sein Haupt hinlege. O große Undankbarkeit der Menschen!

Ein Weibsbild, welches annoch in den Frauenorden nicht eingetreten, wohl aber den Jungfrauenstand verlassen, war nicht allein wegen ihres Namens Amanda, sondern auch wegen ihrer überschönen Gestalt zu lieben. Diese, damit sie das menschliche Geschlecht mehr und mehr gegen sich entzünden möchte, und mit dem zarten Band Cupidinis desselbigen Augen verhüllen könnte, ging daher also mit liebesblitzenden Augenstrahlen, daß nicht Wenige in Liebe gegen sie verblendet wurden. Ihre Lefzen, welche gleichsam waren eine Muschel voll der schönsten Perlen, die sich durch die Lippen hervor zeigten, erschienen so liebbar, daß Viele, durch die ungestümen Liebeswellen, die Amor verursachet, sich bemühet, hinzudringen, und diese auf das Wenigste mit dem Mund zu verehren, sintemalen sie durch solche mehr als Cleopatra mit ihrem Perlengetränk die Herzen der Menschen wußte in ihre Liebe zu bezaubern. Ihre Wangen, so das Ansehen gewonnen, als ob sie wären ein von weiß und rothen Rosen schönstgezierter Lustgarten, haben nicht nur Wenige angereizet, zu wünschen, beglückseliget zu werden, solche auf das Zarteste zu berühren, indem sie erfahren war, den Ansehenden, wie Volumnia den Cariolanum, zu bezwingen, oder als eine andere Dalila ihren Samsonem in jeden Willen zu bringen. Ihr Haupt war gezieret mit den goldstrahlenden gekrausten Haarlocken und vielfarbigen Maschen allerhand Bänder, in denen nit nur Etwelche verlangten, ihre Freiheit zu verlieren, und in solchen gefangen zu seyn, denn sie hatte die Kraft und Vermögen, wie Judith Holofernem, in ihre Wohlgewogenheit zu verblenden. Und wollte Gott, daß nicht Viele durch solche Verblendung gestürzet wären worden in die ewige Finsterniß. Sintemalen die Liebe kommet mit einem Wagen aufgezogen, daran, wenn sie keusch und ehrlich ist, vier weiße Schwanen ziehen; stecket sie aber voll böser, unordentlicher Begierden, so seynd an ihrem Wagen vielmehr vorzuspannen kohlschwarze Raben, die mit ihrem verkehrten Geschrei einen gewissen Tod und Untergang verkündigen. „ Und zwar nicht unbillig ist dieser unreinen Lieb ein solcher leichter Zug von dergleichen Farben vorzuspannen, in Betrachtung ihrer Leichtsinnigkeit, die sich auch wohl mit einem Härlein fangen läßt, oder die von ihr Gefangenen verhaßt der Hölle zuschicket. Unter andern, wenn auch sowohl an Sitten als Geblüt ein adelicher Jüngling, mit Namen Venerandus, so sich in diese Amandam verliebet, nicht zwar in Ungebühr sich solche zu verpflichten, sondern alleinig dieselbe als eine Ursach so vieler verführten Jünglinge auf ein besseres Leben zu ziehen, wartet ihr derowegen höflich auf, redet ihr freundlich zu; aber sie hatte ihre Ohren mehr verstopfet zu dieser Ermahnung, als Ulysses zu dem Gesang der Sirenen. Ungeachtet dessen war er seiner Hoffnung annoch nicht beraubet, sondern weilen ihm wohl bewußt, daß sie eine Liebhaberin des Saitenspiels, und dergleichen Docken ohnedas von dem Baß in den Alt gern verändern, wollte er solches durch eine treffliche Musik bei der Nacht versuchen, aber kaum als er zunächst des Hauses angelanget, wurde ihm nicht allein der Eingang verschlossen, sondern sogar mit Koth und Steinen hinweg getrieben.

Jener göttliche Venerandus und Liebhaber unserer Seelen, Christus Jesus, wird nicht weniger von uns also spöttlich abgetrieben. Er läßt sich ansagen durch die Prediger und Beichtväter, er kommet selbsten mit einer trefflichen Musik seiner Einsprechungen und Anmahnungen, wie David sagt: „Quam dulcia faucibus meis eloquia tua, super mel ori meo, wie süß sind

deine Wort meiner Kehle, über Honig meinem Mund!"
bei dunkler Nacht, da wir seynd in der Finsternuß der Sünden, Willens, uns in seine Lieb anzunehmen, und auf den wahren Weg der Seligkeit zu leiten. Aber leider, wir versperren ihm die Thüre unserer Herzen nicht allein, sondern treiben ihn mit Koth und Stein allerhand Laster von uns, da wir in denselbigen verharren. Daß uns Moses nicht unbillig zuschreiet: "Wie vergeltest du es dem Herrn, du närrisch und unverständig Volk!"

Einer war von einem lüstigen Schwenkmacher mit diesen Worten zu Gast geladen: Er solle morgen sein Gast seyn, so er könnte. Dieser, so den Possen nicht vermerkte, versprach zu kommen, wie er sich denn auch eingestellt. Jener aber ließ die Thüre verschließen. Als nun der Andere anklopfte, rief dieser zum Fenster herab: hab ich dir nicht gesagt, du sollst mein Gast seyn, wenn du kannst; weil du aber nicht kannst zur verschlossenen Thür hinein kommen, magst du weiter gehen.

Gleicherweis machen es wir Menschen mit dem höchsten und gütigsten Gott; wir laden ihn zu Zeiten, wenn uns eine Andacht kitzeit, durch etliche Seufzer in unsere Herzen; aber da er kommt, findet er die Thür verschlossen durch die Sünd, den Riegel vorgestoßen durch die Laster, daß er gezwungen wird, ohne Beherbergung die Ruckreis anzutreten. Denn wir sind in solchen kläglichen Stand gerathen, daß wir, von ihm abgewendet, uns den Lastern ergeben, und in selbigen erbärmlich einschlafen, da wir doch keine Stund, ja keinen Augenblick sicher seynd vor der Sense und

Pfeil des Todes, sintemalen der Mensch nicht weiß sein End, sondern wie die Fisch klein und groß gefangen werden mit dem Angel, und die Vögel jung und alt bestricket werden mit Schleifen, also werden gefesselt die Menschen. Viele vermeinen zwar, sich der Kreaturen zu bedienen in der Jugend, aber der Tod kommt auch in der Jugend; es sterben der Jungen so viel als der Alten, man trägt so viele Kalbs- als Kühhäut auf den Markt. Viele gedenken, sie seyen am Glückseligsten, aber da kommt am hellen Mittag der finstere Tod, da sie es zum Wenigsten vermeinen, sondern von dem betrüglichen Meerfräulein dieser Welt bethöret, ein langfröhliches Leben verhoffen. Ach eben mit dieser Sichel, mit welcher der unbarmherzige Tod die zeitige Aehre abschneidet, thut er auch der kaum ausgeschlossenen Blümlein nicht verschonen. Der Tod nimmt weder Geld noch Gab, daß er bei Einem vorüber trab, Fürst, Kaiser, König, Jung und Alt, seynd Alle in des Tods Gewalt; und dieses ist das Erschrecklichste, weil der Tod gewiß, die Zeit aber ungewiß. Derowegen unser Erlöser und Seligmacher zu dem Oeftern befohlen, diese Ungewißheit zu beobachten. Aber warum dieses? darum, sagt der h. Augustinus: „Quia ultimus Dies absconditus est, vult Deus, ut omnes bene impendantur, dieweilen der letzte Tag verborgen ist, also verlanget Gott, daß alle wohl angewendet werden.“ Ursach dessen ermahnet uns auch der Lehrer der Heiden, Paulus, abzulegen die Werke der Finsterniß, und anzuziehen die Waffen des Lichts, da er sagt: „Abjiciamus ergo opera tenebrarum et induamur arma lucis.“ Indem gleichwie Niemand kann zwei Herren dienen, also kann auch Niemand die Werke der Finsterniß, so seynd die Sünden, und zugleich das göttliche Licht empfangen, sondern muß solche gänzlich beurlauben, heraus reißen und verlassen, damit das Licht keine Verhinderung spüre, seine Gnadenstrahlen auszugießen, weil der allerreineste Gott an keinem andern Ort verlanget einzukehren, als in einem mit allerhand Tugenden gezierten Herzen. Wenn wir also Gott in uns würdig empfangen wollen, als unserer Seelen angenehmsten Gast, so müssen wir das Bettlein des Herzens mit der verliebten Braut ganz lieblich zieren, lectulus noster floridus, wie mit den Hyacinthen des Glaubens, mit der hochsteigenden Kaiserkron der Hoffnung, mit den Rosen der brennenden Liebe, mit der Kreuzblume der Geduld, mit den Maiblümlein der Reinigkeit, mit den Violen der Demuth, mit dem Sonnenwürtl des Gehorsams, mit dem Tag und Nacht des steten Gebets, mit dem Vergiß nicht mein der Gegenwart Gottes, mit dem Je länger je lieber der Mortifikation, mit den Amaranten der Beständigkeit, und endlich mit dem Tausendschön der anmuthigsten Tugenden. Denn Jesus ist kein undankbarer Gast, sondern bezahlet seine Zech gar gut, dieweilen sobald er in dem hochzeitlichen Saal zu Cana in Galiläa eingetreten, hat er die Wasserkrüg in Weinfässer verwandelt. Sobald er in das Haus Zachäi angelangt, ist demselbigen ein großes Heil widerfahren. Als er zu des Matthäi Haus gekommen, war derselbige aus einem Publikan und Wucherer ein Apostel und Evangelist. Als er sich in dem Castell zu Bethania befunden, machte er den verstorbenen Lazarum wieder lebendig, also daß bei ihm recht wahr ist: Nichts umsonst!

Wer einen angenehmen Gast in seinem Haus empfangen will, und ihn eine Zeit zu beherbergen verhoffet, der thut die Zimmer mit gutem Geruch anfüllen, daß es nicht anders schmecket, als quasi Lilia, quae sunt in transitu aquae, et quasi thus redolens in diebus aestatis, wie die Lilien an dem Wasser, und wie der Weihrauchbaum in dem Sommer; auch hält er ihn wohl, daß er gerne bei ihm verbleibet. Die Lilien seynd ein Kennzeichen der Jungfrauschaft, wie solches die Glossa lehret; der Weihrauch aber wird von allen Vätern auf das Gebet ausgeleget, zu welchem Ursach gibt der hochfliegende Adler, da er das Rauchwerk der Engel das Gebet der Heiligen nennet: „Et ascendit fumus incensorum de orationibus Sanctorum de manu Angeli etc.“ Gleichwie aber der Geruch des Weihrauchs am Kräftigsten und Lieblichsten riechet, wenn er in das Feuer geworfen wird, also auch das Gebet der Auserwählten ist alsdann am Allerinbrünstigsten und Geruchvollsten, wenn es in dem Mörser der Verfolgungen zerstoßen, oder in das Feuer allerhand Trübsale und Widerwärtigkeiten geworfen wird.

Wie liebreich aber der Geruch dieses Weihrauchs sey, hat erfahren Valerius, ein Bräutigam der heiligen Jungfrau und Martyrin Cäcilia, mit seinem Bruder Tiburtio, da sie in dem kalten Wintermonat das Zimmer der betenden Jungfrau mit dem edelsten Geruch der Lilien und Rosen befunden angefüllet; also zwar, daß sie dadurch zu dem christlichen Glauben bekehret, und denselbigen mit ihrem Blut bezeuget haben. Solche Blumen sollten auch bezieren das Bett unserer Herzen, und mit solchem Weihrauch sollte geräuchert werden auch dasselbige, wenn wir den Geliebten gebührend empfangen wollen. Und gleichwie ein Gärtner zur annehmlichen Frühlingszeit, da die Sonne durch den himmlischen Thierkreis näher uns herbei kommet, die Bäum beschneidet, das Erdreich umkehret, damit kein Unkraut in dem Garten gefunden werde; also muß der Mensch auch mit großem Fleiß seinen mit Unkraut der Sünden verdorbenen Garten umgraben, die Bäume, nämlich die Sinne und untersten Kräfte, beschneiden, alles Unkraut der Laster mit der Wurzel ausreuten, alle Verhindernisse hinweg räumen, auf daß die Sonne der Gerechtigkeit ihren Gnadenglanz könne hinein schließen lassen, und durch ihre Kraft mitwirke. Denn als wie in ein verschlossenes Zimmer die Sonne ihren hell strahlenden Schein nicht kann hinein werfen, es sey denn, daß ihr alle Verhinderniß hinweg gethan werde; gleicher Weise das göttliche Licht Christus Jesus, von welchem der Psalmist singet: »In lumine tuo videbimus lumen, in deinem Licht werden wir das Licht sehen,« wird seinen Gnadenschein in keines Menschen Herz hinein werfen, das mit Sünden bedecket ist.

Das 2. Kapitel.

Welchem man bettet gut,
Der auch wohl liegen thut.

Es erzählet Joannes Monteville, daß in Jrland Bäume gefunden werden, welche eine solche wunderliche Frucht tragen, daß wenn selbige zeitig in das dabei liegende Wasser falle, entspringe aus solcher ein lebendiger Vogel, dessen zarten Federn und linden Pflaumen sich nur die Vornehmsten bedienen. Diejenige Frucht aber, so auf die Erde falle, verderbe, und werde ein Unflath daraus. Der Mensch ist ein solcher Baum, welcher Frucht traget der guten Werke und bösen Thaten. Die Werke, so fallen auf die Erde der Eitelkeit, eigener Ehr, oder vielleicht mit keiner aufrichtigen Meinung verrichtet werden, die verderben, und sind todte Werke. Welche aber fallen durch demüthige Uebergebung in das Wasser der göttlichen Gnaden, und mit wahrer Lieb versinken in das unerschöpfliche Meer der Verdienste Christi Jesu, dieselbigen werden lebendig, und auf solchen ruhet der allerhöchste Gott mit sonderen Freuden. Derowegen wer gewinnen will die Neigung seines Gottes, der muß zuförderst gewinnen die Neigung zu der Tugend. Denn gleichwie es nicht wohl stehet, daß ein hochadelicher Herr unter einer aus Holz und Leim gebauten Hütte bewirthet werde, also will es sich viel weniger schicken, daß der allerreineste Gott in einem von Sünden und Lastern befleckten Herzensbett seine Ruhe erwähle.

Es meldet der h. Augustinus: „Sit tibi domus Deus, esto domus Dei, dir solle seyn Gott ein Haus, und du sollest seyn ein Haus Gottes.“ Bleibe in Gott, und Gott wird in dir ruhen. Was haben wir in dem Himmel und auf Erden? Was können wir begehren von Gott ohne Ihn? Ach, übergut ist uns, wenn wir uns zu Gott halten, und unsere Hoffnung setzen auf Gott, damit wir verkündigen alle seine Werke in der Pforte der Tochter Sion. Wahrlich, plane bonum si ex omni parte adhaeseris, es ist gut, wenn wir uns vollkommentlich an Gott halten. Wer sich aber gänzlich an seinen Gott und Heiland halten will, der muß sein Fleisch gekreuziget haben, samt allen Lastern und bösen Begierden, qui autem sunt Christi, carnem suam crucifixerunt cum vitiis et concupiscentiis. Derowegen ist vonnöthen, daß solcher suche zu verkosten und zu trachten nach dem, was droben ist, und nicht nach dem, was auf Erden; wie der Apostel spricht: „Quae sursum sapite non quae super terram.“ Wohl ist in Acht zu nehmen, daß uns die äußerlichen Sachen nicht Alles verwirren, damit durch sie wir gar von Gott verirren, sondern wir müssen gegen ihn befestigen also unsere Lieb, auf daß die zeitlichen Weltgetümmel uns nicht vermögen zu rauben. den Himmel, auf daß wir in Wahrheit sagen können: „Ego autem in Domino gaudebo, et exultabo in Deo Jesu meo, ich will mich in dem Herrn erfreuen, und in Gott meinem Jesu fröhlich seyn.“ Woraus denn erfolgen wird, daß wie, gaudebit sponsus super sponsam, gaudebit super te Deus tuus, sich ein Bräutigam wegen seiner Braut freuet, also wird sich auch Gott über uns erfreuen.

Eine schwarze aber hoffärtige Jungfrau lag an einer Liebeswunde krank in einem neu gewaschenen schneeweißen Bett, und als ihre Gespielin sie besuchte, fragte die Kranke selbige, ob ihr Bett nicht schön gewaschen sey? Antwortet ihr diese: freilich wohl, und tauget für euch gar gut, weil man euch in dessen Schnee so wohl ersiehet, als eine Fliege in der Milch. Lisel merk's! Wie oft thun wir Menschen den Leib als eine unsaubere Madenflasche reiben und waschen, schmutzen und putzen, zieren und schmieren, anstreichen und bleichen, schminken und tünchen, nur daß er zart und weiß erscheine; aber wie liegt unsere Seel darinnen! ach, wenn man sie könnte sehen, würde sie viel schwärzer seyn, als eine Fliege in der Milch. Denigrata est super carbones facies eorum et non sunt cogniti in plateis, weil ihr Angesicht schwärzer ist denn Kohlen, daß man sie auf der Gasse nicht mehr kennet. Und wie Amos spricht: „Nunquid non ut filii aethiopum vos estis mihi, o ihr Kinder, seyd ihr mir nicht wie Mohrenkinder, davor Gott großes Mißfallen trägt?“ Denn Gott ist der Allerreineste, eine solche Seel aber ganz beflecket; Gott ist der Allerzarteste, eine solche Seel aber ganz rauh; Gott ist der Allergütigste, eine solche Seel aber ganz boshaftig; Gott ist der Allervollkommenste, eine solche Seel aber ganz mangelvoll; Gott ist der Allerliebreicheste, eine solche Seel aber ganz häßlich; Gott ist der Allerschönste, eine solche Seel aber ganz und gar schändlich. Kann also eine solche Seel nicht liegen wohl, noch Gott in ihr ruhen gut, wenn man hart ihm betten thut.

Das Vornehmste ist, Gott wohl zu empfangen, eine rechte wahre Lieb. Gott verlanget geliebt zu werden als ein Bräutigam, darum soll die Braut Keinem so wohl gewogen seyn, als ihm, welcher das ganze Herz und eine vollkommene Lieb begehrt. Darum sagt der h. Augustinus: „Liebe, so wirst du geliebt werden; bewohne, so wirst du bewohnet werden; denn es wohnen unter einander, das so beherbergen thut, und das so beherbergt wird." Nicht allein aber bereiten wir ihm ein lindes Ruhebettlein, so wir ihn lieben, sondern auch, wenn wir den Nächsten lieben wegen seiner. So oft bereiten wir das Bett unsers Herzens dem geliebtesten Heiland, so oft wir wegen seiner dem Nächsten dienen in wahrer Lieb. „Si diligamus invicem," schreibt der h. Joannes, „Deus in nobis manet, wenn wir uns unter einander lieben, so bleibet Gott in uns; charitas ejus in nobis perfecta est, denn seine Lieb ist vollkommen in uns." Derowegen, werthestes Herz, liebe denjenigen und den Nächsten in ihm, welcher in dir hat angefangen zu wohnen, damit er durch vollkommenere Bewohnung dich vollkommen mache. Bereite dem Herrn in dir eine süße Ruhe der Liebe, und du wirst erfahren, daß er in dir thue wohnen mit aller Lieblichkeit.

In dem Stand der Ehe verursacht oft das Bett viel Wehe. Thut man verschwiegen beisammen liegen, ruhen und schlafen, läßt die Dienstboten schaffen, was sie wollen und nicht sollen, so ist mehr als kund, die Wirthschaft geht zu Grund. Liegt man nicht beisammen, entspringt ein Eifersflammen und ein böser Namen, ein Hassen, Aufpassen, ein Burren, ein Murren, ein Fluchen, ein Neiden, ein Meiden, ein Scheiden; daraus denn Weib und Mann erwerben ihr selbst eigenes Verderben; ohne daß zuvor öfters das Weib dem Mann mit ihren Nägeln in das Gesicht seltsame Buchstaben geschrieben, der Mann herentgegen auf ihrem Rucken mit einem starken Prügel ungemeine Fraktur eingehauen. Obwohlen es bei ihnen nicht wahr ist: „Virga tua et baculus tuus, ipsa me consolata sunt, deine Ruthen und Stecken haben mich getröstet;“ oder wie in den Offenbarungen: „Ego quos amo, arguo et castigo, welche ich liebe, die strafe und züchtige ich;“ sondern bei schönstem und hellstem Himmel schlagen hervor durch solches Stockfischklopfen viel tausend Hagel und Donner aus ihren Goschen, und darauf erfolget ein Platzregen der Zornthränen.

Die kleineren Sonnenblumen, begossen mit ihrem Erquickungsthau bei Ankunft der großen Lichtfrau, der Sonne, werden durch dero Strahlen annehmlicher Weise eröffnet, also daß sie sich liebreich erfrischen und holdselig ausbreiten. Durch solche Erfrischung gezogen folgen sie den ganzen Tag derselben ohne andere Wendung nach, gleichsam zu danken; aber bei Abweichung der Sonne schließen sie sich zu, und nehmen eine solche Gestalt an sich, als wenn sie gänzlich verwelket wären. Also ist es mit uns Menschen, wir wenden und neigen uns, von Liebe gezogen, gegen Gott, so lang er uns mit seiner liebreichen Mildigkeit und milden Barmherzigkeit bestrahlet; aber sobald er von uns entweichet zu den Stunden der durch die Sünden verursachten Abendzeit- und Dunkelheit der innerlichen Finsterniß, hat unsere Seele keine Kraft noch Schönheit, bis und so lang nach vergossenem Zährenthau einer schmerzvollen Bereuung und vollkommenen Beicht die Sonne der Gerechtigkeit bei uns wiederum aufgehet, und uns mit ihren Gnadenstrahlen und Liebesglanz bescheinet und erfrischet.

Plinius schreibet von der Natur der Winde, daß der Westwind, welcher vom Niedergang herwehet, die durch den Winter getödteten Pflanzen und Kräuter wiederum hervor bringe, mache sie wiederum kräftig, und erwecke sie in das Leben. Dieses wirket der h. Geist bei den sich zu Gott bekehrenden Herzen, sintemalen er ist der wahre Westwind, welcher mit seinem lieblichen Anblasen alle guten Werk, die durch den Frost der Sünden erkaltet sind, machet wiederum lebendig, und erwecket die in Sünden verstorbenen Seelen; wie der jungfräuliche Evangelist bezeuget: „Spiritus est, qui vivificat, der Geist ist's, der da lebendig machet.“ Wie denn auch Paulus vermeldet: „Vivificabit et mortalia corpora vestra, propter inhabitantem Spiritum ejus in vobis, der wird eure sterblichen Leiber lebendig machen um dessen willen, daß sein Geist in euch wohnet.“

In den Palmenbäumen soll sich befinden das männliche und weibliche Geschlecht; dahero, wenn man diejenigen, so zusammen gehörig, von einander versetzet, verlieren sie ihre grüne Gestalt, und sehen nicht anders aus, als seyen sie völlig verdorben; sobald man aber sie wieder verpaaret und zusammen versetzet, erneuern sie ihr Alter, erfrischen sich, schlagen aus, und schmücken sich mit ihrer grünen Bekleidung. Auf solche Weis ei... jede Seele, welche abgesondert ist von ihrem holdseligsten Bräutigam, dessen Namen ist: Jesus, thut nicht minder ablegen alle ihre schöne Gestalt, daß sie vor dem Angesicht des himmlischen Heeres nicht anders erscheinet, als ob sie sey völlig verwelket, abgestanden, und wie es denn auch ist, in dem Tod der Sünden gestorben. Nun aber, wenn sie durch die wahre Reu und reuvolle Buß sich von dem Sündenruß empor schwinget, und sich wiederum nähert ihrem allgütigsten Gott, wird sie bei wiederbrachter Gegenwart ihres Liebhabers so weit erfrischet, daß sie nicht weniger in ihrer Schönheit vollkommen erkennet wird für ein Ebenbild ihres Erschaffers, als Nabuchodonosor für einen Menschen, da er seine Ochsengestalt abgelegt durch die Buß. Ihm wurde zwar nur gebettet auf Laub und Gras, ist aber gut gelegen, da er verwegen zuvor also seine Sünde gebüßet. Wohl ist gelegen der heil. Patriarch Jakob, da er sich auf die Erde gebettet, und die Engel von den Himmeln über eine Leiter auf und ab steigen gesehen. Wohl ist gelegen jener ägyptische Jüngling Nicetas, da er in den lindesten Pflaumen und Federn sich selbsten die Zunge abgebissen, und die Jungfrauschaft behalten.

Wohl ist gelegen jener gleichsam verlorne Sohn, welcher aus Befehl der h. Jungfrau Edwina für seine so viel begangenen Sünden eine ganze Nacht in dem Bett gewachet, allwo er von guten Gedanken getrieben, seine Laster bereuet, ein besseres Leben angefangen, und treffliche Frucht der Buß hervor gebracht.

Wohl ist gelegen jener ganz der Welt ergebene

Mensch, von welchem Benedictus Renatus meldet: Gleichwie er des Fastens und Wachens ungewohnet, also ließ er sich in den Lustbarkeiten und Schlaf nichts abgehen; eine Nacht aber hat ihn ergriffen, die ihm keine Ruhe gestattet, in welcher Unruhe er durch Wehung des Geists Gottes betrachtet die Wort Isaiä: „Quis poterit habitare de vobis cum igne devorante? quis habitavit ex vobis cum ardoribus sempiternis, wer wird von euch können wohnen mit einem verzehrenden Feuer? wer wird wohnen aus euch mit den ewigen Flammen?“ Darauf er den weltberühmten Cistercienserorden angenommen, und in solchem gottselig gelebet, und auf gleiche Weis gestorben.

Wohl ist gelegen der Schächer auf dem Bett des Kreuzes, da er durch zuläßigen Diebstahl das Paradies geraubet. Wohl seynd diese Alle gelegen, und Gott in ihnen, denn sie ihm und sich auch wohl gebettet.

Aber vielleicht möchte Einer fragen, woher die Federn zu bekommen, also wohl zu betten? Der h. Augustinus sagt: „Die Gerechtigkeit des Menschen in diesem Leben ist das Fasten, Almosen und Gebet.“ Willst du, daß dein Gebet zu Gott fliege, so mache dir zwei Flügel, durch das Fasten und Almosen. Wie man aber Federn erlangen könne, meldet gar schön der heilige Gregorius, da er spricht: „Was ist, den Sperber gefüttert machen durch den Mittagwind, als daß ein jeder Mensch, berühret von dem Blas und Wind des heiligen Geistes, und erwarmet, die Gewohnheiten der alten Beiwohnungen hinwerfet, und ziehet an die Gestalt eines neuen Menschen? Die alten Federn aber verlieren ist nichts anders, als die geübten Untugenden meiden; gleichwie neue zu empfangen, ist vonnöthen zu üben neue Tugenden.« Seynd also die guten Werk die besten Pflaumen und Federn, worauf eine Seel wohl ruhet, und Gott in ihr. Wer mit dergleichen Federn sein Herzensbett angefüllet hat, dem ist unnothwendig, mit der verliebten Braut aufzuschreien: »Indica mihi, quem diligit anima mea, ubi pascas, ubi cubes in meridie, ne vagari incipiam post greges sodalium tuorum, sage mir an, du, den meine Seele liebet, wo du weidest, wo du ruhest in dem Mittag, daß ich nicht hin und her gehen müsse nach den Heerden deiner Gesellen.« Ungeachtet wie der heilige Augustinus schreibet, daß unser Herz ganz unruhig sey, bis es ruhe in Gott. Dem geliebtesten Heiland ist genug unser Herz, derowegen soll unserem Herzen auch genug seyn der liebreicheste Jesus. Wie denn die verliebte Braut singet: »Fasciculus Myrrhae dilectus meus mihi, inter ubera mea commorabitur, mein Geliebter ist mir ein Büschel Myrrhen, er wird zwischen meinen Brüsten bleiben.« Soll er aber zwischen den Brüsten bleiben, und zwischen solchen wohl liegen, so ist nothwendig, daß man ihm bette gut. Ihm aber wird man wohl betten, wenn man wird zu ihm treten. Denn wie der h. Jakobus sagt: »Appropinquate Deo, et appropinquabit vobis, nahet euch zu Gott, so nahet er sich zu euch.« Wir aber nahen uns zu Gott, wenn wir uns befleißen der Tugend, und hassen die Laster, dazu wirket viel das Gebet, sintemal das Gebet eines Gerechten vermag viel, multum valet deprecatio Justi assidua, und zwar also, daß es alle Kraft und Macht der Natur übertrifft. Denn die Natur kann keinen Leib ohne Speis erhalten, solches aber hat das Gebet vierzig Tag und Nacht gethan. Die Engel bewegen den Himmel, aber das Gebet beweget den Erschaffer der Himmel selbsten, nicht zwar vermittelst einer leiblichen Bewegung, sondern vermittelst seiner Tugend und Kraft, weilen es ihn treibet und beweget, daß er uns in unsern Nöthen helfe, und sich gnädig und gütig erzeigen wolle. Die Kraft des Gebets hat sogar die Stärk der Engel übertroffen, die Himmel unbewegt gehalten, und die stets laufenden Pferde des Fürsten der Planeten in die Ruhe geleget. Das Gebet übertrifft das Vermögen aller Kreaturen. Denn was für eine Kreatur hat jemals aus selbst eigener Kraft einen Todten in das Leben erwecket? Aber das Gebet kann solches thun, wie bezeuget Elisäus, welcher durch sein Gebet einem in den Tod verblichenen Sohn einer Wittwe wieder das Leben erlangt, dem viel unzählbare Heilige in Auferweckung der Todten nachgefolget. Keine einige Kreatur ist zu erdenken, welche in dem Erschaffer verändert werden könne, aber durch das Gebet geschieht solches täglich, wenn in dem Amt der heil. Meß die Substanz des Brods und Weins durch das Gebet des Priesters und durch die Wort der heiligen Consecration wunderbarlicher Weis in die Substanz des allerkostbarlichsten Leibs und Bluts Christi Jesu verwandelt wird. Denn obschon Christus, in so viel er ein Mensch, eine Kreatur ist, ist er dennoch, in so viel er Gott ist, ein Erschaffer.

Das Gebet dessen, der sich demüthiget, dringet

durch die Wolken. Die Vögel erschwingen sich zwar durch die Flügel in die Höhe, aber mit dem Schweif richten sie ihren Flug; wenn auch sie von dem Schwingen ihrer Flügel würden ablassen, würden sie den vorgenommenen Ort nicht erreichen. Also auch das Gebet, obwohlen es sich durch Fasten und Almosen gegen den Himmel erhebt, wenn es aber nicht von einer demüthigen Beständigkeit wird begleitet, erlanget es wenig von Gott. Esther hatte zwei Jungfrauen, als wie jetziger Zeit das hochadeliche Frauenzimmer einen Aufwärter und Pagen, bei sich, da sie zu dem König in das Zimmer hinein ging, und ihn um etwas erbitten wollte; auf die eine lehnte sie sich, und die andere trug ihr den Schweif am Rock nach. Assumsit duas famulas, et super unam quidem innitebatur, altera autem famularum sequebatur Dominam, defluentia in humum indumenta sustentans. Das Gebet ist die Esther, durch welches wir einen Zutritt erlangen mit Gott, dem König Himmels und Erden, zu reden; auf daß es aber angenehm empfangen werde, muß es zwei Kammerjungfrauen bei sich haben, damit es sich auf eine lehne, die andere aber muß ihr die Kleider nachtragen, als eine auf den Fuß folgende Dienerin, und diese seynd die Demuth und Beständigkeit.

Als Xenophon einsmals seinen Göttern opferte, und ihm unverhofft die Zeitung einlief, daß sein Sohn in einer Schlacht das Leben verloren, unterließ er darum nicht zu opfern, sondern verblieb standhaftig, und vollendete das Opfer. Aber leider wir Christen lassen uns durch eine einige Schnacke, durch einen einigen Flohbiß, Reuschpel und Geräusch in unserer Andacht und

Gebet verhindern. Aber nicht also, durch das Blut Jesu Christi erkaufte Christen, nicht also, sondern gleichwie Abraham aus göttlichem Befehl etwelche Thiere opfernd, die Vögel, so von der Luft herab geflogen, und das Opfer auffressen wollten, jederzeit und so lang davon abtrieb, bis es Abend wurde, und er darüber einschlief. Also auch wir sollen in dem Gebet verharren, bis wir bei erwünschter Abendröth und Untergang aller Widerwärtigkeiten in dem Schlaf der göttlichen Tröstungen und Gnaden einschlafen, auch in solchen süßiglich ruhen. Indem sich aber dessen ein Jeder befleißet, will ich den holdseligsten und liebbarsten unter den Menschenkindern einladen in den Garten meines Herzens, sich allda nach Genügen zu erlustigen, und mit seinen Gnadenstrahlen zu bescheinen.

I.

Wer wird mir geben
Jesu, mein Leben,
Dich, o mein Trost, zu sehen an,
Dich zu empfangen,
Ich trag Verlangen
Auf rein verliebten Herzensplan.
Mein Herz sich neiget,
Und sich erzeiget
Ganz offen dir, zu kehren ein.
Es tragt Verlangen,
Dich zu empfangen,
Und dich in sich zu schließen ein.

II.

Nicht zwar ob solltest,
Wenn du nicht wolltest

Abschießen ein'n verliebten Pfeil.
Denn es verwundet
Und stark zerschrundet,
Schon oft von dir ist, o mein Heil!
Ja ganze Haufen
Von ihm herlaufen
Des sehr erhitzten Liebesschweiß.
Die Liebesflammen
Schmelzen zusammen
Auf eine ganz verborg'ne Weis.

III.

Ein End der Schmerzen
Du meines Herzen,
Komm Jesu, allerliebster mein.
Es dir steht offen,
Du nach Verhoffen
In solchem thu nur kehren ein.
Ich auch vor Allen,
Dir zu gefallen,
Es hab bereit zu einem Haus.
D'rum komm gegangen,
Du mein Verlangen,
Und bleibe, ach, nicht länger aus.

IV.

In meinem Garten
Ich werd' erwarten
Dich, Jesu, allerschönster mein.
Laß dir belieben
Nicht aufzuschieben,
Zu sehen, was dir dienlich seyn.
Es wird gefallen
Dir der Corallen
Röthlichte schöne Aepfelbäum,

Allwo den kühlen
Zephyr zu fühlen,
Wirst haben den genugen Raum.

V.

Flora gewogen
Den Gart. bezogen,
Wird Blumen bringen allerhand.
Was sie wird haben
Von solchen Gaben
Im Mai und schönen Frühlingsstand.
Damit zu zieren,
Und dich zu führen
In das verliebt' Brautkämmerlein.
Wo du kannst schlafen,
Und auch anschaffen,
Was dir da wird gefällig seyn

VI.

Es ist mein Garten
Von solchen Arten,
Fast einer kleinen Insul gleich,
Wo du kannst baden
Ohn' allen Schaden
In dem gekräuselt Wasserteich.
Die kleinen Wellen
Sich werden stellen,
Als bringen sie dir ein'n Verdruß;
So wirst doch sehen,
Daß sie nur gehen,
Zu geben dir ein'n Freudenkuß.

VII.

Die Zephir streichen,
Die Nordwind weichen,

Da ist die größte Lustbarkeit.
Man kann verschwiegen
Der Lieb obliegen,
Auch aller Freud und Fröhlichkeit.
Du wirst vergessen
Bei süßem Essen
Der Myrrhen Gall und Bitterkeit.
Denn zu genießen
Ich ganz ein'n süßen
Tisch dir werd' haben zubereit.

VIII.

Ich will erdenken,
Dir einzuschenken
Ein'n Trank von süßer Eigenschaft.
D'rum komm gegangen,
Du mein Verlangen,
Verkost so süßen Liebessaft.
Die Lieb ihn schwitzet,
Von dir erhitzet,
O ganz entzündte Liebesflamm!
Aus dir entsprossen,
Aus dir ergossen,
Hält alle Freud in ihm zusamm.

IX.

Ich mich erfreuend,
Auch ganz nicht scheuend,
Werd geben dir ein'n Freudenkuß.
Wenn mich beglücken,
Wie auch erquicken
Sollt dein so süßer Gnadenfluß.
Du Himmelssonne,
Ach doch nur wohne
In dem verliebten Herzen mein.

Sonst wird das Lieben
In ein Betrüben
Ach schmerzlich mir verändert seyn.

X.

Niemand wird können
Uns boshaft nennen,
Dem uns're Liebe ist bekannt.
Wenn wir in Ehren
Die Zeit verzehren,
Und unverwendtem Liebesstand.
Auch deinen Willen
Da zu erfüllen,
Ich werd' befehlen, meine Laut
Dahin zu bringen,
Dabei zu singen,
Wie singet ein' verliebte Braut.

XI.

Wenn dich wird sehen
Im Garten gehen
Das da versammelt Federvieh.
Es wird dich loben,
In Luft erhoben,
Und mit ihr'm Stimmlein preisen dich.
Die Brunnenquellen
Mit ihrem hellen
Geräusch, bei stiller Abendzeit
Vorüber reisen,
Dir Dank erweisen
Für deine Gegenwärtigkeit.

XII.

Die Blümlein ducke
In schönem G'schmucke

Vor dir sich, o du Liebster mein!
Da du von Fernen
Noch wie die Sternen
Nur zeigest deinen Gnadenschein.
Vor dir sich biegen,
Und wieder fliegen,
Vom Wind berührt, bald über sich.
Vielmehr in Freuden
Sich werden weiden,
Wenn in der Näh' sie sehen dich.

XIII.

Willst aber schlafen
Bei deinen Schaafen,
So führ dieselb in Garten mein.
Laß gleichwohl weiden
Auf jenen Heiden
Die and'ren Hirtenknaben dein.
Bei mir kannst haben
Der Garten Gaben,
In Lilien und Rosen gut,
Dir, o mein Leben,
Dergleichen geben,
Flora nicht auf den Heiden thut.

XIV.

Darum thu scheiden
Von jenen Heiden,
Verfüg dich doch in meinen Gart.
Was willst du lassen,
Mich schwach verlassen,
Den sonst die Lieb thut plagen hart.
Es seynd verborgen
Noch mehr Sorgen
Für dich, mein Schatz, in meinem Herz.

Als laß mir scheinen,
Thu nicht verneinen
Den angenehmsten Freudenmerz.

XV.

Vielleicht willst haben,
Daß mich durchgraben
Die Sorgen, Qualen, Schmerz und Pein.
Damit du besser
Auf deinen Rösser
Könnst ziehen in das Herz hinein.
Ei so laß günstig
Ein'n Pfeil inbrünstig
Schnell fliegen, daß es werd' verletzt.
Dadurch getroffen,
Dir stehe offen,
Und wieder werd' in Freud gesetzt.

XVI.

Darum, mein Leben,
Thu dich ergeben,
Komm, komm mit deinem Gnadenstrahl.
Ich thu begehren,
Dich zu verehren,
Und wünsch es noch viel tausendmal.
Damit ich nennen
Und könn' erkennen
Dich, als den Allerliebsten mein.
Wenn nach Verlangen
Du liegst gefangen
Im allertiefsten Herzensschrei'n.

XVII.

Wenn du erfrischen
Dich wolltest zwischen

Den da gepflanzten Baum geflecht.
Dich soll erquicken
Unter dem dicken
Gestäud das sanfte Zephyr'schlecht.
Da dich bedecken
Und auch bestecken
Dein' treue Braut mit Aepfel wird,
Dir schlafend singen,
Ein Lied beibringen,
Wie sie es in dem Herzen führt.

XVIII.

Oft wenn zu Morgen
Noch ist verborgen
Der helle weiße Silbertag.
Die Lieb empfindend,
Ich gleich entzündend,
Leide ein' neue Liebesplag.
Ein Liebesschmerzen
In meinem Herzen
Sich wie ein Flämmlein steckte an,
Es bald durchrennte,
Wie auch durchbrennte,
Bis in den tiefsten Herzensplan.

XIX.

Ich unverweilend
In die Wind eilend,
Oft hab es wollen schicken fort.
Doch ich befunden
Zu jeden Stunden
Es wieder an dem ersten Ort.
Darum gegangen
Komm, mein Verlangen,
Lösch aus den starken Liebesbrand.

Laß dir gefallen,
Mein Herz vor allen,
Sag ja, und gib darauf die Hand.

XX.

Lösch aus mein Klagen,
Vertreib mein Plagen
Durch dein' so süße Liebeshand.
Thu mich ergötzen
Mit Widersetzen
In einen wahren Freudenstand.
Ach werd' empfangen,
Du mein Verlangen,
Ach bald nur in dem Herzen mein.
So wird das Klagen
Und Herzensplagen
Gleich dann auch schon vertrieben seyn.

Daß die Kunst nachahme die Natur, als wie ein Aff die Sitten, oder daß die Kunst sey ein Aff der Natur, ist ein Gemeines, sintemalen die Kunst die Natur in Vielem nachaffet. Denn gleichwie die Natur ordentlich und nach gewisser Weis fortschreitet von dem Unvollkommenen zu dem Vollkommenen, und das Hervorzubringende dem Hervorbringenden gleich zu machen nachtrachtet, also greifet die Kunst nichts unordentlich an, sondern wird durch gewisse Regeln begleitet, nichts ohne die natürlichen Materien auszuwirken. Denn wie der englische Lehrer sagt: So wird das Werk der Kunst gegründet auf das Werk der Natur, und das Werk der Natur auf das Werk der Erschaffung; obwohlen das Werk der Natur nicht so vollkommen, als das Werk der Erschaffung, noch das Werk der Kunst so vollkommen, als das Werk der Natur. Nichts desto weniger bearbeiten sich doch die Alchymisten, ein wahres Gold trutz der Natur hervor zu bringen, und zu Goldscheur in dem Elsaß einzukehren; aber sie erfahren gar oft, daß sie zu Steckborn in dem Turgow angelangt, indem sie in ihrer angefangenen Arbeit dur und hart stecken bleiben, oder da sie doch etwas dem Schein nach heraus bringen, wird es nur die Lützlsteiner Probe haben, und wenig nutz seyn, alldieweilen es die Eigenschaften des wahren Goldes nicht haben kann. Denn das wahre Gold widerstehet dem Feuer, ist fruchtbar zu den Arzneien, und erquicket das Hirn. Wie weiter dieser fünfte Kirchenlehrer meldet: „Quaedam formae substantiales sunt, quas nullo modo ars producere potest, quia propria activa et passiva inveniri non possunt, sed in his non potest aliquid simile facere, sicut Alchymistae faciunt aliquid simile auro, quantum ad accidentia exteriora, sed tamen non faciunt verum aurum, quia forma substantialis auri non est, per calorem ignis, sed per calorem solis in loco determinato, ubi viget virtus mineralis.“ Dessen Mutter gleichsam ist die Goldgrub, und die Sonn der Vater. Das gemachte Gold aber trägt an diesem Allem Mangel, und wenn es oft zerscholzen wird, gehet es gar in den Rauch. Ungeachtet wohl zu Zeiten durch Kunst und Hülf der verworfenen Geister natürliche Wirkungen können hervor gebracht werden.

Die guten Werk seynd leicht zu vergleichen mit dem Gold. Der Mensch ist wie ein Aff, und affet nach Anderer Sitten, zwar lieber die bösen als guten;

dennoch zu Zeiten ist er genaturet, auch das Gute nachzuthun, nicht zwar aus Liebe Gottes oder der Tugend, sondern aus eigenem Nutzen, menschlichem Ansehen und vielen andern Ursachen. Aber nicht Alles, was glänzet, ist Gold, noch ist man solchem hold. Die Alchymisten, obwohlen sie nach dem äußerlichen Schein ein Gold hervor bringen, so achtet doch derjenige solches nicht hoch, der es recht erkennet, weilen er seine Unschätzbarkeit und verborgene Geringheit leicht vermerket.

Der allerweiseste Gott, ein Erforscher des Innersten des Herzens, achtet nicht viel solches geaffte Tugendgeld, wenn es nicht in einem reinen Herzen, als einer Mutter, und durch die Sonn der brennenden Liebe Gottes, als einem Vater, geboren worden. Denn solche Werk widerstehen nicht dem Feuer der Prüfung, taugen nicht zu heilsamer Arznei und Gesundheit der Seelen, sondern gehen durch die eigene Lieb und Eitelkeit in den Rauch, oder werden ringschätzig durch die gar zu unnütze Gemeinschaft schädlicher Dinge. Darum solches erfahren der heilige Bernhardus ausschreiet: „Ach daß doch äußerlich nie ein Mensch bei mir wäre, damit ich innerlich in dem Herzen mit Gott reden könnte! Derowegen will ich die Tröstungen und Gespräch der Menschen fliehen, auf daß ich in meinem innersten Herzen Gott empfangen und zu einem Einwohner haben möchte. Denn so lange das Gemüth vermischet ist in den Schaaren, kann es weder Gott allein abwarten, noch von der Gemein abgesondert seyn. Derohalben du Seel, die du allein Gott abzuwarten dir vorgenommen hast, bleibe allein, fliehe der Menschen Gesellschaft, vermeide die unruhige Ansprach, damit du ihm dich allein behaltest, so du aus Allen auserkoren.* Derohalben sagt gar gut Blosius ex Taulero: Von allem Demjenigen, dessen Gott nicht eine wahre Ursach und Verlangen ist, solltet ihr euch entziehen, den kleinsten Verlust der nutzbarlichsten Zeit wie das ärgste Gift fliehen; hingegen aber euch befleißen der Einsamkeit, in der man sich vereinigen kann mit dem allersüßesten Gott. Auch wie der honigfließende Lehrer Bernhardus sagt: Die Seel kann nicht beglückseliget werden mit den Heimsuchungen des Herrn, welche den Ausschweifungen ergeben ist, impleri visitationibus Domini anima non potest, quae distractionibus subjacet. Sonsten geschieht, daß man liebet, und weiß nicht wen; und verwerfet, nicht gedenkend, was. Es wird Einem gedunken, sein Herz sey zweifach verletzt, und in solchen Verletzungsschmerzen wird er nicht können erwägen, ob die Lieb ein Schmerz oder der Schmerz eine Lieb sey. Das ganze menschliche Geschlecht kommet von einem Menschen, also sollen wir auch Alle uns kehren zu einem Menschen, der Gott ist, Christum Jesum, in quo vivimus, movemur et sumus, in welchem wir leben, schweben und seynd.

Das 3. Kapitel.

Wer fragt von fern,
Der gibt nicht gern.

Gleichwie der vornehmste unter den Propheten seufzend aufgeschrieen und aufschreiend geseufzet: „Rorate coeli desuper, et nubes pluant justum, aperiatur terra et germinet Salvatorem, ihr Himmel thauet von oben herab, und die Wolken regnen den Gerechten, die Erde thue sich auf und bringe den Heiland hervor;“ also ist ein Anderer in trostreichere Worte ausgebrochen, da er sagt: „Exulta filia Sion, Jubila filia Jerusalem, Ecce rex tuus veniet tibi justus et Salvator, erfreue dich hoch, du Tochter Sion, frohlocke du Tochter Jerusalem, siehe, dein König wird zu dir kommen, gerecht und ein Heiland. Sintemalen der eingeborne Sohn Gottes, qui cum in forma Dei esset, non rapinam arbitratus est, esse se aequalem Deo, semetipsum exinanivit formam servi accipiens, in similitudinem hominum factus et habitu inventus ut homo, da er in göttlicher Gestalt war, hat für keinen Raub gehalten, Gott gleich zu seyn, sondern hat sich selbst erniedriget, und ist andern Menschen gleich worden, empfangen von einer Jungfrau, geboren von einer unbefleckten Mutter, et habitavit in nobis, und hat unter uns gewohnet, die Sünder selig zu machen, quorum primus ego sum, unter welchen ich der Vornehmste bin.“ Denn wie der heil. Augustinus sagt: „Da Christus sich vorgenommen, ein großes Gebäud der Hoheit in seiner Kirche aufzurichten, hat er zuforderst gedacht auf den Grund der Demuth, damit, wenn das Fundament er gegraben wird haben, er auch ein desto höheres Gebäud darauf setzte; da er, das Fundament selbst grabend, in das Unterste herab gedrucket worden, also auch der Gipfel nach der Demuth aufgerichtet werde. Darum hat er den saphirblauen Himmelssaal verlassen, und nach abgelegter Kron und Scepter in das Jammerthal der Welt eingetreten, damit er als Gott gemachter Mensch und Mensch gemachter Gott den Sünder aus dem Unflath der Laster zu den Gnaden aufnehmend erhöhete.“ Denn also spricht er bei dem Propheten: „Quod perierat, requiram, et quod abjectum erat, reducam, quod confractum fuerat alligabo, et quod infirmum fuerat, consolidabo, was verloren ist, das will ich suchen, was verworfen ist, das will ich wiederum herzu führen, was zerbrochen ist, das will ich verbinden, was schwach ist, das will ich bewahren; non enim veni vocare justos, sed peccatores, denn ich bin nicht kommen, die Gerechten zu berufen, sondern die Sünder, non egent, qui sani sunt medico, sed qui male habent, weilen die Kranken und nicht die Gesunden des Arztes bedürfen.“

Glückselig also eine Seel, der von dem allerhöchsten Gott ein solcher Arzt verordnet ist, welcher soll umgebracht werden, damit ihr mit dem kostbarlichsten Balsam seines allerheiligsten Blutes geholfen werde. Iste consolabitur nos ab operibus et laboribus manuum nostrarum in terra, cui maledixit Dominus, dieser wird uns trösten in unsern Werken, und in der Mühe unserer Hände auf Erden, die der Herr verflucht hat. Denn wie eine solche Seel erkennet die Gefährlichkeit ihrer Krankheit, der eine solche vortreffliche Arznei angewendet wird, also hat sie sich auch zu vertrösten, die Krankheit sey nicht so gefährlich, daß sie nicht könnte geheilet werden, sintemal ein solcher vortrefflicher Arzt, welcher die ewige Weisheit selbsten ist, wird nicht umsonst dergleichen Mittel, die keine Wirkungen haben sollten, vorschreiben, in quo habemus redemptionem per sanguinem ejus, in welchem wir die Erlösung haben durch sein Blut, und zwar mit solcher Lieb, daß solchem Himmel und Erde nicht fassen können, auch dessen Sitz der Himmel ist, geduldet sich arm und bloß zwischen einem Ochs und Esel auf Heu und Stroh, bei großem Frost mit Windlein eingewickelt in einer Krippe. Warum aber dieses? darum, alldieweilen die Juden nicht milder waren noch barmherziger gegen ihn in seiner Jugend, als sie gewesen in seinem Alter. Christus hatte keinen Unterschleif, keine Herberg und keine Wohnung, quia non erat ei locus in diversorio. Denn die Juden wußten besser zu multipliciren als zu dividiren, sie wußten besser zu conjugiren als zu separiren, sie wußten das Ihrige tapfer beisammen zu halten, und waren keine Zachäi, welche den halben Theil ihrer Güter den Armen mit- und austheileten, noch viel weniger folgten ihre Weiber nach der heil. Martha, Christum zu beherbergen. Die Frau Benigna und Schwester Charitas waren ihnen dazumal noch nicht bekannt, sintemalen zur selbigen Zeit seynd die Klosterjungfrauen eben so scheinbar gewesen, als leuchtend die Sonn in der ägyptischen Finsternuß, unangesehen sie die Lieb und Gutwilligkeit von ihren Voreltern haben erlernen sollen, wenn sie hätten wollen. Allein, wenn man den Hund auf das Jagen tragen muß, gibt es eine schlechte Hetzung ab, wird wenig eingebracht, und die Kuchel arm versehen. Mit begierigen Hunden ist leicht etwas einzuholen. Wer lauft, den darf man nicht ziehen, wer es freiwillig gibt, von dem soll man es nicht fordern. Einen Geizigen hasset Gott, und einen freudigen Geber liebet der Allerhöchste. Wenn aber Einer gegen die Armen hartnäckig ist, und Gebhardus genennet wird, und nicht in die Fußstapfen tritt des heil. Gebhardi, welcher ein sonderlicher Liebhaber der Armen gewesen, dessen die jährliche Ausspendung des Brods in dem ruhmwürdigsten Gotteshause Petershause des weltberühmten Ordens St. Benedicti zu Constanz an dem Bodensee genugsames Zeugniß, wird nicht viel Gutes von Gott empfangen. Wer hingegen den Bedürftigen zu helfen von Freudenberg ist, und Hilarius genennet wird, der hat sich ohne Furchts-Irrung zu versichern, daß er keinen Mangel an getreuen Freunden erleiden werde, denn dergleichen Leut bei Gott in großem Werth; denn er in Gestalt eines Bettlers öfters bei ihnen eingekehret. Wenn Einer sich den Armen erzeiget von Benevent, und gegen die Bedürftigen Bonaventura genennet wird, welchem die Armen gar willkommen seynd, auch sein Säckel und Händ gegen sie eröffnet, dem wird der allgütigste Gott den freudenvollen Himmelssaal zu der ewigen Ruhe aufschließen. Wenn Einer gegen die Fremden und Nothleidenden seyn wird Armogastus, ich will sagen, der Armen Gastgeb, der hat zu hoffen, daß seine Kuchel und Keller niemalen erschöpfet werden.

„Macht euch Freund von dem Reichthum der Ungerechtigkeit,“ spricht Christus, „facite vobis amicos de Mammona iniquitatis.“ Hieronymus sagt, das Wörtlein Mammon bedeute den Reichthum. Diese Reichthümer werden Reichthümer der Ungerechtigkeit genennet, alldieweilen sie gemeiniglich durch ungerechte Mittel erobert werden, oder daß sie den Menschen zu der Ungerechtigkeit, Geiz und Wollüsten bewegen. Wofern aber solche Reichthümer in Almosen verwendet werden, so gereichen sie dem Austheiler zu Nutzen, wie Daniel dem Nabuchodonosor rathet, meldend: „Peccata tua eleemosynis redime, deine Sünde mache los mit Almosen!“

Als David sein Testament machte, begehrte er von Salomon, daß er die Söhn des Berzellai, des Galaditers, ihm empfehle, und sie allezeit an seiner königlichen Tafel speisen lasse, alldieweilen sie ihm in seinen Nöthen, als er vor Absalon die Flucht genommen, mit Speis und Trank beigesprungen. Filiis Berzellai Galaaditis reddes gratiam, eruntque comedentes in mensa tua: Occurrerunt enim mihi, quando fugiebam a facie Absalon fratris tui. Christus Jesus ist auch anjetzo in der Person aller Armen vertrieben, und der Besitzung der zeitlichen Güter beraubet, ihm sollten wir, wie dieser Galaaditer, entgegen gehen, und ihm samt seinem Kriegsheer Speis und Trank mittheilen, damit wir ewig an dem Tisch Jesu, des Sohns David, uns erquicken könnten.

Aber ungeachtet, daß Christus selbsten verspricht, solches in der Welt ohne die himmlische Belohnung hundertfach zu erstatten, gibt es wenig dergleichen Gastgeb. Ungeachtet, daß das Almosen ist ein goldener Schlüssel, mit welchem wir die Schatzkammer Gottes eröffnen, will doch Keiner die Hand anlegen. Ungeachtet, daß das Almosen ist ein Amper, durch welchen wir aus dem unerschöpflichen Meer der Barmherzigkeit Gottes können heraus schöpfen, will Keiner in diesem Gnadenmeer baden. Ungeachtet, daß das Almosen ist eine Ruthe Mosis, mit welcher wir den bleichzornigen Gott als einen harten Felsen erweichen können, und hervorspringend machen seine Gnadenquellen auf die Dürrheit unserer Seelen, will Keiner dieß Mittel erwählen. Dieser ist zu arm, Jenen druckt der Kinderschwarm, Dieser selbst steckt in Noth, Jener hat im Haus kein Brod, Dieser ist in großen Schulden, Jener muß sich selbst gedulden als ein anderer Schmalhans. Aber hingegen ob man schon zu dem Almosengeben von Armstadt ist, so ist man doch zu den Ergötzlichkeiten von Leichenau. Ob man schon gegen die Armen, etwas mitzutheilen, von Mangelburg ist, so ist man doch, die Hand einer geilen Metzen und Fetzen zu erfüllen, von Glücksstadt. Ob man schon den Bedürftigen ein Stückein Brod zu vergünstigen von Bettelsgersten ist, so ist man doch in das Wirthshaus zu gehen, von Gebhausen, und gibt man so viel aus, daß Weib und Kinder leiden den größten Hunger zu Haus; ungeachtet die Weiber bei dem Kuckel sitzen, müssen ihr Maul mit Wein zu spritzen. Also daß es öfters geschieht, ist der Mann voll, ist das Weib toll; ist der Mann im Wirthshaus, geht das Weib in's Schenkhaus; trinkt der Mann bei der Anten, spielt das Weib mit der Kanden; schmaust der Mann beim Pflug, sitzt das Weib beim Krug; geht der Mann zum rothen Kreuz, folgt das Weib auch allerseits; ist der Mann beim grünen Kranz, wacht das Weib auf gleicher Schanz; zehrt der Mann beim Stern, ist das Weib nicht fern; gleiche Schaalen, gleiche Kern, gleich und gleich gesellt sich gern.

Jene Kundschafter, so von Josua ausgeschicket worden, Jericho auszuspähen, verschonten in Eroberung dieser Stadt Rahabs Haus, alldieweilen sie selbiges mit Flachsstengeln bedecket, und also vor dem Verderben errettet hatten, operuit eos stipula lini., Diese Flachsstengel seynd die Ueberflüssigkeit unserer Güter, dadurch wir ermahnet werden, daß diejenigen, welche das Leben der Armen von dem Verderben erhalten, die Gefahr von ihnen abwenden, und sie mit der Ueberflüssigkeit ihrer Reichthümer unterhalten, und gern Almosen geben, auserwählt und selig werden sollen, wenn das allgemeine Verderben Jericho, der ganzen Welt, seyn wird. Denn wie der h. Augustinus sagt: „Vor der Thür der Hölle stehet die Barmherzigkeit, und läßt Niemand in das Gefängniß legen, nämlich von denjenigen, so auch Barmherzigkeit erzeigt haben.“ Allein dergleichen werden Wenige gefunden, die solches wohl beherzigen, und wenn sie doch eine Andacht ankommt, durch ein Almosen ihrer Seele wohl geschehen zu lassen, so seynd sie so freigebig, wie jener reiche Karg, welchen Gott mit einem verschwenderischen Sohn beglückseliget, wie es denn öfters geschieht, daß ein alter Servatius einen jungen Bonifacium der Welt hinterläßt! Dieser hörte einmal, wie sein Streugütlein mit seinen Gesellen alles Gute bestellen, für das Studiren, Trapuliren, für Lesen und Schreiben die Zeit vertreiben, mit Würfel und Karten, auf vielerlei Arten, bald tanzen, bald springen, jetzt jauchzen, bald singen, bald geigen, bald pfeifen, bald nach dem Wein greifen, und waren vermessen, in Trinken und Essen, gebraten, gesotten, Pasteten, Biscoten; kroch der Alte aus seinem Mausloch auch hervor, und sprach zu seinem Haushalter: ei, weil mein Sohn so verschwenderisch ist, will ich mir auch was Gutes widerfahren lassen, darum nehme diesen Kreuzer, und hole mir einen Salat, ich will auch tapfer lassen darauf gehen. Wohl lustig, daß Gott erbarm! Eben also machen es auch Viel, wenn sie Andere sehen ihrer Seele zu Nutzen ein Almosen geben, vermeinen sie auch den Himmel zu kaufen, suchen ein verworfenes Geld hervor, einen kupfernen Heller oder Pfennig, und bilden sich ein, was sie Gutes gewirket haben; aber ach, mit einem so Geringen erlanget ein Geiziger den Himmel nicht, denn sie solches mehr den menschlichen Augen zu Gefallen geben, als zu ihrer Seele ewigem Leben.

Als jene Taube wiederum in die Arche gekommen, hatte sie in ihrem Schnabel ein Zweiglein mit grünen Blättern von einem Oelbaum; bedeutend, daß wenn wir in die Arche der himmlischen Glorie verlangen zu gelangen, wir in unserm Herz und Mund führen müssen den grünen Zweig der Barmherzigkeit. Und darum hat vielleicht Salomon die Thür des innern Tempels mit lauter Oelbaumholz bereiten lassen, sintemalen der Oelbaum ist ein Zeichen der Barmherzigkeit, durch welche der Eingang dieser ölbaumenen Thür uns erinnert, daß man durch die Barmherzigkeit in das himmlische Jerusalem gelangen werde. Welchem denn gar schön beistimmet der h. Hieronymus, meldend: »Ich erinnere mich nicht, gelesen zu haben, daß Einer, der die Werke der Liebe gerne geübet, gestorben wäre eines bösen Todes. Denn ein solcher hat viele Vorbitter, und unmöglich ist es, daß das Gebet Vieler nicht erhöret werde.« Wie Christus sagt: »Bittet, so wird euch gegeben, petite et dabitur vobis!«

So lang jene arme Wittib ihr Oel in die leeren Geschirr ausgegossen, ist solches je mehr und mehr wunderbarlicher Weise gewachsen; da sie aber aufgehöret zu gießen, hat es auch abgenommen zu wachsen. Also auch, so lang wir die leeren Geschirr, die Armen, mit dem Oel der Barmherzigkeit anfüllen, so nehmen unsere Güter allzeit zu, und je mehr wir uns bemühen, zu helfen den Armen, desto mehr bereichern wir uns. Denn wie das Brunnenwasser, je mehr es geschöpfet wird, desto mehr und überflüssiger hervor quellet, also seynd die Reichthümer ein Brunnen, aus welchem je mehr und mehr durch das Almosen für die Armen gezogen wird, desto mehr sie zunehmen und sich vermehren. Herentgegen wo kein Almosen ausfließet, da pfleget auch kein Ueberfluß vorhanden zu seyn. Beides erweiset die Erfahrnuß.

Ein Spanier, welcher all sein Geld auf Kleider verwendet, ging in solchen daher als ein Herr einer ganzen Herrschaft; wenn es aber Zeit zu essen war, begnügte er sich mit einem schwarzen Brod und einem frischen Trunk Wasser. Da ihm aber dieses von Einem vorgestoßen wurde, sagte er, es sey ihm mehr an Reputation gelegen, als an gutem Essen und Trinken; auch sey die Welt also beschaffen, daß sie mehr die schönen Kleider als Witz und Verstand verehre. Wollte Gott, es wären nicht auch unter den Deutschen dieses so spanischen Herzens, welche ihren Esel mit schönen Kleidern zu verdecken und zu Markt zu bringen wüßten! Aber auf unser Vorhaben zu kommen, melde ich nur, daß unsere Herzen mehr die Reputation einer Reinigkeit der Seelen sich sollten angelegen seyn lassen, als nachzudenken der weißen und gelben Erde des Silbers und Goldes. Die schönste Hochachtung unser ist, wenn die Seel gezieret wird mit köstlichen Kleidern allerhand Tugenden, und der Leib ganz gesparsam versorget im Essen und Trinken, damit er sich dem Geist unterwerfe.

„Abjicite Deos alienos et mundamini: Surgite ascendamus in Bethl, ut faciamus ibi altare Deo," sprach Jakob zu den Seinigen: „thut von euch die fremden Götter, und reiniget euch; laßt uns auf seyn, und gen Bethl ziehen, daß wir daselbst einen Altar machen dem Herrn!"

Die überflüssigen Reichthümer seynd fremde Götter, welche die Geizigen mehr verehren, als den Erschaffer aller Dinge, welcher ist ein einiger Gott, und ist kein anderer. Diese sollen wir hinwerfen unter die Armen, damit wir bekehret von den Götzen zu dem lebendigen und wahren Gott, und gereiniget werden von unsern Sünden. Wir sollen hinauf ziehen gen Bethl, zu besuchen die Bettler, alldieweilen Bethl verdollmetschet wird wie ein Haus Gottes, dieses aber seynd die Bettler, quod estis vos; allda müssen wir aufbauen einen Altar der Barmherzigkeit dem Herrn, und aufopfern ein reines Opfer der besten Meinung in Mittheilung den Bedürftigen. Was nutzen die Reichthümer in den Küsten und Kästen bei solchen Phantasten, da sie zur Zeit der Beurlaubung dieser Welt nichts mit sich tragen, als alleinig die guten Werk und bösen Thaten? Wenn die Sumpf- und Teichwässer stille stehen, und niemals fließen, so ziehen sie nur Koth und Schleim an sich; die fließenden aber seynd lauter und reich an Fischen. Gleicher Weise auch die Reichthümer und Güter, wenn sie stets in Truhen verborgen liegen, und nicht vermittelst des Almosens ausfließen, seynd sie ganz nicht nutzlich und unfruchtbar. Gleichwie auch das Getreid in den Scheuern nicht wächst, sondern muß in die Erde geworfen werden, damit es Frucht trage, also auch das Geld bringt in dem Beutel keinen Gewinn, bis es unter die Armen geworfen wird. Und dieses erfährt gar wohl eine geistliche Vorsteherin auf dem Schwarzwald, Ord. S. August. Can. Regul., welche ihren gekreuzigten Heiland durch solchen billigen Wucher also sehr und liebreich weiß zu kitzeln, daß das ganze himmlische Heer sich darüber erfreuet.

Große Herren, welche in ein anderes Land zu verreisen gedenken, schicken ihre Reichthümer zuvor hin, denen sie nachfolgen. Also sollten wir auch voran schaffen unsere Reichthümer durch die Armen in den Himmel, allwo wir sie ewig können besitzen und genießen. Denn was wir Gott zu Lieb den Armen schenken, wird erst unser eigen, nachdem wir es verschenket.

Joannes Ludovicus, Graf von Sulz, Landgraf in Klegau, höchstseligem Gedächtniß, war also mild gegen die Armen, daß er nicht allein seinen Unterthanen viel nachgesehen, sondern auch fremden und armen Klöstern reichlich aufgeholfen, Kirchen und Altäre gezieret, ja sogar von Neuem aufgerichtet, wie denn jene marianische Lorettenkapell zu Jesteten seine Mildigkeit Jedem vorstellet, dadurch er aber bei Gott so viel erhalten, daß er auf der Welt gepriesen, und in dem Himmel für einen rechtmäßigen Besitzer seiner Güter, die er durch seine Freigebigkeit dahin voran geschickt, zweifelsohne erkennet wird. Denn selig seynd die Barmherzigen; und anderswo: Misericordiam volo, ich verlange und will die Barmherzigkeit.

Joannes, Graf von Montfort, hatte solche freigebige Hände gegen die Armen, daß er keinem in dem Namen seines heiligen Patrons was Begehrenden mit einem Abschlag begegnet, auch jederzeit einen besondern Säckel bei sich getragen, den Bedürftigen was mitzutheilen, darum er in seinem Leben nicht unbillig geliebet, und nach seinem Tod beweinet worden.

Eine annoch in dem Leben hochfürstliche Person hat dieses in Gewohnheit, daß so oft sie eingeladen wird zu einem Kartenspiel an den Samstagen, oder Mariae Vigilum, nicht aber solches wohl abschlagen kann, alles Dasjenige, so sie gewonnen, unter die Armen läßt austheilen; darum sie zweimalen gewinnet, als ein Geld für die Armen, und sich selbsten einen Schatz in dem Himmel. Dieses ist, was Jakob gesagt, als er seinen Bruder Esau zu versöhnen gedachte: „Mitto legationem ad Dominum meum, ut inveniam gratiam in conspectu tuo.“ Denn eine solche Absendung in die Himmel zu dem gerechten Richter, ist eine wahre Ursach, damit auch derjenige, so solche abgeschicket, bei seiner Ankunft Gnad finde, und einen gnädigen Herrn erlange.

Aber vielleicht wirfst du ein, du seyest arm am Gut und reich am Blut, auch deine Kinder thun hausen zu Mühlhausen, deren Maul nur jederzeit mahlen will Brod, und du selbsten steckest in Noth. So höre an den h. Petrum Damiani, welcher von einem armen Taglöhner erzählet, der mit Darreichung eines geringen Almosens, das doch sein ganzer Reichthum war, zu sondern Mitteln gelanget. Welches denn der fromme Tobias schon längst vorgemerkt, da er seinem Sohn unter Anderm befohlen: „Ex substantia tua fac Eleemosynam, et noli avertere faciem ab ullo paupere: Ita enim fiet, ut nec a te avertatur facies Domini etc., von deinem Gut gib Almosen, und kehre dein Angesicht von keinem Armen, so wird Gott sein Angesicht auch nicht von dir wenden.“

Vielleicht führest du einen Rechtshandel, oder verlangest eine Beförderung zu höherm Amt, gehet derohalben viel darauf, und kannst also nicht so oft den Armen geben? Ei so beherzige, was dem heil. Gregorio Magno widerfahren; denn weil er den Armen nach Vermögen mitgetheilet, ist er zu einem Statthalter Christi erwählet worden, und hat die höchste Ehre erlanget.

Einer armen Frau hingegen, die dem Almosen ergeben, mußte der Richter das Recht aus göttlicher Anordnung wider seinen Willen zusprechen. Gebt also, so wird euch auch gegeben; denn mit dem Maaß, da ihr mit messet, wird euch auch gemessen. Je mehr man gibt, desto reicher man wird. Verlangest du aber gar zu sehr bereichert und erhöhet zu werden, so können dich die Armen zu dem Grafen, Fürsten und herzoglichen Stand erheben. Wenn du lau wirst in deinem Geiz, und nicht, wie die Heiden selber, das Gold für deinen Götzen haltest, sondern freigebiger dich erzeigest gegen die Armen, so bist du ein Herzog von Sachsen-Lauenburg. Wenn du beispringest dem Bedürftigen und Hausarmen mit mildreicher Freigebigkeit, daß sie in ihrer Wirthschaft nicht so großen Mangel erleiden, so bist du ein Herzog von Wirtemberg, denn dieses die beste Wirthschaft, wo man sich von den Schulden der Sünden erledigt. Dieß aber thut das Almosen, Eleemosyna ab omni peccato liberat. Sitzest du in einem Amt, und kannst den Nothleidenden nachsehen mit Anlagen oder Steuern, wie jener Hausvater beim heil. Matthäo: „Misertus autem Dominus servi illius, dimisit eum, et debitum dimisit ei;“ und thust es, so bist du ein Herzog in Steuermark. Wirst du dich bearbeiten, um zusehen zu lassen, was den Hülflosen abgehet in den Armenhäusern und Spitälern, oder aber als ein scharfsichtiger Luchs durch Nachforschung siehest die Bedürftigkeit der verschlossenen Klöster, Eleemosyna tua sit in abscondito, und springest ihnen bei, so bist du ein Herzog von Luxemburg. Wirst du großmüthig, und theilest dein überflüssiges, unnothwendiges nicht bedürftiges Gut unter die Armen, Hochbedürftigen, Nichtshabenden aus, so bist du ein Großherzog von Florenz; merces tua magna nimis, denn in jener Welt ist Gott dein sehr großer Lohn, in dieser aber wird dein Gut nur mehr floriren und wachsen. Bist du aber zu demüthig, und verlangest nicht so große Ehren, derowegen bist du zufrieden mit einem Fürsten= oder Grafenstand, so strecke deine Hand aus gegen die Verlassenen, alsdann bist du ein Fürst von Dietrichstein. Alldieweilen durch Aufschließung deines Säckels und Darbietung deines Geldes eröffnest dir selbst als ein wahrer Dietrich den Himmel. Eleemosyna facit invenire misericordiam et vitam aeternam, sintemalen das Almosen uns erlanget das ewige Leben. Sey barmherzig gegen deinen nichts habenden, blinden, krummen, für die Christenheit hart beschädigten Soldaten, so bist du ein Fürst von Lichtenstein, indem deine Freigebigkeit und Neigung zu den Armen in dem Himmel mehr leuchten werden, als die vergoldeten Sterne bei finsterer Nacht. Eleemosynas illius enarrabit omnis Ecclesia Sanctorum, seine Almosen wird die ganze Gemeine der Heiligen preisen. Sey mildreich gegen die zerrissenen, zerlumpten, übel bekleideten Wittwen und Waisen, so bist du ein Markgraf von Baden. Date Eleemosynam et ecce omnia munda sunt vobis, gebt Almosen von dem Uebrigen, so ist euch Alles rein. Denn wie das Wasser auslöschet das Feuer, also das Almosen die Sünd. Und ist dieses das trefflichste Bad, worinnen die Sünden abgewaschen werden. Ignem ardentem extinguit aqua et Eleemosyna resistit peccatis, spanne ein wenig ein den Bogen deiner verschwenderischen unnützen Ausgaben und Spielen, und schieße abher entgegen solche Unnothwendigkeit auf die Armen, als nach der Scheibe, wornach du mit solchem von Gott dir gegebenen Gut zielen sollest, so bist du ein Graf von Zeil. Verlangest du endlich zu seyn ein Graf von Heiligenberg, Werthenberg oder Palm, so gebe den Armen mit freigebigem Gemüth, si multum tibi fuerit, abundanter tribue; si exiguum tibi fuerit, etiam exiguum libenter impertiri stude, damit du heilig lebest, Gott seyest werth, und den Palmzweig der ewigen Seligkeit erlangest. Denn wie der weise Mann sagt: „Wer der Barmherzigkeit und Gerechtigkeit nachjaget, der findet das Leben, Gerechtigkeit und Ehre, qui sequitur justitiam et misericordiam, invenit justitiam, vitam et gloriam.“

„Quod uni ex minimis meis fratribus fecistis, mihi fecistis, was ihr gethan habt einem aus meinen geringsten Brüdern, das habt ihr mir gethan;“ spricht der gütigste Heiland. Sein Apostel aber zu den Hebräern schreibt also: „Beneficientiae autem et communionis nolite oblivisci, talibus enim hostiis promeretur Deus, der Wohlthat und des Mittheilens vergesset nicht, denn mit solchen Opfern verdienet man Gott.“ Darum gar schön und billig sagt der h. Chrysostomus: „Benefacere homini est beneficium magnum apud Deum deponere, einem Menschen Gutes thun, ist eine große Wohlthat bei Gott ablegen.“ Wie aber kann man vermerken, daß Gutes thun dem Menschen Gott so angenehm sey? Weilen man dadurch verdient zu seyn ein Kind des allerhöchsten Gottes. Denn also unterweiset uns die ewige Wahrheit selbsten: „Diligite inimicos vestros, benefacite his, qui oderunt vos etc., ut sitis filii patris vestri, qui in coelis est, liebet euere Feinde; thut Gutes denen, die euch hassen, und bittet für die, so euch verfolgen und beleidigen, auf daß ihr Kinder seyd eures Vaters, der in dem Himmel ist.« Wessentwegen der h. Gregorius Nyssenus die Freigebigkeit folgender Weise mit einem Lobschall zieret, indem er meldet: »Beneficentia est omnium virtutum laudatarum praestantissima, haec est felicitatis Comes, haec assidet Deo, et magna est cum ipso necessitudine conjuncta.« Als wollte er sagen: »Die Freigebigkeit ist eine solche Tugend, dero Vortrefflichkeit alle anderen Tugenden an Lob übersteiget, sie ist ein Gefährte der süßesten Glückseligkeit, und Gott, also zu reden, dergestalt angeboren, daß er, als das höchste Gut, ohne sie gleichsam kein gütiger Gott ist oder seyn könnte.« Damit wir aber Kinder werden unsers Vaters, der im Himmel ist, so ist nothwendig, daß wir seinem eingebornen Sohn nachfolgen in der Barmherzigkeit, und milde übertragen die Beschwerlichkeiten unsers Nächsten, und in seiner Noth eine eröffnete Hand haben gegen ihn. Darum sagt gar schön der h. Bernhardus: »Credis in Christum, fac Christi opera, et vivat fides tua, glaubst du an Christum, so verrichte auch seine Werke, damit dein Glauben lebe.«

Ich bin gesessen unter dem Schatten, dessen ich begehr, und seine Frucht ist meiner Kehle süß, spricht die verliebte Braut. Durch den Schatten verstehet allhier der clarevallische Lehrer den Glauben an Christum, aber dieser Schatten muß seyn unter dem grünen Baum der Liebe, auf daß er eine liebbare Erquickung verursache. Denn wie der Apostel meldet: »Kein Glaube ist fruchtbar, als der in Liebe wirket.« Damit aber unser Glaube fruchtbar erscheine, muß er schwanger seyn mit den Werken der Liebe, den Schatten Christi muß er alleinig verlangen, welcher uns beschützen kann vor der Hitz der Laster, und uns erfüllet mit Lust und Freud der Tugend. Darum sagt der Prophet: „In umbra tua vivemus, in deinem Schatten wir leben.“ Ja wahrlich leben wir unter dessen Schatten, wenn unser Glaube begleitet wird mit guten Werken, weil sonsten ohne die Werk der Glaube todt ist. Der gute Wille muß vorhergehen den guten Werken, wie vorangehet die Blüthe eines Baums der Frucht. Aber gleichwie nothwendig ist, daß die Blüthen zeitig werden zu der Frucht, also ist auch billig, daß der gute Wille ausbreche in die guten Werk. Wenn aber das Vermögen ermangelt bei dir zu dem Werke, so bringe zum Wenigsten hervor die Blumen des guten Willens. Derohalben nennet der heil. Augustinus die Lieb auch einen guten Willen. Gott verlanget von Keinem mehr, als was er ihm nothwendig hat verliehen. Der gute Wille ist ein Schatz der Armen, in welchem Schatz ist die süßeste Ruhe und wahrhafteste Sicherheit. Haltest du einen guten Willen zu Gott und deinem Nächsten, so sitzest du unter dem Baum der Liebe, unter dem Schatten Jesu, dessen Frucht süß wird seyn deiner Kehle. Wer versucht hat die Frucht wahrer Liebe, der hat auch schon versuchet, wie süß der Herr sey. Wessentwegen vigilate, state in fide, viriliter agite et confortamini, wachet, stehet im Glauben, handelt männlich, und seyd stark, all euer Ding geschehe in der Liebe. Denn ohne die Lieb ist Gott keine Tugend angenehm. Die Liebe und guter Wille muß ein jedes Werk begleiten, soll es Gott gefallen. – Es ist zwar nicht zu verwerfen, die Tugend kommt Vielen hart vor; aber eben darum, sagt der heil. Gregorius, kann man nicht zu großer Belohnung gelangen ohne große Mühe und Arbeit. Auf große Mühe gehört ein guter Trunk; solchen Trunk aber wird Gott uns geben nach diesem Leben, wenn er uns wird zieren und führen in seinen Weinkeller, zu laben mit seinen Gaben und Gnaden in alle Ewigkeit.

Das 4. Kapitel.

Um ihren Ruhm
Kommt leicht ein' Blum.

Da die Kinder Israel in dem babylonischen Elend sich befanden, waren sie in größter Traurigkeit, das sie genugsam zu erkennen gaben, weil sie sprachen: An den Wässern Babylons saßen wir und weinten, da wir an Sion gedachten, unsere Harfen haben wir an die Weiden gehängt, da hießen uns die singen, welche uns gefangen hielten: lieber singet uns ein Liedlein von Sion; allein die armen Gefangenen gaben zur Antwort: „Quomodo cantabimus canticum Domini in terra aliena? wie könnten oder sollten wir des Herrn Lied singen in fremden Landen?“ Es spricht der heilige Augustinus: „Qui non habent charitatem cantare non possunt. Welche nicht lieben, sich nicht im Eingen üben können;“ dem es wohl gehet, mag leicht singen: „Cantabo Domino, qui bona tribuit mihi.“ Aber wenn das Blättlein sich wendet, und der Wohlstand sich endet, da heißt es gleich mit dem sonst geduldigen Job: „Pereat dies, in qua natus sum, et nox, in qua dictum est, conceptus est homo, der Tag sey verloren, in welchem ich geboren bin, und die Nacht, da man sprach: es ist ein Mensch empfangen, „und verdrießet uns, mit Rebekka gleich länger zu leben. Taedet me vitae meae, wenn uns die Widerwärtigkeiten anstoßen, die Liebe in Trübsalen erstirbt bei uns gar leicht, daß wir wohl mit Paulo rufen dürften: „Quis me liberabis de corpore mortis hujus, wer wird mich erlösen von dem Körper dieses Todten?“ Es ist zwar nicht ohne, nichts ist zu verdenken, so dieses Leben belustiget, alldieweilen solches nichts anders ist, als lauter Mühseligkeit. Der Pfau, wenn er seine Füß anschauet, so läßt er das ausgespannte Rad seines Schweifes gleich fallen. Wenn wir betrachteten unser armseliges Leben, hätten wir keine Ursach, uns zu übernehmen. Denn

Wie ein Vogel durch sein Fliegen,
Wie ein Pfeil,
In der Eil
Kann des Menschen Aug betrügen,
Also schnell des Menschen Hab,
Und sein Schritt zu seinem Grab
Ist nicht weit von seiner Wiegen.

Dies nostri quasi umbra super terram, et nulla est mora. Sintemalen es eine elende Beschaffenheit mit uns sterblichen Menschen hat, deren Tage sind wie ein Schatten auf der Erde, und ohne Verzug vergehen, und dennoch seynd ihrer Viele, die gleichsam als Taglöhner für andere Leute arbeiten, selbst aber für sich nichts haben, und ohne anderer Personen Barmherzigkeit nicht bestehen können. Sie seynd stündlich in Aengsten, stündlich mit Furcht umringet, und so wenig sicher, als diejenigen, die an einem gefährlichen Ort eines hohen Felsens stehen. Es verkehret sich Alles in einem Augenblick, ein Ungemach treibet und schlaget das andere, auch nimmt gar oft ein lustiger Anfang ein trauriges Ende. Pulvis es, et in pulverem reverteris, ein kleiner Wind verweht geschwind einen ganzen Haufen Aschen.

Damades oder Democles, wie ihn Sidonius Apollinaris nennet, als ihm der Tyrann Dionysius ein blosses an einer kleinen Saite geheftetes Schwert über sein Haupt hat aufhängen lassen, hat von der ganzen ihm zubereiteten königlichen Tafel und Mahlzeit nichts verkosten wollen, auch nicht die geringste Freude bei der allerlieblichsten Musik empfunden. Dergleichen Schwerter hängen gar viel über uns, niemalen seynd wir sicher vor unterschiedlichen Zufällen und Begebenheiten; Alles vergehet wie ein Schatten, und unser Leben lauft dahin wie ein Wasser. Omnes morimur, et quasi aquae dilabimur in terram, quae non revertentur. Ja gleichwie nachgestellet wird dem König unter den Kegeln, der Eul unter den Vögeln, den Tauben unter den Raben, dem Pelzwerk unter den Schaben, dem Esel unter dem Treiber, der Schönheit unter den Weibern, dem Käs unter den Ratzen, dem Korn unter den Spatzen; also stoßen uns viel tausend Widerwärtigkeiten an, ehe wir diese Welt recht ersehen. Alle Weisheit, Stärke und Schönheit hat bei uns ein Ende, ehe sie recht angefangen. Darum nicht unbillig ein jeder Mensch den ersten Glanz des weltlichen Lichts mit Thränen begrüßet, mit kläglichem Weinen sein zukünftiges Elend beweinet, und seine Stimm zu einem Klaglied brauchet, zu bedauern seine Geburt, durch welche er gelangt in einen Stand, der billig zu beweinen, indem weil der Mensch nichts anders ist, als ein Haus der Sorge, ein Sitz der Trübsale, eine Einkehr der Krankheiten. Also ist das widerwärtige Glück keiner Wählung noch Umsehens benöthiget, wohin solches seinen Gang hinleiten solle, ein Unterkommen zu finden. Unsere ihm wohlbewußten Ungemach und Schwachheiten machen die Berathschlagung nicht allein unverzüglich, sondern wenden es auch gänzlich ab als ein umsonstes und müßiges Sinnen.

„Paucitatem dierum meorum nuntia mihi, die Wenigkeit meiner Tage zeige mir an!“ spricht der heilige David. So lange wir auf dieser Welt seynd, seynd wir irdisch, und so läng wir hier verbleiben, seynd wir arme Pilger und Reisende auf dem Erdboden, deren Tag voller Schmerzen und Betrübniß. Cuncti dies ejus Doloribus et aerumnis pleni sunt, nec per noctem mente quiescit. Wir bringen nichts mit uns auf die Welt, und von dannen werden wir auch nichts mit uns nehmen; denn wie Job klagt und sagt: „Nudus egressus sum de utero matris meae, et nudus revertar illuc, ich bin nackend von meiner Mutter Leibe kommen, und nackend werde ich wieder dahin fahren.“ Welches uns der weise Mann noch besser zu betrachten vorstellet, da er schreibet: Alle Dinge seynd verschwunden wie ein Schatten und wie ein Laufer, der vorüber lauft, und wie ein Schiff, das die Wellen durchschneidet, so es vorbei, siehet man nicht, wo es gegangen ist. Eben also seynd auch wir, sobald wir geboren werden, hören wir auf zu seyn, und hinterlassen kein Zeichen einiger Tugend, und kommen also um in unserer Bosheit und Verderben. Unser gegenwärtiges Leben ist gleich der kürzesten Nacht; unsere Tage sind wenig und mühsam, werden nach Kurzem geendiget, und seynd, als seyen sie nicht. Das Gedächtniß des Menschen verschwindet wie der Rauch, und verbleibet allein der Gerechte im wahren Gedächtniß gefaßt, welcher nicht stirbt in Ewigkeit, vereiniget mit Gott. Welcher mit Vernunft begabte Mensch wird denn zu wohnen verlangen an einem solchen Ort, so mit allerhand Mühseligkeiten angefüllet? Welcher Verstand wird seine Ruhe suchen bei der Unruhe, sein Vergnügen bei der größten Sorge, seinen Wachsthum bei dem täglichen Abnehmen, und seine Glückseligkeit in der Beherbergung der steten Veränderung, sintemalen alle Freude in einem Augenblick vergehet? Non habemus hic manentem Civitatem, alldieweilen wir hier keine bleibende Stätte haben. Es verdrießet uns zwar oft zu leben, indem wir auf allen Seiten mit Mühseligkeiten umringet und belagert werden; aber das böse Gewissen fürchtet zu sterben, weilen es nicht hat für alle bösen Werk Rechnung zu thun. Venient in cogitatione peccatorum suorum timidi, et traducent illos ex adverso iniquitates eorum. Vielen ist zwar dieses Leben zu lang, aber solche eingebildete Länge verursachet nur die Mühseligkeit und Elend; weilen einem mit Widerwärtigkeiten schwangeren Herzen die Zeit jederzeit zu lang ist, indem es die so kurze Zeit nicht verkürzen kann.

Zu Sagunte soll ein Knab, sobald er auf die Welt geboren, wieder in den mütterlichen Leib gekrochen seyn. Dieser muß bald genug verkostet haben die Verdrießlichkeiten der Welt, so dieselbige häufig überschwemmen. Nichts desto weniger hat der eingeborne Sohn Gottes sich also in unsere Natur verliebet, daß er sich nicht gescheuet, solche anzunehmen, und in solcher geboren zu werden, auch alle unsere angebornen Mühseligkeiten, die Sünd ausgenommen, zu tragen und auszustehen. Aber ach, mein Jesu, soll denn unser Heil in dem Frühling deiner ersten Tage dir so großes Ungemach verursachen, daß du gleich, da deine Lefzen kaum versüßet waren von der Milch der jungfräulichen Brüste, für mich verkosten sollest so bitteres Aloe? Ja, wo die Braut ist, da will der Bräutigam auch seyn, und wo der Bräutigam ist, dahin soll sich die Braut auch neigen. Sie muß seyn wie eine Heliotropium oder Sonne Apollinis. Diese Blum, welche des Angesichtes ihres Apollinis nicht missen kann, wendet und wiederwendet sich allezeit nach dem Lauf, wie die Sonne gehet, und über ihren höchsten Weg an den Himmel steiget. Wenn die Seel sich dessen bemühet, kann sie gedenken, es sey ein solches gutes Zeichen, wie man der anbrechenden Sonne versichert ist, wenn der helle Morgenstern neben den purpurfarbenen Strahlen der Morgenröthe sich an dem Kreis des Himmels sehen läßt. Unangesehen auch oft den goldenen Morgenglanz eine trübe Wolke bedecket. Ein jedes Ding geht darum auf, daß es wiederum zu Ende laufen und verderben soll. Der Himmel selbst samt seinen Sternen, wie richtig ihre Bewegung auch ist, haben ihren Auf- und Niedergang. Eine Blum, die zu frühe ihren Knopf aufthut, kann nichts anders erwarten, als zu verwelken, und mit dem Schlusse des Tags auch zu Endung ihrer Schönheit zu kommen. Und gesetzet, daß wir was mit großen Sorgen erlanget, so kommt der Tod, der uns lachend nach der Seite ansiehet, und durch alle unsere Freud ein Loch machet, und endiget sie mit großer Noth, Schmerzen und Spott. Homo natus de muliere, brevi vivens tempore, repletur multis miseriis, qui quasi flos egreditur et conteritur, der Mensch, geboren von einem Weib, lebet nur eine kurze Zeit, und wird mit vielen Mühseligkeiten angefüllet und überhäufet. Er gehet zwar wohl zu Zeiten durch veränderlichen Glückeslauf schön auf, wie eine Blum, in Reichthum, Ehr und Ruhm, aber geschwind, ein kleiner Wind der Widerwärtigkeiten wehet sie um, und macht behend der Freud ein End. Adam hat zwar gelebet 930 Jahr, Seth 902, Enos 905, Cainan 910, Malaleel 895, Jared 962, Henoch 365, Mathusalem 969, Lamech 777, Noe 950, Thare 205, Abraham 175, Isaak 180, Jakob 147; was aber für Freud, für Ergötzlichkeit, für Süße und Trost haben sie in ihrem Leben empfangen? Adam war aus dem allerlustbarlichsten Ort der ganzen Welt, dem Paradies, gestoßen. Seth mußte die Strafe seiner ungehorsamen Mutter tragen helfen. Enos wurde gezwungen, dem

Fluch seines Großvaters unterworfen zu seyn. Cainan hatte allerhand Mühseligkeiten auszustehen. Malaleel und Jared haben mehr Saures als Süßes gekostet. Noe mußte die allergefährlichste Wasserfluth ausstehen. Abraham, gleich als ein Landsverwiesener, wurde genöthiget, sein Vaterland zu verlassen. Isaak sollte auf dem Scheiterhaufen geschlachtet werden, und Jakob mußte um ein Weibsbild 14 Jahr in Schweiß und Arbeit sich abmatten. Aller Dieser Leben war mit Mühe umgeben, alle ihre Tage, so lang sie uns auch vorkommen, waren wenig und bös, parvi et mali. Ihr Lebenslauf gleich dem unsrigen war wie eine Uhr, in welcher ein Ungemach und Elend das andere treibet, was gestalten ein Rädlein das andere in solchem Kunstwerk; auch dabei so behend und gebrechlich, daß es durch die geringste Berührung gar leicht schadhaft und verderblich werden kann. Diesem nun sey wie ihm wolle, so will das Fleisch gemachte Wort solches mit uns erdulden, geboren in dem Stall, ne penitus pereat qui abjectus est, auf daß wir wiederum zur Gnade der göttlichen Majestät gelangen.

Ach, könnte ich wünschen und meinen Wunsch erfüllen in dem Werk, so wollte ich begehren; wie ich denn verlange, daß mein Leib wäre worden zu jenem Stalle, damit mein Herz gewesen die Krippe; oder daß mir anstatt der unvernünftigen Thiere vergünstiget wäre worden, zu seyn an deiner Seite, damit ich durch die flammenden Seufzer, welche deine brennende Liebe in mir anzünden sollen, dich ganz zitternden vor Kälte und Frost erwärmen oder sonst verehren möchte. Wie trostreich, herzlabend und erquickend würde es mir seyn, wenn ich hätte können beistimmen jenem lieblich klingenden Gesang, welchen die himmlischen Geister bei deiner Geburt und Ankunft auf diese Welt gesungen: „Gloria in altissimis Deo!“ Weilen aber solches nicht seyn kann, so will ich doch als ein von Sünden wilder Steinlerch mich zu ihm verfügen, und dein Lob nach Vermögen anstimmen, damit sie aus Anregung meiner Begierd ihrer hohen Würdigkeit sich erinnernd in ihrer hell strahlenden Klarheit desto mehr angefrischet werden, mit aller Aufmerksamkeit auszubreiten dein Lob. Gleichwie eine lieblich singende Nachtigall angereizet wird von dem einsamen Spatz, eine angenehme Melodie zu schlagen, und die schattenreichen Wälder samt den mit Blumen und Gras gezierten Feldern mit ihrer Stimme anzufüllen. Darum

I.

Ach schönstes Kind aus Davids Stamm,
Du meiner Seele Bräutigam,
Mein Trost, mein Heil, mein Leben,
Wie soll ich dankbar loben dich,
Weil du im Elend suchest mich,
Aus solchem zu erheben.

II.

Damit ich, der nur Staub und Erd',
In dich, mein Gott, verwandelt werd',
Hast dir mich auserkoren;
Daß, was verloren durch die Sünd,
In dir ich solches wieder find',
Mit dir auf's Neu geboren.

III.

Du wolltest seyn, o höchster Gott!
In dieser Welt in höchster Noth,
Dadurch mich zu bereichen;
Genommen hast all Kreuz von mir,
Und solches aufgeladen dir,
Der wahren Lieb zum Zeichen.

IV.

Komm denn du schöner Freudenplatz,
Und auserwählter Herzensschatz,
Mein Trost in allen Leiden;
Komm, und laß mich dein Kripplein seyn.
Komm, ach, und lege bei mir ein
Dich und all' deine Freuden.

V.

Ach, komm, du süßer Gnadenfluß,
Damit ich dir könn' einen Kuß
Aus wahrer Liebe schenken;
Und mit dem Kuß auch geben hin
Mein Herz, Gedächtniß, Muth und Sinn
Zum besten Angedenken.

VI.

Da wollt' ich in so süßem Stand
Verehren dein' liebreiche Hand,
Und selbe g'nug besehen;
Mir sollten meine Augen beid'
Vor gar zu großer Herzensfreud
In Zähreubach zugehen.

VII.

Und in so heißem Zährenbach
Würd' haben ich gewünschte Sach,

Dich Jesu mein zu baden;
Viel tausend Küß, die sollten dann
Dich wieder trocknen, daß etwann
Nicht leidest einen Schaden.

VIII.

Mein Herz das Badbeck müßte seyn,
Wenn es beliebt dir, Jesu mein,
In solches dich zu setzen;
Damit es sich, o liebster Schatz,
Und angenehmster Freudenplatz,
Mit dir könnt' g'nug ergötzen.

IX.

Wie oft wollt ich dich an mein' Brust
Mit meines Herzens größter Lust,
Ach schönster Jesu, drücken!
Damit mein' Seel und Herzensschrein
Du mit so vielem Gnadenschein
Hingegen würdest schmücken.

X.

Wie oft wollt' ich bei stiller Nacht
Halten bei dir genaue Wacht,
Damit dir nichts möcht g'schehen;
Gewißlich Salomon nicht hätt
Die sechzig Helden bei sein'm Bett,
So wachsam da zu stehen.

XI.

Ich wollt' ein rechter Argus seyn,
Dich, o mein schönstes Jesulein!
Ganz sorgsam zu verwahren.

Daß nicht ein unverhofftes Leid
Dir, o du meiner Seele Freud,
Vielleicht könnt widerfahren.

XII.

Denn ich müßt ja recht närrisch seyn,
Wenn ich das Allerliebste mein
Nicht wachbar wollt verwahren;
Ach du viel tausendmal bist mir
Lieber, als einem Jubilier
All seine Schätz und Waaren.

XIII.

Weil du bist der unschätzbar' Schatz,
Der liegt in meines Herzens Platz,
Mir angenehm verborgen;
Sollt ich denn nicht bei stiller Nacht,
Ein Jeder es nur recht betracht,
Genugsam für ihn sorgen?

XIV.

Wollte doch auch für sein'n Gewinn,
Der irdisch Engel von Aquin
Sonst anders nichts begehren;
Als nur das liebste Jesulein,
Damit er könnte würdig seyn,
Es g'nugsam zu verehren.

XV.

Wer einen Schatz geoffenbart,
Und sorgsam solchen nicht verwahrt,
Der will ihn nicht genießen;
Weil er vor so goldreichem Kast
Sich ganz thörichter Weise laßt
Ein' kleine Müh verdrießen.

XVI.

Nicht also ich auf off'nem Platz
Wollt Jedem zeigen meinen Schatz,
Sondern will unverdrossen
Behalten ihn im Herzen mein,
Darinnen ewig soll er seyn
Verwahret und verschlossen.

XVII.

Komm denn, mein Jesu, komm herbei,
Und thu erfahren meine Treu,
Die gegen dich ich trage;
Ach daß ich dich, o schönstes Kind,
Nach Wunsch nicht in dem Herzen find',
Allein nur dieses klage.

XVIII.

Wie wollt ich nicht so freudenvoll,
Wie ein Verliebter lieben soll,
Dich mit der Lieb umfangen;
Denn nur allein zu lieben dich,
Und völlig dir ergeben mich,
Darin steht mein Verlangen.

XIX.

Ja ich bin schon der Freud so voll,
Daß, was ich dir nur schenken soll,
Schier nicht weiß zu ergründen;
Ach Herzenskind, nimm immer hin
Mein Herz, Gedächtniß, Muth und Sinn,
Mit Lieb mehr anzuzünden.

XXI.

Weil du zum Himmel bist die Port,
Des Vaters Rath und ewig Wort.

Die Wahrheit und das Leben;
Erfüllen kannst du jedem Theil,
Was mir ermangelt an dem Heil,
Thu nur das Jawort geben.

Billig sollte seyn unser Gemüth jederzeit vertiefet in den süßesten Jesum, und unsere Gedanken verstecket in seine gegen uns getragene unergründliche Liebe. Aber leider, wir wollen nur allein gleich mit dem heiligen Petro auf dem Berg Thabor die Freuden genießen, und der überschönen Klarheit, ehe und zuvor wir anfangen, die Lieblichkeit der Menschheit Christi zu verkosten. Anders verlangte der englische Lehrer, denn er wollte lieber bei der Krippe seyn, als auf jenem Berg, da er aufschreiet: Du, welcher jetzunder bist in dem Schooß des Vaters, wer wird geben, daß du Mensch, und theilhaftig unserer Natur, mein Bruder genennet werdest, auf daß ich dich durch öffentliches Gesicht anschaue, den ich jetzt ganz und gar durch den Glauben begehre, welcher für mich geboren.

Wie wir aber in Gott sollen geboren werden, erzählet der hocherleuchtete Eccardus, daß solches geschehe durch eine wahre Reu über alle Sünden, durch unabläßliche feuerflammende Begierden, demüthige Uebergab seiner selbsten, stete Gegenwart Gottes und durch liebtriefende Vereinigung mit ihm. Der Geist soll trachten allein dahin, damit er die eine himmlische Schönheit ansehen möge, der Verstand sich verwundern über des Erschaffers aller Dinge Wunderwerk, der Will einig und allein damit umgehen, wie er Gott ehren, lieben und dienen könne, das Gedächtniß sich verweilen, und stets aufhalten in der Mildigkeit seiner Gad Gnaden. Den Augen gebühret nichts anders hen, als das vortrefflichste und wunderbarlichste des mit goldenen Sternen besetzten Firmaments anzen Erdenkreises, damit das Gemüth, von dans ch des Werkmeisters und Schöpfers allerwürdigs ob durch die ganze Welt zu erkundigen, ausgieße, niee muß man biegen und auf sie niederfallen, llergütigsten Gott anzurufen, wie auch die Hände men schließen, die göttliche Barmherzigkeit über ünde zu erlangen; der Mund und die Lefzen sols ich niemalen eröffnen, als den Auserwähltesten vielen Tausenden zu preisen, und sein Lob auszus n; das Herz aber muß sich bemühen, Gott volls en mit getreuer und in dem Glauben wohlges deten Liebe über alle Dinge werth und achtbar chätzen, damit der ganze Leib über alle Dinge ihm unterwerfe, auch alle Ehre und demüthigsten ste erweise.

Darum, wertheste Herzen, gehet doch in euch sel verlasset den Weg, auf welchem ihr nicht anders wie das wilde Vieh zu der höllischen Schlachtban hret werdet. Weichet aus der schlüpferigen Gäh Allerunglückseligsten, die ihr nur einen und zwa chern Augenblick des fliehenden Lebens von de dammniß seyd, erbarmet euch doch eurer selbst un er eigenen Seelen, welche der getreue Hirt durc el und Dorn, durch seinen blutigen Schweiß f herziglich geführet hat, selig zu machen. Bereu e Laster, damit ihr durch wahre Buß wiedergebore rbet demjenigen, der vor euch Gott, geboren ist wo Mensch 2c.

Das 5

Der Tag beginn Morgenröth die kleiner bedecken, also daß die Sachen ihre natürlich zu geben; aber unverho tigkeit steiget über sich ein kleines Gewölke, zen Himmel überziehet, gewässerten Vorhang Diejenigen, so auf d werden, ob es schon den Abend seyn wer der Welt leben, sic ligkeit keine Vergnüg etwas Uebels dazwisc machen. Die Welt ist diejenigen, welche die zu allen Fällen fertig se haben, an tausend Klip Grund stürzen. Vor d ichen, und die Erfahrene um zu ihrer Vermeidu Kein Ding ist allhier in

Das 5. Kapitel.

Was wohl gestutzt,
Ist wohl geputzt.

Der Tag beginnet oft schön anzubrechen, und die Morgenröth die kleineren Gestirn mit ihrem Glanz zu bedecken, also daß die Sonn sich hervor machet, allen Sachen ihre natürliche Schönheit und Farben wieder zu geben; aber unverhofft durch eine fremde Widerwärtigkeit steiget über sich aus dem Meer gegen diese Strahlen ein kleines Gewölke, welches nach seiner Art den ganzen Himmel überziehet, als mit einem traurigen schwarz gewässerten Vorhang, und geringe Freude verursachet. Diejenigen, so auf dem Meer seynd, können nicht vermerken, ob es schon zu Frühe ruhig ist, wie es auf den Abend seyn werde. Also sollen auch die, so auf der Welt leben, sich in währender blühender Glückseligkeit keine Vergnügung versprechen, oder als ob nicht etwas Uebels dazwischen könnte einlaufen, Gedanken machen. Die Welt ist ein gefährliches Meer, so daß diejenigen, welche die rechte Zeit nicht zutreffen, und zu allen Fällen fertig seynd, auch deren Wissenschaft haben, an tausend Klippen fahren, und ihr Schiff zu Grund stürzen. Vor dieser Gefahr ist kein Mensch sicher, und die Erfahrenheit selbsten kann oftmals Keinem zu ihrer Vermeidung eine Sicherheit verkünden. Kein Ding ist allhier in steter Ruhe, die Winde selbsten verkehren sich nicht so oft, als der Menschen Thun und Wollen. Die Blumen, welche am geschwindesten blühen, fallen am ehesten ab, und je langsamer sie aus ihrem Knopf hervor kommen, desto länger bleiben sie stehen, wiewohl sie beide verwelken müssen. Wenn die Sonne ihre Strahlen in dem Aufgang zeiget, so gibt sie schon zu erkennen, daß sie auf den Untergang zulaufe, und die Zeit mit sich führe. Wie denn auch unser Leben zwischen Schmerzen und Unglück, von denen es zu allen Seiten angesprenget wird, verschwindet und abnehmet. Wir vermeinen oft, entfernet zu seyn von aller Gefahr, aber wir seynd in dem größten Elend und tödtlich verwundet; also zwar, daß der eingeborne Sohn Gottes muß beschnitten werden, damit durch seine Beschneidung unsere Wunden Heilung empfangen. Denn Ecce Agnus Dei, qui tollit peccata mundi, siehe das Lamm Gottes, welches die Sünde der Welt hinweg nimmt, durch welches Gott alle unsere Sünden wird in's Meer versenken, alldieweilen Sanguis Jesu Christi, filii ejus, emundat nos ab omni peccato, das Blut Jesu Christi, seines Sohnes, uns von allen Sünden reinigет. Wie gefährlich und tödtlich müssen denn solche Wunden seyn, welche zu heilen das göttliche Kind zu verwunden ist. Betrachte, o werthestes Gemüth, und in Betrachtung dessen beschneide zugleich deine unbändigen Sinne, beschneide deine Augen in reiner Behaltung, und mit diesen dich nicht vergaffe, damit, welche sich hier gemüßiget in den irdischen Gestalten, können sich ergötzen mit der unaussprechlichen Freud und Schönheit der ewigen Glorie.

Beschneide deine immerdar als ein offenes Thor

aufgesperrten Ohren, auf daß du mit denselbigen, so du se verschlossen gehalten, den ungebührlichen Ersuchungen und Liebkosen der Menschen, anhörest die Lieblichkeit des Gesangs der englischen Geister. Beschneide deinen von Breitenfeld unweit dem Mutenthal herrührenden Mund und immergehenden wasserstelzischen Schweif deiner Zunge, damit dieselbige, welcher du ehrbedürftige Worte und ungestalte Reden versaget, könne beistimmen den süß-lieblich klingenden Lobgesängen des himmlischen Jerusalems, quia oportet circumcidi.

Beschneide deine Füß und Arm, damit solche deine Füß, mit welchen du gelaufen den Weg der Gebote Gottes, dich hintragen an jenen Ort, allwo du deine Arm, die du hier leer gehalten vom unbilligen Umfangen, mögest einfüllen mit dem holdseligsten Bräutigam deiner Seele.

Beschneide deine gar zu freche Kleiderpracht und Bloßheit deines Leibes, damit, wenn ein keusches Aug gegen dich einen Gegenwurf läßt abgehen, die zwei Kugeln seiner Sterne nicht genöthiget werden, anzusehen, gleichsam ein in offener Fleischbank entdecktes Saufleisch, welches den Ansehenden viel unreiner machet, als da ein Jud unrein wird in Verkostung eines Schweins.

Beschneide deinen allzu großen Uebermuth und Hoffart, damit die leichtfertige Feder dieses Lasters dich nicht zu hoch erheben, und du deinen Ochsenkopf, der ohnedas mit Strohhirn angefüllet, nicht anbrennest, oder mit des Icari zerschmolzenem Flügel nicht herunter fallest in das Meer der größten Mühseligkeit und ewigen Verderbens. Derohalben circumcidimini Domino, werdet dem Herrn beschnitten, und verlasset solchen gefährlichen Felsen der Hoffart.

Beschneide deine gar zu brennende Neigung gegen die Kreaturen, und gar zu viel erkaltete Liebe gegen dero Erschaffer; auch habe mehr Obsicht auf die Tugend, gegen dero übervortreffliche Schönheit alle anderen Anreizungen keine Gewalt haben sollen, auf daß du nicht fallest in das Garn jenes Seelenräubers, welcher den ganzen Tag herum gehet, suchend, wen er als ein brüllender Löwe verschlucke oder in sein Netz bringe, sondern daß man wohl versichert bleibe in der unüberwindlichen Festung des Herzens Jesu, in quo et circumcisi estis, in welchem wir beschnitten sind und verordnet zu dem ewigen Leben.

Diejenigen verwickeln sich leicht in des leidigen Satans Stricke, welche geringe Dinge versäumen, und kleine Gebrechen nicht wollen vermeiden; denn ihr gottseliger Eifer vergehet nach und nach, und schieben auf die Bekehrung von Tag zu Tag, bis sie anfangen, das Rabengeschrei zu üben, und nichts mehr hoffen zu erwerben, als das ewige Verderben. Aber nicht also, werthestes Herz, nicht also, denn als die Israeliter aus der ägyptischen Gefangenschaft ausgezogen, und sich der pharaonischen Dienstbarkeit befreiet, wurde solches mit so großer Geschwindigkeit verrichtet, daß sie kaum so viel Zeit genossen, ihr Brod halber auszubacken. Denn das Volk trug den rohen Teig, ehe er versauert war, zu ihrer Speise, gebunden in den Kleidern, auf ihren Achseln.

Wie David vernommen, daß die Stadt Siceleg

von den Amalekitern erobert, und alle Einwohner gefänglich hinweg geführet worden, weinte er sehr, und eilte ihnen geschwind nach, nahm ihnen allen Raub ab, und löschte die Brunst in der Stadt. Da jene Sunamiterin vermerket, daß ihr liebes Spielvögelein, ein einiger Sohn, in dem Tod verblichen, verließ sie ihr Hauswesen, damit sie den Propheten Elisäum ereilen, und von ihm ihrem Söhnlein das Leben wiederum erlangen möchte; ungeachtet auch ihr Ehewirth sie ermahnte, nicht so sehr zu eilen, alldieweilen kein Neumond oder ein Sabbath, achtet sie solches nicht, sondern sattelt die Eselin, und sprach zum Knaben: treibe fort, und säume dich nicht mit deinem Reiten, und thue, wie ich dir sage. Also auch, o Sünder und Sünderin, wenn deine Seele durch die Sünde in der höllischen Dienstbarbeit gefangen gelegen, nun aber bereit bist, deroselben Band von dir zu werfen, muß solches also schnell und geschwind geschehen, daß du auch bei Verachtung leiblicher Sachen zu dem rothen Meer der heiligen Sakramente, welche von dem roth=purpurfarbenen Blut und Leiden Jesu ihre Wirkung und Kraft haben, dich hinfügest, in die Wüste der Buß fliehest, alloa dich in Sicherheit aufzuhalten. Wenn die Sünden in der Stadt deines Herzens das Feuer der Begierlichkeit angezündet, die Gnaden geraubet, und die Verdienste der Tugenden gefänglich hinweg geführet haben; ach, so weine in der Beicht, verfolge geschwind deine Feinde, nämlich die Laster, schlage sie in die Flucht, und hole wiederum ein den dir abgenommenen Raub der Gnaden. Wenn deine Seele in der Sünd todt und gestorben ist, so eile zu Elisäo, dem Priester, diesen so erbärmlichen Todesfall anzuzeigen. Wenn aber das Fleisch, Welt oder der Teufel sollten begehren, dich zu verhindern und deine Beicht länger aufzuschieben, ei so gebe starkmüthig zur Antwort: vadam, ich will gehen. Befehle allen bösen Begierden und Neigungen, fortzuweichen, auch dir einige Verhinderung zu der Buße nicht beizubringen. Erkenne geschwind mit dem h. David deine Schuld: „Peccavi et malum coram te feci;" mit demüthigem, reuvollem Herzen sprechend: „Ich habe gesündiget und Böses vor dir gethan." Oder mit dem verlornen Sohn: „Pater peccavi in coelum et coram te, ich habe gesündiget in dem Himmel und vor dir!" O gütigster Vater, damit auch Gott in gleicher Eil, als jener Vater zu den Dienern bei Ankunft seines Sohnes rief: „Bringt bald her das beste Kleid, citò proferte stolam primam;" wieder die verlorne Gnad, welche du bei deiner wahren Zurückkehrung von den Lastern zu hoffen hast, allergnädiglichst mittheile. Derowegen, werthestes Gemüth, auf daß du scheinest voll der himmlischen Tugendwaaren, zu verdienen und zu vermehren das Verdienst der Unsterblichkeit, so werde gegründet in unverfälchter Frömmigkeit, durch die Demuth tief eingewurzelt, damit dich die Winde der ungebührlichen Begierden nicht wie ein schwaches Rohr bewegen, oder als einen großen Baum, von dem Ehrgeiz aufgeblasen, ausreißen. Weilen man sich leicht der eitlen Ehren übernimmt, und aus lieblich wehender Luft des menschlichen Lobs aufgeblasen wird. Halte verschlossen deinen Willen mit dein göttlichen, auf daß solches Band nicht zertrennet, und das Schloß durch den eigenen

Willen und Nutzen zersprenget werden möge. Deine Sinne verschließe in die heilwirkenden Wunden deines gekreuzigten Jesu, damit sie gleich als eine von dem Stoßvogel verfolgte Turteltaube in sichern Steinritzen vor dem höllischen Seelenfalk befreiet seyen. Dein Gedächtniß vertiefe in der Holdseligkeit deiner Seele hochadelichen Liebhabers, auf daß du jederzeit gedenkest, mit was für Armen der Gegenlieb du ihn wiederum lieben und umfangen könntest, mit herzlicher Neigung gegen ihn. Also gleich, wie ein Stein aus natürlicher Eigenschaft stets abwärts geneigt, und die Erde suchet, und zwar, daß diese Eigenschaft dem Stein ohne Verderbung und Abschaffung seines Wesens nicht kann entzogen werden, und sollte er schon viele Jahre gewaltsamer Weis in der Luft aufgehalten seyn, verbleibet diese Neigung, abwärts zu fallen, dennoch in ihm. Auch gleichwie das Zünglein in einem richtigen Compaß, da es einmal die Kraft des eisenziehenden Magnetsteins an sich genommen, läßt nicht mehr ab, angearteter Weis, dem Nordstern sich nachzuwenden, und nach dessen Aufgang gleichsam aus unruhiger Lieb zitternd sich zukehren. Also solle auch eine gottliebende Seele sich jederzeit neigen, und verlangen nach Gott, daß, obschon vor- und zufallende Sachen gewaltsam ihn zu was anderm ziehen sollten, er dennoch verbleibe gegen Gott geneigt und gesinnet, weil Keiner seiner Lieb kann theilhaftig werden ohne sondere Sorg.

Als der König Demetrius Athen erobert, hat der weltweise Lachares sein Angesicht mit Tinte besudelt, ein Bauernkleid angelegt, und unerkannt durch die kleinsten Stadtporten entflohen. Als ihm aber die tarentinischen Reiter stark nachgesetzet, und er solche zu betrügen gedachte, ist er auf ein Pferd gesessen, und hat auf die Straße hin und wieder Geld gestreuet; indem nun die Nachsetzenden solches aufgesammelt, ist er indessen nach Böotien entronnen. Wenn wir Menschen die himmlischen Güter erlangen wollen, so müssen wir alle Eitelkeit, Freud und Wollust der Welt von uns werfen. Denn wie der heil. Chrysostomus saget: „Wer gedenket, diejenigen Sachen zu genießen, so in der Welt seynd, der suche den Himmel, und wer das Gegenwärtige wünschet zu haben, der verachte selbige mit höchstem Fleiß." Sintemalen auf dieser Welt der größte Gewinn ist: verlieren, daß man gewinne, verlieren, daß man behalte.

Theophrastus meldet von Ursachen der Pflanzen, daß der Oelbaum, wenn ihm die alten untauglichen Aeste abgehauen und beschnitten werden wegen seines angebornen überflüssigen Saftes, neue Schößlinge und Zweige hervor sprossen, und also auch fruchtbarer und schöner zu sehen sey. Auf gleiche Weis müssen wir auch das Untaugliche und Unfruchtbare an uns, nämlich die Laster, beschneiden, wenn wir reichere Früchte der Tugenden erlangen wollen. Von welchen Beschneidungswunden der gütigste Gott uns schon heilen wird. A. vulneribus tuis sanabo te.

Ein Vögelein, wenn es sich nur mit einem Flügel in die Höhe erschwingen wollte, würde sich nicht weit in die Luft von der Erde erheben. Wenn der Mensch durch das zarte Wolkenhaus gegen den göttlichen Thron sich will begeben, muß er nicht geringe Mühe anwenden, sondern sich zweier starker Tugendflügel bedienen, als das Böse meiden und das Gute üben. In demjenigen Laster aber oder Untugenden müssen wir uns am Meisten stutzen und abtödten, welche uns in mehrere Fehler zu stürzen pflegen; damit, wenn das oberste Haupt überwunden, die Glieder auch in unserer Gewalt seyn. Wenn die Brunnquell ausgetrocknet ist, wird der Bach aufhören zu laufen, wenn der Schlang der Kopf zertreten ist, ist es um sie geschehen. Gleichwie auch der Arzt an demjenigen, welcher mit vielen Krankheiten behaftet ist, forderist die gefährlichsten Krankheiten muß heilen; also muß derjenige, der sich unterstehet, seine Fehler zu verbessern, und die Tugend zu erlangen, sich erstlich erforschen, was er für eine sittliche Natur habe, und welches Laster ihm größern Schaden verursache. Obwohlen diejenigen Untugenden, welche kleinere Ungelegenheiten beibringen, auch auf das Fleißigste zu stutzen seyn, qui spernit modica, paulatim decidet. Denn wie Sturm und große Ungewitter von geringen Dünsten, die aus der Erde in die Luft steigen, herkommen, also erheben sich oft von schlechten Sachen große Verletzungen des Gewissens, und zwar, daß man nimmermehr vermeint, daß sie so einen bösen Ausgang gewinnen sollten. Darum, wer verlanget, die Sünde zu meiden, muß auch vermeiden alles Dasjenige, so zu den Lastern anreizet, qui amat periculum, peribit in illo. Der allerhöchste Gott befahl den Kindern Israels, welche unter dem König Pharao gefangen waren, daß sie alle samt ihrem ganzen Hausgesind, Vieh und allen Gütern aus Aegypten ziehen sollten. Als Loth mit seinem ganzen Hauswesen aus Sodoma hinweg ging, hinterließ er nichts darinnen, Ursachen dessen er wiederum hätte dahin sich begeben müssen. Ach ihr, o wertheste Herzen, seyd die Kinder Israels, welche in des höllischen Königs Pharaonis Gefängniß eingeschrenket werden; aber Gott befiehlt euch, aus den Sünden auszugehen, und keine einige Gelegenheit derselben zu hinterlassen, sondern ihr mehr als tausend Loth schwere Sünder sollet ausgehen von euren Untugenden und Lastern, den göttlichen Einsprechungen glauben, und zu dem Berg der sichern Buß fliehen. Dergestalten doch, daß ihr die Flucht nehmet mit eurem ganzen Hausgesind, mit allen Veranlassungen und Gewohnheiten, damit euch alle Gelegenheit zu der Wiederkehr benommen werde. Sintemal gleichwie Gott dem König Saul Befehl gab, den Amalec samt seinem ganzen Kriegsheer zu vertilgen, und sogar der Thiere nicht zu verschonen.

Gleichergestalt müssen wir auch die Sünden ausreuten, und sogar die geringsten Ursachen zu denselben bis auf den Grund zerstören. Derohalben war Ihro Gestreng die Frau Sara nicht zufrieden, daß Ismael ausgejagt und vertrieben wurde, sondern es mußte auch die Mutter das Valete nehmen. Ejice ancillam hanc et filium ejus, solchergestalten sollen wir nicht allein das Kind und Sünd, sondern auch die Mutter, Anlaß und Ursach, als eine Gebärerin deroselben, hinaus treiben und verjagen. Darum werfet von euch alle Uebertretung, mit denen ihr übertreten habt, und machet euch ein neues Herz und einen neuen Geist, odite malum et diligite bonum, hasset das Böse und liebet das Gute. Lavamini, mundi estote, auferte malum, et quiescite agere perverse, seyd rein, laßt ab, Böses zu thun, und lernet, Gutes zu wirken, denn Niemand erwählet ein neues Leben, es sey ihm denn das alte verleidet. Derowegen um Gottes willen wirket beständige Buße zur Seligkeit. 2 Cor. 7. V. 10.

Das 6. Kapitel.

Man oft verliert,
Und doch nicht spürt.

Julius Cäsar schreibet von dem König Aracam, daß er, sich eine Gewahlin zu erwählen, zwölf Jungfrauen von gleichen Jahren aussuchen hat lassen, alle baden, und einer jeden ein weißes Kleid anzuziehen befohlen; nach diesem mußten sie in einem eingeheizten Zimmer stehen, und in solchem Kleid schwitzen, deren Kleid hernach wohl roch, dieselbige wurde zur Königin erkläret. Christus Jesus hat sich ausgesucht eine jede christliche Seele, solche in dem Bad der Taufe gewaschen, und durch dieselbige ihr ein weißes Kleid der Unschuld angezogen, auch solcher in einem heißen Zimmer der Buß zu stehen, Befehl gegeben. Diejenigen, deren Kleid durch die Pönitenz einen guten Geruch der Reinigkeit und Liebe bekommen, die wird für eine Braut angenommen, und ihm ewig vermählet seyn; welche aber einen Gestank der Sünden und Laster von sich geben, die sollen als ein stinkendes Aas in die höllische Schindergrube geworfen werden. Wer verlanget, ein solches wohlriechendes Kleid zu bekommen, der befleißige sich mit dem heil. Paulo, ein guter Geruch zu seyn. Er thue was er soll, und was er thun soll, das thue er gut und wohl, so wird er gewinnen, und nicht verlieren, oder doch das Verlieren gleich spüren, damit er es verbessern möge. Da er ihm obzuliegen vermerket, mit allen Kräften nach einer vollkommenen Tugend zu trachten, und diesen Fleiß ohne Unterlaß zu vermehren, weil es nicht so viel an dem gelegen, daß er etwas thue, als daß er es wohl und vollkommentlich thue. Jene Ehr ist nur eitel, welche nicht auf eine ausgemachte Tugend folget, und in ihr gegründet ist.

Zwei Weiber, so in einem Dorf neben einander wohnten, trugen lange Zeit gegen einander große Feindschaft, also, wenn Eine das Haus auskehrte, warf sie der Andern den Mist in ihren Garten, und Jene dieser zurück. Endlich gedachte die Eine, wie sie der Andern eine Schalkheit erweisen könnte, nimmt derowegen kleine Steinlein, thut sie in einen Zuber mit heißer Asche, und schüttete sie der Andern in den Garten. Dieselbe kommt alsobald gelaufen, wollte die Steine aufklauben, und wieder zurück werfen, verbrannte aber die Finger dermassen, daß sie es wohl unterwegen ließ.

In dem Menschen wohnen beisammen der Geist und das Fleisch, welche jederzeit Feindschaft gegen einander tragen, Keines will dem Andern nachgeben, oder sich unterwerfen. Damit aber der Geist das Fleisch von solcher Feindschaft abhalten, seinen heimischen

Feind, den Leib, mit einem gottseligen Gegenhaß wehrlos machen, und dessen Muthwillen brechen möge; solle er ihm die Asche und Stein in den Garten des Gemüths werfen, die Asche nämlich seiner selbst eigenen Erkenntniß, alldieweilen der Mensch nichts anders ist, als Staub und Asche, und wieder in solchen verkehret muß werden. Denn auch die Stein der Sünd und Laster, durch welche er das höchste Gut also schwerlich und vielfältig beleidiget hat. Täglich aber sollte solches geschehen durch Erforschung des Gewissens und Erkenntniß der Sünden. Denn wie Seneca sagt: der Anfang des Heils ist das Erkenntniß der Sünden. Welcher nicht erkennet, daß er gesündiget, der verlanget nicht, sich zu bessern. Zudem ermahnet uns gar schön der h. Basilius, sprechend: „Was du täglich für Werk verübest, so führe dieselbigen auf den Abend zu Gemüth, und erwäge solche gegen diejenigen, so du den vorigen Tag verrichtet.“ Welchem beistimmet der heil. Ephrem, da er schreibet: „Alle Tage zu Abend und in der Frühe thue fleißig beherzigen, auf was für eine Weise sey bestellet deine Handelschaft, ehe und bevor du dich begibst zur Ruhe, gehe in die Kammer deines Herzens, und thue solches mit Fleiß erforschen. Darum die neu Eingetretenen in den heiligen Predigerorden gar wohl erinnert werden, neben Erforschung des Gewissens vor dem Schlaf, auch vor dem Mittagtisch solches durchzusuchen. Denn es geschieht schier gar oft, daß wir viel mehr ab- als zunehmen, und viel verlieren, ehe wir es verspüren, indem wir durch Nachläßigkeit in den Sünden veralten, dadurch denn der geistreiche Geschmack himmlischer Dinge verdirbt, und die Hitz des Geistes lau gemachet wird.

Ein altes Weib, so sich lange Zeit in keinem krystallenen Wahrsager betrachtet, welches bei den Weibern seltsam, ging einsmals über einen Platz, auf dem viel Spiegel feil waren, in welchen sie sich besah, und als sie wahrgenommen, daß sie so veraltet und verstaltet, sprach sie über ihre Häßlichkeit ungeduldig: Es ist eine Schande, daß man heutiges Tages so unnütze Spiegel machet; vor diesem, da ich noch jung war, machte man weit schönere. Mußten also diesem zahnklaffenden Mütterlein die Spiegel eine Ursach seyn ihrer Ungestalt.

Oft gehet es also mit uns Menschen; wenn wir in den Spiegel unsers Gewissens durch öftere Erforschung hinein sehen, so haben wir allezeit eine gute Gestalt; denn ungeachtet wir zu Zeiten durch die Sünd bemackelt werden, so waschen wir solche gleich wieder ab durch eine reuvolle Beicht. Wenn wir aber durch Nachläßigkeit solches Abwaschen versäumen, auch nur nach langer Zeit in das Gewissen hinein sehen, haben wir eine häßliche Gestalt, und sehen uns selbst nicht mehr gleich; besonders, da wir nicht erkennen wollen, daß uns die Schuld nur selbst beizumessen. Wer sein Gewissen recht durchsuchet, wird nichts verlieren ohne Verspüren, kann auch leicht erkennen, was ihm verhinderlich sey. Denn das Gewissen ist jener Diener Jobs, welcher sagte: »Evasi solus ego, ut nuntiarem tibi, ich bin alleinig überblieben, daß ich dir es anzeige.« Dadurch er angespornet wird, nicht wie ein Schwein nur aufzuklauben, was auf der Erde liegt, sondern seine Gedanken mehr erschwingen zu dem Himmlischen, quae sursum sunt sapite. Wir sollen heften die Augen auf die Erde, und das Gemüth an den Himmel, weilen es gar ungereimt zu seyn erachtet, von dergleichen weltlichen Dingen einen Trost erbetteln zu wollen, welchen uns der Himmel überflüssig in unser Herz herab regnet, und mit göttlichen Strahlen unserm Gemüth eine viel höhere und weitere Schaubühne eröffnet. Si cor nostrum non reprehenderit nos, fiduciam habemus ad Deum, so uns unser Herz nicht strafet, da haben wir ein Vertrauen zu Gott. Die Himmelsfeste ist ein schöner Gegenwurf unsern Augen, durch welchen wir angereizet werden, nach dem Ewigen sorgsamen Fleiß zu tragen, und solchem auch nachzujagen, des Zeitlichen zu vergessen, qui utuntur hoc mundo, tanquam non utantur, praeterit enim figura hujus mundi. Was kann liebreicher seyn, als das blau gestirnte Firmament, dessen tausend Sternen kleinster Glanz in solcher Betrachtung unsere Herzen mehr entzündet, Gott zu lieben? Ihr hellglänzender Schein rufet uns mit stillschweigender Stimme, unsern Erschaffer zu verehren. Darum, recht christliche Herzen haben darinnen ihre gröste Lust, wenn sie können ihre Augen des Leibes mit den Augen des Gemüths genug in solchen erquicken und ersättigen. Jene in dem Wittwenstand hochadeliche Matron hat solches gar wohl zu erkennen gegeben, da sie mir vor Kurzem also zugeschrieben: Nun macht mich der Winter ganz melancholisch, sintemalen er mit seinem grauen Ueberzug das glänzende Firmament bedecket, in dessen Anschauung ich bei holdseliger Sommerszeit meine gröste Erquickung habe. Wenn ich mich nicht in meiner Höhle aufhalte, bis zu bewußter Zeit, und mit der See (dero Behausung nicht weit davon entlegen) meine Zähren, mit der Luft aber meine Seufzer vermische, so bin ich nicht getrost, und wollte Gott, ich könnte damit abwaschen und hinweg blasen die Schuld aller verlornen Zeit, die ich den Kreaturen zu Lieb so manche Stund habe angewendet; ach, ich weiß nicht, wie ich solle meinem himmlischen Daphnis solche genug abbitten! Ich erfahre erst, wie glückselig ein Herz, so frei von allen Kreaturen, allein sich an Gott haltend, und von Herzen zu seinem Erlöser sagend:

Nimm's Herz zum Pfand von meiner Hand,
 Weiß Bessers nichts zu finden,
Daß mich mit dir, und dich mit mir,
 O Jesu, mög verbinden!
Möcht wissen nur, was dir gefallt,
 Möcht nur dein' Gunst erhalten,
Wollt dir zu Lieb wohl tausend G'stalt
 Mein Herz in Stück zerspalten.

Sehe, mein werthestes Gemüth, was für Trost, was für Erquickung und Trosteanreizungen man empfindet von dem Himmel und himmlischen Jerusalem, quae sursum est Jerusalem, durch Verachtung des Irdischen; so lang man sich nicht von dem Irdischen entziehet, so lang thut man sich dem Himmlischen näher sich nicht zugesellen. Wer aber seinen Trost nicht bei der Erde suchet, dem wird Gott eine beständige Ergötzlichkeit seyn.

Vielleicht verwunderst du dich, daß dein Gemüth die Süßigkeit des Himmels nicht in etwas verkostet?

Ach, erforsche dein Herz; denn vielleicht bist du gewichen von dem Brunnen wahrer Süßigkeit zu dem trüben Wasser der Eitelkeit. Alldieweilen, wie der heilige Augustinus sagt: „Hoc es, quod diligis, terram diligis, terra eris. Deum diligis, Deus eris, das bist du, was du liebest, liebest du die Erde, so wirst du Erde seyn, wenn du aber liebest Gott, so wirst du seyn auch Gott. Weil du ein Geist seyn wirst mit ihm, qui adhaeret Domino, unus Spiritus erit." Derohalben eine getreue Braut und Gespons Christi, da sie ihren Bräutigam nur alleinig liebet, setzet sie ihre Neigung in keinen Andern, sondern befleißet sich, daß sie nur allein ihm gefalle. Cogitat, quae sunt Domini, quomodo placeat Deo, sie gedenket nur was ihres Gespons ist, und wie sie gefalle dem allerhöchsten Gott. Nullius injuria est, cui Deus omnipotens praefertur, Niemand geschieht Unrecht, wo der allmächtige Gott vorgezogen wird.

Viele verschlucken die härtesten Bissen auf der Welt, damit sie ihr Leben um etwas erhalten mögen. Andere lassen sich Schenkel und Arm ablösen, das Uebrige zu behalten, und sind zufrieden, auch nur in der Hälfte ihres Leibes zu leben. Die von dem Stein gepeiniget werden, lassen sich mit großer Plag und Gefahr aufschneiden, in Hoffnung, davon zu kommen. Wenn ein Schiff auf dem Meer zerbricht, so schwimmt ein Jeder, nicht zwar das Leben zu erhalten, denn solches wegen des entlegenen Ufers unmöglich, sondern allein, den grausamen Tod in etwas zu verschieben, und der Natur, die sich nicht gerne trennen läßt, ein geringes Genügen zu thun. Warum sollen wir uns nicht mehr bemühen, die bösen Begierden zu beschneiden, den vornehmen Theil unserer, nonne anima plus est, nämlich die Seel zu behalten, und dem ewigen Tod zu entgehen? Allein gleichwie die Athenienser niemals von dem Frieden, oder von Mitteln, das verwirrte gemeine Wesen zurecht zu bringen, redeten, sie hatten denn zuvor einen Trauermantel und schwarze Kleider angezogen, also gedenken auch Viele auf dieser Welt nicht ehender an ihre Versöhnung mit dem allergütigsten Gott, welchen sie höchstens erzürnet haben, noch an die Ablegung ihrer unordentlichen Begierden, als bis die Noth sie mit einem traurigen Kleid eines Leides bedecket. Ungeachtet ein Jeder wohl zu beobachten jene erschreckliche Sentenz: „Stulte, hac nocte animam repetunt a te, du Narr, diese Nacht wird man deine Seele von dir fordern.

Die Welt wird gar wohl dem Meer verglichen. Nun aber die Schiffleut auf dem Meer sehen nicht nur dem Sturm und Brausen zu, wenn es auf sie zustürmet, sondern haben die Augen gegen den Himmel und die Sterne gewendet, als von welchen sie den glücklichen Lauf ihres Schiffes erwarten müssen. In dem Ungewitter dieses Lebens, indem der Leib auf dem Meer des Schreckens und Gefährlichkeit wallet, soll das Herz die Augen seiner Gedanken von aller Widerwärtigkeit hinweg und über sich zu höhern Sachen, von dannen es rechte Ruhe zu hoffen hat, empor streben. „Statue super vias, et videte,“ spricht der Prophet, „quae sit via bona, et ambulate in ea, et invenietis refrigerium animabus vestris, stellet euch auf die Straßen, und seht, welches der gute Weg sey, darauf sollt ihr wandeln, so werdet ihr eure Seelenruhe finden.«

Das Getreid verlieret seine Spreuer durch das Schwingen; also auch rechte Christen verlieren durch geringe Anstöß alle ihre Eitelkeit und Laster, reinigen sich desto mehr, je mehr sie gerüttelt und geschüttelt werden. Homo justus tentatur tribulatione. In das Korn, wenn man es nicht rühret und umschlägt, kommen die Würm; wenn man ein Kleid nicht anleget, fressen und zernagen es die Schaben; wenn man das Holz nicht anstreichet, so wird es wurmstichig; das Eisen, so man nicht brauchet, wird rostig, und ein alt gebackenes Brod wird schimmlet. Eben eine solche Gestalt und Beschaffenheit hat es mit uns Menschen, denn nichts macht uns so verdrossen, nachläßig und saumselig, als wenn wir eine Zeitlang nicht angefochten werden. Darum sagt der h. Jakobus: »Omne gaudium existimate, cum in tentationes varias incideritis, wir sollen es für lauter Freude halten, wenn wir in mancherlei Versuchung fallen;« und gesetzt, das Stutzen thue oft Einem trutzen, so ist das beste Mittel, daß wir es also machen, wie derjenige, welcher einen Brand aus dem Feuer nimmt, sich wohl vorsiehet, daß er ihn nicht auf der Seite, wo er glimmet, angreifet, sondern wo er annoch nicht hingereichet hat. Denn wir müssen die Streiche, so uns treffen, nicht an dem Theil, so uns schmerzen und beleidigen kann, sondern auf selbigem Ort betrachten, wo er uns fruchtbaren Nutzen bringet, und Gottes Ehr befördert. Es muß ein tugendloses Gemüth seyn, welches seine Vergnügung der göttlichen thut vorziehen, und mehr nachdenket der Erfüllung seiner Begierden, als der Erhöhung des Namens seines Erschaffers; besonders weilen die Zergänglichkeit der irdischen Glückseligkeit von Eigenschaften gleich ist denjenigen Nachtfeuern, welche dem Wandersmann nur darum vorleuchten, auf daß er geführet werde in Morast, Sümpf und Graben, wie in dem andern Buch Esdrä zu lesen: „Vanitate seducti sumus, durch die Eitelkeit seynd wir verführet worden;“ und ist bei ihr der gemeinste Weg, daß sie die Genießung derselben kurz abbricht, damit man aus der Endung den Werth der gehabten Lustbarkeit schätzen und erkennen möge.

Es hinterließ vor etwelchen Jahren ein Reicher zwei Söhn, welche nach seinem Tod die Verlassenschaft mit gleichen Theilen ererbten, aber mit ungleichem Nutzen anwendeten. Denn der Aeltere war ein unverdrossener Mann, der seiner Haushaltung fleißig und wachsam vorstund, dannenhero Alles nach seinem Wunsch ausschlug, und bald mit mehrern Reichthümern überschüttet wurde. Der Jüngere aber war ein Faullenzer und Schlenzer, der guten Bißlein, aber keiner Arbeit gewohnet, er ließ seine Haushaltungssorg seinem Gesind über, verstattete ihnen zu thun was ihnen beliebte und nicht betrübte; er und sein Weib schliefen fein aus, waren wenig zu Haus; spazierten und führten ein Leben, als wäre es ihnen zum Heirathgut geben, ließen gut Vögelein schalten und walten. Indessen sein Geld und Hab nahm täglich ab, wurd schier schab ab, bis zum Bettelstab. Omnis piger semper in egestate. Er spürte zwar, daß er verlor, und spürte nicht, wie er verlor. Da er nun sah, daß seinen Wagen je mehr und mehr die Krebse zogen, sich aber über seines Bruders Fortgang verwunderte, bittet er selbigen, er wolle ihm doch aus brüderlicher Liebe die Kunst auch sagen, mit welcher er zu solchem guten Wohlstand gelanget, diligentibus Deum omnia cooperantur in bonum. Der ältere Bruder vermerkte gar wohl, wo der faule Hund begraben lag. Qui sectatur otium replebitur egestate. Versprach ihm derowegen ein heimliches Kunststück zu geben, solches alle Morgen, Mittag und Abend in die Keller, Ställe, Scheuern, Heu- und Kornböden zu tragen. Was geschieht? Der ältere Bruder vernähet ein wenig Moos in ein Tüchlein, und gibt es ihm mit verstellter Ernsthaftigkeit. Der Jüngere glaubt es schlecht dahin, und trägt es täglich dreimal herum. Da fand er denn in dem Keller, wie man mit Wein und Bier, in der Scheuer mit Heu und Stroh, in der Fruchtkammer mit dem Korn verschwenderisch umgangen wäre; über welches er großes Mißfallen getragen, selbst zu seinen Sachen gesehen, und von Tag zu Tag reicher worden. Also ist es mit uns Menschen, denn wir seynd gar zu saumselig in unserer innerlichen Tugendwirthschaft, und bemühen uns wenig, zu beobachten, wie es stehe um unser Gewissen, und derowegen ohne Verspürung viel verlieren. Aber wenn wir uns bemühen, Sorg zu tragen in Erforschung der Beschaffenheit unserer Herzenskammer, wie nämlich der Wein der göttlichen Gnaden und die Frucht der Einsprechungen des heiligen Geistes und Wortes Gottes so liederlich verschwendet werden, würden wir darob ein ungemeines Mißfallen tragen, und unsere Seligkeit uns mehr angelegen seyn lassen.

Daß man nicht verliere ohne Verspüren, frommet und nutzet nicht wenig die Verehrung des allerheiligsten Namens unsers Erlösers, welcher ihm in der Beschneidung gegeben worden, Jesus, der gleich einem hell strahlenden Sonnenglanz nicht allein von dem Herzen alle Bitterkeit vertreibet, sondern vermehret auch alle Glückseligteit in eine unaussprechliche süße, höchste Vergnügung und immerwährende Genießung. Denn Gott hat seinem Eingebornen gegeben einen Namen, so ist über alle Namen; sintemalen kein anderer Name ist unter den Himmeln den Menschen gegeben, in welchem wir selig werden. Alldieweilen dieser Name ist wie ausgegossenes Oel, das aufzufassen Jedem erlaubt. Derohalben schöpfet auf, alle diejenigen, welche ihr wünschet, eure Sach wohl zu verrichten; denn in ihm ist alle Gnade des Wegs und der Wahrheit, alle Hoffnung des Lebens und der Tugend. Jesus ist der Name, mit welchem wir das Jahr anfangen, und hiermit erinnert werden, das ganze Jahr hindurch Alles, was wir verrichten, in dem Namen Jesu zu thun. Einem König in der Regierung, einem Feldherrn in der Anführung, einem Soldaten in der Schlacht, dieser Nam das Siegen macht. Einem Kaufmann in dem Gewerb, einem Kind in erlangtem Erb, einem Studenten in der Lehr, einem Schiffmann auf dem Meer, einem Handwerker in der Arbeit, bringt er die reichste Beut. Auf diesen Namen wenn wacker der Bauer sich steift im Acker, die elternlosen Kinder, die lastervollen Sünder, die Armen in der Noth, die Sterbenden in dem

Tod, aus Allen kann Keinen was betrüben, wenn sie thun lieben, verehren und ehren diesen heilbringenden Namen, welcher mit seinen Flammen verzehret zusammen den bösen Saamen, und bringet die allerkostbarlichste Frucht, dero Lieblichkeit alle irdische Lustbarkeit unvergleichlich übertiefet. Ja wie der heil. Bernhardinus sagt: »Ob Einer schon das allerlasterhafteste Leben führet, so oft er mit zerknirschtem Herzen und wahrer Reu diesen heilwirkenden Namen anrufet, wird er glückselig abscheiden zu der himmlischen Glorie.« Was für Lieblichkeit wird denn derjenige an sich haben, dessen Name mit solcher Kraft begabet? Wer keine Andacht sparet, dieses leicht erfahret, da er durch den Glauben wohnt in unserm Herzen. Derohalben sagt der heil. Bernhardus: »Paradisum habemus meliorem, et longe delectabiliorem, quam primi parentes habuerunt, et Paradisus noster Christus Dominus est, unsere ersten Eltern haben zwar ein lustvolles Paradies genossen, aber das unserige thut solches an Lustbarkeit weit übertreffen, und dieses ist Christus, ein Mittler Gottes und der Menschen, der Mensch Christus Jesus, welchen ich mir aus Allen erkoren und auserwählet.« Dilectus meus mihi, er ist mein Geliebtester, ihn werde ich nimmermehr verlassen, weilen er ist das allerangenehmste aus allen Sachen, so das Herz eines Menschen erquicken kann. Sintemalen

I.

Kann auch was erdenket werden,
So dem Menschen lieber sey,
Als ein recht verliebte Treu

Man wird haben groß Beschwerden,
Wenn man mich bereden wollt,
Daß ich anders glauben sollt.

II.

Ein' verliebte Treu thut machen,
Daß sich ein betrübtes Herz
Oft erfrischt im größten Schmerz;
Oft man es wird sehen lachen,
Gegen seinen Freund verliebet,
Da es weinte sonst betrübet.

III.

Solches oft die Lieb erquicket
Durch erhitzte Liebesflamm,
Die abschießt der Bräutigam,
Wenn er seine Süße schicket
Wie ein'n frischen Götterwein
In's verliebte Herz hinein.

IV.

Doch zu Zeiten auch verwunden
Thut der süße Liebstyrann,
Und das Herz greift schmerzlich an,
Das schon haben Viel empfunden,
Wie er auf die Herzen dring,
Und schier um das Leben bring.

V.

Lieblich zwar thut es verwunden,
Liebreich auch die Pfeil schießt ab,
Jener klein verschlei'rte Knab,
Bis er endlich überwunden
Sein' in ihn verliebte Braut,
Die sich herzlich ihm vertraut.

VI.

Freudenvoll ist auch zu schätzen
  Die erwünschte Frühlingszeit
  Mit all ihrer Lieblichkeit,
Wenn man sich kann wohl ergötzen
  Bei goldgelber Abendröth
  Mit der Laute oder Flöt.

VII.

Wenn die Erd auf ihrem Rucken
  Trägt so viel der Blümlein zart,
  Die ersprossen mancher Art,
Wenn sie sich trostreich thut schmucken,
  Schöner man's nicht sehen kunt,
  Als ihr schon geblümten Grund.

VIII.

Doch auch oft wird bald vollendet
  Solches schöne Erdgeprang
  Durch entzündten Phöbizwang;
Oefters zwar verdrießlich endet
  In dem Gart ein schlechter Frost
  Den so schönen Augentrost.

IX.

Jeder auch gar hoch thut preisen,
  Wie so schön die Malerei
  Und liebreich die Musik sey;
Keiner darf mir es beweisen,
  Ohne daß ich es gesteh,
  Und ihr oft zu G'fallen geh.

X.

Doch sie mich thut nicht ergötzen,
  Noch vertreibt des Herzens Leid,

Weder bringt der Seele Freud,
Sie mich nur in Schmerz thut setzen,
Und dem Herz bringt ein Verdruß,
Dann dem Aug ein Zähreguß.

XI.

Weil nichts kann gefunden werden
In dem Kreis der runden Welt
Und dem blau gesternten Zelt,
So hinnimmt all mein' Beschwerden,
Ohne Einem, und allein
Den von Herzen ich vermein.

XII.

Dieser hat mich eingenommen,
Ihn ich lieb, in ihn vertieft,
Dessen Mund von Myrrhen trieft.
Er alleinig nun mag kommen,
In den tiefsten Herzensschrein,
Weil er ist der Liebste mein.

XIII.

Vor den Augen mir umgehet
Seine Bildnuß und Gesicht,
Wenn ich ihn schon sehe nicht;
Ja wenn weit er von mir stehet,
Gegen ihn mein Herz entzündt,
Mehrer in der Liebe brennt,

XIV.

Seine Augen gleich den Tauben,
So an Wasserbächen seynd,
Der mit Milch gewaschner G'meind;
Ja wenn er mir würd' erlauben,

Sagt ich, daß aus Elfenbein
Sey sein Bauch und Edelg'stein.

XV.

Seine Hand aus Gold gedrehet,
Ueberaus sein' Kehl ist süß,
Wie zwei Säulen seine Füß,
Und die Wangen schön besäet,
Wie die Ländlein zu Oront,
Die das best' Gewürz gewohnt.

XVI.

Jesus, Jesus, ist sein Namen,
Jesus, Jesus, ist mein Schatz,
Wo allein mein Herz findt Platz;
Wir schon längstens uns zusammen
Haben durch der Liebe Band
Fest gesetzt in Freudenstand.

XVII.

Er thut meinem Herzen geben
Für erlittne Traurigkeit,
Freudenöl und Fröhlichkeit,
Also, daß bei ihm mein Leben
Findet ein' recht süße Freud
Ohn' Aufhören, ohne Leid.

XVIII.

Er, mein Trost in allen Leiden,
Labet mich mit seinem Blut,
Und erfrischet Herz und Muth;
Er, ein Paradies der Freuden,
Seel und Leib erfreuen sich
In ihme ganz inniglich.

XIX.

Nach ihm trag ich stets Verlangen,
Daß ich ihm gefällig sey,
Und mit wahrer Liebestreu
Könn' ganz herziglich umfangen,
Denn sein Süßes bei mir seyn,
Ist mein' Lust und Freud allein.

XX.

Nichts soll mich von ihm mehr scheiden,
Er soll seyn der Liebste mein,
Wie ich hoff die Sein zu seyn.
Doch soll er in meinem Leiden,
Und in aller Leidenspein
Mir ein süßer Jesus seyn.

Daß man ohne Verspüren nicht thue verlieren, seynd nothwendig drei Zubereitungen, nämlich die Tapferkeit, die Strenge und die Sanftmuth, welche diejenigen Waffen seynd, mit denen die Seel auf allen Seiten muß bewaffnet seyn, die Laster zu Boden zu werfen, und die Tugenden zu pflanzen. Durch die Tapferkeit wird die Seel von der Schlafsucht und Hinläßigkeit aufgemuntert zu vollkommener Verrichtung der guten Werke. Wer wachsam ist auf der Wirthschaft seiner Seele, wird nicht leicht verlieren. Durch die Strenge erhält sie eine Widersagung allen Bewegnissen der Begierlichkeit, und hingegen eine Lieb zu Bußwerken auch eigener Verachtung. Wer sich selbst veracht, mehr nach dem Himmel tracht. Durch die Sanftmuth wird die Seel in ihren Leiden und Beschwerden fröhlich gemacht, daß sie es mit gutem Gemüth überträgt. Wer die Geduld in allen seinen Leiden hat, der wird nicht wenig gewinnen; und diese drei Tugenden sind ein dreifacher Strick, so schwerlich zerbricht. Wer sich dieser drei Tugenden befleißet, bei dem wird kein Laster zu erfinden seyn, welches er nicht könne verlieren, noch eine Tugend zu erdenken, welche er mit rechtem Fleiß nicht gewinnen möge.

Das 7. Kapitel.

Wer wünschet das Beuten,
Der fliehe im Streiten.

Wer schlafet gut, nichts Böses thut. Eine angenehme Sach um den Schlaf; durch ihn werden die Glieder erquicket, die Kräfte gestärket, das Gemüth besänftiget, die unruhigen Gedanken auf die Seite gelegt, und die vielfältigen Sorgen vergessen. Ja ohne den Schlaf kann der Mensch nicht lang seine Gesundheit erhalten, darum Etwelche vermeinten, daß des Menschen größte Freud und höchstes Gut bestünde in dem Schlafen. Denn wenn der Mensch schlafet, sagten sie, so bekümmert er sich um nichts. Er empfindet keine Schmerzen des Leibs, keine Anfechtung des Geistes, keine Unruhe der Geschäfte, und keine Verwirrung des Gemüths. Dennoch will der heilige Lehrer der Heiden nicht, daß wir schlafen, sondern vielmehr wachen sollen, da er spricht: „Es ist jetzt die

Zeit, in welcher wir von dem Schlaf aufstehen sollen, und anlegen die Waffen des Lichts, weilen unser Leben nichts anders ist, als eine gefährliche Reis und Wanderschaft, wo keine Zeit zu schlafen, sondern sich wohl vorzusehen wegen allerhand Gefährlichkeiten, damit man in dem Schlaf nicht überfallen, und wie ein anderer Holofernes umgebracht werde.« Ach, durch den Tod Jesu erkaufte Seelen, wenn ihr beherziget und zu Gemüth führtet, wie viel Böses der Schlaf verursachet, würdet ihr solchem nicht so sehr ergeben seyn. Als Noe schlief, war er seiner Scham entblößt, und von seinem eigenen Sohn verspottet. Als Loth im süßen Schlaf ruhte, ward das Laster der Blutschand mit seinen Töchtern begangen. Als die Aegyptier wohl bezecht eingeschlafen, wurden alle ihre Erstgebornen umgebracht. Da Samson in dem Schooß einer untreuen Dalilä eingeschlafen, ist er von den Philistäern gefangen und umgebracht worden. Isboseth legte sich aus lauter Hitz in das Bett, und verlor in dem Schlaf das Leben. Tobias des Jüngern Vater wurde in der Ruhe beraubet des Gesichts. Sogar bei dem Schlaf des liebreichsten Jesu auf dem unsichern Meer wollte das Schiff zu Grund gehen; und als die Menschen dem Schlaf ergeben waren, kam der Feind, und säete sein Unkraut unter den guten Saamen. Ist also hoch nothwendig, daß wir stets bewaffnet wider unsere Feinde, die Sünd, wie Hannibal wider Scipionem, zu Feld liegen, und allen Schlaf aus den Augen treiben. Denn wenn der Mensch unterliegt, und seine Feind, die Laster, die Oberhand nehmen, ach so verdirbt die Seel! Sintemalen wenn die Sünden den

Menschen unter ihre Gewalt bringen, so fällt er ohne Zweifel zuletzt in das unaussprechliche Elend und ewige Verdammniß, wenn er nicht durch die Flucht entfliehet, ihre so schwere Dienstbarkeit abwerfend, höchstens hasset und verfluchet. Fliehen wir nicht solche Dienstbarkeit, so fliehet von uns der liebreichste Gott. Indem gleichwie es unmöglich ist, daß Gott und die Sünd des Menschen Herz zugleich besitzen, also ist es so wenig möglich, daß der Mensch mit Sünden behaftet Gottes zugleich genießet; darum fliehet der Bräutigam, wenn der Mensch durch die Laster mehr sich neiget zu den Kreaturen, als der Kreaturen Urheber; indem solches Herz mit seiner Lieb einem Andern anhanget, und den Geliebten auf die Seite setzet. Und ist gar nicht vonnöthen, daß wir mit der verliebten Braut rufen: Fuge dilecte mi, denn es geschieht nur gar zu früh.

Es fliehet der Bräutigam, wenn des Menschen Aufmerken mehr dahin zielet, daß er annehmlicher angesehen werde in den sterblichen Augen, als in dem Himmel, daß sich mehr in ihn verliebe sein Geschlecht, als der liebreicheste Gott. Derohalben die Sünde, wenn sie bei unserer Seele einkehret, muß sie gehalten werden als ein Gast, der geschwind wieder abreiset, und nicht als ein Einwohner.

Es fliehet der Bräutigam, wenn man sich verwickelt in die Stricke des Zorns, Neids, Rachgierigkeit und allerhand seelenmörderischen Laster. Ja wir vertreiben ihn gar oft, aber leider mit unserm großen Schaden, und ungeachtet, daß wir empfinden die Straf unserer Bosheit, nichts desto weniger verändern wir die Gewohnheit, nicht zu sündigen. O homo Dei haec fuge! Allein solche Gewohnheit sollen wir fliehen. Unser Leben seufzet in den Schmerzen, aber dennoch wollen wir nicht betreten den Weg der Tugend. Wenn der bleichzornige Richter ausstrecket seine Hand, zuzuschlagen, so versprechen wir goldene Berge; wenn er aber die Geißel zurück ziehet, so hat Versprechen kein Halten. Wenn er straft, so bitten wir um Gnad; wenn wir zu Gnaden aufgenommen, so erfordern wir ihn mit unsern Sünden wieder zu der Straf. Wenn er sich uns will nahen, so vertreiben wir Ihn durch die Laster in die Flucht. Wenn er sich erzeiget als das höchste Gut, so kehren wir uns durch die Eitelkeit und eitlen Wollüste in das höchste Verderben und unendliches Uebel. Denn die Wollüste, denen wir so begierig nachjagen, seynd die verführerischen Syrenen, deren Süßigkeit uns zu ihren Diensten und von dem Weg der Tugend zu dem Verderben führen. Sie umfangen uns, damit sie uns nachmalen erdrücken und erwürgen. Darum sollen wir Achtung geben, damit wir durch die Nachläßigkeit nichts versäumen, sondern auch in bester Ruhe mit der verliebten Braut sagen können: „Ego dormio, et cor meum vigilat, ich schlafe, aber mein Herz wachet.“ Denn wie der heil. Augustinus sagt: „Darum hat Gott den Schlaf dem Leib geschenket, auf daß sie die wachende Seel ertragen und behalten.“ Dieses aber ist wohl zu verhüten, damit die Seel nicht einschlafe, weil der Schlaf der Seele ganz schädlich ist. Ein guter Schlaf ist der Schlaf des Leibes, durch welchen wiederbracht wird die Gesundheit des Leibs;

der böse Schlaf aber der Seele ist, des Allerhöchsten vergessen.

Der Meerkrebs pflegt von dem Fleisch der Perlschnecken mit sonderer Lust zu essen; weilen sie aber in ihrer Schaale dermassen verschlossen seynd, daß er sie nicht eröffnen kann, also wartet er, bis sie bei warmer Tagzeit ihr Häuslein aufthun, und sich durch die Sonne, welche ihre Perl nähret und größer machet, bescheinen lassen, alsdann wälzt er unvermerkt etwan ein Steinlein in den Mund der Schaale, damit sie nicht wiederum zufallen kann, kriechet also sicher hinein, und ißt nach Belieben.

Wenn der Mensch der Nachläßigkeit sich ergibt, und sein Gemüth bei Scheinung der irdischen Glückseligkeiten den Wollüsten aufmachet, also werfen hernach die höllischen Geister allerhand unziemliche Gedanken hinein. Die Gedanken bringen ihn zu unbegierlichen Begierden, die Begierden zu unzüchtigen Thaten und Sünden, welche sobald in ihn nicht gekommen seynd, daß sie ihn nicht alsobald auffressen und hinrichten durch den ewigen Tod. Denn: „Novissima ejus ducunt ad mortem;“ spricht der weise Mann.

Die großgoldene Lichtfrau der Welt kann nicht verfinstert werden, nach Meinung der Philosophen, weilen sie achtzigmal größer ist, als die Erde; gleichwie auch die Sterne an dem Firmament keine Verfinsterung leiden, alldieweilen sie zu weit von der Erde entfernet, und deroselben Schatten sie nicht erreichet. Aber die Sünd verfinstert uns die Sonne der Gerechtigkeit, Christum Jesum, und verdunkelt uns die hell glänzende Himmelskerze aller Heiligen und Auserwählten Gottes.

O jämmerliches Elend, sich wegen einer schnell vorbei fliehenden Freud der ewigen Seligkeit muthwilliger Weis berauben! Betrachte, durch das theure Blut Christi Jesu erkaufte Seele, was es sey, von dem unaussprechlichen schönen Angesicht Gottes sich absondern, sich entfernen von der Gemeinschaft aller Heiligen, und hingegen sich so leichtfertig hinstürzen in die höllische Gesellschaft der Teufel, in das brennende Bett und unsterblichen Flammen, in die unaufhörlichen Peinen und Marter! O Schmerz, o unendliche Trübsal, was ist der Schmerz, der von keinem Ende weiß? was das ewige Verderben? was jenes Feuer, so allzeit brennet, und nimmer erlöschet? was jener Tod, bitterer als alle Tode? stets sterben, und nimmer können sterben? stets brennen, und nimmer können verbrennen? Kein Tod ist erschrecklicher, als wo der Tod niemalen stirbt! Dennoch hat den größten Theil der Adamskinder dieser Fehler eingenommen, daß sie Christum, den Brunnen wahrer Glückseligkeit, hinsetzen, und Cisternen graben, die kein Wasser behalten, sintemalen sie in jenen Sachen ihre Glückseligkeit suchen, wo sie nicht zu finden. Am Armseligsten ist es, daß wir unser erfolgendes Unglück nicht sehen, das Gift, so unter den Wein gemischet ist worden, ist angenehm, trunken zu machen wegen seiner vermeinten Lieblichkeit, die man in dem Trinken empfindet. Derohalben hat man sich wohl vorzusehen, daß man nicht zugleich mit dem Wein den Tod hinein schlucke. Durch Arznei kann man zwar der Unsinnigkeit abhelfen, aber die Wollüste, so wüthender seynd, als das Wüthen selber, verderben die Gemüther der Menschen zu einer höchst gefährlichen und unheilbaren Krankheit.

Wie ist aber solcher Gefahr zu entgehen und der Krankheit abzuhelfen? In Niederungarn unweit Stuhlweissenburg ist ein Ort, der wird genennet Enderen. Wer dahin fliehet, der kann leicht von diesem giftigen Unheil erlöset werden. Ich will sagen, wer sein Leben ändert und bessert, sich von den Wollüsten der Welt abziehet, und sich der Tugend befleißet, der hat vor dieser mehr als pestilenzischen Sucht nichts zu befürchten. Oder aber ein Solcher verfüge sich zu der dreifachen Durchlaufung des Rheins in den Bodensee, ohne Vermischung desselbigen, darinnen sich zu waschen, so ist er befreiet, als nämlich in den drei Theilen der Buß. Denn diese drei Theile machen, daß der Mensch sich mit dem Seewasser der Eitelkeiten nicht verunreiniget, noch daß sie die grüne Farb der Hoffnung zu der Seligkeit verlieren; sondern gleichwie die Oelbäum, in das Wasser geworfen, zu Stein werden, also auch die Seelen, wie zarte Pflanzen in die Buß, durch das Blut und Verdienste Christi Jesu roth gefärbet, eingeworfen, in Stein und Felsen der Stärk und Standhaftigkeit verkehret werden.

Nach Aussag der Naturkundiger hintertreibet die Wirkung des Magnets auf das Eisen der Diamant, wenn er in der Mitte zwischen einem und dem andern gehalten wird. Wer einige Lust und Neigung in sich empfindet zu der Sünd, der setze zwischen einem und dem andern Christum Jesum, so wird er erfahren, daß er nicht den geringsten Gedanken spüre in seinem Herzen, der seiner Schuldigkeit entgegen laufe. Denn es kann schwerlich seyn, daß Einer sein Herz abtheile, so lang Einer Denjenigen vor Augen hat, dem er die ganze Besitzüng desselbigen zuständig zu seyn erachtet. Und wahrlich, darum hat uns der allerhöchste Gott nicht erschaffen, daß wir diesen Eitelkeiten der Welt, als unserm letzten Ziel, nachjagen. Nicht darum hat der eingeborne Sohn Gottes aus seinem Vaterland die Flucht genommen, und sich in das Elend begeben, daß wir begehren sollen, in dem höchsten Elend zu verbleiben; nicht darum hat uns eingegossen der heilige Geist sein mehr als seraphisches Feuer der göttlichen Liebe, daß wir solches hinlegen an einen unverdienten Ort, wo es nicht brenne; sondern sollen uns von den Kreaturen abwenden, alldieweilen auf der ganzen Welt kein Geschöpf, welches Einem zu einem bessern Leben nicht könne verhinderlich seyn. Was in der Liebe Gottes nicht befestiget wird, kann nicht lang bestehen, indem allda das Grundfest abgehet. Derowegen der heilige Bernhardus sagt: »Merke wohl auf, was du liebest, was du fürchtest, was dich erfreue, was dich betrübe; denn aus diesen vier Neigungen wirket das Herz Alles.« Wie denn jenes zu verstehen ist: »Convertimini ad me ex toto corde vestro, bekehret euch zu mir von ganzem eurem Herzen.« Deine Liebe soll sich dahin wenden, damit du nichts liebest, als nur allein ihn, oder gewißlich wegen ihm. Deine Furcht soll sich nach ihm kehren, weilen alle Furcht verkehret ist, durch welche du etwas fürchtest außer ihm, oder aus Bewegung gegen ihn. Also solle auch deine Freud und

Traurigkeit, gleicher Weise nach ihm zielen, und sich neigen; welches wird geschehen, wenn du dich wegen nichts, als wegen seiner wirst betrüben und erfreuen.

Wir lachen über den äsopischen Hund, welcher, als er mit einem Stück Fleisch ein Wasser durchgeschwommen, und den Schatten des Fleisches in dem Wasser ersehen, hat er nach demselbigen geschnappt, und das Seinige verloren.

Ach, wertheste Herzen, ach, ach, sehet, daß ihr, als mit Vernunft begabte Menschen, nicht nach dem Schatten der ewigen Güter in dem fließenden Wasser dieser zerrinnenden Welt gar zu begierig seyd, und die ewige Glückseligkeit verlieret; sondern wenn ihr euch durch die Gnade Gottes vornehmet, das Leben zu verändern, so müßt ihr alle Winkel eurer Seelen mit höchstem Fleiß durchsuchen, ob ihr vielleicht etwas in solcher ersehet, welches ihr mit unordentlicher Belustigung besessen oder annoch besitzet. Ersehet ihr etwas, so müsset ihr solches austilgen, so oft es vonnöthen; könnt ihr es nicht vertreiben, so fliehet es, denn die Flucht in den Sünden ist der Sieg. Darum Jener zu einer Jungfrau gesagt, welcher ein Buhler wollte das Kränzlein abheben: „Gehe hinweg, so bleibest du fromm!“

Solches hat gar wohl in Acht genommen jener an Geblüt, Reichthum und Tugenden adeliche Jüngling, hernach würzburg- und bambergischer Bischof, Joannes Godefridus, in dessen Angesicht die Gestalt und Zucht ganz liebreich mit einander spielten, und zwar also, daß Jeder und Jede seine Augen mit dem Gemüth in dessen Schöne und Keuschheit erquicken möchte. Diese so jungfräuliche Zierd wollte der begierige Tugendrauber mit dieser sondern List gewinnen: Etliche aus den vornehmen Frauenzimmern aus unziemlicher Lieb gegen ihn gewogen, unter dem Schein einer Ehr, laden ihn zu Gast. Godefridus, dem die freundlichste Höflichkeit angeboren, erscheinet, doch nicht allein, sondern begleitet von seinem Hofmeister. Nach höflichem Empfang gehet man zu Tisch, von dem Tisch zum Spiel, von dem Spiel zu einem Trunk, allwo der Hofmeister durch die kandlbergische gläserne Kugel an dem Kopf so hart getroffen worden, daß er nun ganz unkräftig zu stehen und gehen sich befand; welches denn das erste Absehen gewesen, daß derjenige zu verbleiben gezwungen wurde, so der Erste seyn sollte, dem Lustspiel ein Ende zu machen. Bei stiller Nacht, da Godefridus auch gezwungen wurde, allda die unruhigste Ruhe zu nehmen, und derohalben, weilen nichts Böses in Argwohn gezogen, hat er sich in ein ihm gebührendes Bett führen lassen; aber diese unkeuschen Frauen schlichen in die Kammer, und bemüheten sich, sowohl durch Gebärden als Wort den keuschesten Jüngling zu der Unkeuschheit einzuladen. Da erwachte erbald, mehr erschreckend, als vor einem höllischen Gespenst, springet aus dem Bett, schlägt sich durch, und entfliehet in das nächste Haus, allwo er Gott für den erlangten Sieg und gegebene Stärke die übrige Zeit der Nacht Dank gesagt; und also durch die Flucht siegreiche Ehr eingeholet.

Allein es geschieht oft, daß wir es machen wie jener Bauer und arge Lauer, welcher, da er seinen Nachbarn die Weinstöck beschneiden gesehen, solche samt der

Wurzel ausgehauen. Ein Anderer, als er in einem Wirthshaus eingekehrt, der Kellerjung aber nicht Alles recht verrichtet, hat der Wirth aus Ungeduld einen Teller zum Fenster hinaus geworfen; der Gast geschwind ergreifet das Tischtuch zusammen, samt Allem, was auf dem Tisch, und schicket es dem Teller nach. Als nun der Wirth fragte, was solches bedeute? antwortete der Fremde, er habe vermeint, sie werden auf der Gasse essen. Also machen wir es auch oft; sehen wir Einen ein Laster begehen, oder uns dazu einladen, fliehen wir solches nicht nur allein nicht, sondern nehmen die Füß gleichsam auf die Achsel, und laufen in solches hinein bis über die Ohren.

Wider sich selbsten streiten, ist ein schwerer Krieg, aber sich selbsten und die Laster fliehen, ist nicht leichter, denn der Schatten folget auf dem Fuß. Als Carolus V. mit den Atheniensern Krieg führte, und ein Befehlshaber ihn fragte, wie stark der Feind doch seyn möchte? sagte er zu ihm: ein tapferer Soldat soll nicht nachforschen, wie stark der Feind sey, sondern wo er anzutreffen, denn das eine ist ein Zeichen der Flucht, und das andere eine Begierde, zu fechten. Der heldenmüthige Bias, als er mit dem Yphicrate, König zu Athen, kriegete, und er unversehener Weis unter die Feinde gerieth, auch bereits schon überwunden war, fragten ihn seine Leute, was man thun solle? antwortete er ihnen: sagt den Lebendigen, daß ich sterbe im Kämpfen und Streiten, ich aber will den Todten verkündigen, wie ihr Anderen seyd davon geflohen. Nicht Wenige haben auch viel lieber frei sterben, als gefangen leben wollen, und haben es für eine größere Ehr gehalten, durch die Schärfe der Säbel das Leben zu verlieren, als solches durch die Flucht zu erhalten. Es ist nicht ohne, ruhmwürdiger ist es, ehrlich sterben, als schändlich fliehen, weil man durch solchen Tod lebet in dem Gedächtniß nach dem Tod. Aber wer stirbt in der Sünd, das recht Verderben findt, erwirbt gar einen schlechten Namen, verlieret eher Leib und Seel zusammen, ewig in die höllischen Flammen; ist also hier viel nützlicher die Flucht, auch sicherer. Darum rufet der Prophet: »Fugite, salvate animas vestras, fliehet, und erhaltet eure Seele!« Gleichwie auch der Apostel zurufet: »Fugite ab Idolorum cultura, enthaltet euch von der Verehrung der Götzen, fliehet alle Sünden und Laster, et fugiet mors, so fliehet auch der Tod.« Denn wer fliehet im Streiten, erhaltet das Beuten. Wer fliehet die Sünden, das Siegen wird finden.

Das 8. Kapitel.

Wer ewig will im Himmel seyn,
Der lebend steig in d'Höll hinein.

Wenn ich Einem einen Ort würde ernennen, allwo er ewig müßte verschlossen bleiben, wäre meinem Rath übel zu folgen. Daß Orestes den Nymphen bis in den Abgrund der Hölle nachgefolget, Aeneas seinen Vater daselbsten gesuchet, der vortreffliche Lautenschlager Orpheus seine Mutter von daraus abgeholet, der Herkules die Pforten der Höllen zerrissen, und daß der Riese Aethna den Höllenhund Cerberum angebunden, seynd Gedichte der alten Poeten. Denn wenn der Mensch einmal in die höllischen Gruften eingetreten, so muß er immer und ewig in selbiger verharren, weilen in der Hölle keine Erlösung. Nichts desto weniger will der königliche Harpfenschlager, daß wir hinfliehen in den Abgrund des tiefsten Accharon und zu den grausamsten Peinen der Hölle, sintemalen kein besseres Mittel ist, von Sünden abzulassen, als das stete Gedächtniß der Hölle. Ein sehr nützliches Werk ist es, wenn man annoch bei Leben in die Hölle fliehet, damit man nicht nach dem Tod dahin gerathe, indem jetzt betrachtet werden die großen Peinen und Schmerzen, so die Verdammten allda ausstehen und leiden wegen ihrer begangenen Sünden und Laster.

Wer von Freiburg im Breisgau verlanget nach Heiligenberg zu verreisen, der muß seinen Weg durch die zwei Städtlein Engen oder Ach nehmen. Der begehrt, auf den heiligen und himmlischen Berg Sion, allwo alle Heiligen und Auserwählten Gottes in unaussprechlicher Freud ewig ruhen, zu gelangen, den führet Engen oder Ach gar leicht dahin. Wenn er nämlich mit seinem Gemüth und Gedanken das enge höllische Loch betrachtet, da so viel der verdammten Seelen wie das Kraut in einem Zuber zusammen gedrucket werden. Wo man wegen der unerhörten Schmerzen nichts anders höret, als das erbärmlichste Ach in alle Ewigkeit. Darum, werthestes Gemüth, daß du zuvor ganz frei und ohne Scheu dich in Sünden umgewälzet, in allen Lastern herum gestelzet, und gleich-sam deine Seel Preis gemachet, beherzige, wie in sol-chem Ort die Hoffärtigen geniedriget, die Faulen und Trägen gespornet, die Saufer und Fresser gehungerl-get und mit dem feuerstinkenden Schwefel geträn-ket, die Fleischlichen verzehret, und die Zornigen ge-demüthiget werden; so wird dir dieses Enge-, Ach-volle Thal auf den Berg der ewigen und höchsten Glückseligkeit helfen.

Ein Spürhund, da er nichts riechet von einem Wild, kann an einem kleinen Strick leicht geführet und ohne Mühe gehalten werden, aber da er auf die Spur kommet, reißet er aus, und setzet solchem nach. Also ist es mit uns Menschen; so lang wir das Ver-dienst der Tugenden oder die Straf der Laster nicht riechen, so sind wir langsam zu dem Guten, und lassen uns durch einen kleinen Strick der Eitelkeit aufhalten. Allein das Gute zu riechen, ist unsere Nase sehr oft verstecket; warum aber? Pelagius erzählet, daß ein junger Geistlicher, zu dem gottseligen Abt Achillam kommend, diese Klage vorgebracht habe: Mein lieber Vater, was solle ich thun, denn so ich in der Zelle alleinig sitze, stößt mich die Trägheit und Verdruß über die Massen an; was habe ich, solchem zu widerstehen, vonnöthen? Dem der Alte geantwortet: Dieses ent-springet daher, alldieweilen du die Peinen, so wir fürch-ten, noch nie gesehen; wenn du durch Gemüthsfüh-rung dieselben verkostet hättest, würde dir aller Ver-druß leicht verschwinden, ungeachtet du auch stehen sollest bis an den Hals unter den lebendiden Würmern, so viel vermag, mit den Gedanken lebendig zu fliehen in die Höll.

Derowegen betrachte, andächtige Seele, so viele verflossene Tage, worinnen du den Eitelkeiten nachgeheget und die fliehende Zeit von dem Guten fliehend unnützlich verzehret. Die Flucht der Zeit ist unendlich, wie denn solches diejenigen am besten erkennen mögen, die ihre Augen auf das Vergangene wenden, sie betrüget die, welche nur auf das Gegenwärtige Achtung haben. Es ist nur ein Punkt, den wir leben, und so wenig dieser ist, kann man ihn dem einfältigen Wesen nach für ein weitschweifendes Wesen ausdeuten. Die Kindheit, die Mannheit und das Alter sind der Raum, in den unser Leben eingetheilet wird; was wir nicht fliehen in der Kindheit, das hängt uns an in der Mannheit, und verbleibet in dem Alter. Das Allerschändlichste aber ist, daß Etliche gefunden werden, welche, vor den Tugenden fliehend, den meisten Theil der fliehenden Zeit mit unnützen Sachen zubringen. Man bemühet sich um Gesellschaft, damit die Zeit möge durchgejaget werden, die Zeit nämlich, so uns zur Nachstrebung, Brauch und Anwendung der Zeit ist gegeben, die edleste, theuerste und wertheste Zeit. Jedermann verlanget fröhlich zu seyn; Dieser begehret zu wohnen zu Gespaßhausen, Jener zu Poppenstein, ein Anderer zu Spielberg; Jene erwählet ihre Behausung zu Scherzingen, und Diese zu Freudenthal, damit man jedesmal sey guter Dinge. Tägliche Spiele, Gastereien und Gesellschaften geschehen, damit man die Zeit verkürzen möge, Niemand aber gedenket, wie solche Ergötzlichkeiten werden gestrafet. Das Exempel von dem reichen Prasser ist genug bekannt. Darum sagt der heil. Petrus: „Sobrii estote et vigilate, seyd nüchtern und wachet, denn die Trunkenen werden Gottes Reich nicht besitzen!“ Welchem Allem gar schön beistimmet der heil. Kirchenlehrer Augustinus, da er sagt: „Durch Trunkenheit wird die Seel verloren, der Mensch zu Gottes Feind, und schuldig am jüngsten Gericht.“ Und nicht allein, neben solcher ewigen Straf ziehet der Ueberfluß des Weins allerlei Ungemach, Schmerzen und Krankheiten nach sich. Wie es der weise Eubulus dem unwahrhaften Cosbi, der ihn mit seinen Gesellen auf folgende Weis eingeladen, genugsam zu verstehen gegeben.

1.

Ei, durstige Brüder, euch setzet zusammen,
Vernichtet, verachtet die höllischen Flammen;
Was Teufel und Hölle uns jetzund ansicht,
All's ist nur ein Pfaffen- und Mönchengedicht.

2.

Saufen und Fressen samt allem gut Leben
Hat mir mein Vater zum Heirathgut geben;
Und neben ein Mägdlein viel Batzen eing'raumt,
Vom Teufel und Höll hat den Pfaffen getraumt.

3.

Zu lustigen Zeiten laßt uns nicht Pfaffen,
Für Narren gehalten, und werden zu Affen;
Viel anders gesinnet war Machiavell,
Ihm traumte gar wenig vom Himmel und Höll.

4.

So lang nur ein Pfenning im Sacke thut bleiben,
Laßt uns mit Saufen die Stunden vertreiben;
Verlieren den Himmel, hat es doch keine Noth,
Kein' Freud ist zu hoffen nach unserem Tod.

5.

Ach, mein Bruder, schlecht getroffen!
Was hast du, wenn g'nug gesoffen,
Und ein' Zeit baarfuß geloffen,
Als ein'n schlechten Tod zu hoffen?
Merk' es wohl, Fortunä Schimmel
Dich von diesem Weltgetümmel
Bringet wahrlich nicht in Himmel,
Sondern zu der Höll Gewimmel.

6.

Nicht also, mein Bruder, nicht also andächtig,
Sonst wirst du mir sicher in Freundschaft verdächtig,
Hier setze dich nieder, da hast du ein' Wurst,
Nehm dieses Glas, setz an, und lösche den Durst.

7.

Wer wird wohl doch löschen können
Starken Durst und heißes Brennen,
Und dadurch der Höll zurennen,
Wenn der Pfeil flieht von der Sennen.
Mach nun mehrer keine Possen,
Clotho kommt mit seinen Rossen,
In die Höll ganz unverdrossen,
Stürzend ewig dich verschlossen.

8.

Besser ist reiten, als müssen hinlaufen,
Wenn ich muß reiten, so laß mich jetzt saufen,

Wenn ich g'nug gesoffen, zur Venus stehe auf,
Zur Hölle wer laufen will, Jeder nur lauf.

9.

Gott mit sich nicht lässet scherzen,
Er erkennet alle Herzen,
Die auf kleinen Freudenmerzen
Hier erlöschen wie ein' Kerzen;
Aber dort in größten Schmerzen
Brennen solche geile Herzen,
Weil ein End des Freudenmerzen,
Und ist worden Ernst aus Scherzen.

10.

Mit deinem Geschwätz meinen Kopf thu nicht verwirren,
Weil Niemand vom Himmel kann ewig verirren;
Denn selig zu werden Gott Alle verlangt,
Darum er gestorben, und an dem Kreuz hangt.

11.

Also die der Welt ergeben,
Und ohn' Witz und Ordnung leben,
Reden zwar auf solche Weis;
Aber du, der von der Jugend,
Bist erzogen zu der Tugend,
Und zu Gottes Ehr und Preis.
Mehrer thu an Gott gedenken,
Auch in sein'n Schooß dich versenken,
Und vom Herzen zu ihm wend';
Wenn du anders willst verhoffen,
Daß dir sey der Himmel offen,
Wenn dieß Leben hat ein End.

12.

Mein' Jugend anjetzo zum Besten thut blühen,
Was sollt ich denn Saufen und Fressen viel fliehen,

Mit krank seyn und Sterben hat es noch kein' Noth,
Mich kennt nicht noch siehet der grimmige Tod.

13.

Ach, so sicher dich nicht achte,
Sondern mehrer doch betrachte
Deine Blöd- und Nichtigkeit.
Wie oft hat in viel Gefahren
Dich gestürzt durch wenig Jahren
Deine tolle Trunkenheit!

14.

Was redest in G'fahren, wo bin ich gewesen,
Eh in mir war die Vollheit verwesen?
Ich thate turniren, ja wie ein todt Schaaf,
Wenn ich g'nug getrunken, so leg mich zum Schlaf.

15.

Willst du dieses mir nicht glauben,
Ei so thu mir doch erlauben,
Dir zu sagen, was für Spott,
Elend, Kummer, Angst und Noth,
Komme von zu vielem Trank,
So wirst du es selbst erkennen,
Welches sey ein' G'fahr zu nennen,
Wenn im Hirn nicht selbst bist krank.

16.

Indessen ich diese Weinkandel ergreife,
Hingegen du sage, sing, geige und pfeife,
All's, was dir einfället, und lustig beliebt,
Doch aber ich bitte nichts, was mich betrübt.

17.

Alles soll freudig und lustig hergehen,
So lang ich bei dir werd können bestehen;
Gefällt aber nicht Alles dein'm witzigen Hirn,
So rumpfe die Nase, und falte die Stirn.

18.

Wo ohne Maaß öfters man hatte getrunken,
Ist man in viel Laster und Unglück gesunken;
Wer sollte denn haben daran nicht ein'n Graus,
Weil kommen aus ihme viel Sünden heraus.

19.

Wer sich im Schmausen zu harren befrechet,
Und täglich bei Baccho und Cerere zechet,
Der leeret zum Oeftern nach schmutzigem Schmaus,
All' Küsten und Kästen fein sauber ganz aus.

20.

Wird däumisch, unkräftig, ganz schwirmisch ohn' Sinnen,
Daß man ihn viehisch muß führen von hinnen,
Stelzet und wälzet im Koth wie ein Schwein,
Muß Jedem ein Flegel und Grobian seyn.

21.

Hauen und Stechen, Schläg, Ringen und Raufen,
Kommet all Unglück vom unmäßigen Saufen,
Angst, Schmerzen, Weheklagen, Erlahmung und Gries,
Bös' Augen, und Zipperl an Händen und Füß.

22.

Kopfschmerzen, kurz Athem, durch lang Züg man krieget,
So gehet es, weil man dem Trinken oblieget,
Podagrammisch, kontraktisch macht häufiger Wein,
Verursacht auch Schlag, Sand, Grimmen und Stein.

23.

Bei solchem Schaden und schmerzlichen Plagen
Muß man zerrissene Kleider auch tragen;
Oft schreibt man mit Kohlen ein'n Solchen an d'Wand,
Und bleibet der Wirthin der Mantel zum Pfand.

24.

Verachtet, verspottet, ihm Niemand mehr trauet,
Und weil er nichts zahlet, ihn Niemand anschauet,
Verlieret Vertrauen, Witz, Sinn und Vernunft,
Ihm bleibet zu eigen der Narren ihr' Zunft.

Und wahrlich, eine größere Narrheit kann nicht seyn, als zur Erwerbung so vieler Schmerzen und Plagen verschwenden den unschätzbarlichsten Schatz der unwiederbringlichen Zeit. Allein, weil wir nicht wissen, was die Zeit ist, so achten wir sie nicht hoch. Denn wie der heil. Augustinus sagt: „Quid est tempus? si nemo quaerat a me, scio; si quaerenti explicare velim, nescio; was ist die Zeit? wenn solches Niemand verlanget, von mir zu wissen, so ist es mir bewußt; aber wenn ich es den Fragenden wollte beantworten, weiß ich es nicht." Sintemalen, obwohl die Zeit uns durch ein dunkles Erkenntniß bekannt ist, weil wir stets in solcher handeln und wandeln, kann sie doch kaum vermerket werden wegen ihres steten Fließens und geringsten Seyns. Derowegen hat Eusebius gar wohl jene platonische Red gelobet, durch welche er sagte: „Duo esse, quorum alterum semper est, et nunquam fit, scilicet Deus; alterum nunquam est, sed semper fit, scilicet tempus; es seynd Zwei, deren Eines allezeit ist, und niemals wird, nämlich Gott;

das Andere aber ist niemals, und wird allezeit, nämlich die Zeit.« Weilen das Wesen und Seyn keiner Sach zugehöret, als nur die gegenwärtig; derohalben, weilen nichts eigentlich gegenwärtig ist von dem Wesen der Zeit, also wird von ihr gesagt: daß sie niemalen sey; und ungeachtet daß sie niemalen ist, so verfolget uns in selbiger doch der Tod, das Leben lauft dahin; auch anstatt daß wir erlernen sollten, die Laster oder Tod entfliehen und die Tugend oder das Leben nicht entgehen zu lassen, suchen wir, wie wir die Zeit verscherzen, und ihrer los kommen mögen. Pluviarum guttae parvae sunt, sed flumina implent et arbores cum radicibus tollunt; die Regentropfen sind zwar klein, aber sie vermehren sich in große Flüsse, und führen mit sich die Bäume samt der Wurzel. Also auch die Zeit, wie klein sie uns auch scheinet, die wir versäumen, so verlieren wir darinnen sehr viel gute Werk, und häufen die Laster. Wir sollten beherzigen, daß die Glückseligkeit des Lebens nicht an der Länge der Jahre, sondern an ihrem rechten Gebrauch liege. Cum metu et tremore salutem nostram operemur, mit Furcht und Schrecken sollen wir unser Heil wirken und suchend hoffen. »Qui enim sperat et non timet, negligens est, qui autem timet et non sperat, depressus est, et descendit in profundum quasi lapis, denn wer hoffet, und nicht fürchtet, der ist nachläßig, wer aber nur fürchtet, und nicht hoffet, der wird unterdrücket, und fällt wie ein Stein in die Tiefe.« Einer, der lang gelebt hat, hat oftmals am Wenigsten gelebt, denn man nur allein lebet diejenige Zeit, welche wohl angelegt, und auf ihre Erlernung gewendet wird.

Wer allezeit gedenket, daß er sterblich ist, und thut der Höll betrachten, und hat ein durstiges auch hoffendes Herz zu dem himmlischen und ewigen Scherz, welcher ist Gott selbsten. „Neque enim aliquid sperandum est ab ipso Deo, quam ipsemet Deus, alldieweilen nicht etwas minder von Gott zu hoffen ist, als er selbsten.

Die Lasttrager, so oft sie etwas zu tragen geruffen werden, betrachten solches zuvor gar wohl, und versuchen, ob sie Kräfte genug haben, solches zu ertragen. Und wir armselige Menschen, die wir uns den Sünden ergeben, betrachten nicht, daß wir für eine augenblickliche Wollust und Bucken uns drucken unter den Bürden der ewigwährenden Peinen. Denn wenn wir keine Buß wirken, fallen wir in die Hand des Herrn und nicht in die Hand der Menschen, deren Straf nur zeitlich, aber die Straf Gottes ewig; welche ewige Straf kein anderes End hat, als die Ewigkeit Gottes, die ohne alles End ist. Welcher unter euch wird denn bei der ewigen Glut bleiben mögen? Wessen Schultern werden also kieselsteinhart seyn, die solche Schwere in so lange Zeit ertragen können? Welche Zeit sich so weit hinaus strecket, daß, wenn Einer aus den Verdammten nur alle tausend Jahre einen einigen Tropfen der Zähren, so die Erde doch gleich verschlucket, vergießen würde, würden dennoch solche Thränen viel ehender Alles, so außer dem Himmel ist, anfüllen, als solche Zeit zu End laufen; und in Erwägung dessen, wenn alle die Peinen der Hölle nichts anders wären, als gleichsam nur ein Nadelstupfer, so sollten sie genug seyn, den Menschen zu dem Bessern zu bewegen, wegen der Ewigkeit, da der gerechte Gott seine Augen zum Bösen auf sie richtet und nicht zum Guten, ponam oculos meos super eos in malum et non in bonum. Derowegen lasset uns jetzunder in die Höll fliehen durch Betrachtung, damit wir nicht hinein steigen zu der ewigen Verdammniß. Lasset uns hinein fliehen bei Zeiten, weilen wir noch können zurück kehren, damit man uns nicht hernach hinein ziehe, ewig darinnen zu bleiben! Denn der Herr ist ein Rächender über seine Feinde, und erzürnet über seine Widersacher; wer wird derowegen vor dem Angesicht seiner Ungnad bestehen können? Sein Zorn ist ausgegossen wie Feuer, und die Felsen zerfließen vor ihm. Solchem Zorn aber zu entgehen, schlaget vor einen guten Rath der Prophet Michäas, da er sagt: „Indicabo tibi, o homo, quid sit bonum, et quid Dominus requirat a te; utique facere Judicium et diligere misericordiam et sollicitum ambulare cum Deo tuo, ich will dir anzeigen, o Mensch, was gut ist, und was der Herr von dir erfordere: nämlich thun, was recht ist, und die Barmherzigkeit lieben, und in Sorgen mit deinem Gott wandeln."

Aristippus, der Weltweise, wurde gefraget, woher er sey? Da gab er zur Antwort, zeigend mit dem Finger auf die gestirnte Himmelsau, sagend: „Dieses ist mein Vaterland, dieses ist mein Erbtheil, dieses nehme ich in Acht, und nicht, was auf der Erde." Eine christliche Lehr von einem Heiden, besonders da der Apostel spricht: „Wir haben hier keine bleibende Statt, sondern suchen eine zukünftige." Derowegen laßt uns erneuern den Vorsatz, unserm holdseligsten

Bräutigam zu dienen, da wir, zu erlangen sicherlich unser Vaterland, in die Höll fliehen. Ich aber indessen will seine Flucht nach Aegypten, so ihm unsere Sünden und Laster verursachen, mit kläglichster Stimm bedauern:

I.

Halt inn, mein Jesu, deine Flucht,
Halt inn dein eilend Weichen,
Hast denn bei mir nur dieß gesucht,
Geschwind vorbei zu streichen?
Ach nicht so schnell
Dein' Flucht anstell,
Dein' Lieb laß auf mich schießen,
Und länger ihr genießen.

II.

Wo willst du hin, laß rathen dir,
Thu meiner doch verschonen,
Thut denn dein' Lieb nicht anders mir
Die meinige belohnen?
Ach bleib allhier,
Weich nicht von mir;
Was willst du von mir fliehen,
In fremdes Land zu ziehen?

III.

Ei laß dir doch nicht fallen schwer,
Länger bei mir zu bleiben,
Die Lieb in mir zuvor vermehr,
Was thut dich von mir treiben?
Ja nicht mein' Sünd,
Ach schönstes Kind!

Wie ich nun thu erachten,
Thust mich, dein' Braut, verachten.

IV.

Nimmst du die Flucht, zeuch mich nach dir,
Laß mich so hart nicht sterben;
Denn seh, wie krank lieg ich auf mir,
Ohn' dich muß ich verderben.
O du mein Licht,
Ach flieh noch nicht,
Thu deine Flucht einstellen,
Bis dir mich kann gesellen.

V.

Dir ist bekannt, daß ohn' dich ich
Kein Stündlein könne leben,
Warum willst du so schnell denn dich
Von mir hinweg begeben?
O du mein Heil,
Ein kleins verweil,
Ach thu mich nicht verlassen,
Noch ein Haß auf mich fassen.

VI.

Denn ich bin krank aus lauter Lieb,
Aus lauter Lieb ich leide,
Darum mein Schatz die Reis aufschieb,
Die Flucht annoch vermeide;
Es wird die Zeit
'Nach G'legenheit
Nur gar zu früh herkommen,
Da du die Reis genommen.

VII.

Du bist zu klein, kannst noch nicht geh'n,
Wohin willst dich denn wagen?
Bleib länger hier, bei mir zu steh'n,
Darnach will ich dich tragen;
An jeden Ort,
Wohin bald fort,
Wie du mich jetzt berichtet,
Hättest dein Gang gerichtet.

VIII.

Denn deine Füß sind noch zu schwach,
Ein weiten Weg zu gehen,
Weil du kaum kannst auf dem flach-
Und ebnen Boden stehen;
Wie willst du dann
Jetzt treten an
Den Weg nach fremden Straßen,
Und dich der Flucht anmaßen?

IX.

Du möchtest leicht an einem Stein
Dein' zarten Füß verletzen;
Dich tragen will im Herzen mein,
Da kannst du dich ergötzen;
Nimm mich mit dir,
Ach, folge mir,
Thu' dir zu viel nicht trauen,
Ein fremdes Land zu schauen.

X.

Wär Samson in sein'm Vaterland
Noch läng're Zeit verblieben,
Hätt er in so betrübtem Stand
Die Handmühl nie getrieben.

Sein' Augen beid'
Mit größtem Leid
Samt seinem jungen Leben
Hat müssen er hergeben.

XI.

Vielleicht ist dir noch nie bekannt,
Was Israel gelitten,
Da es in ein ganz fremdes Land
Gezogen nach Aegypten;
Ein' schwere Last
Dem fremden Gast
Bald wurde aufgetragen,
Und du willst dich hinwagen?

XII.

Hast nie gehört, was auch da schon
Die drei gefangnen Knaben
Aus Israel zu Babylon
Für Schmach gelitten haben?
Ganz ungeheuer
Sie in das Feuer
Und stark entzündten Flammen
Geworfen sind zusammen.

XIII.

Kein fremder Gast ist angenehm,
Noch hat viel Ehr empfangen,
Insonderheit wenn man nach dem
Getragen kein Verlangen;
Denn sogar auch
Der schlechte Rauch
Wenn in die Wind sich schwinget,
Der Wind mit ihme ringet.

XIV.

Er nur ein kleins steigt über sich,
Ja kaum sich was erhebet,
Bald Eurus, dieser Wütherich,
Ihm grausam widerstrebet;
Ihn gleich verjagt,
In die Flucht schlagt,
Und also überwindet,
Daß er vor ihm verschwindet.

XV.

Neptunus auch in seinem Schooß
Nichts Fremdes will ertragen,
Wenn ihn die Wind berühren blos,
Thut er die Wellen schlagen;
Alsbald er saust,
Und grausam braust,
Sein Gast nicht wohl gewogen,
Aus fremdem Land gezogen.

XVI.

Nicht minder auch ein' kleine Spinn,
Wenn sie ein' Muck thut finden,
In ihrem G'web geflissen hin,
Sie thut geschwind umwinden,
Sie, die verstrickt,
Daß sie erstickt,
Muß bald ihr Leben lassen
In Luft gebauten Gassen.

XVII.

Bei einem Wolf kein' Ruh noch Schlaf
Ein Lamm hat, noch empfindet,
Noch ein Verliebter, wie ein Schaaf,
Ohn' seinen Schatz Schlaf findet;

Du bist ein Lamm,
Ein Bräutigam,
Enthalt dich von den Thieren,
Willst du kein Schaden führen.

XVIII.

D'rum liebster Schatz, verbleib allhier,
Dich in kein' G'fahr begebe,
Wenn g'fährlich was begegnet dir,
In gleicher G'fahr ich schwebe;
Denn ich in dir
Leb für und für,
Wo du bist, ich deßgleichen,
Kein Tritt thu von dir weichen.

XIX.

Weil stets ich lieg in deinem Herz,
Verliebter Weis verborgen,
Wenn du empfindest einen Schmerz,
Und hast viel Kreuz und Sorgen;
Sie dann auch mir,
Glaub es bei dir,
Durchdringen bis zum Herzen,
Und bringen große Schmerzen.

XX.

Da du nur weißt, daß ohn' dich ich
Kein Stündlein könne leben,
Darum so schnell du nicht thu dich
Von mir hinweg begeben.
Ach thu, mein Licht,
Mich annoch nicht
Aus einem Zorn verlassen,
Noch ein'n Haß auf mich fassen.

Damit aber ein Mensch in solcher Verlassenheit oder Trübsal nicht gleich von Hasenburg sey, da er in dem Wohlstand vermeinet, er sey ein geborner von Löwenthal, oder da er in Freuden geglaubet, er sey von Vestenburg, in einer Widerwärtigkeit aber gleich wollte von Lauffenberg seyn, und mehr entfliehen von der Vorsichtigkeit des Allerhöchsten, als Einer von Rechberg oder Hirschfeld, so muß er wissen, daß solches geschieht zu seinem Nutzen, denn er trägt einen Gewinn davon, sowohl von seinem Zugang, als von seinem Abgang. Er kommet zum Trost, weichet aber zur Behutsamkeit, damit nicht die Größe des Trostes den Menschen erhebe. Er kommet, daß er ihm seine Gnade schenke, er weichet aber, damit er nicht aus stetem Beiwohnen verachtet und geringschätzet werde. Er entziehet sich nur äußerlich, innerlich aber bleibet er beständig, und stehet hinter der Wand, siehet durch das Fenster, und schauet durch das Gegitter. Denn am Oeftern ist er allda mit seiner Gnade, wo er am Wenigsten vermerket wird; und ist oft dem Menschen viel nützlicher die Bitterkeit und Ungeschmack des Herzens, als die ausgegossene Völle der Süßigkeit. Weilen in der Verlassenheit und Dürrheit der Mensch erkennet augenscheinlicher, daß er nichts aus sich selber vermag; wie Gott auch zu Zeiten denselbigen nicht erhöret, weil es nicht zu seinem Nutzen. Wie gar schön der heil. Kirchenlehrer Augustinus schreibet: „Non exaudit ad voluntatem, ut exaudiat ad salutem, pete ab ipso salutem, et salus tua ipse erit, damit erhöret uns Gott nicht nach unserm Willen, auf daß wir erhöret werden zu unserem Heil, begehre von ihm dein Heil, und solches wird er dir selbsten seyn.« Keiner muß auch sich diesen irrenden Gedanken machen, als wenn solche Verlassenheit ihm nicht gut oder ein großes Uebel sey zu seinem Verderben; nein, sondern er solle gedenken an jenes: »Mein Sohn, du hast Gutes empfangen in deinem Leben, und Lazarus deßgleichen Uebels; nun aber wird er getröstet und du gepeiniget.« Wer soll denn nicht ein Kleines die Abwesenheit Gottes, also zu reden, in etwas mit Geduld übertragen, damit er seiner in Ewigkeit genieße? Wer soll nicht ein kleines Uebel in der Welt wollen erleiden, auf daß er ewig lebe in Freuden? Wer soll nicht vorziehen die Uebel in dieser Welt dem Guten, weilen weder diese wahre Güter seynd, noch jene wahre Uebel. Indem, wie der heilige Bernhardus sagt: »Daß kein Uebel in dieser Welt dem Menschen schädlich, als allein das Uebel der Sünd, non sunt mala in hoc mundo homini nociva, nisi peccata.« Andere Uebel sind gleichsam eine goldene Münze, mit welcher man die vortrefflichsten Güter einkaufen kann.

Es ist zwar nicht ohne, daß solche eine der größten Strafen und Peinen ist, wenn Gott den Menschen verläßt, auch die Hand seiner väterlichen Vorsichtigkeit von ihm ziehet. Denn gleichwie einem Weibe nichts schmerzhafter ist, als wenn sie von ihrem Mann verachtet und verlassen wird, also kann auch nichts schwerers einer armen Seel begegnen, als wenn sie von Gott nicht geachtet wird. Denn was ist die Seel ohne Gott? wahrlich nichts anders, als ein Garten ohne Gärtner, ein Schiff ohne Schiffherrn, ein Kriegsheer ohne Führer, ein Leib, also zu reden, ohne Seel.

Nichts desto weniger muß der Mensch nicht bestürzt werden, noch in eine Verzweiflung gerathen, sintemalen Gott ist zu Zeiten wie ein vorsichtiger Vater, welcher, wenn seine Kinder unvorsichtiger Weis über den Wein gekommen, und sich angetrunken, ihnen läßt Wasser einschenken, bis daß sie lernen, sich des Weins mäßiger zu bedienen. Also thut auch Gott seinen auserwählten Kindern, indem er solche zu Zeiten läßt von dem süßen Wein seiner liebreichen Gegenwart und Gnade trinken, so viel ihnen beliebet; wenn er aber siehet, daß sie solche Gnaden mißbrauchen, und ihnen ein Unheil daraus entstehen will, so entziehet er sich und den liebreichen Wein seines Trostes eine Zeitlang, und stellet ihnen vor einen ganz bittern Kelch des Kreuzes und Wasser des Elends, damit sie sich wieder ernüchtern, und besser lernen, die göttliche Gnade zu gebrauchen, bis er sie wird führen in seinen Weinkeller, allwo sie sich werden ergötzen können im Anschauen des göttlichen Angesichts im höchsten Ueberfluß zu ewigen Zeiten. Wenn nämlich man wird fliehen die Laster, und lebendig steigen in die Hölle, durch deren Betrachtung man wird angereizet und angetrieben werden zu den Tugenden, welcher Lohn sey die ewige Freude und Lustbarkeit.

Das 9. Kapitel.

Wer streitet,
Der beutet.

Es ermahnet uns der weise Mann, daß, nachdem der Mensch nunmehro die Eitelkeiten der Welt samt ihrer Belustigung auf die Seite gesetzet, und sich bemühet, den Weg der Gebote Gottes zu wandeln, seine Seel bereiten solle zu den Versuchungen, da er also spricht: „Fili, accedens ad servitutem Dei, sta in Justitia et timore, et praepara animam tuam ad tentationem, mein Sohn, willst du den Gottesdienst antreten, so stehe in Gerechtigkeit und Furcht, und bereite deine Seele zu der Anfechtung.“ Nicht ungleich redet der heil. Paulus: „Omnes, qui pie vivere volunt in Christo Jesu, persecutionem patientur, Alle, die gottselig leben wollen in Christo Jesu, werden Verfolgung leiden.“ Derowegen uns Christus selbsten hat solches wollen zu erkennen geben, da er von dem Teufel sich hat versuchen lassen, anzuzeigen, weilen unser Leben nichts anders, als ein Streit, wir uns bereiten sollen, wie sich bereitet ein tapferer Soldat zu einem harten Treffen.

Der heldenmüthige Judas Machabäus gab denjenigen, welche ihn, da er sich gleich mit dem Feind schlagen wollte, zur Flucht ermahnten, diese Antwort: „Absi istam rem facere, ut fugiamus ab eis, et si appro pinquavit tempus nostrum, moriamur in virtute, propter fratres nostros, et non inferamus crimen gloriae nostrae, das wolle Gott nimmermehr, daß wir unserm Namen diese Schand anthun, sondern wir wollen allhier ehrlich sterben, und unsern Glauben und Brüder verthätigen, und nicht mit Schanden bei Leben bleiben.« Ein wohlgesinntes Herz.

Der griechische König Ogiges, als er den Cicaonern eine Schlacht liefern wollte, aber ihm gesagt wurde, daß der Feind gar zu stark wäre, sprach er: derjenige, der über Viele gedenket zu herrschen, der muß auch mit Vielen streiten. Viele Versuchungen seynd, wider welche ein anfangender Mensch zu streiten hat, ich aber will allhier nur alleinig drei, von welchen kürzlich der hocherleuchtete Mann Taulerus meldet, anziehen.

Die erste ist eine unordentliche Traurigkeit, durch welche zu Zeiten die Gemüthsgeister also hart bestritten und unterdrücket werden, daß er, der Mensch, keine Neigung empfindet, etwas Gutes zu verrichten, und kann doch nicht wissen, was ihm ermangelt, unangesehen er auch die innerste Herzenskammer durchsuchet, solches zu finden. Diesem rathet der weise Mann, sprechend: »Fili conserva tempus, et devita a malo, mein Kind, beobachte die Zeit, und weiche von dem Bösen.« Diese Traurigkeit oder mehrere Trägheit hat zum Oeftern ihren Ursprung aus Unbeständigkeit des Gemüths. Denn gleichwie ein ruderloses Schiff ohne Leitung des Schiffmanns auf einem See von Ungestümigkeit der Wellen her und hin getrieben wird, also auch der Mensch, wenn er das Schifflein seines Ge=

müths ohne Ruder und Leitung der Beständigkeit in die Wellen der nach ägyptischem Knoblauch riechenden Gedanken hinaus setzet, von verzagter unordentlicher Traurigkeit angefochten und versuchet wird, machet auch den Menschen oftmals dasjenige verlassen, so er wohl angefangen; woraus folget Bosheit, Kleinmüthigkeit, Zerschlagenheit und Verzweiflung. Unangesehen die unüberwindlichste Standhaftigkeit und beständige Stärke keinem Menschen mehr vonnöthen, als jenem, der den Sieg in Bestreitung der Laster erhalten will. In allen unsern Werken müssen wir nach der Beständigkeit zielen. Jener Frau wurde sowohl befohlen, daß sie in dem Ausgehen aus Sodoma nach Segor nicht zurück sehen sollte, als ihrem Mann, dem Loth; weil sie aber unbeständig und ohne Standhaftigkeit war, ist erfolget, daß sie in eine Salzsäul ist verkehret worden. Ein unbeständiges und von guten Gedanken leeres Herz ist ein Nest des Teufels. Diese sind viehische Menschen, die keinen Geist haben, hi sunt animales, spiritum non habentes. Darum sagt Christus der Herr: „Wer auf dem Felde ist, der wende nicht wieder zurück, um gedenkend auf das Weib Loths.“ Indem also das Weib durch ihr Zurücksehen in eine Salzsäul verwandelt worden, ist sie dadurch uns zu einem Beispiel worden, von dem wir das Salz nehmen, und unsere Nachläßigkeit vermittelst der Tugend verbessern. Gewißlich wenn sonsten nichts anders wäre, so den Menschen, solcher Versuchung zu widerstehen, antreiben solite, würde dieses genug seyn, daß er sich gewöhnte, den Teufel zu überwinden, damit er nicht in der letzten Stund überwunden werde von ihm. Homo nascitur ad laborem, der Mensch wird geboren zu der Arbeit, und solche Arbeit müssen wir bei Zeiten wider ihn anwenden. Denn wenn Einer gesund sich nicht trauet, einen andern Stärkern anzugreifen, wie wird er krank und in Zügen liegend den Teufel obsiegen, alldieweilen ein Jeder wird empfangen nach seiner Arbeit, unusquisque propriam mercedem accipiet, secundum suum laborem. Wie Einer streitet, also auch beutet. Ach, wertheste Herzen, streitet bei Zeiten wider ihn, und machet es wie Andreas Lampugnanus, ein mailändischer Edelmann, welcher, nachdem er sich entschlossen, den Herzog daselbst, Mariam Galeacium, zu entleiben, ließ er sich desselben Abbildung malen, damit er nachmalen den Herzog selbst, indem er sich täglich an dessen Abbildung geübet, desto herzhafter anfallen und gewaltthätiger Weise hinrichten möchte. Täglich haben wir den leidigen Teufel vor uns, der uns ohne Unterlaß mit Versuchungen bestreitet. In solchen Versuchungen sollen wir uns denn befleißen, ihn zu überwinden, damit wir ihm in dem letzten Streit nicht unterliegen. Weilen Niemand ihm obgelegen, er habe ihn denn zuvor wohl in Acht genommen. Vermerke jetzunder seine Arglistigkeit, auf daß du mit Fröhlichkeit seinen Fallstricken entgehen könnest, resistite diabolo et fugiet a vobis. Wer dem Anfang nicht widerstehet, der hat ein gefährliches End zu erwarten. Denn der Teufel sorget und worget, holet und trollet sonsten in die ewige Verdammniß solchen Menschen.

Die andere Versuchung ist eine unordentliche Angst des Gemüths, mit welcher der Mensch durch den Teufel in eine Kleinmüthigkeit gestürzet wird, in Betrachrung seiner so vielen nicht allein natürlichen, sondern auch sündlichen Gebrechen, daß er also ganz betrübt und geängstiget wird; der Teufel dann, solches vermerkend, kommt als ein brüllender Löwe, sprenget ihn an mit unterschiedlichen Gedanken und ungebührlichen Sachen, daß der arme Mensch vermeinet, bei allen solchen Anfechtungen gesündiget zu haben. Ja solche angefochtene Menschen bilden sich ein, ein jeglicher Gedanke, der in ihre Herzen einschleichet, sey eine Sünd, dadurch sie sich große Beschwerden verursachen. Unangesehen doch keine Sünd begangen wird, es sey denn, daß Einer mit freiem und wohlbedachtem Muth, Willen und völliger Erkenntniß von Gott sich abwende, und zu der Bosheit kehre. Wie der heil. Augustinus spricht: „Die Sünd ist ein wissentlich willkührlich Uebel, daß nicht kann Sünd seyn, was nicht mit Willen geschieht." Dahero soll Keiner eine Kleinmüthigkeit empfinden wegen des Streits, welcher mit den von dem Teufel eingeblasenen Versuchungen zu bestehen ist. Denn so lang man nicht mit freiem Willen sich mit ihnen bespricht, und an ihnen keinen Gefallen trägt, hat man sich nicht zu fürchten einiger Sünde, sondern vielmehr sich zu erfreuen eines sehr großen Nutzens. „Sicut igne probatur argentum et aurum, sic homines justos tentatio tribulationis, wie das Feuer probiret das Gold, also auch die Anfechtungen die Menschen, sintemalen er durch solche wird gereiniget und unterwiesen, also daß ein anderer Paulus aus ihm werden kann." Wie er selbsten sagt: „Id enim quod est in praesenti momentaneum et leve tribulationis nostrae supra modum in sublimitate aeternum gloriae pondus operatur in nobis, unsere Trübsal ist leicht und zeitlich, wirket aber eine ewige Herrlichkeit.“ Ist Einem etwas Ungebührliches eingefallen, der lasse es wiederum ausfallen, wende sein Herz zu Gott, sehe die bösen Eingebungen nicht an, sondern kehre sein Gemüth von ihnen ab und die Gedanken. Jener Heilige verglich die Versuchung mit einem Wasserfluß: wenn wir versuchet werden, da schwimmen wir, wenn wir aber in die Versuchung einwilligen, da gehen wir zu Grund.

Sollte es aber seyn, daß man gar zu stark angefochten würde, der betend: führe uns nicht in Versuchung; folge nach dem Hirschen. Denn der Hirsch, wenn er vermerkt, daß die Hunde mit ihrer Schnelligkeit ihm vorkommen, und an ihm wollen hangen bleiben, so schleppet er sie in dem Laufen mit sich zu einem Baum, daran streift er sich, und entblößet sich ihrer, daß er also sicher seinen Lauf fortsetzen kann. Gleicher Weise soll ein Mensch, wenn ihm die Hunde der Versuchungen zu nahe kommen, und sich ihrer nicht befreien könne, zu dem Baum des heiligen Kreuzes laufen, da er ihnen gewiß den Kopf zerstoßen, überwinden und in seinem Herzen Fried erlangen wird. Fidelis Deus, qui non patietur vos tentari, supra id quod potestis, Gott ist getreu, der wird Niemand lassen versuchen über sein Vermögen. Wer seine Zuflucht zu Gott hat, dem kann nichts Uebels schaden, sintemalen

Es ist so Böses nichts, es ist zu etwas gut,
Das Kreuz plaget den Leib, und bessert doch den Muth.

Der bösen Welt Betrug, der Blinden todtes Dräuen,
Der falschen Spötter Haß, der Neider giftigs Schreien,
Der Hölle Grausamkeit, ja all des Satans List
Ist lauter Nichts zu achten, wo Gott zugegen ist.

Pitirion, ein Abt und Jänger des heil. Antonii, pflegte zu sagen: wer den Teufel zu verjagen begehrt, der vertreibe zuvor seine bösen Neigungen, und das andere wird leicht geschehen.

Die dritte Versuchung ist ein gar zu starkes Mißtrauen gegen sich selbst. Solches Mißtrauen enspringt aus einer Unbeständigkeit des augefangenen verbesserten Lebens, indem der Mensch sich oft fürchtet in Sachen, wo keine Furcht. Dieses Mißtrauen stürzet die Seel in allerhand Uebel und Elend, denn es ist eine Schwachheit der Seele; denn, so lang die Seel mit solchem behaftet, ist sie niemalen im guten Stand, befindet sich allezeit gefährlicher zu unterliegen, indem sie untauglich wird zu streiten. Es ist eine Schwere der Seele, durch welche sie verhindert wird, auf dem Weg des Himmels fortzugehen, richtet zu Grund alle himmlischen Gedanken, verdirbt alle heiligen und reinen Anmuthungen, und beredet den Menschen zu vielen Werken unkräftig, die er doch mit gar geringer Mühe und Fleiß verrichten könnte. Darum sagt der heil. Augustinus: „Thue, was du kannst, und was du nicht zu thun vermagst, bitte Gott um Beistand, und er wird dir helfen.“ Es kann derjenige, welcher sich von der Furcht der Beschwerden einnehmen läßt, niemalen einigen Fortgang in den Tugenden gewinnen, sintemalen es vonnöthen ist, daß man leide. Solche Mißtrauische aber vergleichet Christus den Rohren, welche sich biegen und zu jedem Wind hin und her wenden. Dahero der heil. Paulus den Galatern diesen Verweis gibt: „Sic stulti estis, ut cum spiritu coeperitis, nunc carne consummemini, seyd ihr so gar närrisch, daß ihr, nachdem ihr in dem Geist angefangen, jetzt in dem Fleisch wandeln und vollenden wollet?“ Und dieses ist eine augenscheinliche Versuchung, von einem wohl angefangenen Werk ablassen, weilen der Anfang nicht gekrönet wird, sondern der verharret bis an's End, wird selig werden. Denn ohne solche starkmüthige Beständigkeit und ohne solche beständige Stärke verdienet der Mensch keine Ehre und die Tugend keine Krone, gleichwie ohne sie der Streitende nicht siegreich ist, und der Siegreiche den Palmzweig nicht erhält. Derowegen spricht der königliche Prophet David: „Seyd getrost, und lasset euer Herz fest seyn, viriliter agite et confortetur cor vestrum, denn man oftmals viel mehr vermag, als man vermeinet; mannlich gestritten, ist halb gesieget. Viriliter agite et confortamini, nolite timere.“ Wohl gewagt, unverzagt, und ohne Furcht gestritten, ohne Schuld, mit Geduld, kleine Mühe gelitten. Die Hoffnung thut allhier Keinen betrügen. Also verhielten sich die heiligen drei Frauen bei dem Grab Christi; weil unangesehen sie vorher betrachtet, mit was großer Mühe der Stein vor der Thür des Grabes abzuwälzen, so gingen sie gleichwohl mit gutem Vertrauen fort, erfüllend die Ermahnung des Psalmisten: „Handelt mannlich, und euer Herz werde gestärkt.“ Die Mißtrauischen aber seynd unfleißig und kleinmüthig, weil sie in Ansehung der Beschwernisse, welche sie, das himmlische Jerusalem zu erobern, ausstehen müssen, schlechtes Vertrauen haben, propter frigus piger arare noluit. Darum sie von dem Guten abstehen, und unterlassen, der ewigen Seligkeit mit Ernst nachzusetzen; auch also ganz verdrüßig zu dem Guten, da sie dem Anfang keinen Widerstand thun, nehmen sie mehr und mehr ab, qui spernit modica, paulatim decidet, bis sie endlich gar in eine Kleinmüthigkeit und Mißtrauen gegen Gott gestürzet werden. Solche aber haben nichts anders zu gewarten, als den brennenden Zorn und Straf Gottes, wie der Apostel sagt: „Venit ira Dei in filios diffidentiae.“

Gleichwie aber der höllische Feind mit drei Versuchungen den Menschen beängstiget, also läßt auch Gott aus dreierlei Ursachen zu, daß der Mensch versucht werde, und zwar zu seinem Nutzen. Das erste Ziel, End und Ursach ist, damit dessen Treu geprüfet werde. Alldieweilen demjenigen, der bis zu dem Tod verbleiben wird treu, die Kron des Lebens versprochen ist. Derowegen gar schön der heil. Augustinus sagt: „Welcher nicht versuchet wird, der wird nicht probiret, und wer nicht probiret wird, der nimmt in den Tugenden nicht zu, sintemalen die Tugenden werden mit Streiten und Ueberwinden erlanget und gehäufet. Von den Tugenden wächst der Nutzen einer Seele. Ja es ist kein Verdienst, als aus dem Sieg wider das versuchende Laster. Denn darum wird die Tugend geübet, damit das Laster überwunden werde. Mit Ueberwindung des Lasters erhellet die Tugend, und triumphiret. Dem Ueberwinder bleibet die Belohnung und Kron, weilen Niemand gekrönet wird, als der überwindet; Niemand aber überwindet, als der streitet; Niemand aber kann streiten, als der einen Feind und Versuchung hat, obwohlen es unter Freunden oft auch der ärgste Streit ist.

Die andere Ursach ist solcher zugeschickten Versuchung, damit der Mensch gebracht, geübt und erhalten werde in der Demuth, weilen es nothwendig ist zu unserem Heil, wie da gesagt wird: „Necesse fuit, ut tentatio probaret te.“ Denn unser Leben kann auf dieser Pilgerfahrt ohne Versuchung nicht seyn, indem unser Fortgang durch die Versuchung sich verstärket, und Niemand kommet zu seiner rechten Erkenntniß ohne Versuchung. Aus dieser Erkenntniß seiner selbst steiget der Mensch hinab in die Demuth, welche Demuth ihm Gott versöhnet, erwirbt die göttliche Gnade, und bereitet ihm einen Sitz im Himmel. Darum der heil. Gregorius schreibet, daß durch die Demuth die Menschen wieder hingehen, woher die höllischen Geister durch die Hoffart gefallen. Ohne die Demuth ist keine wahre Buß, keine Versöhnung mit Gott, keine Hoffnung der Verzeihung, und keine Vertröstung des ewigen Lebens. Die Demuth allein führet Gott zu uns, und uns zu Gott. Den Demüthigen ist allezeit ein freier Zutritt zu Gott. Die Liebe hat zwar den eingebornen Sohn Gottes gezogen auf diese Welt, uns zu erlösen; aber in den Leib der überenglischen Jungfrau, damit er Mensch wurde, hat ihn gezogen die Demuth Mariä. Darum gar wohl der honigfließende Lehrer beobachtet, daß zwar die jungfräuliche Mutter Gott gefallen habe wegen ihrer Jungfrauschaft, aber empfangen habe wegen ihrer Demuth. Also auch ein reines Herz ist Gott angenehm, aber ein demüthiges empfängt in sich den Allerhöchsten und in Kraft dessen Gnad, durch die Demuth, derohalben der heil. Pabst Leo billig die Disciplin christlicher Weisheit in freiwilliger Demuth zu bestehen meldet. Denn die Demuth ist eine Grundfest, aus welcher aufsteiget unser Nutzen und Fortgang; damit aber die Seel durch die Demuth nicht abnehme, stärket und erhält sie die übende und aufmunternde Versuchung und Trübsal.

Das dritte Ziel und End ist, damit durch Demüthigung, so entstehet aus der Versuchung, auch andere Mängel in uns verbessert, unterdrückt und vertilget werden. Denn also wird gesegnet der Mann, der den Herrn fürchtet, und glückselig ist der Mann, der die Versuchung überträgt, weilen, da er wird geprüfet seyn, er zu hoffen hat die Krone des Lebens, welche Gott den ihn Liebenden versprochen. Auf unerfahrne und unversuchte Leute setzet Niemand viel. Mein aber, wer nicht versucht ist, was weiß er, oder was hat er erfahren? qui tentatus non est, qualia scit? Die Versuchung erzeigt, was der Mensch vermag. Derowegen gar schön der heil. Augustinus sagt: „Der Mensch erkennet sich nicht, wenn er es nicht in der Versuchung lernet.“ Die Versuchung ist vonnöthen, auf daß wir einen guten Kampf streiten, den Lauf vollenden, Treu und Glauben behalten. Wenn wir solches thun, so wird uns aufbehalten die Kron der Gerechtigkeit, welche uns geben wird der Herr an jenem Tag, ein gerechter Richter, welcher ist ein vortrefflicher Arzt, dessen Arznei sind die Trübsale, durch welche er den Menschen zu einem bessern Leben leitet; vulnerat et medetur, er verwundet und heilet. Er heilet, wie der heilige Gregorius sagt, und vertreibet das Gift der Sünden mit dem Eisen der Widerwärtigkeit und Versuchung. Und wie der Apostel meldet: „Flagellat omnem filium quem recipit, er geißelt einen jeden Sohn, so er aufnimmt.“ Damit, wenn er in etwas wird gelitten haben und geprüfet seyn, ihn würdig mache zu der himmlischen Glorie und auserwählten Freude.

Das 10. Kapitel.

Auf Gott vertraut,
Ist wohl gebaut.

Trojus Pompejus schreibet an vielen Orten, daß die herrlichsten Siege, welche die Römer erhalten, nicht seynd hergekommen von wegen der Gewalt und Vielheit ihres Volks, sondern daß sie jederzeit mit guten Obersten und Befehlshabern versehen gewesen. Denn wir in täglicher Erfahrung finden, daß die glücklichen Zufälle nicht so sehr beigemessen werden den gemeinen Soldaten, welche gestritten, als dem Befehlshaber, der sie geführet.

Wider den Teufel zu streiten, ist uns auch vonnöthen ein vortrefflicher Hauptmann und guter Hut, welcher uns verfechte wider alle Versuchungen desselbigen, nämlich derjenige, von welchem wir den Namen haben, Christen genennet zu werden, Jesus Christus, welcher ist ein Beschützer aller derer, so auf ihn hoffen. Protector omnium sperantium in se. Denn wenn wir bei seinen siegreichen Kreuzfahnen uns einstellen, und unter seinem über uns ausgespannten Arm streiten und fechten werden, haben wir nicht weniger den Sieg zu hoffen, als wenn wir die Victorie schon erhalten hätten. Qui sperat in Domino, beatus est. Ja wir haben uns zu versichern, daß uns nicht weniger mißlinge zu räumen das Feld, als der tapfere Alcibiades solches erhalten; denn als dieser berühmte Kriegsfürst hörte, daß sein Volk im Lager schrie: Lärmen, Lärmen, wir seynd schon in der Hand des Feindes; fing er an, und rief: Nicht, nicht, meine Brüder, seyd beherzt, und fürchtet euch nicht, denn wir seynd nicht in ihre, sondern sie in unsere Hände gefallen. Wer seine Zuflucht zu Jesu hat, qui salvat sperantes in se, der fällt durch die Versuchung nicht in die Händ der Teufel, sondern sie in die seinigen, wenn er anders will, est scutum omnium sperantium in se. Denn Gott ist getreu, und wird nicht gestatten, daß Einer versucht werde über sein Vermögen, sondern wird neben der Versuchung ein gutes Auskommen machen, daß er's kann ertragen. Darum sagt der weise Mann: „Glaub und vertraue auf Gott, so wird er dir aushelfen." Wer unter der Hand des Allerhöchsten und unter dem Schirm des allmächtigen Gottes vom Himmel bleibet, der spricht zu dem Herrn: meine Zuversicht und Erhalter bist du, mein Gott, auf den ich werde hoffen; denn er wird mich erretten vom Strick der Jäger. Unter der Hand des Allerhöchsten wohnet, welcher seine ganze Hoffnung auf Gott setzet; der kann dann auch mit dem Apostel sprechen: „Gott sey Dank, der uns den Sieg gegeben hat, durch unsern Herrn Jesum Christum, in welchem wir Alles vermögen, der uns stärket.“ Die Gerechten müssen zwar viel leiden, aber der Herr hilft ihnen aus Allen. Er erlöset die Seelen seiner Knechte, und Alle, die auf ihn hoffen, werden nicht sündigen. Er thut den Willen derer, die ihn fürchten, und erhöret ihr Bitten, und hilft ihnen. Er behütet Alle, die ihn lieben, und wird vertilgen alle Gottlosen. Der Herr ist gut denen, so auf ihn hoffen, und der Seele, die ihn suchet. Darum ermahnet einen Jeden der heilige Augustinus, da er sagt: „Suche Jenen, welcher niemalen abwesend seyn kann, suche ihn mit Anrufung, Begierd und Liebe, so wird er dir allezeit seine Hülf mildiglich mittheilen, in spem vitae aeternae. „Denn er machet selig, die auf ihn und in ihn hoffen, salvos facit, sperantes in se.“

Barsidas, welcher wider die Thracier Krieg führte, nahm seinem Feind eine Festung mit Gewalt ein, beschützte sie auch dermassen, wie es einem tapfern Soldaten gebühret. Da er aber von seinem Widerpart gefragt wurde, warum er solchen Ort ganz auf das Aeusserste vertheidigte? gab er zur Antwort: Man soll wissen, daß mir diese Festung ist anvertrauet worden, nicht darum, daß sie mich, sondern daß ich sie beschirmen solle. Wenn zu diesen Zeiten unser Deutschland so ehrenherzige Soldaten getragen hätte, würden nicht so viele Plätz in fremde Gewalt gerissen worden seyn. Uns ist auch anvertrauet eine Festung, nämlich die Seel, welche, mit dem Wall des Leibes umgeben, von uns wider den höllischen Feind solle beschirmet werden; also daß wir wie christliche Soldaten ehender das Leben als sie verlieren müssen. Besonders da Christus unser Erlöser, als der vornehmste und erfahrenste Kriegsheld, mit sonderer Neigung seiner Liebe uns beispringet. Er träget Mitleiden gegen uns, denn er ist unser Bruder und unser Fleisch. Er ist unser Helfer in aller Noth, und ein treuer Beschützer in aller Gefahr. Seinen Leib, welchen er dargegeben den Schlagenden, verberaverunt me, hat er gemachet zu unserer Zuflucht und Beschützung, wie er selbsten von denjenigen, so ihre Sicherheit bei ihm genommen, vermeldet: »Meine Taube ist in den Löchern des Felsen und Steinritzen.« Wo seynd diese Löcher? In dem verwundeten Leib Christi Jesu. Welches gar schön bekräftiget mit seiner honigfließenden Feder Bernhardus, da er schreibt: »Die Löcher des Felsen seynd die Wunden Christi. Petra autem erat Christus, denn der Felsen ist Christus; in diesem hat der Spatz gefunden ein Haus, und die Turteltaube ihr Nest, da sie ihre Jungen hingelegt. In solchem ist die Taube wohl versichert, und kann den herum fliegenden Sperber unerschrocken ansehen. Denn je sicherer sie allda ist, desto stärker und mächtiger er ist, sie zu verthädigen.« Darum, werthestes Herz, in aller deiner Noth bereite dich, zu nehmen deine Zuflucht in diesen Löchern, in diesen Felsen und Wunden Jesu, so wirst du beschützet und sicher seyn, sintemalen bei dem Herrn ist Barmherzigkeit und sehr viele Erlösung. Auf diesen Felsen wirst du erhöhet und befestiget werden zu einem Herrn von Hohenfels.

Kaiser Augustus pflegte zu sagen: Wenn ein Krieg glücklich sollte abgehen, daß es eine Nothdurft sey, den Göttern zuvor solchen zu empfehlen, und durch die Befehlshaber zu verrichten. Zu solchem ermahnet uns der heil. Petrus wider den Teufel, da er sagt: „Humiliamini sub potenti manu Dei, ut vos exaltet in tempore visitationis: Omnem sollicitudinem vestram projicientes in eum, quoniam ipsi cura est de vobis, demüthiget euch unter die gewaltige Hand Gottes, damit er euch erhöhe auf den Tag der Heimsuchung; all eure Sorgen werfet auf ihn, denn er sorget für euch." Weilen ein solches angefochtenes Gemüth den Anker seiner Hoffnung solle werfen mit größter Zuversicht in die unermeßliche Barmherzigkeit Gottes, der von sich selbsten sagt: „In me omnis spes vitae, in mir ist alle Hoffnung des Lebens." Gleichwie diejenigen, so auf dem hohen Meer seynd, in Gefahr ihren Anker tief in den Abgrund hinein fallen lassen. Denn seine unergründliche Barmherzigkeit wird Keinen verlassen, sondern Jedem beistehen, sintemalen er selbsten spricht: „Wenn ich zu dem Gottlosen sage, du sollest des Todes sterben, er aber bekehret sich von seiner Sünd, und thut Recht und Gerechtigkeit, alle seine Sünden, die er begangen, sollen ihm nicht zugerechnet werden, er hat Recht und Gerechtigkeit gethan, darum soll er des Lebens leben." Welche Wort uns billig antreiben sollten, all unser Vertrauen auf Gott zu setzen, in spe fructus percipiendi, in Hoffnung zu erlangen, Alles was wir verlangen. Denn er wird seyn uns wider alle Versuchungen ein diamantener Schild, und in Ueberlast der Sünden unser Erlöser, welcher Keinem seine unerschöpfliche Gnadenkammer versperret. Wenn wir mit steifem Vertrauen gegen ihn unser Herz empor erschwingen, spes non confundit, denn die Hoffnung läßt nicht zu Schanden werden. Gott thut niemalen die Menschen, welche auf ihn hoffen, verlassen, sondern vielmehr stärken, und ihre Versuchung und Widerwärtigkeit in Freude verkehren. Alldieweilen, obschon Gott zu Zeiten bewilliget, daß die Seinigen versucht und betrübet werden, so geschieht es doch keiner andern Ursach halber, als zu ihrer Vollkommenheit und Wohlfahrt der Seelen. Darum spricht der heil. Augustinus sehr wohl, da er sagt: „Derjenige, welcher die Feile hat verordnet auf das Eisen, und das Feuer auf das Gold, auch den Schlegel auf das Korn, eben derjenige hat den Menschen die Trübsal und Anfechtung zugeordnet. Die Feile nimmt dem Eisen den Rost, das Feuer dem Gold den Schaum, der Kornhammer dem Korn das Stroh, also machet die Versuchung und Widerwärtigkeit den Menschen fromm und heilig, wenn sie mit wahrer Geduld und unbeweglicher Hoffnung gegen Gott übertragen wird.“ Wie denn der Apostel uns ermahnet, zu laufen durch die Geduld zu dem Kampf, der uns vorgelegt ist, und aufzusehen auf den Angeber des Glaubens Jesum, all unsere Hoffnung setzend auf ihn, damit wir gestärket werden: „In igne probatur aurum et argentum, homines vero receptibiles in camino humiliationis.“ Unterwerfe dich demüthig der göttlichen Züchtigung, welche ganz väterlich ist, und du wirst gewiß erfahren, daß sie sehr liebreich. Wenn du wahrhaftig liebest, und in Wahrheit hoffest, wirst du dich selbst zu der Geduld anmahnen und aufmuntern, sprechend mit Jenem: „Deo subjecta esto anima mea, quoniam ab ipso patientia mea, unterwerfe dich, meine Seel, deinem Gott, alldieweilen meine Geduld ist von ihm.“ In ihm ist meine Hoffnung. Deum nemo vidit unquam, Niemand hat Gott gesehen; was wir aber nicht sehen, das hoffen wir, und erwarten es durch Geduld. Das Gold glänzet in dem Ofen eines Goldschmieds nicht, aber nach dem Feuer und Arbeit scheinet es. Die Welt ist der Ofen, der Gerechte das Gold, die Trübsal das Feuer, und Gott Goldschmied. Von ihm kommt der Schmerz, aber zugleich auch die Ruhe, von ihm kommet die Trübsal, aber zugleich auch die Säuberung. Darum ist es gut, Gott anhangen und auf ihn alle Hoffnung setzen, alldieweilen er den Menschen aus aller Trübsal erlöset, und ihm so viele Kraft und Stärke verleihet, daß er Alles in ihm vermag. Wie der Apostel sagt: „Omnia possum in eo, qui me confortat.“ Derowegen schreibt der honigfließende Lehrer: „Deus in se sperantes quasi omnipotentes facit, daß Gott die auf ihn Hoffenden gleichsam allmächtig mache.“ Wie so aber dieses? Cum ipso sum in tribulatione. Sintemalen Gott mit solchem, der sie gerufen hat in Christo Jesu zu seiner ewigen Glorie, Freud und Glückseligkeit.

Schwarzschön ist auch nicht schändlich. Wie die verliebte Braut ausschreiet: „Nigra sum, sed formosa, Ich bin schwarz, aber gar schön.“ Woher ist die Braut schwarz? Von Außen her, durch die äußerliche Demuth und Trübsal; schön aber durch die innerliche Kraft und Tugend der Demuth und Geduld. Derohalben Paulus: „Ich will mich gern rühmen meiner Schwachheit, damit in mir wohne die Kraft Christi.“

Welchem gar liebreich beistimmet die claravallische Sonn; da er schreibt: „Optanda infirmitas, quae Christi virtute compensatur, es ist zu wünschen eine solche Schwachheit, die durch die Kraft Christi ersetzet wird.“ Eine angenehme Schmach ist das Kreuz demjenigen, welcher dem Gekreuzigten nicht undankbar ist. Es ist eine Schwärze, aber zugleich eine Gestalt und Gleichheit des Herrn. „Qui consolatur nos in omni tribulatione nostra, welcher uns tröstet in all unserer Betrübniß, und zwar also, daß, wenn wir mit ihm werden gelitten haben, wir auch mit ihm glorwürdig seyen.

Unweit, da der Rhein sich mit dem obern Bodensee vermählet, ist eine Stube, in welcher 24 Oefen zu finden, und so sehr auch solche in dem Winter eingeheizet werden, kann doch kein Mensch bei so kalter Zeit sich in Mitte solcher Stube erwärmen, non est operimentum. Wie sehr hingegen der ungarische Ofen Vielen warm gemachet, wissen diejenigen gar wohl, welche schier ihr Leben davor ausgeschwitzet haben. Nichts ohne Mühe, und dennoch, wo das Vertrauen auf Gott nicht ist, ist die Mühe wenig fruchtbar. „Absit ut Christianus in seipso vel confidat vel glorietur, et non in Domino, cujus tanta est erga omnes homines bonitas, ut eorum velit esse merita, quae sunt ipsius dona; wessentwegen solle Niemand sein Vertrauen gegen Gott fallen lassen, dessen Güte so groß ist, daß er verlangt, zu seyn unsere Verdienste, welche doch seynd ganz unverdiente Gnaden und Schenkungen von ihm selber.“

Der persianische König Cyrus, seinen Kriegsleuten ein Herz zu machen, wider ihre Feinde tapfer zu streiten, hat sie auf solche Weise angefrischet: er führte sie in einen sehr großen und dicken Wald, befehlend ihnen, daß sie alle Bäume niederhauen und den Wald der Erde gleich machen sollten, laetetur de labore suo; welches auch mit sonderer Mühe und Arbeit geschehen. Den nächsten Tag darauf läßt er sie auf das Herrlichste speisen.. Nach solchem reitet Cyrus durch das ganze Lager, und sprach: Ihr meine lieben Brüder, welcher Tag hat euch besser gefallen, der gestrige oder der heutige? Sie antworteten: Um so viel ist der heutige besser, als um so viel der gestrige schlechter gewesen, recte judicasti. Darauf Cyrus ihnen sagte: Gleichwie ihr durch die den gestrigen Tag ausgestandene Mühe und Arbeit das heutige herrliche Mahl verdienet habt, eben also könnet ihr für glückselig geschätzet werden keineswegs, wofern ihr nicht zuvor die Meder, eure Feinde, überwunden.

Diese Historie geistlicher Weis zu verstehen, sag ich: labora sicut bonus miles, wofern wir den Sieg wider den Teufel, unsern Feind, erhalten wollen, und die Ruhe der ewigen Freude und Lustbarkeit besitzen, so müssen wir die Versuchung oder Anfechtung mit Geduld und Standhaftigkeit übertragen, hoffend auf Gott, bonum est confidere in Domino, auf Gott getraut ist wohl gebaut. Der Allerhöchste läßt zu Zeiten solche Versuchungen zu, damit wir sehen, wie gütig und bereit er sey, uns zu helfen, wenn wir anders zur Zeit der Noth ihn anrufen, bitten, und uns seiner Hülf vertrösten, nach Anmahnung jenes: confide in Deo, vertraue auf Gott. Darum spricht der Prophet:

habe gerufen zu dem Herrn in meiner Noth, und
at mich erhöret.«

Alles, was Floßfedern und Schuppen hat, spricht
t, in Wässern, im Meer und in Bächen, sollt ihr
; Alles aber, was nicht Floßfedern und Schuppen
soll euch unrein seyn. Welches der h. Gregorius
ender Weis geistlich ausleget, da er meldet: Schup-
bedeuten männliche und ernstliche Sitten und einen
n äußerlichen Wandel mitten unter den Weltkin-
; die Floßfedern aber erhobene geistliche Gedanken.«
nun die Fisch mit Floßfedern zu Zeiten Sprüng
r die Wasser thun, also erheben sich wahre Christen
den Wässern allerhand Trübsale dieser Welt durch
mlische Betrachtung und Hoffnung zu Gott in die
he, und durch ein strenges und gleichsam schuppiges
en seynd sie gewaffnet wider alle unordentlichen Be-
den. Die allergrößten Fische in dem Meer werden
kleinen Fischen weißer Farb und langen Köpfen
eitet, und von einem Ort zu dem andern begleitet,
auch kleine Versuchungen eröffnen den Weg grö-
er Mühseligkeiten. Auch gleichwie ein kleiner Fisch
er Spanne lang ist solcher Stärke und Kraft, daß
ein großes Schiff, wenn er nicht bei Zeiten abge-
eben, im vollen Lauf aufhalten und stellen kann,
o auch eine kleine Versuchung, der nicht bei Zeiten
derstanden wird, stellet und hält auf den Lauf oder
rtgang eines vollkommenen Lebens. In solcher Be-
benheit aber sollen wir all unser Vertrauen auf Chri-
m den Gekreuzigten mit dem heil. Augustino setzen,
er sagt: »Inspice vulnera pendentis, sanguinem
orientis, pretium redimentis, cicatrices resurgen-

tis, sehe an den Wunden des Hangenden das Blut des Sterbenden, den Werth des Erlösenden und die Wundmalen des Auferstehenden.“ Er hat ein geneigtes Haupt zu dem Küssen, ein eröffnetes Herz zum Lieben, ausgestreckte Arme zum Umfangen, und den ganzen Leib zum Erlösen; ihn anschaue, ihm vertraue, es wird schon Alles gut werden; non est confusio confidentibus, er hält Niemand seine Gnadenkammer verschlossen. Dieses betrachte auch, werthestes Herz, und lasse gleichwohl Andere suchen, quae sua sunt, was sie wollen, und ihnen beliebet; du aber werfe dich vollkommentlich in die liebreichsten Arme der göttlichen Vorsichtigkeit mit gänzlichem Vertrauen. Alles andere Hoffen ist umsonst, welches nicht gegründet ist auf Jesum, wie der gottselige Thomas a Kempis sagt: „Quia totum infirmum et instabile invenio, quidquid extra te conspicio.“ Alles ist umsonst, Freud, Lieb und Gunst, wo Jesus nicht zugegen. Wenn die Hoffnung anderswohin zielet, als auf Gott, wird man mit Hoffen leicht zu Spott. Darum will ich ihm all mein Anliegen heimstellen, und für das Vergangene samt dem Propheten ihm mit dankbarem Gemüth zurufen: „Benedictus es Domine, quoniam tu adjuvisti me et consolatus es me, sey gebenedeiet, o Herr, alldieweilen du mir geholfen hast, und mich getröstet.“ Für das Zukünftige aber will ich mit ganzer Zuversicht mich in seine gnadenreichen Arme werfen, auch beinebens meine Unkräfte in allen Begebungen ihm in aller Demuth kläglichst vortragen.

I.

Weil nichts anders ist mein Leben,
Als ein stetigs G'müthgefecht,
Wo arglistig mich umgeben
Des Plutonis Kriegesknecht,
Die des Streits gar wohl erfahren
Kommen in verstellten Schaaren,
Darum ich allzeit verlier,
Und niemal victorisir,

II.

Wie verdrießlich ist das Kriegen,
Hab von ihm auch nichts gewußt,
Meine Pfeil ließ ich nur fliegen
Durch ganz keusche Liebeslust.
Ich in Lieb mich nur geübet,
Und mein Liebsten stets geliebet,
Unbekannt das Fechten mir,
Darum ich allzeit verlier.

III.

Ich, des Streits gar unerfahren,
Weiß mich nicht zu schicken drein,
Zu begegnen seinen Schaaren,
Kann ich mich nicht lassen ein;
In der Kriegskunst nicht gewohnt,
Mars mich allzeit noch verschont,
Darum stets ich nur verlier,
Und niemal victorisir.

IV.

Zu der Linken, zu der Rechten
Weiß ich kaum zu kehren mich,
Nie gelernt hab ich zu fechten,
Noch im Feld zu stellen sich;

Ich mich oft thu schon verstecken,
Wenn ich nur thu Pulver schmecken,
Ja ich selbst nicht traue mir,
Darum stets ich nur verlier.

V.

Ein' Musket wie sie zu laden,
Ist mir noch gar unbekannt,
Muß verlassen oft mit Schaden
Den mir vorgenomm'nen Stand;
Weil auch Niemand mich berichtet,
Wie ich seyn muß eingerichtet,
Darum stets ich nur verlier,
Und niemal victorisir.

VI.

Weiß auch nicht, wie zu formiren
Ein Quadrat, Keil oder Scheer,
Noch den Säbel recht zu führen,
Weder werfen Pfeil und Speer;
Kann auch mich nicht mannlich stellen,
Meinen Feind geschwind zu fällen,
Darum ich nur stets verlier,
Und niemal victorisir.

VII.

Wenn er mir den Streit ansaget,
Zu erscheinen auf dem Feld,
Und zugleich das Lager schlaget,
Nächstens bei des Herzens Zelt.
Wenn ich sehe ihn gerüstet,
Bin ich zaghaft und entrüstet,
Drum ich nie victorisir,
Sondern allzeit nur verlier.

VIII.

Wenn ich mich schon will bequemen,
Zu ein rechter Gegenwehr,
Auch schon will die Schlacht annehmen,
Von sein'm wohl gestellten Heer;
Ehe ich thu mit ihm schlagen,
Er mich gleich zurück thut jagen,
Niemal ich victorisir,
Sondern allzeit nur verlier.

IX.

Wenn die Trommel wird gerühret,
Und das Feldg'schrei wird gehört,
Wenn er meine Schwachheit spüret,
Mein Gemüth wird ganz verstört;
Ja vor Furcht mein Leben schwindet,
Und des Streits Verlust verkündet,
Darum allzeit ich verlier,
Und niemal victorisir.

X.

Wenn dann die Schallmei erschallet,
Den Mann zu erfrischen an,
Oder jene Stimm erhallet,
Schlagt an auf den halben Mann;
Ich verlange schon zu fliehen,
Und dem Streit mich zu entziehen,
Darum allzeit ich verlier,
Und niemal victorisir.

XI.

Bald da nur wird Feu'r gegeben,
Und der Streit recht gehet an,
Ich in großer Furcht thu schweben,
Und schon nicht mehr fechten kann.

Wenn die Stuck ich höre knallen,
Mir das Herz schon ist entfallen,
Darum allzeit ich verlier,
Und niemal victorisir.

XII.

Wenn ich wäre Alexander,
Jener stets beglückte Held,
Oder könnte wie ein ander
Hector den Feind aus dem Feld
Ohne große G'fahr verjagen,
Und mich recht an ihn wagen;
Dieses wär zu wünschen mir,
Sonsten ich nur stets verlier.

XIII.

Auch sogar die schwachen Weiber
Ganz beherzt und unverzagt
Haben ihre zarten Leiber
In den harten Kampf gewagt;
Oft Bellona ist mit Morden
Ihrer Feinde Meister worden,
Aber ich nur stets verlier,
Und niemal victorisir.

XIV.

Pentasiläa deßgleichen
Sehr glückselig war im Streit,
Oft sie durch mannhafte Streichen
Ein Triumph hat sich bereit.
Die Streithammer sie erfunden,
Und dadurch oft überwunden,
Aber ich nur stets verlier,
Und niemal victorisir.

XV.

Wenn ein Feind nur wär obhanden,
Gewißlich dieß noch wäre gut,
Deren aber viel entstanden,
Also fällt mir Herz und Muth,
Welche aller List Erfinder,
Und allzeit seynd Ueberwinder,
Darum stets ich nur verlier,
Niemal ich victorisir.

XVI.

Wär auch wohl noch zu ertragen,
Wenn es ging um Leib und Gut,
Wollte mich auch nicht beklagen
Um den mir entfloh'nen Muth,
Weilen aber solches Treffen
Die Seel selbsten thut betreffen,
Billig klag, weil ich verlier,
Und niemal victorisir.

XVII.

Diese schlimmen Höllenfechter
Treiben noch Gespött ob mir,
Ihnen bin ich zum Gelächter,
Weil ich stets den Sieg verlier;
Aber solche böse G'sellen
Zu ve jagen in die Höllen
Ist ein' Hülf vonnöthen mir,
Daß ich auch victorisir.

XVIII.

Wer wird meiner sich erbarmen,
Wenn du nicht, o großer Gott,
Einst wirst helfen mir ganz Armen
Aus den Stricken aller Noth.

Ach, o großer Gott, mich Schlechten
Thu mit deiner Stärk verfechten,
Sonst ich g'wiß den Sieg verlier,
Und niemal victorisir.

XIX.

Ohne dich bin ich erlegen,
Ohne dich ich nichts vermag,
Wenn du führest nicht den Degen,
Leid ich stets ein' Niederlag,
Ohne dich werd ich gefangen
Von der falsch verstellten Schlangen,
Hilf, damit ich nicht verlier,
Sondern auch victorisir.

XX.

Thu die alte Schlang zutreten,
Treib all ihr Versuchung ab,
Thu von ihrem Pfeil mich retten,
Und mich mit dein'n Gnaden lab,
Daß, wenn ich mit ihr will schlagen,
In die Flucht ich sie konn' jagen,
Endlich auch victorisir,
Und nicht allzeit nur verlier.

Wer aber den Versuchungen und Stricken des Teufels entgehen will, der muß kein Jonas von Nassau seyn, dessen Gedanken jederzeit nach Weingarten stehen, allwo er durch Erhandlung des Octobersafts sein Geschlecht erhöhet, und sich einen Herrn von Kupferberg schreibet; denn wer durch den Wein nässer ist, als der Prophet Jonas im Wallfisch, ist schon gefangen in des Teufels Strick. Noch viel weniger muß er seyn von Stuben = oder Rosenfeld, indem er gedenket, in einer nere eingeheizten Stube sich zu bedienen der aller Ergötzlichkeit, denn wer die Gefähr liebet, ihr zu Grund; sondern muß aus Liebe gegen lle Sünden, so viel ihm möglich, vermeiden, rgegen zu Besserung und Genugthuung seines allezeit betrachten das bittere Leiden unsers Jesu Christi, auch die ungestümen Begierden je nd mehr unterdrücken, so viel es die Natur er- kann. Denn wie der heil. Jakobus sagt: „Wi- et dem Teufel, und er wird von euch fliehen.“ s aber zu vollziehen, solle man sich in Werken weiche zur Tugend gehören, auf daß der hölli- eelenhund niemalen solchen Menschen antreffe , sondern vielmehr erfüllend mit allerhand tu- ollen Gedanken, keinen Platz gestatte den unge- chen Einsprechungen. Wer sich also verhält, der ich vor dem Teufel nicht zu besorgen. Denn, wie an der Hunde Hinken, an der Huren Win- an der Weiber Weinen, an der Gelehrten Mei- an der Kramer Schwören Niemand sich soll keh- also soll auch Niemand achten die Versuchungen; uf obbemeldte Weis gewaffnet ist, und gesetzt, er- e durch die Versuchung einen Streit ankünden, er doch kein Siegen finden, ungeachtet er auch ein Schwert führen, so groß wie Degenfeld un- Kreuzlingen, so wird er den Degen und das Feld ieren; ein kleines Kreuz, mit Geduld und Demuth tragen, machet ihn zu Schanden, sintemalen er an- unden, und nichts vermag. Er brüllet zwar wie Löwe, und ohne Treu und Scheu sperret er seinen chen weiter auf, als ein Waldesel in dem Lauf-

kann aber Keinen v
eine Schlang, und
aber nicht vergiften.
hund, zu richten v
zu beißen. Er ruft
bläst dadurch sein
zwingen. Er kom
scher Gesell thut si
ihm nachstellen, ka
wohlen er aus Irla
das Engelland verin
ohne sondere Zulassu
eigener Nachläßigkei
widerstehen, und ir
Man muß seyn als
Wind, so geschieht
gen dawider die
ter. Der Regen
Wer Recht thut,
einspricht. Gesoch
storben. Haltet e
herlei Versuchung
gen, den Mensche
Ball, lasse dich vo
die Höhe des Himm
Trost angefüllet, m
Trübsal, so wirst du
und kurzen Leiden e

kann aber Keinen verschlingen. Er zischet zwar wie eine Schlang, und machet Angst und bang, vermag aber nicht vergiften. Er bellet zwar wie ein Kettenhund, zu richten viel zu Grund, vermag aber nicht zu beißen. Er ruft zwar durch sein Jägerhüft, und bläst dadurch sein Sündengift, vermag aber Keinen zu zwingen. Er kommet aus der Höll, und als ein falscher Gesell thut sich zum Menschen gesellen, gefährlich ihm nachstellen, kann keinen doch verführen; denn obwohlen er aus Irland, da er durch seinen Hochmuth das Engelland verirret, gleichwohl Niemand verführet ohne sondere Zulassung Gottes und des Menschen selbst eigener Nachläßigkeit. Derowegen ihm nur tapfer zu widerstehen, und in keine Versuchung einzuwilligen. Man muß seyn als wie ein Fels, stoßen daran die Wind, so geschieht es zu mehrerer Versicherung; schlagen dawider die Wellen, so wird er davon nur sauberer. Der Regen netzt das Kleid, aber das Herz nicht. Wer Recht thut, acht es nicht, was Satan ihm einspricht. Gefochten oder verdorben, gelitten oder gestorben. Haltet es für lauter Freud, wenn ihr in mancherlei Versuchung fallet; die Ballen treibt das Schlagen, den Menschen erhöhet das Plagen; sey also ein Ball, lasse dich von den Anfechtungen schlagen bis in die Höhe des Himmels, sey mit dem h. Paulo mit Trost angefüllet, und voll der Freuden in aller deiner Trübsal, so wirst du nach Ueberwindung der Versuchung und kurzen Leiden ewig leben in Freuden.

Das 11. Kapitel.

In Hungersnoth
Das Best ist Brod.

Zur Zeit, da die glückselige Sünderin Magdalena bei der Mahlzeit eines Pharisäers Christo Jesu heilige Füß gewaschen, erhob sich in dem verrätherischen Gemüth Judä ein irriger Gedanke gegen die Jesu erzeigte Lieb; wie angenehm aber solches Werk dem liebreichesten Heiland gefallen, beweiset er solches selbsten in dem Werk. Denn er machte ein großes Abendmahl, nämlich die Genießung des Osterlamms und Einsetzung des hochheiligen Sakraments des Altars, nach dessen Verrichtung, er aufgestanden, seine Kleider abgelegt, sich mit einem Schurztuch umgürtet, und den Jüngern die Füß gewaschen. Wenn wir dieses Alles wohl erwägen, finden wir unterschiedliche Tugenden, so hierinnen Christus geübet, und uns zu üben überlassen, besonders jene zwei Schwestern, die Liebe und Demuth, welche seynd ein Grund aller guten Werke.

Die Liebe betreffend, so ist sie eine Tugend, welche uns mit Gott vereiniget, und durch welche wir ihn lieben wegen seiner selbst, und den Nächsten wegen ihm. Diese Tugend ist uns gar hoch anbefohlen. Denn also hat Christus demjenigen Lehrer des Gesetzes, welcher ihn versuchend gefragt: welches ist das größte Gebot im Gesetz? geantwortet: Du sollst den Herrn deinen

Gott lieben von ganzen deinem Herzen, von ganzer deiner Seel, und von ganzen deinem Gemüth. Dieses ist das größte und vornehmste Gesetz; das andere aber ist dem gleich: Du sollst deinen Nächsten lieben, als dich selbst. In diesen beiden Geboten hanget das ganze Gesetz und die Propheten. Welches Gebot der liebe Christus nicht allein gelehret, sondern auch in dem Werk bei dem letzten geheimnißvollen Abendmahl dem Verräther Judä und seinen auserwählten Jüngern erzeiget, damit er zugleich erfüllte, was er bei seinem Erzkanzler Matthäo befohlen: Liebet eure Feinde, thut Gutes denen, die euch hassen, und bittet für die, welche euch verfolgen und beleidigen, auf daß ihr Kinder seyd eures Vaters, der im Himmel ist. Welcher aber nicht liebet, der bleibet im Tod.

Bei den Weltmenschen geschieht es zum Oeftern, daß, wenn zwei Liebende von einander scheiden, eines dem andern seine Abbildung zu einem steten Angedenken verehre, damit durch solche Abbildung die Gegenwart des Abwesenden nicht in ein Vergessen komme, noch die angeflammte Lieb erlösche.

Viel ein größeres Kennzeichen seiner Liebe hat uns Christus, da die Zeit seines bittern Leidens vorhanden, hinterlassen; indem er nicht nur seine Abbildung uns zu guter Letzt verehret, sondern selbst seine eigene Wesenheit des allerzartesten Fronleichnams, seinen Leib und Blut, in dem allerheiligsten Sakrament des Altars, damit wir ihn jederzeit vor Augen haben, welches uns niemalen kommen soll aus dem Sinn. Und dieses ist jenes große Abendmahl und Banquet, zu welchem Viele berufen.

Das erste Banquet, so in diesem Jammerthal ist geschehen, war dasjenige, welches der böse Feind Adam und Eva hatte zubereitet; denn dieses geschah in dem Garten. Aus solchem aber ist erfolget die Ungehorsamkeit gegen Gott, der Betrug Evä, die Verführung Adams, und das Verderben des ganzen menschlichen Geschlechts; also daß Adam und Eva die Frucht verkost, und uns Allen den Tod angemost, ein saurer Bissen.

Rebekka hatte dem Isaak eine Mahlzeit gehalten, durch welche Esau um sein Erbtheil kommen, Jakob aber die Erstgeburt einnahm, also daß Isaak den Segen gab, den er nicht vermeinte, und Esau verlor Mühe und Arbeit bei der Jagd.

Absalon hatte allen seinen Brüdern ein Gastmahl zugerichtet, durch welches sein Bruder Ammon erschlagen, seine Schwester Thamar geschändet, David, ihr Vater, betrübet, und das ganze Land geärgert worden.

Job hatte sieben Söhn und drei Töchter, solche verrichteten einen guten Schmaus in ihres ältesten Bruders Haus; aber es schlug übel aus, also daß alle zehen Geschwisterte ihr Leben verloren, ehe sie von dem Tisch aufgestanden. Wohl lustig, daß Gott erbarm!

König Balthasar hielt allen seinen Ehe- und Kebsweibern ein treffliches Banquet, alldieweilen aber die goldenen und silbernen Geschirre, mit denen er bedienet wurde, aus dem Tempel zu Jerusalem geraubet worden, also ist erfolget, daß sowohl der König als seine Weiber noch dieselbige Nacht Alle seynd umkommen.

Assuerus hielt ein stattliches Gastmahl; aber solches hat verursachet, daß die Königin Vasthi ist entsetzet, viele Edle in der Stadt Susis erwürget, und Aman gehänget worden. Solches Gastmahl dauerte an der Zahl hundert und achtzig Tag. Diese zumal seynd alle große Gastmähler; aber ein weit größeres hat gehalten der seligste Jesus, denn es war groß, alldieweilen es von dem großen Gott ist mit großer Liebe vorgestellet, indem er solches hervor gebracht mit großem Wunderwerk, durch welches er gemacht hat ein Gedächtniß all seiner wunderbarlichen Werke, in welchen begriffen alle Schätze Himmels und der Erde. Ist also nichts mehr übrig, als daß wir mit großer Sorg, Glauben, Hoffnung und Liebe uns dazu fügen; denn es nicht genug, nur allein es ohne Tugend genießen, sondern man muß es durch die innerliche Empfangung mehr verkosten, als durch die äußerliche Genießung. Solches innerliche Verkosten aber wirken die drei obgemeldeten Tugenden neben der großen Sorg.

Die Sorg belangend, stehet dieselbige in dem Fleiß und Erforschung des Gewissens und Reinigung der Seelen. Solche Reinigung aber erfordert eine wahre Beicht oder vollkommene Reu. Aber die vollkommene Reu ist ein Schutz, welcher seinen Ursprung hat aus dem, weilen ihm, dem Menschen, aus rechter Lieb und Treu gegen seinen Gott in dem Herzen leid ist, daß er seinen gütigsten und barmherzigsten Vater als Gott erzürnet und beleidiget hat, mit Vorsatz, sich zu bessern. Und wenn schon weder Himmel noch Höll, ihm dennoch leid ist, daß er jemalen wider seinen Erschaffer, als das höchste Gut, gesündiget hat. Es seynd zwar Viele, die sich ohne Unterlaß Sünder nennen, und haben doch Lust, zu sündigen. Dieses ist ein Bekenntniß, aber keine Besserung. Die Seel wird angeklagt, aber nicht geheiliget. Eine wahre Reu erfordert einen nicht geringen Haß der begangenen Sünden, einen steifen Vorsatz, sich vor den Lastern zu hüten, und zwar aus Liebe gegen Gott von ganzem Herzen. Ein solches Herzenleid allein durchbrennet wie Feuer alle innerliche Unthat, und so viel sie Uebels findet, Alles abwischet, ja ganz austilget. Wie solches der Prophet schon längst vorgesagt: „Cum averterit se impius ab impietate sua, ipse animam suam vivificabit, wenn sich der Gottlose von seiner Gottlosigkeit abwendet, wird er seine Seel lebendig machen.“ Solche Reu ist Gott ein angenehmes Opfer, ein zerknirschtes Herz verachtet er nicht. Darum nennet sie der h. Ephrem ein Heil der Seelen, eine Erleuchtung des Gemüths, und Erwerbung der Vergebung aller Laster.

So nun dann die wahre Reu in dem Herzen gefasset ist, also folget die Beicht, welche ist ein Bekenntniß, durch das jede verborgene Krankheit der Seelen angezeigt wird, mit Hoffnung der Nachlassung und Verzeihung; nämlich wenn der Mensch Alles bekennet, dessen er schuldig ist; auch nichts wissentlich oder williglich verschweiget, und, die auferlegte Buß in dem Stand der Gnaden verrichtend, seine Schuld mit dem offnen Sünder bekennet, dieses ist viel ein wärmerer Brustfleck der in Liebe gegen Gott erkalteten Seelen, wenn man durch wahre Reu vermischet mit entzündetem Liebsfeuer gegen seinen Erschaffer auf die Brust schlaget, als wenn der Leib verhüllet würde in einem ganzen Ballen Baumwolle. Darum sagt der h. Bernhardus fein kurz: „Beichte Alles, was dein Gewissen nagt, demüthig, rein, vollkommen und aufrecht.“ Obwohlen Gott keinem Menschen auf den Stuhl sitzet und aufwartet, läßt er seine Ungnad gar leicht über die Kniee abbrechen, wenn man vor ihm auf die Kniee niederfällt, und um Verzeihung bittet; wie das große Kirchenlicht Augustinus sagt: „Unser Gott, als der gnädig und barmherzig ist, will, daß wir unsere Sünde hier in der Zeit beichten, damit wir inskünftig um deren willen nicht zu Schanden werden.“ Denn die Buß ist die Schlinge Davids, welche mit den drei Steinen der Reu, Beicht und Genugthuung bewaffnet ist, und die Sünd völlig tödtet. Sie ist die Leiter Jakobs, auf der die christglaubigen Seelen wie die Engel gen Himmel steigen. Sie ist der Jordan, welcher den Naamam von dem Aussatz reiniget. Sie ist jener Teig, welcher allerhand Gepresten und Krankheiten heilet. Sie ist jener ungeheure große Wallfisch, der in dem Meer dieses Jammerthals herum schwimmet, und den armseligen Jonas an dem Ufer frisch und gesund hinaus wirft. Endlich ist sie der Stab Mosis, der die Schlangen der Aegyptier verschlinget, nämlich unsere Laster und Sünden. Darum hat Christus befohlen, allen Völkern die Buß zu predigen zur Vergebung der Sünden, alldieweilen er alle selig zu machen verlanget, wenn wir uns nur zu ihm bekehren, und ihn suchen von ganzem Herzen; wie Moses spricht: „Cum quaesieris Dominum Deum tuum, invenies eum, si tamen toto corde quaesieris et tota tribulatione animae tuae, wenn du den Herrn suchen wirst, so wirst du ihn finden, wenn doch du ihn suchest von ganzem Herzen und in ganzer Betrübniß deiner Seele.“ Wie Gott selbsten solches durch seinen Propheten bezeuget: „Quaeritis me, et invenietis, cum quaesieritis me in toto corde vestro, ihr werdet mich suchen und finden, wenn ihr mich von ganzem eurem Herzen suchet.“ Bekehret euch zu mir von ganzem eurem Herzen, mit Fasten, Weinen und Klagen; und durch Malachiam thut er uns seine Gnad ansagen lassen: „Revertimini ad me, et revertar ad vos, kehret wieder zu mir, so will ich mich wieder zu euch kehren.“ Der Anfang aber unserer Bekehrung ist, wenn wir fürchten denjenigen, welcher Seel und Leib kann zum höllischen Feuer verdammen, und ihn auch zugleich lieben. Timor Dei initium dilectionis ejus, die Furcht des Herrn ist seiner Liebe Anfang. Darum der heilige Augustinus sagt: „Die Furcht treibet dich, aber fürchte dich nicht, die Liebe wird folgen, welche heilet, was Furcht verwundet hat.“ Furcht ist die Arznei, Liebe die Gesundheit. Wie dieses David gar gut erfahren, da er spricht: „Dixi, confitebor adversum me injustitiam meam Domino, et tu remisisti impietatem peccati mei, ich hab gesagt, dem Herrn will ich wider mich meine Ungerechtigkeit bekennen, und du hast die Gottlosigkeit meiner Sünden vergeben.“ Zu Vergebung aber der Sünden nützen vortrefflich die drei göttlichen Tugenden, welche darum göttlich genennet werden, weilen sie ihr erstes Absehen auf Gott gerichtet haben, und ihre Vortrefflichkeit in dem bestehet, daß sie zuvorderst auf Gott zielen, nicht zwar als Theil der Buß, sondern als eine Grundfest der christlichen Religion, so Allen verständigen Alters nothwendig ist.

Den Glauben betreffend, so ist er eine Grundfest der Dinge, die man hoffet, und ein sicherer Beweis derer, die nicht gesehen werden. Muß also der Glaube und seine Gewißheit gegründet seyn auf das Zeugniß Gottes, der weder betrogen werden noch betrügen kann, ja auch nicht offenbaren etwas, als das Wahrhaftigste. Denn wenn Gott etwas Falsches offenbarte, so müßte solches aus Unwissenheit oder aber aus einer Bosheit geschehen. Keines aber kann seyn, indem seine unendliche Weisheit und unaussprechliche Gütigkeit solches nicht zulassen. Derowegen solle uns genug seyn, zu erlangen den Verdienst dieser göttlichen Tugend, daß Gott gesprochen: „Hoc est corpus meum, das ist mein Leib;“ ohne daß wir verlangen, den Ursprung, Ursach und Erklärung, wie und auf was für Weis es geschehe. Denn wie der heil. Gregorius sagt: „Daß der Glaube kein Verdienst habe, wo die menschliche Vernunft eine solche Erfahrniß hat, daß sie es mit den Händen greifet, sondern selig seynd, die nicht gesehen, und dennoch geglaubet haben.“ Müssen also wahrhaftig glauben, daß Christus Jesus mit Gottheit und Menschheit in diesem hochheiligen Abendmahl, so er zu einem Sakrament eingesetzt, zugegen sey mit Leib und Seel, Fleisch und Blut, wie seine jungfräuliche Mutter ihn auf ihren Armen getragen, auch wie er in dem Himmel gegenwärtig ist, in vollkommener Klarheit und Glorie. Ganz in einer ganzen Hostie, und ganz in einem jeden Theil derselben. Gleichwie ein ganzes Haus in einem ganzen Spiegel gesehen wird; wenn aber solcher Spiegel sollte zerbrochen werden, ist dennoch das ganze Haus in einem jeden Theil desselben zu sehen. Wie nicht weniger die Sonne in einem Geschirr voll Wassers sich vollkommen erzeiget; wenn aber mehrere solche Geschirre in die Sonne gestellet werden, so wird nichts desto weniger in einem jeden Geschirr dieselbige Sonne völlig gesehen, als in einem nur allein. Also die Sonn der Gerechtigkeit, Christus Jesus, in einer jeden consecrirten Hostie vollkommen zu empfangen ist, und in vielen eben derjenige, der er ist in einer, und was er ist in einer, das ist er auch; und solches nennet der heil. Augustinus: »Sacramentum corporis et sanguinis Christi, ein Sakrament des Leibs und Bluts Christi.«

Welche glaubige Seele bei sich unveränderlich glaubet, daß, und wie in diesem hochheiligen Sakrament gegenwärtig sey Christus, Mensch und Gott, welcher mit seiner göttlichen Gegenwart ihr geben und mittheilen will Alles, was sie von ihm bittet, das zu ihrem Nutzen, wird sie gar oft tröstlicher Zuversicht und mit innerlicher Ruhe des Herzens überschüttet werden. Denn solcher lebendiger Glaube wirket in dem Menschen, daß ihm seine Sünden leichter verziehen werden, von den Mackeln der Laster gereiniget, und sein Herz bereitet wird durch den Glauben Christo zu einem Ruhebettlein. Wenn er nun dieses mit wahrem Gemüth glaubet, daß der Brunnen aller Gnaden unter den Gestalten des Brods und Weins verborgen, so durstet er nach ihm, als wie ein Hirsch nach einer frischen Brunnquell, und steller all seine Hoffnung auf ihn. Denn wie der h. Kirchenlehrer Augustinus schreibet: »Ipsum desiderium sitis est animae, daß das Verlangen der Seele sey der Durst desselbigen.«

Die Hoffnung aber ist die andere göttliche Tugend, die den Willen des Menschen hinbringet und gewohnt machet, auf oder in Gott zu hoffen, als auf sein eigenthümliches und höchstes Gut, dasselbige vermittelst der Gnad und der guten Werke zu erlangen. Der menschliche Wille aber richtet sich auf Gott durch zweierlei Weis der Liebe; nämlich durch die Liebe und Freundschaft, wenn der Mensch Gott liebet allein um Gottes willen, indem der Glaube den allerhöchsten Gott, als das vollkommenste Gut, vorstellet. Und dann auch durch die Liebe der Begierlichkeit, wenn der menschliche Wille sich nach Gott erhebt und richtet, in Ansehung, daß er ihm gut ist, dessen er zu genießen verlanget. Diese Liebe gehöret zu der Hoffnung; denn er, der Mensch, im heiligen Sakrament hoffet zu empfangen Gott als das leibliche Pfand, dadurch die Seel erlöset wird von allen Banden ihrer Sünden. Er hoffet ihn als ein verzehrendes Feuer, so durch seine Gegenwart verzehret alle Distel und Dornen der Seelen, welche seynd die Untugenden und Laster. Er hoffet ihn als eine wahre Angelicawurz wider alle Anfechtungen, als ein wahres Engelbrod wider die Schwachheit der Seelen; tränket, stärket, vereiniget sich mit ihr. Denn er darum sich uns gegeben in der Gestalt der Speis, und hat selbe an sich genommen, auf daß er durch sich selbst den Menschen geistlicher Weise erquickte, und von allen Lastern reinigte. „Sanguis Christi emundabit conscientiam nostram ab operibus mortuis.“ Ja wie der heilige Damascenus sagt mit Andern, so bringet die heilige Kommunion dem Menschen auch die leibliche Gesundheit, da er ausdrücklich spricht: „Die heilige Kommunion gereichet Leib und Seel zu Nutz und Schutz.“ Denn der innerliche Zundel der Sünd oder der gloschende Unmuth der hitzigen Begierlichkeiten durch Genießung solcher heilwirkenden Medicin stark gelöschet und gedämmet wird. Woraus folget, daß der Mensch in dessen Empfangung auch dem Leib nach eben daher ein besseres Temperament und Leibsbeschaffenheit empfindet, ja auch wohl die Gesundheit selber erlanget. Darum spricht der heil. Bonaventura: „Es sey eine Arznei den Kranken, ein Weg den Reisenden und eine Stärke den Schwachen.“ Und der h. Cyprianus nennet es: „Medicamentum simul et holocaustum ad sanandas infirmitates.“

Zwei Ursachen seynd, welche den Menschen zu den leiblichen Speisen treiben und anreizen; das Erste und Vornehmste ist die Wollust, welche der Mensch in solchen empfindet. Ursach dessen seynd Viele beschaffen wie die Epicurer, die sich insgesamt haben in die Kirche verfüget, und ihre Götter gebeten, daß sie ihnen wollte lange Kranichhälse bescheeren, damit die Speisen länger in dem Hals verblieben, und sie darob mehr Freud empfingen. Denn sie vermeinten, daß nicht allein des Menschen, sondern auch der Schlund etwelcher Thier viel zu kurz seyen.

Die Wollust in dem Essen ist nicht allein ein gefährliches Uebel in dem Gewissen, und schädlich für den Leib, sondern ist auch ein fressender Wurm in dem Beutel. Eine Lust ist es, wenn er mit Hunger ißt, aber eine Unlust ist es, wenn man so oft nach Beutelburg fahren muß. Denn obschon ein gutes Bißlein lieblich zu dem Magen hinab gehet, so will doch das Geld, ob es schon den Säckel verläßt, hart von dem Herzen weichen. Ungeachtet es bei Vielen geschieht, weil sie auf einmal mehr zu verzehren sich erkühnen, als sie einen ganzen Monat verdienen, daß sie gezwungen werden, ihre Kleinodien und Silbergeschirre zu den Juden zu schicken, hebräisch zu lernen; ungeachtet bei solcher Beutelausleerung der Leib angefüllet wird mit Krankheit, und die Seel bemackelt mit Laster.

Cleopatra hielt ihrem lieben Antonio eine Mahlzeit, bei welcher zwei Kleinodien, so 250,000 Kronen werth waren, aufgesetzt und verzehret wurden. Aber in dem hochheiligen Abendmahl werden aufgesetzt die zwei köstlichsten und unschätzbarlichsten Kleinodien, die Gottheit und Menschheit Christi.

Der römische Burgermeister Antonius Geta hielt ein Banquet nach den Buchstaben des Alphabets von Fisch und Fleisch; also daß er befahl, eben so viel Speisen anzurichten, als so viel Buchstaben in dem Alphabet seynd, auch bei einem jeden Buchstaben alle Speisen von Fleisch und Fischen, die zu bekommen waren, und von solchen Buchstaben anfingen. Dieses ABC zu lernen, würden die fressigen Zechbrüder viel begieriger seyn, als die in die Schulgehende Jugend zu buchstabiren.

Garzonius in dem Titel von Fressern schreibet, daß Einer so schleckerisch gewesen, was besonders und viel zu essen, daß er sogar sein Weib im Bett gefressen. Wenn jetziger Zeit dergleichen schleckerische Schlecker sich befinden, würden die Weibsbilder behutsamer seyn, Beischläferinnen abzugeben. Obwohlen bei unzüchtigen und geilen Zusammenkünften des Schleckens und Beckens kein End ist.

Wer von Kandel, einem Fluß im Berner Gebiet,

nach Zug, im Schweizerland, verreiset, der nimmt seinen Weg über Untersehen, einer Stadt desselbigen Landes. Wer von der Kandel nach starken Zügen begehret, der kommt gar oft unter die Säu, und wird ärger als ein Schwein. Denn ein solches Thier, so wild oder haimisch es auch ist, so ist es und bleibet ein Thier! allein der Mensch weiß oftmal nicht, ob er ein Weibl oder Männl ist, und öfters mehr sich in dem Unflath der Sünden umwälzet, als ein Schwein in dem Koth, darum ihm auch nicht unbillig nüchtern seltsame Bären angebunden werden.

Die andere Ursach, welche den Menschen antreibet zu der leiblichen Speis, ist die Bedürftigkeit der Natur, damit er nicht sterbe. Die Natur aber ist dermassen mäßig, daß sie sich nicht allein mit der Nothdurft läßt beschlagen, sondern auch der Ueberflüssigkeit nicht achtet. Wer sich einen Menschen erkennet, der soll seine Freiheit nicht verpfänden, alldieweilen es seine Sinnlichkeit begehret, sondern weil es die Billigkeit rathet. Denn der Mensch lebet nicht von wegen des Essens, sondern er ißt von wegen des Lebens. Obwohlen viel mehr Leut ersaufen in dem Weinglas, und ersticken in den Freßhäfen, als daß sie eines natürlichen Todes sterben.

Wenn nun der Mensch die Wollust und Bedürftigkeit in den leiblichen Speisen suchet, so wird er selbige vielmehr finden in diesem hochheiligen Sakrament des Altars; die Wollust belangend, so wird sie in der ganzen h. Schrift nicht süßer gelesen, ohne das Himmelbrod, als in dem Honig, welchem oft diese Seelenspeis verglichen wird. Denn als Samson den Honigräß in dem Rachen des Löwen gefunden, schrie er auf: „De comedente exivit cibus, et de forti egressa est dulcedo, von dem Essenden ist Speise ausgegangen, und von dem Starken die Süßigkeit.“ Und kurz darauf folget: „Quid dulcius melle? was ist süßer denn Honig?“ Diese Figur kann gar wohl für einen Schatten und Vorbild dieses Sakraments gehalten werden, sintemalen solches auch aus dem Mund des wahren Löwen von dem Geschlecht Juda, Christi Jesu, in dem letzten Abendmahl ausgegangen ist, als er gesprochen: „Hoc est corpus meum, das ist mein Leib.“ Solche Süßigkeit aber kann Keiner würdig aussprechen, in welchem die geistliche Süßigkeit durch Untugenden überzogen wird. Denn wie der h. Cyprianus sagt: „Daß dieses Brod übertreffe den Geschmack aller fleischlichen Speisen und Wollust aller Süßigkeit.“ Der aber solche Süßigkeit nicht empfindet, dem ist die Schuld nur selbsten beizumessen, dieweilen er solches nicht gebührender Weis genießet. Alldieweilen, wer etwas Bitteres in dem Mund hat, dem ist Zucker und Honig auch unangenehm; also kann Keinem diese Speis süß seyn, der in seinem Herzen den gallen bittern Zorn, Neid und Haß, Füllerei und Fraß, samt andern Lastern herum trägt. Denn wo man an dem Sonntag vom Fressen und Saufen mehr brennet als die Mittagsonn, wo man an dem Montag völler ist als der Vollmond, wo man an dem Dienstag dem Bacho und Veneri mehr dienet als der fleißigste Dienstbot, wo man an dem Mittwoch liegt mitten in allerhand Sünd und Untugenden, wo man an dem Donnerstag viel mehr donnert mit Fluchen und Schelten, als in dem mit Donner und Blitz angefüllten Zeughaus Jupiters, wo man an dem Freitag, da unser Erlöser und Seligmacher vor uns an dem Stamm des heil. Kreuzes gestorben, sich frei und ohne Scheu stürzend in die erschrecklichsten Laster, das vergossene Blut Jesu mit Füßen tritt, wo man an dem Samstag zusammen kommt, und zusammen dem Spielen und Luderleben abwartet; wo jeder Tag ein Fastnachttag, wo jederzeit der Tisch bereit, jede Stund ist voll der Mund; wo es stets unaufhörlich thut heißen: richt an die Speisen, lauf, trag auf, dieß und das, Kandel und Glas, schenk ein Bier und Wein, ut, re, mi, fa, sol, Alles ganz voll; dem wird wenig von diesem göttlichen Mahl der Süßigkeit zu Theil werden. Denn wer auf solche Weis vor Gott die Suppe verschüttet, der hat kein besseres Traktament zu gewarten. Kraut für die Narren; aber was für ein Kraut? Ach, wenn das Tausendguldenkraut der mehr als goldenen und göttlichen Gnaden so oft verscherzt ist worden, also gehöret kein anderes für sie als Eisen- und Besenkraut; das Schwert und Ruthe der göttlichen Strafen; Körble und Teufelskraut, da ihnen nach so vielem Löffelkraut durch gerechtes Urtheil Gottes zu den himmlischen Freuden wird ein Korb gegeben, und werden hingeschickt zu dem Teufel, ewig geplagt zu werden. Noch viel weniger muß Einer ein Burger seyn zu Fleckenstein, da die Seel gar zu stark von Lastern beflecket ist; oder ein Einwohner zu Schwarzenfels, da er härter als ein Fels in den Sünden verhartet, und also schwarz gefunden wird, daß man ihn anstatt einer Kohle gebrauchen könnte; sondern er muß seyn von Weissenburg, nämlich ganz rein und weiß an der Seele, denn der allerhöchste Gott bei keinem solchen schwarzen kohlenbrennerischen Herzen oder fleckelkramerischen Herzen einkehren will.

Die Bedürftigkeit der Natur treibet den Menschen darnach auch zu dieser Speis, damit seine Seele nicht sterbe; denn wie der h. Cyprianus Alexander meldet, machet sie lebendig den Leib, und bringet ihn zu der Unzerstörlichkeit durch die Genießung, weil sie ist nicht eines andern Leibs, sondern das Leben selbsten Christi, und behaltet die Kraft des Worts, das ist Fleisch worden, voll derselben Gewalt, durch welche alle Ding leben und seynd. Denn gleichwie das leibliche Brod das Herz des Menschen stärket, und der Wein dasselbige erfreuet, also das Fleisch und Blut Christi unter diesen Gestalten erquicket die Seel; derohalben wird es genennet das Heil unserer Seelen.

Wer aber zu diesem hochheiligen Sakrament nutzlich hinzutreten will, der wende allen Fleiß an, solches zu empfangen mit Reinigkeit des Leibs und der Seele; mit inbrünstiger Andacht und Betrachtung der Liebe, Leben und Tod Christi Jesu; mit einem bereiten Willen zu den Tugenden, mit demüthiger Unterwerfung seines eigenen Willens in das Wohlgefallen Gottes, das Herz rein behaltend von allen sündlichen Begierden; angefüllet aber mit allerhand Tugenden und Uebungen der Liebe, und zwar ohne Maaß, auch ohne Gefährten. Denn die Ursach, warum die Seel Gott lieben soll, ist Gott selber; die Manier und Weis aber, wie sie Gott lieben soll, ist ohne Maaß. Sintemal Gott ist ein unendliches Gut, also daß seine Güte nicht kann ermessen oder ergründet werden; darum gebühret es einer vernünftigen Seele, Gott zu lieben ohne Maaß.

Ja, sagt etwan Einer, ich glaube es, daß Gott ein unendliches Gut; aber eben darum, weil es unendlich und unermeßlich, wie soll oder kann eine Seel, welche endlich und ermeßlich, solches unendliche und unermeßliche Gut ohne Maaß und unendlicher Weis lieben?

Ich ergreife solchen Einwurf, und gebe zur Antwort: Wenn zu finden wäre eine unendliche Tiefe, welche sollte angefüllet werden, dazu wäre vonnöthen eine unendliche Sache. Nun hat Gott unsere Seelen dergestalt erschaffen, daß sie ihrer Begierd halber gleichsam einen unendlichen Abgrund haben, welcher anders nicht kann erfüllet werden, als mit einem solchen Gut, welches unendlich ist. Derowegen je mehr eine Seel Gott begehret, je mehr kann sie ein Verlangen nach ihm tragen, und je mehr sie ihn liebet, je mehr kann sie ihn mit Lieb umfangen. Darum sagt der heilige Paulus: „Ich bitte, daß eure Liebe je mehr und mehr reich werde, hoc oro, ut charitas vestra magis abundet.“

Sie solle ihn dann auch lieben ohne Gefährten, also daß sie keine Kreatur in den Grad der Liebe kommen lasse, in welchem Grad sie ihren Bräutigam liebet, sondern muß alle Kreaturen nicht anders, als nur um Gott, zu Gott und in Gott lieben, also zwar, daß sie Alles in Gott, und Gott zuförderst in Allem liebe. Denn wie kann ein Bräutigam sich einbilden, daß seine Braut ihn vollkommen liebe, wenn er verspüren muß, daß sie ihre Liebe mehr gegen Andere ausgieße, als gegen ihn, und ihre Freude mehr suche in andern Sachen, als bei ihm. Weil aber Jesus verlanget, das Liebste zu seyn seiner Braut, so will er nicht haben, daß sie ihre Liebe einem Andern mittheile, sondern will ihr Alles seyn in Allem. Darum sie mehr anzureizen zu einer wahren Gegenlieb, gibt er sich ihr zu einer Speis. Damit, weilen die Speis zur Erhaltung des Lebens das Allernothwendigste, wenn sie davon würde essen, bleibe in ihm, und er in ihr. Denn sicut, si quis ceram igne liquefactam aliae cerae similiter liquefactae ita miscuerit, ut unum quid ex utrisque factum videatur; sic communicatione Corpori et Sanguinis Christi ipse in nobis est, et nos in ipso, gleichwie zwei Stück Wachs durch das Feuer ganz weich also können unter einander gewirket werden, daß es nur ein Einiges zu seyn erscheinet, also durch Nießung des Leibes und Bluts Christi ist er in uns, und wir in ihm.

Eine jede Lieb hat ihre Kraft und Wirkung, und kann die Lieb in dem Herzen eines Liebenden nicht müßig seyn, sondern ist nothwendig, daß sie wohin führe und leite. Zu erkennen aber, was es für eine Lieb sey, ist zu beobachten, wohin sie leite. Denn wie der heil. Augustinus spricht: „Non enim monemus, ut nihil ametis; sed monemus, ne mundum ametis, ut eum, qui fecit mundum, libere ametis, wir begehren von Niemand, daß nichts geliebet werde, sondern wir verlangen, daß man der Welt nicht so sehr ergeben seyn solle, damit derjenige, welcher die Welt gemacht hat, desto freier geliebet werde." Denn eine Seel, verstricket in der irdischen Liebe, ist gleichsam

ichen mit Vögellein, derohalben sie sich nicht kann
ie Höhe schwingen; hingegen aber, so sie ent-
et von allen schändlichen Neigungen der Welt,
sie also mit ausgebreiteten Federn und luftschla-
en freien Flügeln der zwei Gebote, göttlicher und
Nächsten Liebe, sich in die Winde erheben. Sui-
alen wie soll sie nicht in die Höhe steigen mit Flie-
, wenn sie sich erhöhet mit Lieben? Wie es der
ut in den hohen Liedern ergangen, erhellet aus ih-
eigenen Worten: »Quia amore langueo,« da sie
t: »sie sey allzu schwach aus lauter Liebe.« Warum
t ist sie schwach vor Liebe? Die 70 Dolmetscher
en für jene Wort Amore langueo: Charitate vul-
rata sum, alldieweilen sie von der Liebe verwunde
Gott verwundet seine verliebte Braut mit den
feil seiner Liebe, wenn er sie antreibet zu dem Lie
n; damit er wieder von ihr mit einer Gegenliebes
unde zerschrundet werde. Wie er sich denn einer sol
en Wunde sonderbar rühmet: »Vulnerasti cor meum
a hast verwundet mein Herz.« Mit was aber, odi
wem? In uno oculorum tuorum, in einem dein
ugen; nämlich in jenem Aug, mit welchem sie ih
anze Neigung und Meinung ihrer Liebe hingericht
iejenige Seel, welche ihre vollkommene Liebe in Go
ezt, schießet Gott mit einem Pfeil, und also durc
chossen machet sie ihn ihr zu eigen. Gott, die Lie
ird bestricket durch die Liebe, und zwar gar ger
denn er thut zuvor verwunden, damit er zerschr und
werde. Er fordert aus die Seel zu der Liebe, er l
det, auf daß er geliebet werde; er will geliebet sei,
damit er hinwiederum lieben könne, und mit seiner Li

verwunden, weil er verlanget, daß die Seel gestürzet werde in eine heilige und liebliche Schwachheit, in welcher Schwachheit ihr keine Lieb beliebe oder Trost sie tröste, als nur der seine allein. Welches denn gar schön bekräftiget der h. Gregorius, sprechend: „Mens talis nullam praesentis saeculi recipit consolationem, sed ad illam quam diligit, medullitus ad, spirate vilis sit ipsi ipsa salus corporis sui, quia transfixa est vulnere amoris, ein solches Gemüth behält sich kein Ding dieser Welt bevor, sondern seufzet inbrünstiglich zu demjenigen, so es liebet; ja das einige Heil seines Leibs wird ihm verächtlich, weil es verwundet ist mit den Wunden der Liebe.“ Niemand aber soll sich einbilden, daß, wenn er von der Liebe verwundet, presthaft sey, nein, sondern wer die Lieb hat, der hat Alles, und ohne die Lieb nichts. Durch die Liebe laufet man in den Himmel zu Gott, wie der heil. Augustinus sagt: „Pedes tui Charitas tua est, deine Füß sind die Liebe.“ Befleiße dich, zu haben zwei Füße, und sey nicht hinkend. Welches seynd aber die zwei Füß? Die zwei Gebote der Liebe Gottes und des Nächsten, mit diesen Füßen eile, und laufe zu Gott, so wird dich bestrahlen die Sonne der Gerechtigkeit mit ihren Gnadenstrahlen, und wird ausdrückend vertilgen alle Mackel deines Herzens, damit, wenn der Herr den Seinigen wird zurufen, du unter diejenigen gezählet werdest, zu denen er spricht: „Kommet, ihr Gebenedeiten meines Vaters!“ Wohin? Praeparasti in conspectu meo mensam, singet David, nämlich zu demjenigen Tisch, welcher zugerichtet, allda zu genießen das Brod des Lebens, welcher, der es ißt, lebet in Ewigkeit. Darum alle ihr, die ihr hungerig seyd, eilet zu dieser übergebenedeiten Speis, damit ihr lebet. Denn wie soll Einer können sterben, dessen Speis das Leben ist. Jeder bewirbt sich um Mittel, zu erhalten das leibliche Leben, warum nicht auch das ewige? Alles suchet seine Nahrung; denn solches bringet die Natur mit sich, daß nicht nur allein die Menschen sich bemühen, die Speis zu erlangen, weil es die Nothdürftigkeit erfordert, sondern auch die unvernünftigen Thiere, weil sie ohne solche nicht leben können.

I.

Denn Beschauen
Thu all' Auen,
Wie das Woll- und Federvieh,
In den Wäldern,
In den Feldern,
Mit der Speis erquicke sich.
Kaum sein'n Schimmel
An den Himmel
Phöbus lässet spannen ein,
Thut man sehen
All' Thier gehen,
Ihre Speis zu nehmen ein.

II.

Mit was Freuden
Sich thut weiden
Auf begrünter Wies ein Lamm,
Wenn zu Morgen
Es ohn' Sorgen
Da genießt der Kräuterstamm.
Auch die Kleinen
Werden meinen,

Ihr' Speis müß' das Erste seyn,
Gleich sie springen
Vor all Dingen,
Früh die Milch zu saugen ein.

III.

Unser Leben
Wird umgeben
Mit viel Ungelegenheit,
Wenn ohn' Speisen
Es verschleißen
Sollt nur eine kurze Zeit.
Sich erquicken
Und beglücken
Wird ein armer Wandersmann,
Wenn nach vielen
Stundenzielen
Er ein' Speis wird treffen an.

IV.

Auch erfreuen
Bei dem Reihen
Wird wohl sich ein Kriegesknecht,
Wenn zu laben
Er was haben
Wird nach hart gehalt'nem G'fecht.
Durch die Wellen
Wenn nach schnellen
Lauf ein Schiffmann hat gesetzt,
Nach den Reisen
Bald mit Speisen
Er am Ufer sich ergötzt.

V.

Ich ein Schiffmann,
Ich ein Kriegsmann,

Fecht und schiff schon lange Zeit,
D'rum inzwischen
Zu erfrischen
Mich, soll seyn ein' Speis bereit.
Hab viel Reisen
Ohne Speisen
Müd und langsam zugebracht,
Und mit Sorgen
Bis zu' Morgen
Ohne Schlaf die ganze Nacht.

VI.

Weil ohn' Speisen
Von dem Reisen
War Elias aller müd,
Er sein Leben
Wollt aufgeben
Neben einem weiten Ried.
Von den blauen
Himmelsauen
Aber wurde ihm ein Brod
Zugeschicket,
Er erquicket
Und erlöst von solcher Noth.

VII.

Auch nicht minder
Jene Kinder
Israel ein Himmelsbrod
Nach Verlangen
Bald empfangen,
Da sie in der höchsten Noth.
Gleicherg'stalten
Hat erhalten

Der gusmanisch Lucifer,
Weil ist worden
Seine Orden,
Brod geschickt vom Himmel her.

VIII.

Ich erlegen
Auf den Wegen
Aller matt und Kräften los,
Bin gelegen
Unterwegen
Auf der ersten Mutterschooß.
Mich bemühen
Hinzuziehen,
Müßt ich ohne Nahrungsgab,
Bis gefunden
Nach viel Stunden
Ich ein' Speis, dann letztlich hab.

IX.

Er thut laden
In sein Gaden
Uns zu einem Abendmahl,
Zu erscheinen
Bei den Seinen,
Auserwählten Jünger Zahl.
Uns ergötzet,
Er aufsetzet
Unter weißem Flotgezelt,
Was der Erden
Nicht kann werden,
Und nicht fast das Himmelsfeld.

X.

Wer sich neiget
Und erzeiget

Als ein wahrer Freund zu seyn,
In sein Gaden
Er thut laden
Seinen Freund zu Brod und Wein;
Uns zu laben,
Mit sein'n Gaben
Als der beste Freund und Schatz,
Trägt Verlangen,
Der gegangen
Von dem höchsten Freudenplatz.

XI.

Wer's genießet,
Ihm versüßet
Wird bald alle Bitterkeit,
Wer es trinket,
Bald versinket
In die größte Süßigkeit.
Es thut geben
Tod und Leben,
Leben dem, der's braucht in Noth,
Der vermessen
Es thut essen,
Der genießt der Seelen Tod.

XII.

Die Lieb macht es,
Die Lieb bacht es,
Die Lieb es bereiten thut,
Sich zu laben,
Man nicht haben
Kann ein so vortrefflich Gut.
Nichts zu achten,
Zu verachten

Ist, was Asver zubereit,
Seinen Fürsten,
Die da dürsten
Nur nach lauter Eitelkeit.

XIII.

Groß ist gewesen
Und erlesen
Zwar solch seine Gasterei,
Doch wird können
Es man nennen
Gegen dem ein' Bettlerei.
Nie gemostet
Nie gekostet
Hat Cleopatra ein' Wein,
Der thu halten
So viel G'stalten
Schönster Perln und Edelg'stein.

XIV.

Es thut fließen
Und ausgießen
Von Rubinen einen Bach,
Wer wird wollen
Was einholen
Der sich nur zu ihme mach
Ungehindert,
Unvermindert
Jedem wird es vorgestellt,
D'rum herlaufet,
Und es kaufet,
Doch es kaufet ohne Geld.

XV.

Thut hereilen
Ohn' Verweilen

Und so süßen Trank verkost,
Thut betrachten
Und erachten,
Wer ihn habe angemost.
Auch zu essen
Nicht vergessen
Thut dieß mehr als Engelbrod,
Damit quäle
Eure Seele
Nie die harte Hungersnoth.

XVI.

Euch erquicket
Und beglücket,
Weil ihr könnt, mit dieser Speis,
Die nicht haben,
Jene Knaben
Im beglückten Paradeis.
Es thut halten,
Zwar die G'stalten
Brods und Weins, doch ohne List,
Denn darunter
Großes Wunder,
Gott und Mensch zugegen ist.

XVII.

Wer thut haben
Solche Gaben
Nach Verlangen recht verkost,
Der erlanget
Und empfanget
Seiner Seele süßen Trost.
Da mit nichten
Schönster Früchten

Ceres haben darf ein' Pracht,
Noch aufsetzen
Zum Ergötzen,
Denn hier All's ist vorgebracht.

XVIII.

Bacchi Trauben
Abzuklauben,
Man da haltet in dem Schrank,
Weil ausgießet
Sich, und fließet
Hier ein süßer Göttertrank.
Aus dem Garten
Schönster Arten,
Von dem Obst wohl eingericht,
Noch das Mind'ste,
Noch das G'ringste
Soll Pomona brechen nicht.

XIX.

Aus den Felden,
Aus den Wälden
Cephalus sein Jägerrecht
Kann vergeben,
Denn es eben
Allhier zu ist viel zu schlecht.
Auch nicht solle,
Wenn schon wolle
Penopes bemühen sich,
Einzubringen
Solcher Dingen
Von dem zarten Federvieh.

XX.

Wenn befindet,
Und ergründet

All's in Allem hier beisamm,
So entsprossen
Und ergossen
Vom verliebten Bräutigam.
Trank und Speisen
Thut erweisen
Von sein'm eignen Fleisch und Blut,
Uns zu nähren,
Thut begehren,
Er sich selbst uns geben thut.

XXI.

D'rum demselben
Von dem gelben
Gold der Lieb das Herz bereit,
Euch hinfüget,
Ach, hinflieget,
Da vergönnt ist euch die Zeit;
Wenn ein Schrunden
Wird gefunden,
Die euch bringt ein' Ungestalt,
Mit Kunstsachen
Zu vermachen,
Sie mit Liebe übermalt.

XXII.

Thut beflissen
Euer G'wissen
Von all Sünden putzen aus,
Es dann zieret,
Wie gebühret,
Mit dem schönsten Tugendstrauß.
Thut hinschieben,
Was im Lieben

Euch vielleicht bringt ein Verdruß,
Damit fließe
Der so süße
In euch aller Gnadenfluß.

XXIII.

D'rum geladen
Zu den Gnaden
Und zu diesem Sakrament,
Euch bequemet,
Und hinnehmet
Als das beste Testament.
Der erlegen
Auf den Wegen,
Kraftlos sich zu ihme wend,
So wird geben
Ihm ein Leben,
Daß er lebe ohne End.

Die andere hellstrahlende Tugend, so Christus in dem letzten Abendmahl erwiesen, ist die tiefe Demuth, denn er stund auf, legte seine Kleider ab, nahm ein Schurztuch, umgürtet sich, und fing an, den Jüngern die Füß zu waschen, und trocknet sie mit dem Tuch, mit welchem er umgürtet war.

Es spricht der heilige Augustinus: „Da Jesus in göttlicher Gestalt war, hat er sich selbsten erniedriget, und ist gehorsam worden bis zu dem Tod des Kreuzes; gedemüthiget zur Beiwohnung der Menschen, damit er die Menschen erhöhete; zu der Beiwohnung der englischen Geister, auf daß wir von ihm, als einem Vorbild wahrer Demuth, lernen sollen, uns zu erniedrigen, da er selbsten von sich sagt: Lernet von mir, denn ich bin sanftmüthig und demüthig von Herzen!“

So ist aber die Demuth eine Tugend, durch welche der Mensch aus wahrhaftester Erkenntniß seiner ihm selber verächtlich wird, und die Bewegung der gar zu hohen Hoffnung und Frechheit erniedriget, damit die Kreatur nicht mehr begehre, als dasjenige, welches ihrer Würdigkeit gemäß, ja viel weniger verlanget, als sie sich selbsten ist: Soli Deo honor et gloria. Diese Tugend ist eine Grundfest aller andern Tugenden, ohne welche dem allerhöchsten Gott kein Werk gefällt. Es verrichte der Mensch seine Werk mit so großer äußerlicher Andacht, wie er wolle, wenn er von Herzen nicht demüthig ist, so erhält er bei Gott nichts, welcher ein demüthiges Herz ansiehet. Gott hat zwar seine Freud mit den Menschenkindern, aber nur mit denjenigen, welche demüthig sind von Herzen. Der Sanftmüthigen und Demüthigen Gebet hat Gott allezeit gefallen. Darum auch David sagt: „Er hat sich gewendet zum Gebet der Demüthigen, und verschmähet ihr Gebet nicht.“ Wie denn ein Beispiel ist jener demüthige Publikan, welcher gerechtfertiget ist nach Haus gangen. Das Gebet ist ein Kriegsstuck, durch dessen Gewalt man die Himmel eröffnen kann; aber gleichwie das Stuck auf der Erde liegend nicht wohl zu gebrauchen, sondern muß auf und mit Rädern geführet werden, also auch das Gebet hat eines Wagens vonnöthen, und dieser ist die Demuth. Orationis vehiculum est humilitas. Die Demuth vermag Alles, und wo die Demuth nicht ist, da ist ein Abgang in Allem; weil Gott den Hoffärtigen widerstehet, und nur den Demüthigen seine Gnade gibt. Derohalben der h. Augustinus schreibet: „Magis placet Deo humilitas in malis factis, quam superbia in bonis factis, es gefällt Gott viel mehr die Demuth in bösen Werken, als die Hoffart in guten.“ Weilen es aber nicht genug ist, sich nur äußerlich demüthigen ohne die Demuth des Herzens, also ist vonnöthen, daß der Mensch sich zuvor in seinem Gemüth und Herzen demüthige, ehe und zuvor er ein äußerlich Werk der Demuth verrichtet. Denn es geschieht oft, daß man sich vor Andern demüthiget, nur darum, auf daß man demüthig angesehen werde. Est qui nequiter humiliat se et interiora ejus plena sunt dolo. Man findet Jemand, der gehet in einem Schalk herein demüthiglich, aber inwendig ist er voll Betrug. Solche Demuth ist nichts anders, als eine Schwester der Hoffart. Alldieweilen man durch jene demüthig verlanget zu seyn, welches man in der Wahrheit nicht ist. Der demüthig will seyn, der muß wollen, verachtet und verworfen angesehen zu werden. Auch ist es nicht genug, daß man sich mit Worten für einen unnützen Knecht ausgebe, sondern es auch in seinem Herzen glaube. Qui gloriatur in Domino glorietur. Wer sich rühmen will, der rühme sich in dem Herrn, weil all anderer Ruhm ist nichts, und ziehet nichts Gutes nach sich. Aman war stolz, sein Lohn war das Galgenholz. Vasthi bildete sich viel ein, mußte aber bald verworfen seyn. Nabuchodonosor vermeinte, er sey weiß nicht was, mußt aber bald essen wie ein Ochs Gras. Denn Stolz kommt vor dem Fall, wie man erfährt überall. Darum der heilige Petrus spricht: „Demüthiget euch unter der gewaltigen Hand Gottes mit Verläugnung des eigenen Willens, sich einem andern Größern aus Gehorsam unterwerfend, ja nicht dem Größern, sondern auch dem Geringsten, dennoch mit Bescheidenheit, damit man sich in keine sondere Schand stürze.“ Wie jene Magd gar zu demüthig seyn wollte, welche sprach: „Behüt mir Gott die liebe Schand, die Ehre ist gar hart zu erhalten.“ Noch viel weniger muß man in solchen Unterwerfungen einen Ehrgeiz blicken lassen, vielmehr das Gegentheil suchend, nämlich, daß man viel höher geehret werde, je mehr man sich mit Worten demüthiget; denn man findet gar Viele, welche Einem auf solche Weise wollen zu verstehen geben, wie sie verlangen geehret zu seyn. Also rekommandirt sich Jener dir als ein Diener, damit du dich gegen ihn erzeigest als ein Knecht. Dieser, welcher sonst dich kaum ansehen kann, ziehet vor dir den Hut ab, auf daß du ihn wieder bis auf die Erde vor ihm absetzest. Ein Anderer bieget und windet sich wie eine Schlang, damit du dich wieder bucken und krümmen mögest, wie eine Bratwurst auf dem Rost; sondern man muß sich in dem Herzen unwürdig erkennen, seine Augen gegen das blau gestirnte Gezelt empor zu heben, wie jener Publikan, von welchem bei dem Evangelisten Luka gemeldet wird. Sintemalen die ganze Lehr christlicher Weisheit bestehet nicht aus vielen Reden und Worten, sondern in wahrer und williger Demuth, welche der Herr von seiner Mutter Leib bis zur Marter des Kreuzes erwählet und gelehret hat.

Jener adeliche Jüngling und heidnische Römer Spurina, als er vermerkte, daß der Liebesgott sich seiner schönen Gestalt bei den Weibsbildern bedienen wollte, hat er alsobald sein Angesicht zerschnitten und häßlich verdorben, damit er und Andere mit ihm nicht verdürben an Ehren. Es wäre zu wünschen, daß jetziger Zeit man mehr dergleichen Spurina finden könnte, so würden nicht so viele Spurii und unehliche Kinder zu finden seyn; allein dem ein Frosch in Liebe gefällt, solchen für Diana hält, und was ich mir nicht getraue zu sagen, das meldet das ohne Maul redende Echo. Was ist aber solches? Die stinkende Hoffart. Denn ach, werthestes Gemüth, erkenne dich selber, und betrachte, wie oft du vor den Augen der Menschen seyn willst eine fromme Helena, eine büßende Magdalena! Fragt man aber das Echo, was ist diese Helena? was ist diese Magdalena? so gibt sie keine andere Antwort, als: Lena, das ist, eine reformirte Jungfrau, eine leichtfertige Metz, ja ein solches Frauenbild, welches, weil ihr das köstliche Kleinod der Jungfrauschaft gestohlen worden, Keinem mehr trauet.

Wenn ich denn weiter so frage die keinen Mund habende Schwätzerin: Ist's nicht eine faule und hoffärtige Dirne, diese Lucia? ein haß- und neidvoller Waldaff, diese Theresia? ein Zank- und Poltereisen, diese Appollonia? so thut sie mir antworten: J-a. Denn hoffärtig und unartig, groß und faul, taugt wohl für einen Karrengaul.

Frage ich wiederum solche zungenlose Rednerin, was Dieser oder Jener in dem Busen führe, der vor den Menschen seyn will ein tugendhafter Damasus oder ein keuscher Narcissus? so ist ihre Antwort: Sus, auf Deutsch, ein Schwein. Denn Viele sich stellen vor den Menschen, als wären sie lasterfrei, heimlich aber sie sich ärger in dem Koth der Sünden herumwälzen, als ein Schwein. Aber nicht also, sondern sie sollen sich bei schönen und anmuthigen Namen erinnern, daß sie Nachfolger der Heiligen in der Lieb und Verehrung Gottes seyn müssen, sintemalen christlichen Gemüthern der Name anstatt eines Zundels der Liebe ist, und der Tugend, daß, so man sie dabei nennet, einen Antrieb und Stachel dabei gebe. Darum Alexander der Große zu Einem, so auch Alexander genennet wurde, aber nichts der alexandrinischen Tugenden in sich hatte, gesagt: „Aut nomen, aut mores muta, er solle entweder die Sitten oder den Namen ändern.“

Es fraget der englische Lehrer, ob alle Menschen in dem letzten Gericht erscheinen werden? Darauf er selbsten antwortet: Die Gewalt zu richten, ist Christo als einem Menschen gegeben zu einer Schankung der Demuth, welche er in seinem Leiden erzeiget, und derowegen ist gemäß, daß alle Menschen versammelt werden in dem Gericht, zu sehen seine Erhöhung in der menschlichen Natur, wodurch er bestellet ist ein Richter der Lebendigen und Todten. Die Demuth Christi mißfällt zwar den Hoffärtigen, dir aber, als einem wahren Christen, wenn sie gefällt, folge Christo in solcher nach. Wie denn der Apostel auch rufet: „Induimini Dominum Jesum Christum, daß wir sollen anziehen den Herrn Jesum Christum;“ solches aber geschieht in Nachfolgung seiner Tugenden, unter denen die vornehmste die Demuth ist.

Jedes Gleichniß hinkt, und eigen Lob sehr stinkt; darum sagt der heil. Gregorius: „Willst du gelobet seyn, so lobe dich ein fremder Mund, und nicht der deine.“ Denn eigen Lob machet den Menschen verhaßt bei Gott und den Menschen; wer sich aber gering schätzet, der erwirbt große Ehr. Jener Hauptmann, weil er sich in Wahrheit unwürdig schätzte, Christum in seinem Haus zu empfangen, wurde gelobet vor allem Volk. Weil der heil. Apostel Paulus sich nicht würdig geachtet, genennet zu werden ein Apostel, wie er spricht: „Ego enim sum minimus Apostolorum, qui non sum dignus Apostolus, quoniam persecutus sum Ecclesiam Dei," ist er zu sonderer Würde erhöhet worden. Der heil. Petrus, weil er zu Christo gerufen: „Gehe von mir, denn ich bin ein sündiger Mensch," ist zu einem Fundament der Kirche erwählet worden. Maria Magdalena, weil sie sich zu den Füßen ihres Gespons niedergesetzt, ist von den Engeln darnach täglich in die Höhe der obersten Luft getragen worden, und dieses war ein solcher Luftsprung, welcher allen Springern Trutz bietet. Ein Ballen, je höher er auf die Erde fällt, desto höher springet er wieder auf; ein Mensch, je mehr er sich erniedriget, desto mehr wird er erhöhet. Darum sagt Jener: „Bonum mihi, Domine, quia humiliasti me;" ungeachtet er keine Ursach hat, sich zu erheben, sondern vielmehr sich zu demüthigen. Was stolzirest du, Erde und Asche, denn? ach, betrachte, was du gewesen, beherzige, was du seyest, und gedenke, was du werdest! ach!

I.

Mensch, hinweg thu jene Decken,
So vor deinen Augen ist,
In dir selbst thu dich erwecken,
Und betrachte, wer du bist!
Soll man dich verständig nennen,
So erlern dich selbst erkennen;

Denn dein' größte Weisheit ist,
Zu erkennen, was du bist.

II.

Erden bist du, gehst auf Erden,
Lebst von Erd, und wirst einmal
Wieder müssen Erden werden
In dem dunkeln Erdenthal;
Gott von Erden dich genommen,
Wirst zu Erd auch wieder kommen,
In der ersten bist daheim,
Bleibest allzeit Erd und Laim.

III.

Deinen Stand, o Mensch, bedenke,
Und dich nicht von Schönau schreib,
Zu dem Stamm das G'müth hinlenke,
Keinen Stolz mit dir selbst treib;
Denn dein' erste Quell und Brunnen
Aus dem Kothbach ist geronnen,
Und gar nicht von Schönenfeld
Ist entlehnt dein Beingezelt.

IV.

G'setzt, die Wangen etwas prangen,
Wie die Rosen, weiß und roth,
Und darnach man trägt Verlangen,
Bleibst du dennoch Wust und Koth;
Sollt auch dir kein' Ros' der Arten
Seyn so schön in allen Garten,
Bist du doch nur Erd und Laim,
Und gar nicht von Rosenheim.

V.

Wie ein Schiff eilfertig ziehet
Durch die See ein starker Wind,

Also auch dein Leben fliehet
  Zu dem End nur gar geschwind;
Denn dein Leben trägt kein Panzer,
Und der laufende Sailtänzer
  Dich ereilet ohne Eil
  Mit sein'm Bogen, Sensen, Pfeil.

VI.

Wie ein Wasser bald zerrinnet,
  Und den Rauch der Wind verweht,
Auch ein' Kerz' gar leicht verbrennet,
  Und ein Blümlein nicht lang steht;
So schnell thut die Schönheit müssen
In ein' Ungestalt zerfließen,
  Weil sie nicht von Vestenburg,
  Sondern nur von Wasserburg.

VII.

Nicht dein Leben ist umgeben
  Mit der Mau'r des steten Glück,
Du beständig nur thust schweben
  In des Glückes falschem Tück;
Dich der Tod thut leicht erzwingen,
Denn du bist nicht von Erzingen,
  Weder auch von Eisenstadt,
  Seine Stärk' dein Leben hat.

VIII.

Kaum die Welt du angeschauet,
  Ist der Tod bei dir behend,
Mit der Sichel dich umhauet,
  Deinem Leben macht ein End;
Wenn du dann zuletzt thust gehen,
Dein Gewissen zu besehen,

Wirst du auch von Schwarzach seyn,
Und gar nicht von Rotenstein.

IX.

Du zwar wohl andächtig scheinest
Vor der Menschen Angesicht,
Es viel anders aber meinest
Mit Gott, der die G'wissen richt,
Du willst seyn von Bettmandingen,
Aber auch nur von Laningen
Dein Gebet und Andacht ist,
Denn ganz lau in Tugend bist.

X.

Du dir auch sehr viel einbildest,
Ob du seyst der Weisheit Sitz,
Da du doch so gar erwildest
In den Sünden ohne Witz;
Dich so hoch thu nicht erheben,
Deinem Stolz Urlaub thu geben,
Weil dein Kopf von Ochsenfurt,
Und dein' Sitten von Schweinfurt.

XI.

Willst, daß sey Gott dein Wandel,
Und auch du von Guttenberg,
Mußt du seyn in deinem Handel
Klein, demüthig und ein Zwerg;
Dich mußt schreiben von Gottlieben,
Sonsten Gott dich thut hinschieben,
Wo sich Alle und zwar Viel
Schreiben von der Teufelsmühl.

XII.

Hat dir Gott viel Gut bescheeret,
Auch gesetzt in reichen Stand,

Wirst gefürchtet, wirst geehret,
Laß dem Stolz kein' Oberhand;
Denn was willst du dich erheben,
Koth aus dir wird nach dem Leben,
Weil du nur ein Madenaas,
Und aus Staub geblasnes Glas.

XIII.

Wenn du Mensch, Staub, Koth und Erden,
Wünschest Silber, Gold und Gut,
Und verlangest reich zu werden
Durch vermeßnen Uebermuth;
Du dadurch nur thust erwerben
Deiner Seele selbst Verderben,
Bist du sonst von Reichenau,
Ach, nicht deinem Reichthum trau.

XIV.

Was hilft es, seyn hochgeboren
Von ein'm reich und edlen Stamm,
Wenn du bist im Koth verloren,
Und nun worden Wust und Schlamm,
Ach, Geborne von der Erden,
Alle wir geschrieben werden,
Hoch und Nieder, Arm und Reich,
Herr und Knecht, gilt Alles gleich.

XV.

Tod und Ankunft uns vergleichen,
Gehe in das Todtenhaus,
Suche einen jungen, reichen,
Armen, edlen Kopf heraus;
Keinen Unterschied wirst sehen,
Alle gleiche Straßen gehen,

Blind der Tod, doch übersicht
Er sogar nur Einen nicht.

XVI.

Er gar oft ein'n Pfeil läßt fliegen
Unvermerkt vom Bogen ab,
Da du liegst noch in der Wiegen,
Und dich schicket in das Grab;
Thut er aber was verweilen,
Abzuschießen seine Pfeilen,
Seynd sie dennoch dir bestimmt,
Und nur schärfer dich hinnimmt.

XVII.

Was bist du denn für ein Pocher,
Und ein' hocherhobne Kopf,
Da der Tod mit seinem Kocher
Dich erschreckt, elender Tropf;
Er dir keine Ehr erzeiget,
Und nach deinem Kopf nicht geiget,
Aus B moll, sondern nur Dur,
Merk es, schnöde Kreatur.

XXIII.

Schnöd und öd im Koth erlegen,
Ohne Tugend in der Sünd,
Wie ein schwaches Rohr bewegen
Thut sich gleich ein kleiner Wind;
Denn darauf thust du umsinken,
Wie ein faules Aas erstinken,
In dem Koth und Sündenlast
Gott und Menschen wirst verhaßt.

XIX.

Was willst nun, o Staub, viel prangen,
Was machst du so großen Staub?

Kommst herein in Stolz gegangen,
Was hebst über sich die Haub?
Ach, wie thut dein' Hoffart stinken,
Deine Feder lasse sinken,
Und nur deine Füß beschau,
Du verwegner stolzer Pfau.

XX.

Wie viel Staub ist auf der Erden,
So viel seynd der Sünden dein,
Gott mußt selbsten elend werden,
Daß du frei der höllisch Pein;
Thu Buß, Staub, in Staub und Aschen,
Laß dich Jesu Blut abwaschen,
Dich in Demuth ihm bekenn,
Und ein' großen Sünder nenn.

Der heilige Chrysostomus sagt: „Die Hoffart sey eine Krankheit, doch viel leichter zu heilen, denn eine leibliche Unpäßlichkeit, wenn diese drei nachfolgenden Stuck als drei köstliche Arzneien angewendet werden: nämlich die Betrachtung der Hoheit und Majestät Gottes, die Erwägung seiner selbst eigenen Nichtigkeit, und die Beherzigung der Eitelkeiten aller zeitlichen Dinge." Dem gar schön beistimmet der englische Lehrer, da er auf gleiche Weise schreibet: „Sobald wir hoffärtige Gedanken merken, werden sie gar leichtlich überwunden durch Betrachtung göttlicher Größe, nach jenen Worten: Was blähet sich dein Geist auf wider Gott?" Dann auch eigener Schwachheit, nach Lehr des weisen Mannes: „Was erhebest du dich, Erd und Asche?" Als auch derjenigen Dinge Unvollkommenheit, Ursach dessen der Mensch sich übernt, nach Berichtung des Propheten: „Alles Fleisch eu, und all seine Herrlichkeit wie eine Feldblum.“ welchen Salomon übereinstimmet, meldend: „Alles einander gehet dahin wie der Schatten.“

Das 12. Kapitel.

Ein Will in zweien Herzen
Verursacht liebliches Scherzen.

Niemand wird in Abrede stehen, daß angenehm ein schöner Thier- oder Lustgarten, in welchem voll lustbringenden Gegenwürf die bedrängten Herzen reiben ihre zugleich schwermüthigen und unruhvollen anken. In dem Thiergarten kann man verdoppeln wohl befederten Flügel der mehr als fliegenden t mit unterschiedlichen Ergötzungen; bis die Wind den eingeladen, der erlangte Raub mit erschallenden rnern und heulenden Hunden als in einem Triumph gebracht, Kuchel und Tisch zu bereichen.

Die Blumen, Obstbäum und Lustgärten belangend, in Keiner läugnen, daß Gott der Allmächtige unsern en Vater in einen Garten verordnet, solchen zu ien, und darinnen nach seines Herzens Wunsch die gen zu ersättigen. Denn kein lustigerer Platz als Garten des Paradieses könnte ihm auf der ganzen elt eingeraumet werden, in den ungemeinsten Freu- n zu leben auf Erden. Sintemalen, was könnte

herzerquickender
ger, wie sich d
Blümlein eröffne
ausbreiten, und
schaffer für die
könnte liebreich
grünte und ge
als ob der ste
winden solche
Was könnte an
wo etwan zur Z
zeisig ihren gold
Grad ihres Bez
hitzigen Strahlen
oder aber, da s
meer, sich erfri
tigten Springb
men Abendlüfte
als einen Jubel
springenden und
als den annehm
Nachtigallen, u
die in die schö
streichenden Zeph
als den holdselige
schönsten Blümlein
das lustreicheste U
Baumgewächse; n
und zierlichste Au
von der Kunst un
Glück zu sehen, bu

herzerquickender seyn als ein solcher Ort, wo man siehet, wie sich zu Morgen die verschlossenen schönsten Blümlein eröffnen, den Himmelsthau auffangen, sich ausbreiten, und gleichsam mit vollem Mund ihrem Erschaffer für die Hervorbringung Dank erweisen? Was könnte liebreicher seyn, als ein solcher Ort, dessen begrünte und geblümte Spolier nicht anders scheinen, als ob der stete Frühling mit den rosenwehenden Westwinden solche in unwandelbarer Schönheit bewohne? Was könnte angenehmer seyn, als ein solcher Ort, allwo etwan zur Zeit, da die majestätische Sternenprinzessin ihren goldstrahlenden Einzug in dem höchsten Grad ihres Bezirks gehalten, sich beschützen von dero hitzigen Strahlen in einem schattenreichen Gesträuch; oder aber, da sie wiederum herzu nahet dem Abendmeer, sich erfrischen bei einem von rarer Kunst verfertigten Springbrunnen, mit Einholung eines angenehmen Abendlüftleins? Da höret man anders nichts, als einen Jubelschall der von solchem Kunstwerk aufspringenden und niederfallenden Wassertropfen; nichts als den annehmlichsten Gesang der süßlich schlagenden Nachtigallen, und das anmuthigste Geräusch der durch die in die schönste Ordnung gepflanzten Bäum sanft streichenden Zephyrwinde. Da siehet man anders nichts, als den holdseligen Kampf, in welchem so viele der schönsten Blümlein um den Vorzug streiten; nichts als das lustreicheste Umarmen der in einander geflochtenen Baumgewächse; nichts als die zugleich verwunderlichste und zierlichste Austheilung der Beeter, in denen die von der Künst und Natur hervor gebrachten Meisterstück zu sehen, durch dero Betrachtungen ein betrübtes

Herz sich oft erquicket. Unter andern aber wird die Pheacer-Landschaft wegen ihrer in sich habenden Lustgärten nicht wenig gelobet, darinnen man solche Aepfelbäum gefunden, welche, sobald die ersten zeitig und reif gewesen, andere getragen. Dannenhero Alcinoris, der König solcher Landschaft, so diesem Garten fleißig abgewartet, für einen Gott gehalten worden, deren sonderlich Juvenalis gedenket. Die babylonischen hangenden oder in der Luft schwebenden Lustgärten werden gleichermassen von etlichen Scribenten sehr gerühmet, welche, wie Celius und Plinius vermelden, die Königin Semiramis solle gebauet haben. Ja der Garten ist ein solcher Ort, allwo der Lieb in bester Still und Einsamkeit kann gepflogen werden. Darum auch die verliebte Braut in den hohen Liedern Salomonis ihren Geliebten ladet in den Garten, da sie saget: „Veniat Dilectus meus in hortum suum, es komme mein Geliebter in seinen Garten.“ Aber in was für einen Garten? Höre seinen Erzkanzler Lucam: „Egressus ibat secundum consuetudinem in montem Olivarum, nachdem er in seinem letzten Abendmahl sich selbst seinen Jüngern zu einer Speis und Trank dargegeben, und solchen Denkpfennig uns zu ewiger Erbschaft hinterlassen, ging er hinaus, nach seiner Gewohnheit, an den Oelberg; ubi erat hortus, in quem introivit, allwo war ein Garten, in welchen er eingetreten, sein Herz gegen seinen himmlischen Vater auszugießen, theils durch innerliches theils durch äußerliches Gebet.“ Weil aber nunmehr die Zeit vorhanden, in welcher das menschliche Geschlecht durch seinen schmählichen Tod sollte erlöset werden, und er sein bitteres Leiden angefangen, so wollte er auch in der letzten Stunde seine Gewohnheit nicht verlassen, uns anzuzeigen, wie wir in allen unsern Nöthen zu dem heiligen Gebet fliehen sollen. Multum enim valet deprecatio, denn das Gebet vermag gar viel. Großer und wunderlicher Kraft seynd die himmlischen Einflüsse; aber die verborgenen Wirkungen des Gebets sind viel wunderbarer, weil die Macht des Gebets sogar überwindet die Natur. Das Gebet Mosis und Aaron hat gemacht, daß die Erde den Chore, Dathan und Abiron lebendig verschlungen. Das Gebet hat das rothe Meer zertheilet, daß 600,000 Menschen ohne Weiber und Kinder mit trockenem Fuß hindurch gezogen. Das Gebet der drei Knaben hat die Hitz und Flammen des glühenden Ofens ausgelöschet. Das Gebet Josuä hat gemacht, daß die Sonn ihren Lauf gähling eingestellt, und dem Ezechiä zehen Linien zurück gewichen. Das Gebet Eliä hat den Lauf aller himmlischen Einflüsse verhindert, und die Kraft aller Planeten dermassen geschwächet, daß vierthalb Jahr kein Regen die Stadt Samaria gerühret. Das Gebet hat auch das Mehl vermehrend, das Oel wachsend und zunehmend gemachet, und die Todten sogar auferwecket. Ist also das Gebet in allen Zufällen fruchtbar und nützlich zu gebrauchen, wessentwegen Alles, was ihr bittet in euerem Gebet, glaubet, daß ihr es empfangen werdet. Solches Gebet aber muß beständig seyn, wie uns der Apostel lehret: „Sine intermissione orate, daß wir ohne Unterlaß dem Gebet obliegen sollen.“ Auf was für Weis solches geschehe, zeiget gar schön an der h. Augustinus, sprechend: „Ipsum desiderium tuum Oratio tua est, et si continuum desiderium, continua Oratio, das Verlangen selbst zu beten ist das Gebet; ist das Verlangen stets und beständig, so ist das Gebet auch ohne Unterlaß.« Gott ist vergnügt mit unserer Begierd, gleichwie uns auch genug ist seine Gnad; sufficit tibi gratia mea: Denn obwohlen wir zu Zeiten seine Gnade in den Widerwärtigkeiten nicht vermerken, so ist es eben doch die höchste Gnad, daß wir solche mit Geduld erleiden; non ego autem, sed gratia Dei mecum. Findet man zu Zeiten keine Süße noch Trost in dem Gebet, muß man darum davon nicht abstehen, sondern sich befleißen, in solchem zu verharren. Daher, als Jesus an besagtem Ort angelanget, befahl er seinen Jüngern, etwas zurück zu bleiben, und nahm alleinig drei mit sich, von denen er sich auch etwas abgesondert, damit er sein Gebet, welches mit vielen Seufzern unterbrochen wurde, besser verrichten könnte. Da wirft er sich nieder auf seine Kniee, und traf ohne Ausfertigung einiges Worts mit seinen gleichsam in Zähren schwimmenden Augen auf den vor ihm stehenden Felsen. Bald neiget er sein thränenfließendes Angesicht nieder auf die Erde, als hätte er vergessen, daß er derjenige sey, vor welchem die 24 Aeltesten auf ihr Angesicht niederfallen und anbeten; oder aber als wollte er sich in solche verstecken, auf daß er den ihm zubereiteten Kelch nicht trinken dürfte. Und da er seines Gebets mit Thränen den Anfang gemacht, brach er in solche Wort hervor: »Abba Pater, ach mein Vater, ist es möglich, so gehe dieser Kelch von mir!« Unter solchen mußte der warme Wind jener vor Lieb entzündten Seufzer dieses so trauervolle Gebet durch sein vergossenes Thränenmeer fortwehen bis an das gestirnte Wolkenhaus, bei dem grünen Land der unendlichen Barmherzigkeit Gottes Trost zu suchen; solches bewegt, seinen allerliebsten Sohn zu trösten, sendete aus einen Engel von dem blauen Himmelssaal in den Garten Gethsemane. Was aber für eine Stärke und Trost ihm solcher englische Geist gebracht, und wer er gewesen, ist ungewiß. Obwohl Einer sich dergleichen Gedanken machen könnte, es wäre jener Erzengel gewesen, welcher, das himmlische Ave Maria zu Nazareth anzukünden, gesandt worden, Christo auch in dem Garten vorzubilden und zu entwerfen den von Ewigkeit geschlossenen Rathschlag seines Vaters, die Nothwendigkeit der Erlösung des menschlichen Geschlechts, die unendliche Frucht seines so kostbarlichen Leidens, die Ersetzung der englischen Stellen, und die Wiedereinführung der Kinder Adam in das beglückte Paradies. Gleichwohl sey ihm wie ihm wolle, so ist doch hierdurch sein Schmerz nicht gemindert worden, sondern vielmehr vermehret, und zwar also, daß seine Silberperlen der krystallenen Zähren in die rothen Rubinen der Blutstropfen verwandelt worden. Christus Jesus, der geliebteste Heiland, vor so großer Furcht dessen ihm schon vorgebildeten Tods kommet in solche Angstesschmerzen, daß sie ihm den blutigen Schweiß austreiben.

Wie wird es dir seyn, o Mensch, in der Stund des Todes! Jetzunder betrüben dich die wasserschwangeren Wolken an dem Himmel, da du sonsten guter Dinge bist und gesund; wie wird es dir ergehen, wenn sich in deinem Leib ein starkes Regenwetter des Todesschweißes erheben wird.

Aristoteles sagt: die Aerzte halten den kalten Schweiß für ein Zeichen sehr schwerer Krankheit. Weil aber die Seel bei Beurlaubung des Leibes der Krankheit die Oberhand verstattet, so wird solcher kalte Angstesschweiß nicht ausbleiben. Denn durch diesen letzten Schweiß will uns die Natur anzeigen, daß wir nach dem Zeitlichen nicht ohne Schweiß das Ewige erlangen können. Weil nach der Sünd unsers ersten Vaters zur Straf uns ist auferlegt worden, zu erhalten das zeitliche Leben, in dem Schweiß unsers Angesichts das Brod zu gewinnen, wie viel derowegen mehr haben wir solches zu gedenken von dem Ewigen? Schwitzen wir hier um ein schlechtes Gut und Wollust, warum sollen wir uns nicht bemühen um den Himmel, unwandelbare Glückseligkeit und unveränderliche Freud der Ewigkeit? Ach, gedenke, gedenke, o Mensch, ob du für das himmlische Jerusalem nicht Wasser schwitzen sollest, da der eingeborne Sohn Gottes Blut schwitzet, ja Alles in seinem Leiden dafür vergossen; derohalben, als der Prophet Isaias ihn mit einem Kleid angethan, welches mit Blut besprenget, längst vorgesehen, in höchster Verwunderung aufgeschrieen: Wer ist dieser, der von Edom kommet mit den gefärbten Kleidern von Bosea? der Schöne in seinem langen Kleid, der daher tritt in seiner grossen Stärke? Warum aber ist dein Gewand roth, und deine Kleider wie derjenigen, so die Kälter treten?

Kaiser Aurelius sagte in seinem letzten End zu seinem Secretario, welcher ihn tröstete: Weil du an mir verspürest, daß der Schlaf ist von mir gewichen, daß ich die Einsamkeit liebe, daß mir die Gesellschaft verdrießlich ist, daß ich eine Ruhe empfinde in dem Seufzen, und das Weinen meine beste Kurzweil ist, so kannst du leichtlich erachten, was für ein Sturm und Ungewitter vorhanden sey in dem Meer des Herzens, sintemalen dergleichen Erdbeben erscheinen in dem Land meines Leibes. Was für Schmerzen müssen denn Jesum eingenommen haben, deren Empfindung ihm sogar das Blut ausdrücken? Aber ach, obwohlen die vorgesehene Pein und Kreuz noch so groß, muß es doch nur seyn, denn es beschlossen von Ewigkeit. Dieses nun wohl betrachtend, verwilligte der holdseligste Jesus darein, also, daß er in diese unserm Heil höchst ersprießliche Wort ausgebrochen gegen seinen himmlischen Vater: »Nicht wie ich will, sondern wie du willst, dein Wille geschehe!«

Wo seyd ihr, angefochtene Herzen? wo seyd ihr, schier bis in den Tod bekümmerte Gemüther? machet euch herbei mit den Flügeln eurer mehr als von den Flügeln geschwind getragenen Gedanken! erhebet euch schnell zu dem Garten Gethsemani, allda werdet ihr einer Sache Erkundigung erlangen, die euch in allen Begebenheiten in dem tiefsten Herzensschrein solle eingebunden seyn: nicht wie ich will, sondern wie du willst, dein Wille geschehe. Betrachtet diese wenigen Wort und ihren Inhalt, so findet ihr eine wahre und vollkommene Uebergebung seines Willens in den Willen seines himmlischen Vaters.

Damit aber auch ein Jeder solche Uebergab seines eigenen Willens recht vermerken möge, und solchen ie Hände seines gekreuzigten Heilandes vollkom- übergeben, so beherzige er, worinnen solche be- ; sintemalen sie ist eine Tugend, durch welche der sch, nachdem er sich selbsten verläugnet und sei- eigenen Willen abgesagt hat, sich dem göttlichen en, dem er weiß gut zu seyn, vollkommentlich ibt, und mit demselbigen vereiniget; auch gänz- glaubet, daß Gott allein nach seiner großen Gnad, und Barmherzigkeit ihm solche Uebergab schenken e. Alldieweilen Christus sagt: »Wenn ihr Alles an habt, was euch befohlen, so sprecht: wir seynd itze Knechte, wir haben gethan, was wir zu thun dig waren.« Sich dabei befleißend, daß aus ihm, ihm alle guten Werk herrühren, nach den Worten Heidenlehrers: »Ich lebe, nicht aber ich, sondern stus in mir.« Damit er sich wahrhaftig verläugne, Gott seinen Herrn so rein und allein liebe, daß i keiner Sach sich selber oder das Seinige, sondern allein Gottes Ehre und Herrlichkeit suche; Alles, ihm begegnet, es sey Freud oder Leid, süß oder r, es komme her wo es wolle, in einer Lieb ver- end, in Glück und Unglück, mit gleicher Treu und uben in Gott. Denn wie der heil. Bernhard sagt: er sollte sich nicht schämen, halsstarrig zu bleiben einem Gutgedunken, da die ewige Weisheit das ige verlassen?« Wenn Einer nicht von sich selbsten eichet, so kann er nicht gelangen zu demjenigen, über ihm ist. Jener aber kann solches leicht erhal- , der nichts anders begehret, als in allen Sachen Ehre und Willen des Allerhöchsten, dem er sich übergibt, daß, was Gott mit ihm verrichtet, er

zufrieden lebe. G
seyn; entzieht er ih
sollen, sondern sich
and in ihm geschch
Gott gerichtet ist,
mea in ea, daß sei
cher Weis auch se
Ein besonders
dem Menschen, w
zu ersehen, da er
tuum, gib mir, mei
gegeben hat, der n
was er ihm verehr
das Herz verehret,
gerichtet wird. W
genommen in die
Henricus Suso, ei
ben und unverwell
gartens, auf den
indem er sagt: »
Vorbild Christi in
In Gott lieben sie
wer Gott den Herrn
leben der Welt abg
also diese die wahren
im Geist und Wahrh
Der heiligen Ge
daß diejenigen, so si
Willen ergeben, und
gen zu vereinigen,
der göttliche Wille

zufrieden lebe. Gibt er ihm was, so solle es gefällig seyn; entzieht er ihm was, so solle es ihm nicht mißfallen, sondern sich erfreuen, daß der Wille Gottes an und in ihm geschehe; dessen Wille also in und gegen Gott gerichtet ist, so spricht auch Gott: „Voluntas mea in ea, daß sein Wille in einer solchen Seel gleicher Weis auch sey.“

Ein besonders Stuck oder Theil begehret Gott von dem Menschen, wie in den Sprichwörtern Salomonis zu ersehen, da er sagt: „Fili mi, praebe mihi cor tuum, gib mir, mein Sohn, dein Herz.“ Wer solches gegeben hat, der wird Gott Alles geschenket haben, was er ihm verehren kann. Dann aber wird Gott das Herz verehret, wenn ein jeder Gedanke in Gott gerichtet wird. Wer solches verrichtet, der wird aufgenommen in die Zahl derjenigen, welche der selige Henricus Suso, ein hellstrahlendes Kleinod der Schwaben und unverwelkte Blume des dominikanischen Lustgartens, auf den neunten Felsen bewohnend, nennet, indem er sagt: „Sie begehren nichts anders, als dem Vorbild Christi im Glauben einfältig nachzufolgen.“ In Gott lieben sie alle Menschen gleichergestalt, und wer Gott den Herrn fürchtet und liebet, lieben sie auch, leben der Welt abgestorben, und ihnen die Welt; sind also diese die wahren Anbeter, die den Vater anbeten im Geist und Wahrheit.

Der heiligen Gertraud hat Christus geoffenbaret, daß diejenigen, so sich ganz und gar dem göttlichen Willen ergeben, und den ihrigen mit demselben verlangen zu vereinigen, nichts anders begehrend, als daß der göttliche Wille über Alles in ihnen und allen Kreaturen, sowohl im geistlichen als leiblichen Zeitlichen, als Ewigem vollkommen erfüllet werde, solche das göttliche Herz also an sich ziehen, und gegen sich bewegen, daß solches göttliche Herz diese Uebergab mit so großem Erkennen aufnehme, als da erkennet ein König, die Ehr von demjenigen zu haben, der ihm die Kron des ganzen Reiches aufsetzet. Und solches beweiset er genugsam, da er sagt: »Wer den Willen thut meines Vaters, der im Himmel ist, derselbige ist mein Bruder und Schwester und Mutter.« Auch wie Johannes sagt: »Similes ei erimus, daß wir ihm ganz gleich werden.« Wie so aber? Dieses erkläret gar schön Jener, welcher da schreibet: »Velle, quod vult Deus, hoc est, jam similem Deo esse, wollen, was Gott will, das ist, ihm schon gleich seyn.« Denn welchen gegeben ist die Gewalt, Kinder Gottes zu werden, denen ist auch gegeben die Gewalt, nicht zwar, daß sie Gott seynd, aber dennoch, daß sie seynd, was Gott ist, nämlich ganz heilig und ewig glückselig zu leben. Sintemalen darum sind wir erschaffen, und leben, damit wir Gott gleich seyen, alldieweilen wir zu dem Ebenbild Gottes erschaffen seynd. Derohalben ist nothwendig, daß wir uns jederzeit befleißen, den Willen Gottes zu erfüllen. Wie Christus selbsten uns lehrt, nicht allein in dem heil. Vater unser zu bitten, daß seines Vaters Wille geschehe, wie im Himmel also auch auf Erden, sondern ermahnet uns, solches mit furchtsamen Worten zu erben, indem er spricht: »Nicht ein Jeder, der da sagt: Herr, Herr, wird eingehen in das Reich der Himmel, sondern der den Willen thut meines Vaters, der im Himmel ist.« Diese Uebergab ist ein

Baum des Lebens Allen, die sie ergreifen, und selig seynd die, die sie behalten. Sie ist eine Speis, deren der Mensch sich sicherlich mag bedienen; alldieweilen sich deren der eingeborne Sohn Gottes selbsten bedienet, da er sagt: „Meine Speis ist, daß ich den Willen thue desjenigen, der mich gesandt hat, damit ich sein Werk vollbringe.“

Solche so kostbarliche Speis zu verkosten hatte Lust bekommen der hocherleuchtete und nunmehro in dem himmlischen Jerusalem hell glänzende Stern Johannes Taulerus, des heil. Prediger=Ordens, welcher durch lange Zeit von dem gütigen Himmel nichts mehr verlangte, als solche Speis, damit er in Kraft derselben vermöchte zu laufen, bis zu dem Berg Horeb. Ich will sagen, auf daß erreichen könnte Taulerus die glückselige Ewigkeit, wünschte er zu gehen den kürzern Weg, welcher ihn leitete zu der immerwährenden Glückseligkeit. Derowegen als er einmal etwas eifriger sein inbrünstiges Gebet bei stiller Nacht gegen den blau gestirnten Himmelspallast schickte, hat er nach göttlicher Anordnung angetroffen einen armseligen Bettler und zerlumpten Tropfen. Solchem wünschte er einen glückseligen Morgen; welcher aber nach Bedankung so wohl gemeinten Wünschens zugleich geantwortet, daß er niemals einen unglückseligen Tag angetreten.

Dieser muß glückseliger gewesen seyn in allem Leidwesen und Schmerz, als du, vermeintes unglückseliges Herz; ihm muß besser geschmeckt haben ein mit Brod und Wasser bedeckter Tisch, als dir die Vögel, Wildprät und Fisch; er muß besser geruhet haben auf der Erd oder einem Brett, als du in deinem Federbett; er muß besser bekleidet gewesen seyn im zerlumpten Häder, als du in Sammet, Gold, Silber und Mader; er muß holdseliger bedienet worden seyn von den Vorübergehenden, als du von den Umstehenden, die dir Zarten thun aufwarten nach allem Wunsch; er muß sicherer beherberget worden seyn in dem Haus, aus Holz und Stroh gebaut, als du in deinem Pallast, ausgehaut aus Marmor und Ceder, die dich werden vor Dieben und Sorgen behalten verborgen. Warum aber dieses? Denn er sprach: wenn ich von dem Hunger und Durst geplagt, vom Leiden schier werde gejagt, im langsamen Tod, so lobe ich Gott; wenn die Kälte und Hitz, Hagel und Blitz, Sonnen und Regen sich bei mir ablegen, und bringen in Noth, so lobe ich Gott; wenn ich verachtet, werd wenig geachtet, muß leiden viel Schmachen, armselige Sachen, auch häufigen Spott, so lobe ich Gott. Und derowegen hat mir die Sonne niemalen in den himmlischen Thierkreis einen unglückseligen Tag eingeführet, denn ich habe mich Gott also ergeben, und gelernt, mit ihm zu leben auf solche Weis, daß ich versichert bin, was er thue, es nicht könne bös seyn, und was er mir zukommen läßt, es sey gleich gewesen süß oder sauer, Freud oder Trauer, Regen oder Schauer, angenehm oder unbequem, Alles hab ich von seiner mildreichen Hand angenommen als das Allerbeste, sintemalen ich in der Schul der Widerwärtigkeit ergriffen, daß keine Sach, von der Welt würdig geliebt zu werden, denn nur der einige Will des über Leib und Leben Herzangenehmsten Gottes; also war ich jederzeit glückselig, weil der Wille meines Heilandes in mir erfüllet wurde, welchem ich den meinigen mit solcher Resignation übergeben, daß, was er will und will nicht, nur allezeit recht geschieht. Aber da Taulerus ihn wiederum befragte: wie er sich verhalten wollte, wenn ihn der bleichzornige Richter zu der ewigen Straf verdammen würde? gab er gleich zur Antwort: was, er mich verdammen? und wahrlich, wenn er solches zu vollziehen begönne, so habe ich zwei Arme, mit welchen ich ihn umfaßte; einer die wahre Deinuth, und der andere meine gegen ihn tragende Liebe; mit welchen zwei Armen ich ihn also an mich halten wollte, daß er gezwungen würde, mit mir in den Abgrund zu gehen; und wäre mir dann besser, seiner in der Höll zu genießen, als ohne seinen Willen den Himmel zu besitzen. Aus welcher Red denn Taulerus den Weg der Vollkommenheit gelehrt, daß kein besserer sey, als die wahre Resignation und Uebergab in der Demuth. Darum ermahnet uns der heil. Petrus zur Demüthigung unter der gewaltigen Hand Gottes, als wollte er sagen: Weichet und unterwerfet euch seinem gnädigen Willen. Ein demüthiger und resignirter Mensch spricht allezeit mit Jenem: Ich will den Herrn loben jederzeit, sowohl zur Zeit der Glückseligkeit als Widerwärtigkeit. Ueber welchen Ort der h. Augustinus sagt: »Wer ist, der den Herrn lobet zu jeder Zeit, als ein Demüthiger von Herzen?« Sey demüthig, wenn du stets den Herrn verlangest zu loben. Denn wie Cassianus vermerket, so ist das erste Anzeigen der Demuth, wenn Einer einen abgetödteten Willen hat; wie es diesem glückseligen Bettler erscheinet.

Ach, werthestes Herz, sehe diesen armseligen Menschen in dem Gipfel der christlichen Vollkommenheit, sehe, und eifere ihm nach; seine geführte Red ist kräftig genug, dir einzusprechen die Uebergebung deines Willens in den allergütigsten Willen Gottes; trägt es sich zu, daß der Allerhöchste dich sterben läßt in deinen Trübsalen, so gedenke, solches sey zu deinem Besten abgesehen, und mit diesem Gedanken samt einem steifen Vertrauen versenke dich in das ungesalzene süße Meer der Vorsehung Gottes, und ergebe dich seinem Willen, da wirst du erfahren, was der weise Mann sagt: Ein Freund liebet allezeit, und ein Bruder wird in der Noth geprüfet. Derohalben er in den himmlischen Offenbarungen selbsten spricht: Siehe, ich stehe vor der Thür, und klopfe an, so Jemand meine Stimme hören und die Thür aufthun wird, zu dem werd ich eingehen. Diejenige Seel aber sperret auf die Herzenspforte, welche den Schlüssel des eigenen Willens überreichet, und sich völlig ihm ergibt; wie uns denn gar wohl der weise Mann ermahnet, da er sagt: Deinen bösen Begierden gehe nicht nach, und wende deinen Willen nämlich zu und in den göttlichen. Derowegen rufe zu dem Oeftern mit Saulo: „Domine, quid me vis facere, Herr, was willst du, daß ich thun soll? siehe, mein Herz ist bereit, mein Herz ist bereit!“

Unter den ersten Grundsteinen des herrlichen Tempels, so Joannes in seiner Offenbarung gesehen, hat das Edelgestein Jaspis den ersten Ort. Dieser Stein ist nach Meinung der Naturverständigen ein Wahrzeichen der Beständigkeit, und wirket, daß derjenige, so ihn bei sich trägt, aus Furcht und Zagheit nicht erschrecket werde. Wer sich vollkommen dem göttlichen Willen ergeben, und dieses Kleinod der wahren Uebergab bei sich trägt, der ist unter die ersten und vornehmsten Freunde Gottes zu zählen, der sich vor keiner Widerwärtigkeit fürchten wird.

Ein gewisser Ehewirth, dessen Weib Sie-Mann war, konnte mit ihr keineswegs in anderer Einigkeit leben, als wie zwei Amper in einem Brunnen, zu dessen einem Aufgang der andere hinunter gehet. Die saubere Urschel, so die Herrschaft jederzeit begehrte zu haben, erzeigte eine solche tölpische Gravität, daß man genugsam ihre Faulheit daraus spürte. Ihre liebreiche Gestalt, gleichsam ein Quatembergesicht, bewog den Mann zu solcher Liebe, daß er sie gar oft mit so holdseliger Freundlichkeit angeschaut, als ob er Holzäpfelessig getrunken; sintemal sie war ein solches murrisches Murmelthierlein, dem Wenige gleich zu finden, also zwar, daß der Mann nicht in einen geringen Schimpf bei seinen Nachbarn wegen ihr gerathen. Einmal, da er in guter Gesellschaft, wurde es ihm vorgestoßen, daß er sich von seinem Weib wie ein Knecht halten und unterdrücken ließe, auch Alles, was sie begehrte, verrichten mußte, gab er gleich zur Antwort, daß solches der Wahrheit nicht beistimmte, denn sein Hauskreuz mußte jederzeit nach seinem Willen leben, und wenn er es jetzt von ihr verlangte, mit ihm einen Tanz zu thun, würde sie alsbald darein verwilligen; dieses zu erfahren, sollen Zwei von ihnen mitgehen, und den Augenschein einnehmen, bei Nichterfolgung seiner Wort wolle er einen guten Trunk bezahlen; bei lgung aber selbiger sollen die Uebrigen so viel zu hlen schuldig seyn; welches denn gar gern beider- angenommen worden. Kaum waren sie bei sei- Haus angelangt, stellte er sie vor ein kleines Fen- damit sie also unvermerkt zusehen möchten. Gleich uf gehet er in die Stube, allwo sein Weib mit n Krug Wein bei der Kunkel saß; solcher wünschte nen guten Abend, welchem sie aber mit viel tau- Höllfurien dankte. Die daraußen vermeinten schon nnen zu haben, allein der Mann fing bald an, r Stube auf und ab zu tanzen, auch sich selbsten endes aufzuspielen:

Ich bin Herr, und du bist Narr,
Tanz auch mit, so ist's ein Paar,
Wirf hinweg das Kunkelhaar,
Denn ich Herr, und du bist Narr.

Das Weib schaute ihm eine Zeitlang mit wunder- mein Angesicht zu, bis sie endlich voller Ueber- den Spinnrocken von sich geworfen, die Arme eide Seiten setzend, gleich einem Essigkrug, auch n gesprungen, und dem Mann öfters unter die geschnalzen, schreiend:

Schau, du Sau, ich bin Frau,
Ei du Sau, ich bin doch Frau.

Welches denn ein so lustiger Tanz gewesen, daß or dem Haus von Herzen angefangen zu lachen. ann aber aufgehört zu tanzen, und war ihm genug, daß das Weib seinen Willen erfüllet.
Gar oft geschieht es mit uns Menschen, daß wir

uns gegen Gott und auch unsern Willen ... müssen, ja sogar zu ... fern dürfen, als ob ... uns unrecht geschehen ... allen Dingen und ... vollkommen übergeben ... was uns nützlich, als ... len. Wir sollten ... uns hat gethan, ... seinem, auch nichts ... ret; weilen er allein ... darinnen irret er nicht. ... sen verständig ist, ... ben darf, ein Richter ... heimnisse! Auf eine ... verhalten gegen Gott, ... gen den Menschen. ... dessen ein freundliches ... gung der Demuth; ... ser Angesicht fallen, ... wohlen wir ihn oft ... sinnigen Willen zu ... er erzeige, daß er ... men, auch unsern ... müssen. Wenn er bei ... unterrichten, so spielet er ... und lehret uns durch ... n uns zuschicket ein ... ches wir gezwungen ... uns aufgeiget, ...

uns gegen Gott undankbar und halsstarrig erzeigen, auch unsern Willen ihm in keiner Sach unterwerfen wollen, ja sogar zu Zeiten wider ihn murren und lästern dürfen, als ob er gleichsam nicht gerecht, und uns unrecht geschehen lasse, ungeachtet wir doch in allen Dingen und unumgänglichen Zufällen uns ihm vollkommen übergeben sollten, denn ihm besser bekannt, was uns nützlich, als wir wissen, was uns zu erwählen. Wir sollten zufrieden seyn mit dem, was Gott uns hat gethan, und vergleichen unsern Willen mit seinem, auch nichts mehr begehren, als was er begehret; weilen er allein weiß Alles, und was er weiß, darinnen irret er nicht. Weil derowegen Gott dermassen verständig ist, wer ist derjenige, der sich unterstehen darf, ein Richter zu seyn über seine tiefen Geheimnisse? Auf eine besondere Weis müssen wir uns verhalten gegen Gott, und auf eine andere Weis gegen den Menschen. Den Menschen müssen wir unterdessen ein freundliches Angesicht erzeigen, zur Bezeugung der Demuth; aber vor Gott müssen wir auf unser Angesicht fallen, zu Erlangung seiner Gnad. Obwohlen wir ihn oft durch unsere Ungeduld und eigensinnigen Willen zu dem Zorn bewegen, allein, damit er erzeige, daß er der Herr sey, und wir ihm gehorsamen, auch unsern Willen nach dem seinigen richten müssen. Wenn er bei uns mit Gutem nichts kann ausrichten, so spielet er uns auf einen artlichen Tanz, und lehret uns durch den Talenpatsch springen, indem er uns zuschicket ein widerwärtiges Kreuzel, durch welches wir gezwungen seinen Willen thun, und wie er uns aufgeiget, darnach tanzen müssen; sodann dem-

himmlischen Heer eine herzliche Freude verursachet, nach den Worten des geliebten Heilands: „Daß also Freud wird seyn im Himmel über einen Sünder, der Buß thut, denn über neun und neunzig, die der Buß nicht bedürfen.“ Und dieses ist ein so lustiger Tanz, daß er uns springend und laufend machet, auch wider unsern Willen.

Einer hatte eine wunderliche Unruhe zu Haus, welche sich in die Uhr seines Willens ganz und gar nicht schickte, und durch die Räder den Zeiger auf keine gute Stund richtete, weder Gutes noch Böses wollte dazu behülflich seyn, und mußte Jener ein kunstreicher Uhrmacher seyn, der sie verbesserte. Das große und hohe Meer ist nicht so ungestüm, so den ganzen Erdkreis umgibt, noch das Schwert eines Henkers ist nicht so scharf, der Donner ist nicht so erschrecklich, noch die Schlang ist nicht so giftig, als ein böses Weib, und wäre gut, daß der Mann so fleißige Obsicht hätte auf seine eigene Seele, als das Weib auf sein Leben. Wer sich an Einem rächen will, der darf ihm nur ein böses Weib zukuppeln, und hat schon genug gethan. Wenn ein Mann mit einem Weib Zankhändel anfängt, ist es eben so viel, als wenn er einem Esel den Kopf wäschet. Ein solches Zank- und Poltereisen war auch diese Unruhe, deren Zung er mehr fürchten mußte, als das Schwert seines Feindes. Denn der Weiber Natur ist, daß sie dasjenige begehren zu genießen, was sie lieben, und daß sie dasjenige bis auf den Tod verfolgen, was sie hassen. Alles, was er begehrte, was er schaffte, was er befahl, war Alles umsonst. Weilen er derowegen von ihrer widerwärtigen Neigung verdrüßig worden, und seinem Willen nur mit bösen Worten begegnet wurde, kaufte er eine große Sackpfeife, mit welcher er bei Wiederbellung ihr so unangenehm aufspielte, daß sie überdrüßig von so halsstarriger Weis eine Zeitlang nachgelassen. Weilen aber den Weibern in ihrer Stutzigkeit wenig abzugewinnen, fing sie bald wieder auf ihren alten Ton übel fortzufahren an; allein der Mann nicht faul, weil er in dem Haus wollte der Herr seyn, befiehlt eine große Wiege zuzurichten, in welche er sie mit Beihülf Anderer so lang eingebunden und gewieget, bis sie versprochen, seinen Willen in Allem zu vollziehen.

Christus Jesus, ein Herr Himmels und der Erde, macht es auch also mit uns Menschen. Wenn wir seine Gebote nicht halten wollen, spielt er uns auf durch viele Widerwärtigkeiten; wenn dieses nicht genug, so wirft er uns durch eine Krankheit in die Wiege des Betts, bis wir versprechen, genöthigt durch die Schmerzen, seinen Willen zu erfüllen.

Albertus M. meldet: Die wahre Freundschaft bleibe immerdar, sie blühe für und für, sie sey allezeit innerlich warm, und liebe sowohl zum Theil die Traurigkeit als Freud. Ein wahrer Freund ist wie ein Lorien- oder Lorbeerbaum, welche des Winters und Sommers grün sind, und ihre Blätter und Frischheit zu keiner Zeit verlieren, sondern gleichsam ohne Leben unsterblich sind; darum Theophrastus spricht: „Es sey billig, daß die Freundschaft unsterblich sey, dazu aber ist vonnöthen ein unsterblicher Freund." Einen unsterblichen Freund haben wir an dem allerhöchsten Gott, wenn wir uns befleißen, demjenigen nachzufolgen, der gesagt: „Descendi de coelo non ut faciam voluntatem meam, sed voluntatem ejus, qui misit me Patris, ich bin von dem Himmel herab kommen, nicht meinen Willen zu thun, sondern den Willen desjenigen, der mich gesandt hat, des Vaters.“ Wer dieses in dem Werk erfahren will, der muß sich Gott gänzlich ergeben, und mit Christo sagen: „Vater, nicht wie ich will, sondern wie du willst, dein Wille geschehe!“ Ich aber will mit David meinen Willen Gott freiwillig opfern, denn er ist gut, auch solches aus Herzensgrund, zu jeder Stund, mit wahrem Mund mit Nachfolgendem bekräftigen:

I.

Ein Liebespaar durch Lieb und Treu
Einander seynd verbunden,
Da der Gespons der Liebe frei
Genießt zu jeden Stunden;
Die Braut in größtem Freudenstand
Hingegen lebt vergnüget,
Weil durch so keusches Liebesband
Zusammen sie verfüget;
Und das darum und nur allein,
Weil Beider Will thut Einer seyn.

II.

In Freuden Alles immer schwebt,
Wo man in Lieb verstricket,
Wer in der Lieb verstricket lebt,
Der ist nun g'nug beglücket;
Wenn Lieb und Treu beisammen steht,
All Beid in Eins verfasset,
Fortuna unbeweglich geht,
Kein Unglück sie zulasset;

Und das darum und nur allein,
Weil Beider Will thut Einer seyn.

III.

Ich bin auch meinem Gott vertraut,
Ihm hab mich ganz ergeben,
Er mich erkennt für seine Braut,
Ich ihme für sein Leben;
Ich hab ihn neulich auf das Neu,
Nachdem sein Zorn verschwunden,
Mit wahrer heißer Zäher=Reu
In Lieb auf mich entzunden;
Und das darum und nur allein,
Dieweil sein Will ist auch der mein.

IV.

Denn mit so großer Liebesflamm
Ist jetzt mein Herz entzündet,
Die mein herzliebster Bräutigam
Ganz fest in mich gegründet;
Von ihm mein Leben angehebt,
Durch ihn es sich soll enden,
In ihme es noch allzeit schwebt,
Wird sich von ihm nicht wenden;
Und dieß darum und nur allein,
Dieweil sein Will ist auch der mein.

V.

Mit seiner Laut Wälder und Stein
Orpheus konnt nach sich bringen,
Daß Alles sich mußt stellen ein,
Bei sein so süßem Klingen;
Also auch bald, wenn nur ein Wort
Aus Jesu Mund erklinget,
Nach ihme gleich mein Herz sich fort
Durch Berg und Thäler schwinget;

Und dieß darum und nur allein,
Dieweil sein Will ist auch der mein.

VI.

Die wilden Thier Orpheus besait,
  Daß sie zu ihme kommen,
Und ihn allda so lang begleit,
  Bis zahm sie Abschied g'nommen;
Ja wilder ich nicht als ein Thier,
  Der mit Verstand begnadet,
Jesu folg billig für und für,
  Der mich zu ihme ladet;
Und das darum und nur allein,
Dieweil sein Will ist auch der mein.

VII.

Gleichwie der glänzend Hesperstern
  Pflegt immer nachzuziehen
Appollini, und sich von fern
  Zur Nachfolg thut bemühen;
Er folgt ihm nach durch blaue Straß,
  Nach ihm sein Lager schläget,
Also mein Herz ohn' Unterlaß
  Begierd nach Jesu träget,
Und das darum und nur allein,
Dieweil sein Will ist auch der mein.

VIII.

Von dem Magnet wann ist berührt
  Die eiserne Nadel worden,
Bald durch verborg'ne Kraft geführt,
  Sie wird dann gegen Norden;
Gleichwie auch eine Sonnenwend
  Gegen die Sonn sich kehret,
Jesu mein Herz folgt ohne End,
  Mit Lieb und Lob ihn ehret;

Und das darum und nur allein.
Dieweil sein Will ist auch der mein.

IX.

D'rum, was er will, das will ich auch,
Sein Will soll stets geschehen,
Mein eigner Will, gleichwie der Rauch,
In Lüften muß vergehen;
Was er verlangt, ist Alles gut,
Besser ist nichts zu finden,
Nach seinem Will mein Herz und Muth
Mit ihm thut sich verbinden;
Und das darum und nur allein,
Dieweil sein Will ist auch der mein.

X.

Wenn über mich er Feu'r und Hitz
Nach seinem Will wird schicken,
Und gegen mir das Hagelg'schütz
Durch schwarze Wolk läßt blicken;
Wenn schon ein Kriegsheer spottet mein,
Mich ganz und gar verachtet,
Als sollt Gott nicht mein Helfer seyn,
Mein' Seel es doch nicht achtet;
Und das darum und nur allein,
Dieweil sein Will ist auch der mein.

XI.

Sollt denn das blaue Wolkenrund
Auch Jupiter bewegen,
Und diesen ganzen Erdengrund
Wollt in die Flammen legen;
Wenn er von seinem Blitzesstand
Wird seine Pfeil abschießen,
Soll mich so starker Wolkenbrand
Darummen nicht verdrießen;

Und das darum und nur allein,
Weil Jesu Will ist auch der mein.

XII.

Obwohlen die grausamen Wind
Zusammen werden brausen,
Und samt all ihrem Luftgesind
Nach ihren Kräften sausen;
Als wenn sie wollten in die Luft
Mit ihnen mich hinführen,
Wird mir doch solcher wilder Duft
Ein Härlein nicht berühren;
Und das darum und nur allein,
Weil Jesu Will ist auch der mein.

XIII.

Wenn schon dann auch erheben sich
Die angestürmten Wellen,
Erschrecklich sausen wider mich,
Anfangen thun zu bellen;
Wenn wider mich das ganze Meer
Sehr wüthend sich sollt stellen,
Ich schätzte es für eine Ehr,
Zu schlagen seine Wellen;
Und das darum und nur allein,
Weil Jesu Will ist auch der mein.

XIV.

Wann dann der gläsne Wellengrund
Untreu sich wollt verhalten,
Auch ohne Glaub und festen Bund
Wollt wie das Glas zerspalten;
Und dann durch aufgesperrten Schlauch
Ein Wallfisch mich wollt schlingen,
Wie Jonam in sein'n wilden Bauch,
Wird es kein' Furcht mir bringen;

Und das darum und nur allein,
Weil Jesu Will ist auch der mein.

XV.

Wenn auch gleich dann in ihren Schooß
Die Erd mich wollt vergraben,
Und manchen harten Schollenstoß
Von ihr ich müßte haben;
So würd auch dieses mir nur seyn
Ein angenehmer Schrecken,
Wenn ich vergraben würde ein
In ihr so rauhe Decken;
Und das darum und nur allein,
Weil Jesu Will ist auch der mein.

XVI.

Wenn Clotho gleich auch einen Theil
Begehrt von mir zu haben,
Und ein schnell abgeschoßner Pfeil
Mein Herz sollt mir durchgraben;
Mir dieses seyn wird nur ein' Freud
Und ganz liebreiches Schießen,
Wenn ich nach solchem Todsbescheid
Mein Leben würd beschließen;
Und das darum und nur allein,
Weil Jesu Will ist auch der mein.

XVII.

Wenn Cerberus, der Höllenhund,
Mit allen seinen G'sellen,
Mit aufgesperrtem Rach und Schlund
Sich gegen mir wollt stellen;
Und Charon hätt den Floß bereit,
Auf solchen mich zu setzen,
Zu führen in die Ewigkeit,
Sollt mich auch nicht entsetzen;

Und das darum und nur allein,
Dieweil mein's Jesu Will auch mein.

XVIII.

Wenn ich im tiefen Acheron
Auch würde ewig müssen
Zum recht verdienten Sündenlohn
Mein' Missethaten büßen;
O Gott, auch dieses würd mir seyn
Nicht wider meinen Willen,
Wenn ich dadurch den Willen dein
Könnte sattsam erfüllen;
Und das darum und nur allein,
Dieweil dein Will ist auch der mein.

XIX.

Was dir gefällt, o großer Gott,
An mir, dein'm G'schöpf, zu machen,
Es sey in Freud, Neid oder Spott,
In allen andern Sachen;
Mach du mit mir, wie es dir g'fallt,
Dein Will gescheh in Allem,
In was für Form es sey und G'stalt,
Mir soll es nie mißfallen;
Und das darum und nur allein,
Dieweil dein Will ist auch der mein.

XX.

Du bist mein Trost, mein' Zuversicht,
Mein' Hoffnung und mein Leben,
Was du nicht willst, will ich auch nicht,
Hab mich dir ganz ergeben;
Was aber willst, ich auch das will,
In deinem Will ich lebe,
Mach nur, daß ich dein Will erfüll',
Und ihm nie widerstrebe;

Damit dein Will und auch der mein
Stets beide nur Ein Wille seyn.

Nun aber möchte vielleicht Einer fragen, worinnen die wahre Freundschaft bestehe? Solches beantwortet Pythagoras, da er sagt: „Die wahre Freundschaft eines Freundes ist, wenn man aus vielen unterschiedlichen Menschen Ein Herz machet.“ Die wahren Freunde sollen in allerlei Sachen einerlei seyn, Eines Herzens, Einer Seele, Eines Willens und nicht Willen. Darum spricht die Glossa interlinearis: „Die rechten Freunde sollen sich dergestalten gegen einander verhalten, damit aus zweien Gemüthern nur Eins werde, welchem du eben so gut trauen darfst, als dir selbsten, und in welches du keinen Zweifel setzen sollest.“

Quintilianus schreibt: „Ich finde in der ganzen Welt nichts, welches die Natur besser bedacht und verordnet habe, als die Freundschaft.“ Derowegen soll man einen Freund höher halten, denn alle anderen Ding auf Erden. Ein guter Freund ist ein starker Schirm; der einen solchen findet, erlanget einen treuen Schatz. Keine größere Lustbarkeit ist in einer Gemeinde, als die Einigkeit der Gemüther und Gleichheit der Sitten, samt der Vollziehung des Befehls der Obrigkeit. Ach, was für Trost, was für Süßigkeit, was für Freud wird denn bringen eine wahre Uebergab dem Menschen, welche einführet die Freundschaft des allerhöchsten Gottes! Ach, daß wir es erkenneten, würde ein Jeder sich nicht genug bemühen können, solche zu erlangen, durch welche die Seel viel wahrhaftiger mit Gott vereiniget wird, und viel vollkommener in Gott verändert, als ein Tropfen Wasser, wenn er in ein großes Faß Wein gegossen würde, in Wein verwandelt wird; oder daß die Seel vereinigt wird mit ihrem Leib, mit welchem sie Ein Wesen und Menschen verursachet.

Das Feuer, wenn solches in das Holz wirket, verzehret alle Feuchtigkeit, Naß- und Grünheit des Holzes, und machet es wärmer und hitziger, auch ihm, dem Feuer selbst, ähnlicher und gleicher. Je gleicher aber das Holz dem Feuer wird, je mehr und mehr verliert es alle Ungleichheit. Verzehret also das Feuer in kurzer Zeit die ganze Materie des Holzes, daß das Holz endlich auch zu Feuer wird, und nicht mehr Holz, sondern Feuer zu nennen ist. Gleicher Weis ist es mit dem menschlichen Willen, welcher, wenn er sich wirft in den liebesflammenden Willen des allerhöchsten Gottes, wird er gleich entzündet, erleuchtet und erläutert von Allem, welches ihn als eine Nässe und schwere Feuchtigkeit verhindert von dem Aufsteigen zu der Tugend. Weil die göttliche Hitz durch das Feuer der Liebe und Vereinigung beider Willen, alsobald verzehret alle Ungleichheit in eine Einigkeit zu dem göttlichen Willen, also daß der menschliche Will nicht mehr genennet wird ein Wille des Menschen, sondern ein Wille Gottes, denn der menschliche Wille also verändert wird in den göttlichen, daß nur Ein Wille erscheinet. Und dieses ist, so die heil. Schrift meldet: „Ambulavit cum Deo et non apparuit, quia tulit eum Deus, er führte einen göttlichen Wandel, und war nicht mehr gesehen, denn Gott hat ihn hinweg genommen.“

Warum aber wird ein solcher Mensch nicht mehr gesehen? Als der gerechteste Gott die lastervolle Welt mit der Sündfluth gedachte zu strafen, hat sich Noe in die Arche begeben, et inclusit eum Deus deforis, und der Herr beschloß ihn von auswendig. Wer durch die unverfälschte Uebergab sich in die Arche des göttlichen Willens hinein füget, solchen beschließet der gütige Heiland mit seinen überflüßigen Gaben und Gnaden dermassen, daß er durch solche ganz verschlossen ruhet in dem Herzen der allerhöchsten Majestät Gottes.

Das 13. Kapitel.

Wer freireich leben thut,
Hat das vornehmste Gut.

Was könnte gewesen seyn für eine größere Freundschaft und Liebe, als diejenige, welche einander erzeiget Pythias und Damon, die so vertraute Freunde gewesen, daß Einer für den Andern Bürg worden, zu sterben. Jonathas liebte David als wie seine Seele, und Jakob hatte Joseph mit größerer Lieb umfangen, als alle anderen Kinder. Allein der geliebt wird, hat viele Verfolger. Joseph, als er unterschiedliche Träume gehabt, die gleichsam verboten waren, daß ihn mit der Zeit seine Brüder als einen König verehren sollten, faßten sie einen Widerwillen gegen ihn, also daß sie verlangten, ihn aus dieser in die andere Welt zu schicken. Judas aber, sein Bruder, damit sie nicht die Hände im Blut ihres unschuldigen Bruders waschten, verkaufte Joseph den Madianitern; melius est ut venundetur Ismaelitis.

Die Juden, welche waren dem Fleisch nach Brüder Christi Jesu, konnten ihn wegen seiner Tugenden und ihm erzeigten von Vielen ungewöhnlichen Ehr nicht mehr gedulden, sondern trachteten ganz wüthend, ihn aus der Zahl der Lebendigen unter die Todten zu mischen. Judas Iscarioth, wie getreu er seinem Gott und Herrn, gibt er an den Tag bei finsterer Nacht, sintemalen er, da die Juden wider Jesum, wie die Söhne Jakobs wider den unschuldigen Joseph, und Absalon mit Achitophel wider David rathgeschlagen, aus Antrieb des Teufels zu ihnen verfüget und anerboten, Jesum zu überantworten, unangesehen er so viele Gnaden und Gutthaten von ihm empfangen.

Das hat die Undankbarkeit, daß sie das Gute mit Bösem vergeltet. »Quid vultis mihi dare, et ego eum vobis tradam, was wollt ihr mir geben,« spricht er, »und ich will euch ihn überliefern?« O strafwürdige Frechheit solcher Rede, hat dich darum dein Meister und Lehrer unterrichtet, um die Reichthümer zu verachten? O unerhörte Grausamkeit, o erschreckliche That, o blutdürstiger Verräther, der du das unschuldigste Lamm übergibst den grausamsten Wölfen! O Juda, was ist dieses? was ist dieses? ist dir nicht bekannt, daß ein einiges Tröpflein seines Bluts eines unschätzbaren Preises? Bist du so gar blutbegierig, daß du es anders nicht bekommen kannst, als durch dessen Verkaufung? ei, so verkaufe Jesum mir, und ich will ihn bezahlen mit allem meinem Gut und Blut. Aber ach, sie versprechen ihm dreißig Silberling, Jesus wird verkauft, die Zeit der Verrätherei bestimmet, Judas empfanget das Geld.

Nachdem er also Alles verrichtet, nimmt er bei finsterer Nacht, welche den muthigen Menschen, mordblutigen auch blutdürstigen Gemüthern gibt Hülf und Rath zu böser That, mit ganzem Geschwader der Jesu neidigen Juden mit sich an jenen Ort, wo er vermeinte, ihn zu finden, nämlich in dem Garten Gethsemani. Weilen er aber besorgte, indem Johannes Jesu nicht ungleich an Gestalt, daß Jesus entgehen und Johannes gefangen würde, gibt er ihnen ein Zeichen, Jesum zu erkennen: „Quemcunque osculatus fuero, ipse est, tenete eum, welchen ich küssen werde, dieser ist's, den greifet." Also verkehrte er das Zeichen des Friedens und der Freundschaft in ein Wahrzeichen grausamer Verrätherei. Was machst du, Judas, verrathest du des Menschen Sohn mit einem Kuß? was thust du, Judas, mit dem Zeichen des Friedens fügest du zu eine Wunde? was begehest du, Judas, mit dem Werk der Freundschaft vergießest du Blut, und mit dem Instrument der Liebe verwundest du bis auf den Tod? Wo bist du hingefallen, der du als ein Jünger Christi mehr die Welt beglänzen können, als Lucifer an dem gestirnten Firmament? wo bist du hingefallen? Ach, von dem Apostolat in die verfluchteste That, von der Gesellschaft der Engel zu der Schaar der höllischen Bengel, von den vornehmsten Freunden Gottes zu seinen Feinden und Banden des Todes, von dem Thron aller Gnaden in den ewig unendlichen Schaden, von der Genießung des allersüßesten Gutes zur Verachtung des allerkostbarlichsten Blutes.

„Meliora sunt vulnera diligentis, quam fraudulenta oscula odientis,“ spricht Salomon, „viel besser seynd die Wunden eines Liebenden, als die falschen Küsse eines Hassenden.“ Ach, wie oft ist unter einem Freundstuck so viel Schelmenstuck verborgen! wie viel Böses thut oft stecken unter einer guten Decken! wie oft unter falschem Liebkosen seynd viele Dörner ohne Rosen! Man vermeint zwar oft, man habe die besten Freunde, wenn sie ein gutes Wort verleihen, aber ach, unter den Rosen seynd gar viele Dörner, und unter den vergoldten Pillulen viele Bitterkeit vermischet; absonderlich jetziger Zeit findet man dergleichen sehr viel, welche von äußerlichen Gebärden sich erzeigen ganz goldreich der mehr als goldenen Freundschaft, aber inwendig seynd sie als die Aepfel in jenem Land, die äußerlich sehen wie Gold, innerlich aber seynd sie voller Aschen. Ich will sagen, sie stellen sich zwar freundlich, aber in dem Herzen seynd sie falsch, und der Judaskinder seynd gar viel, welche anders reden und anders thun. Dergleichen muß auch schon zu seiner Zeit erfahren haben der heil. Harfenschläger, da er sich sprechend beklagt: „Mein Freund, auf den ich mich verließ, hat mich gleichsam unter die Füß geworfen.“ Solche Freunde seynd dem Hund zu vergleichen, denn des Hundes Eigenschaft ist, daß, wenn er vermerket, daß Einer ein Bein oder Brod in der Hand hat, welches er ihm geben will, so rühret er den Schweif hin und her, schmeichelt und liebkoset ihn zum Allerschönsten; wenn aber Einer nichts mehr in der Hand hat, ihm zu geben, so fängt der Hund an zu bellen und zu beißen, wenn er anders kann. Eben so thun dergleichen Freunde, denn so lang sie sehen, daß Einer das Brod der Ehren, Reichthümer und Ansehens in der Hand hat, so seynd sie schmeichlerische Freunde; aber wenn Macht, Geld und Gut hin ist, alsdann bellen und murren sie wie die Hund, zwicken und zwacken hie und dort seiner Ehr ab, und will gleichsam ein Jeder auf ihm Holz hacken. Also, da solche Gesellen dergleichen Freunde sind, wie der Wolf gegen das Schaaf, der Fuchs gegen die Henne, der Geier gegen den Raub, die Katz gegen den Schmeer, der Speck in einer Falle, und der Nußkern in einem Springhäuslein, welche auf den Fall und Gefangenschaft gerichtet sind. Ein solcher Nußkern war dem starken Samson die falsche Freundschaft Dalilä, und dem Amasä ein solcher Fuchs der Joab. Also auch wurde Judas für einen Freund angesehen Christi, dennoch war er sein größter Feind, angethan mit einem Schaaffell, aber ein rechter Wolf; ungeachtet dieses nennet ihn Christus einen Freund: „Amice, ad quid venisti? mein Freund, zu was bist du kommen?"

O angenehmste Worte in den Ohren des Sünders! o liebreicheste Sanftmuth! o höchste Tugend! Freilich herzerquickend war diese Stimme, wenn sie wäre angenommen worden vom Juda; denn Christus wollte nichts anders, als der kommen, zu suchen und selig zu machen, das verloren war, ihm durch solche Wort seine Falschheit vorwerfen, und ihn ermahnen zu der Buß: „Redi integrum, clementia invitat, salus pulsat, ad vitam te vita revocat." Nicht aber darum nennet er ihn einen Freund, als ob er von Juda geliebet würde, sondern daß er, Christus, getreu und gerecht, unsere Sünde, so wir selbige bekennen, vergibt, und reiniget uns von aller Ungerechtigkeit, Judam annoch liebe, ungeachtet er ihn verrathen; damit er aber nicht angesehen werde, als ob er ihn wegen solcher Verrätherei verachte, sondern ihn liebe mit der That und Wahrheit, versagt er ihm nicht den Kuß.

Wo seyd ihr, ungeduldige, blutdürstige und rachgierige Gemüther? wo seyd ihr, die ihr euch durch ein einiges Wort zu dem Zorn, durch eine einige Schmach zur Rach, durch eine kleine Beleidigung zu einer Mordthat bewegen lasset? Machet euch herbei, und beherziget, was gestalten der liebreicheste Jesus so liebreich seinem Feind begegnet, auch kein Mißfallen trägt, von seinem Verräther einen Kuß zu empfangen, freundlich anzureden, und einen Freund zu nennen. Kommet her, ihr hochmüthigen und stolzen Herzen, die ihr an eurem Nächsten vorbei gehet, und aus inwendiger Verachtung nicht wollet grüßen! Ist das diejenige in dem Beichtstuhl versprochene Verzeihung? ist das ein Nachlaß der empfangenen Unbild? ist das die Versöhnung mit dem Nächsten? Ist nicht Cain in die Tiefe der Verzweiflung gerathen, weilen er wider seinen unschuldigen Bruder wüthete? Sind nicht die Brüder Joseph, welche ihn aus lauter Feindschaft verfolgten, hernach in seine Hand gerathen, und in die Gefangenschaft geworfen? Seynd nicht Achab und Jezabel, weil sie aus lauter Zorn und Rachgierigkeit den unschuldigen Naboth vertilget, von den Hunden zerrissen worden? Hat nicht die Feindschaft und Rachgier dem stolzen Aman eine

Hochzeit mit des Sailers unehelicher Tochter verursachet? Hergegen weilen Joseph aller Schmachen uneingedenk gewesen, ist er dergestalt erhöhet worden, daß er, nach dem König, über ganz Aegypten herrschte. Alldieweilen David wider Saul keinen Rath begehrte, so hat er erlangt die größte Ehr, Kron und Scepter zu Jerusalem. Alldieweilen Daniel viel Schmach und Spott zu Hof geduldig ausgestanden, ist er allen Offizieren und Kavalieren vorgezogen worden; und da der heil. Stephanus in seiner Marter und Versteinigung für seine Feinde gebeten, hat er die Himmel offen und seine ihm vorbereitete Gloriekron gesehen. Liebet derohalben, durch das Blut Christi Jesu erlöste Herzen, euere Feinde, und vergesset der Schmach, vergebet um eures Heilandes Wunden willen allen denjenigen, so euch beleidigen. Denn wie das Verzeihen ist ein gewisses Zeichen der Seligkeit, also ist die Rach ein unfehlbarer Vorbot der unglückseligsten Ewigkeit. Ach, gedenket nicht, daß es eine Ehre sey, Stärk oder adeliches Werk, wenn ihr eurem Nächsten wegen eines einigen ungeraden Worts ein kaltes Eisen durch den Leib jaget, sondern das ist die adelichste Tugend, wenn ihr mit Jesu rufet: „Pater, dimitte illis, non enim sciunt, quid faciunt, Vater, vergib ihnen, denn sie wissen nicht, was sie thun.“ Damit ihr desto füglicher beten könnet: „Vergib uns unsere Schuld, als wir vergeben unsern Schuldigern.“ Unter andern Geboten befahl auch Gott in dem alten Testament: „Non coques haedum in lacte matris suae, daß man keinen Bock in der Milch seiner Mutter kochen solle.“ Und du kochest durch den brennenden Zorn deine eigene

Seel in dem Blut deines Leibes zu einer Speis dem leidigen Teufel. O höchste Thorheit! o unerhörte Grausamkeit!

Vielleicht wirfst du ein: Ich habe ihm verziehen, den Haß beigelegt, allein ich kann es nicht vergessen, wenn er mir begegnet; wenn ich ihn nur sehe, so überläuft mir die Gall; ich thue ihm zwar nichts Uebels, aber ich lasse ihn gehen, wie er ist.

Wohl ein schöner Einwurf! Wie dürfet ihr sagen, ihr habt eurem Feind verziehen, weil ihr ihm darum nicht schadet, weil ihr nicht könnet. Kommet und lernet von Jesu, wie ihr euren Feinden alle Schmach sollet nachlassen, der Judam, seinen Feind, von welchem er verkauft war, nicht allein gelassen wie zuvor in dem Apostolat, sondern er wusch ihm die Füß mit solcher Demuth und Liebe, als den andern seinen Jüngern; er speiste und tränkte ihn mit seinem allerkostbarlichsten Fleisch und Blut, wie die übrigen Apostel. Aber leider gleichwohl war Judas also verblendet, daß er dieses nicht erkannte, sondern verstocket in seinem Herzen, welches allbereit schon besessen der leidige Teufel. War nicht mehr mit einem Schaaffell bekleidet, sondern als ein offenbarer reißender Wolf unter dem Schein des Friedens fing an sein gewaltthätiges Laster, damit die anderen mehr als reißenden Tigerthier es vollzögen. Jesus, die ewige Weisheit, dieses gar wohl wissend, wie er bei seinem Erzkanzler sagt: „des Menschen Sohn wird den Hohenpriestern, Schriftgelehrten und Aeltesten überantwortet werden;“ wollte nicht erwarten ihre Ankunft, sondern ging ihnen selbst entgegen, sich zu einer Gab und Schlachtopfer für uns darzugeben, Gott zu einem süßen Geruch, damit erfüllet würde, was bei dem Propheten geschrieben ist: „Oblatus est, quia ipse voluit; er ist aufgeopfert worden, weil er es selbst gewollt hat.“ Also sagt auch der heil. Pabst Leo: „Sie fangen, welcher verlanget gefangen zu werden, sie ziehen, welcher gezogen zu werden begehret.“ Gleichergestalt spricht Christus selbsten: „Ich gib meine Seel für meine Schaafe, ich gib aber sie, daß ich sie wiederum zu mir nehme.“ Niemand nimmt sie von mir; sondern ich gib sie von mir selbsten. Dieses habe ich von meinem Vater empfangen.“ Also nach gegebenem Kuß fielen sie ihn an als ein Lamm, das zur Schlachtbank geführet wird.

Aber warum dieses, liebreichester Jesu, warum dieses, daß du ohne allen Widerstand also jämmerlich und erbärmlich gefangen wirst? Wenn du ein Gott der Heerschaaren, wie du denn bist, wo sind jene tausendmal tausend und zehenmal hundert tausend Ritter, welche gleichsam nicht zu zählen? Wenn du ein Sohn des lebendigen Gottes, wie du denn bist, warum schickt er nicht viele der englischen Geister, wie er einen geschickt nach Aegypten, da er alle erste Geburt in einer Nacht erwürgen ließ? Wenn dir gegeben alle Gewalt Himmels und der Erde, wie es denn ist, warum befehlest du der Erde nicht, daß sie sich aufthue, und solche grimmige Tigerthier, wie Chore, Dathan und Abiron, verschlucke; oder aber dem Himmel, daß er mit Feuer auf sie herunter blitze, und, wie jenem Hauptmann und mithabenden Kriegsknechten geschehen, verzehre? Aber nein, er wollte gefangen seyn, damit Viele erlöset würden. Denn durch seine Gefangenschaft bekommen wir unsere Freiheit, die so lang in der Dienstbarkeit des leidigen Teufels gewesen, damit er durch den Tod denselbigen zerstörte, der des Todes Gewalt hatte, das ist, den Teufel, und diejenigen erlösete, welche aus Furcht des Todes all ihr Lebenlang der Knechtschaft unterworfen waren, nach den Worten Isaiä: „Euer Bund mit dem Tod solle vernichtet werden, und euer Vertrag mit der Höll nicht bestehen!“

Ach wie trostreich solle es mir seyn, o süßester Jesu, daß du für mich gefangen und für meine Erledigung gebunden wirst! Aber ach, mein Herz zerspringet schier vor Schmerzen, daß ich dich, den Schönsten unter den Menschenkindern, zwischen so viel der Henkersknechte sehen muß! Trostreich ist es mir zwar, daß du durch deine Gefangenschaft mich von der Dienstbarkeit des Teufels erledigest; aber ach, wie schmerzet es mich, daß ich dich sehen muß mit so viel Stricken zusammen gestricket, daß sie mit größten Schmerzen die Haut zerschrunden! Trostreich ist es mir zwar, daß du dich der Gefangenschaft unterwirfst, ja aber, wenn mein Herz der Kerker wäre, in welchem du gefangen seyn sollest, ja aber, wenn alle meine Nerven und Adern seidene oder goldene Stricke würden seyn, dich in dem Innersten meiner Seele zu verstecken; aber ach, daß du gerathen bist unter die grausamsten Wölf, dieses zerbricht mein Herz!

In der ganzen Welt ist kein Reichthum so groß, welcher der Freiheit zu vergleichen; aber so ist auch nichts so gefährliches, als die Freiheit, wenn man sie nicht recht brauchet. Derjenige ist nicht frei, welcher in der Freiheit lebt, sondern in der Freiheit stirbt, das Best erwirbt.

Wenn wir unsern Begierden den Lauf lassen, und die Zügel der Freiheit nicht inhalten, haben wir bei dem Tag viel zu erzählen, und des Nachts viel zu beweinen. Viele Menschen findet man, die das Böse unterlassen, weil sie nicht wollen, aber hingegen seynd nicht Wenige, welche es versäumen, weil sie nicht können. Man bedarf nicht weniger Verstands, die Freiheit zu erhalten, als Tapferkeit, sie zu bezwingen. Die Freiheit, als gleichsam den unvergleichlichen Schatz und irdische Glückseligkeit, zu verlieren, ist eine beschwerliche Sach, also daß man zum Oeftern viel lieber den Tod wollte ausstehen, als eine Leibeigen- oder Gefangenschaft. Das Pferd wirft gern den Zaum ab, die Jugend die Zucht, und das Alter die Dienstbarkeit. Oft ist man in dem Gefängniß, aber das Gewissen ist freier, als diejenigen, so die Gefangenschaft anbefohlen, und auch, daß die Bestrickung verdrießig, bringet sie dennoch der Seele unvergleichlichen Nutzen. Manasses, jener gottlose König, welcher schier keine anderen Gedanken gehabt, als den Lastern der Helden nachzuleben; da ihn aber Gott dem Fürsten der Assyrer überantwortet, haben dieselbigen ihn in einen engen Kerker geworfen. Was hat er aber in solchem gethan? Höre die h. Schrift: „Nachdem ist er beängstiget worden, hat er Gott den Herrn gebeten, und große Buß gethan vor dem Gott seiner Väter.“ Darum der h. Cyprianus gar schön ausschreiet: „O wohl ein glückseliger Kerker, der die Menschen zur Seligkeit schicket.“

Der Kerker ist eine Gefangenschaft der Leiber, ist aber ein Paradies der Seelen.

Sollte es aber seyn, daß Einer unverdienter Weis in die Gefangenschaft verstoßen würde, so glaube er sicherlich, daß er der Allerglückseligste sey, und den Martyrern, Aposteln, ja Christo, unserm Heiland, selbsten in so weit könne verglichen werden, welcher mit Banden und Stricken gebunden, zu dem Richterstuhl der Pharisäer gezogen worden. Dazu uns denn auch der heil. Paulus ermahnet: »In allen Dingen laßt uns erzeigen als Diener Gottes in großer Geduld, in Trübsal, in Nöthen, in Aengsten, in Schlägen, im Gefängniß.« Darum, o ihr grausamen, o ihr wüthenden, o ihr neidvollen Juden, haltet inne eure Grausamkeit, haltet inne euren Neid, haltet inne euren Zorn wider den unschuldigen Jesum, ich, ich habe gesündiget, ich; ich habe es verschuldet, ich, ich habe es verdienet, mich nehmet gefangen, mich nehmet gebunden, mich ziehet zur Straf.

Als ich nun solches mit lauter Stimm beklagte, erhob sich ein ganzer Bach der Zäher aus dem Innersten meiner Augen, aus welchen als aus einem Spiegel viel klarer erschien die Quell meiner Traurigkeit, denn aus der geführten Klag meiner Wort, daß ich in solchem fließenden Zäherbrunn die Traurigkeit meines Herzens mehr wahrgenommen bei Vorstellung der äußerlichen Gestalten, als Minerva ihre Ungestalt, in welche ihre Schönheit durch vielfältiges Aufspielen eines Flötleins gerathen. Dessentwegen bin ich zugleich in eine solche Gewalt der Zäher und Seufzer hervor gebrochen, daß auch die Felsen vor Mitleiden sich hätten erbeben

mögen, also daß ich nicht nur gar unter den Thr-
ertrunken und unter den Seufzern erstickt bin. N-
dem ich aber meine halb entflohenen Lebensgeister
der zurück berufend zusammen gebracht, war meister Gedanke und höchstes Verlangen, mich zu J-
zu wenden, aber ach! ach!

I.

Jesum könnt ich nicht mehr sehen
Zu dem Garten herum gehen,
  Jesus ware nicht mehr hier;
Wollt doch nicht den Augen trauen,
Sondern Alles recht beschauen
  Durch all' Gäng und Gartenthür;
Aber Jesus, mein Verlangen,
Nunmehr war schon fortgegangen.

II.

Da ging ich im Wald spazieren,
Ob vielleicht ich möchte spüren
  Jesum, meinen Bräutigam;
Ich vermeinte, ihn zu finden
Bei den Buchen oder Linden
  Als ein da verirrtes Lamm;
Aber auch dahin gegangen
Nicht war Jesus, mein Verlangen.

III.

Ich durchliefe alle Auen,
Wälder, Felder zu beschauen,
  Bis ich ganz erlegen bin;
Niemand aber wollt antworten
Von des Satyrs grünen Porten,
  Wo er ware kommen hin;

Dieweil Jesus, mein Verlangen,
Niemal war dahin gegangen.

IV.

Drum ich Alles will beschwören,
Ob vielleicht ich was möcht hören
Von dem Allerliebsten mein;
O ihr Stauden, o ihr Hecken,
Thut ihr Jesum nicht bedecken
Und verschlossen halten ein?
Ach, wenn ihr wißt mein Verlangen,
Zeigt, wo er sey hingegangen.

V.

O ihr grün geblümten Heiden,
Wo sonst Jesus pflegt zu weiden
Sein schön zartes Wollenvieh;
Habt ihr ihn auch nicht gesehen
Bei sein'n Schäflein herum gehen?
Sagt, auf daß ihn finde ich;
Ach, mein Jesu, mein Verlangen,
Wo bist du doch hingegangen?

VI.

Und ihr, ach, verborg'ne Ritzen,
In der höchsten Felsen Spitzen,
Wißt ihr meinen Jesum nicht?
Der der wahre Lebensfelsen,
Welchen Niemand kann umwälzen,
Niemand ihme auch zerbricht.
Ack, wohin ist mein Verlangen
Aus dem Garten doch gegangen?

VII.

Vielleicht ihr, grausame Wellen,
Habet diese Gnadenquellen

Unvermerkt in euch verschluckt?
Oder durch der Thetis Wagen
An ein ander Ort getragen,
Und bis über's Meer verzuckt?
Ach, mein Jesum, mein Verlangen,
Haltet mir doch nicht gefangen.

VIII.

Habt ihr nicht, geschwinde Winde,
Aeoli geworb'nes G'sinde,
Meinen Jesum fortgeführt;
Wo die Sonn ihr Wagen wendet,
Und all Traurigkeit sich endet,
Daß sie werd von ihm geziert;
Ach, wohin ist mein Verlangen
Aus dem Garten doch gegangen?

IX.

Und du Mond mit deinen Sternen,
Hast du nicht erblickt von fernen
Meinen Schatz bei dunkler Nacht;
Da du bei entwich'ner Sonnen
Deinen rechten Glanz gewonnen,
Und gehalten scharfe Wacht;
Damit ich wüßt' mein Verlangen
Wohin doch es sey gegangen?

X.

Vielleicht Phöbus ihn genommen,
Als er ihm entgegen kommen
Bei der blau gesternten Port;
Und mit seinem schnellen Schimmel
Ihn bis auf die höchsten Himmel
Wunderlich getragen fort.

Ach, wer sagt mir, mein Verlangen
Wo es seye hingegangen.

XI.

Wißt ihr nicht, ihr Himmelsgeister,
Wo sey Jesus, euer Meister
Und der mein, gegangen hin?
Wenn ihr wißt, ach, sagt's mir Armen,
Thut euch meiner Last erbarmen,
Auf daß ich doch finde ihn;
Und mein Jesum, mein Verlangen,
Könn mit Liebesarm umfangen.

XII.

Aber ach, Niemand will sagen,
Wo mein Schatz sich hingeschlagen,
Und wo er verborgen sich;
Drum ich auch auf Weg und Straßen
In all Städt und dero Gassen
Will geschwind begeben mich,
Und will fragen, mein Verlangen
Wo es sey doch hingegangen.

XIII.

Jesu, Jesu, mein Verlangen,
Wo bist du doch hingegangen?
Ach, mein Jesu, zeige dich!
Sonsten muß ich bald aufgeben
Mein trau'r= und schmerzvolles Leben,
Wenn dich nicht werd finden ich.
Drum, mein Jesu, mein Verlangen,
Dich mir zeige zu umfangen.

XIV.

Ach, wie viel gibt mir zu schaffen
Die Lieb ohne Wehr und Waffen

Durch so süße Liebesqual;
Meinen Jesum nach Verhoffen
Anzutreffen, bin geloffen
Durch viel Wälder, Berg und Thal;
Doch mein Liebsten, mein Verlangen,
Ich niemalen konnt umfangen.

XV.

Wenn wirst meiner dich erbarmen,
Und mich fassen in dein' Armen,
Jesu, Allerliebster mein?
Ach, die Lieb zu sehr mich brennet,
Und mein schwaches Herz durchrennet
Mit versüßter Liebespein;
Wenn ich dich, o mein Verlangen,
Nicht werd können bald umfangen.

XVI.

Mich die reine Lieb verdammet,
Schon von Jugend angeflammet
Hat zu tragen solchen Schmerz;
Denn ich hatte kaum verlassen
Die befleischte Mutterstraßen,
War entzündt mit Lieb mein Herz;
Und dich schon da, mein Verlangen,
Ich begehrte zu umfangen.

XVII.

Mein Herz möcht vor Leid verschmachten,
Wenn ich öfters thu betrachten,
Wie geliebt ich dich, mein Licht;
Mir der Athem wird verkürzet,
Denkend, wie mich hab gestürzet
In viel G'fahr, und fand dich nicht.

Drum mein Jesu, mein Verlangen,
Mir erlaub, dich zu umfangen.

XVIII.

Ich mit steten Seufzerschießen
Ließ die Zäher häufig fließen,
Dir durch sie zu schiffen nach;
Daß ich mit so vielem Weinen
Oefters thät nicht anders scheinen,
Als ein angeloffner Bach;
Und dich doch, o mein Verlangen,
Jesu, endlich möcht umfangen.

XIX.

Kaum man finden wird ein' Straßen,
Kaum man nennen wird ein' Gassen,
Kaum wird seyn ein' Stadt und Platz,
Wo ich nicht mit großen Sorgen
Von dem Abend bis zum Morgen
Und zu Tag gesucht mein Schatz;
Aber hab doch mein Verlangen
Nicht gefunden, zu umfangen.

XX.

Ach, wie würd' es mich erquicken,
Wenn du würdest mich beglücken
Mit der liebsten Ankunft dein;
Ich würd' schier vor Freud zerfließen,
Wenn ich, deiner zu genießen,
Könnte so glückselig seyn;
Drum mein Jesu, mein Verlangen,
Dich mir zeige zu umfangen.

Weilen ich nun nicht finden kann denjenigen, welchen begehrt mein Herz, so will ich aufstehen mit der verliebten Braut, und durchgehen die ganze Stadt, suchend, den liebet meine Seel. Ich will mich aufmachen, und nachforschen denjenigen, welcher schön wie die Lilien des Feldes, und erhöhet wie ein Cederbaum auf dem Libano, oder eine Cypreß auf dem Berg Sion. Ich will ihm nachfolgen bis in dasjenige Haus, allwo er mit seinen Jüngern das Abendmahl gehalten. Aber was? ich klopfte an der Pforte des Hauses, rufend: habt ihr nicht gesehen, welchen liebet meine Seel? Allein ich kam viel zu spat; denn da sie den Lobgesang gesprochen, ging Jesus nach seiner Gewohnheit an den Oelberg. Ich verfügte mich gleich dahin; aber leider, ich habe ihn gesucht und nicht gefunden, vermerkte auch nichts von ihm, als unweit einem Felsen auf der Erde gespritztes Blut. Ich sah mich um, vor Aengsten schier stumm, und konnte mich nicht enthalten, in ein erbärmliches und klägliches Geschrei auszubrechen, besonders da mir ein Gedanke beigefallen von jenen Worten: Es ist die Zeit nahe, daß des Menschen Sohn soll übergeben werden seinen Feinden. Weilen aber die Thore der Stadt versperret, auch Niemand vorhanden, welchen ich wegen des gesehenen Blutes besprechen könnte, wollte ich solches von der sprachlosen Rednerin erfahren, was ich von redbegabten Menschen nicht erfahren möchte. Darum gegen den Oelberg über sitzend, ich nachfolgenden Trauergesang angestimmet:

I.

Ach, thut denn all Unglück regnen
Ueber mich betrübte Seel,
Weil mir nirgends will begegnen
Jesus, den ich stets verfehl;
Kann ich denn kein' Freud genießen,
Muß mein Herz auch gar zerfließen
Vor so großem Leid und Weh
In ein vollen Kummersee?

II.

Wie lang werd ich denn noch müssen
Spüren dieß so falsche Glück,
Wird denn nie ein Tag einfließen,
Der mein Herz ein Kleins erquick?
Allzeit ist mein schwaches Leben
Mit dem Zäherbach umgeben,
Ach niemalen einen Tag
Ich genieße ohne Klag.

III.

Seufzen, Heulen, Klagen, Weinen,
Traurigkeit, Melancholei,
In so großen Herzenspeinen
Seynd mein Haus und Feldgeschrei;
Niemal sitzt ein' Turteltäublein,
Wie ich, auf verdorbnen Läublein,
Zu bedauern seinen G'span,
Den es nicht mehr finden kann.

IV.

Mir mein Liebster ist entnommen,
Ihn ich nicht mehr finden kann,
Wohin aber er gekommen,
Niemand will es zeigen an;

Er die Ursach meiner Schmerzen,
Die empfind ich in dem Herzen,
  Denn, da er mich beurlaubt,
  Mein Herz auch mit sich geraubt.

V.

Ich ging auf das Feld spazieren,
  Ihn allda zu treiben auf,
Wohin sonsten er zu führen
  Pflegte seiner Schäflein Hauf;
Aber dieß war auch vergebens,
Weil der Brunn des wahren Lebens
  Sich allda verloren gar,
  Daß er nicht zu finden war.

VI.

Weilen denn auf solcher Heiden
  Ihn nicht konnte finden ich,
Wo er sonst hatt' seine Weiden,
  Und zu Tag begeben sich;
Also thät ich schreiend klagen
Meines Herzens schwere Plagen,
  Daß man in der Wüstenei
  Hören konnt mein Trau'rgeschrei.

VII.

Da ich All's erfüllt mit Schreien
  Gegen jenem Thal hindurch,
Kam auch aus den Wüsteneien
  Gegen mir ein' Stimm herdurch,
Nächst bei einer Wassergrotten,
Als ob man thät meiner spotten,
  Welche widersprochen dort
  Nur die meinen halben Wort.

VIII.

Unter diesem ich vermeinte.
  Es vielleicht ein' Nymph mögt seyn;
Wie es denn in Wahrheit scheinte,
  Daß allda ihr Kämmerlein;
Aber dieß hat mich betrogen,
Weil die Wort seynd hergeflogen
  Aus dem braunen Tannenhaus
  Und nächst g'legnem Wald heraus,

IX.

Bald gedunkte mich, es seye
  Vielleicht jener stolze Pan,
Welcher Syrink ohne Scheue,
  Als sie nicht genommen an
Sein verliebtes Augenwinken
Ließ in Thetis Schooß ertrinken,
  Und also Betrübten mich
  Wollte locken auch zu sich.

X.

Aber weil die Wort geflogen
  Zu mir durch ein tiefes Thal,
Glaubt ich, daß sey angezogen
  Echo, die aus lauter Qual
Wurde in ein Stein verkehret,
Hatte meine Klag gehöret,
  Und wollte also stimmen bei
  Sie auch meinem Klaggeschrei.

XI.

Darum ich ihr meine Klagen
  Offenbarte in der Eil,
Damit ihr von meinen Plagen
  Würde etwas auch zu Theil;

Ich sprach: Willst du da antworten,
Echo, mein trau'rvollen Worten;
Sag mir, liebste Nemia,
Bald sie mir antwortet: „Ja!"

XII.

Dir will ich was im Vertrauen
Und in höchster Heimlichkeit,
Schönstes Echo, anvertrauen,
Was da sich begeben heut:
Mein Schatz würde mir enttragen;
Ach, wer kann mir von ihm sagen,
Wohin er begeben sich?
Echo mir antwortet: „Ich!"

XIII.

Wenn du kannst von ihm was sagen,
So verziehe doch nicht lang,
Stille meines Herzens Plagen
Und den starken Liebeszwang;
Sag mir, Echo, ob mein Leben
Sich vielleicht zu dir begeben,
In den dunklen Wald hinein?
Echo mir antwortet: „Nein!"

XIV.

Mir vermeld, ob mein Verlangen
In dem Feld verirret sich,
Und ein Irrweg sey gegangen,
Daß ihn nicht kann finden ich?
Soll ich geh'n oder Aufwarten
Auf mein Schatz in diesem Garten,
Ehe vor Schmerzen ich zergehe?
Echo mir antwortet: „Gehe!"

XV.

Welchen Weg soll ich antreten,
Lieber ich verbleib allhier,
Denn der Leib und Schmerzensketten
Unbequem zu geh'n seynd mir;
Ich in diesem Myrrhengarten
Will ein' kleine Zeit noch warten,
Vielleicht ich erseh mein Heil;
Echo mir antwortet: „Eil!"

XVI.

Ach, daß ich doch könnt ereilen
Meinen liebsten Bräutigam,
Nirgend wollt ich mich verweilen,
Aufzusuchen solches Lamm;
Aber leider meinem Herzen
Seynd zu stark die Liebesschmerzen,
Denn ich werde aller schwach;
Echo mir antwortet: „Ach!"

XVII.

Ach, ein Wort, das voller Schmerzen,
Auch zur Zeit ein' Freud begreift,
Ach, ein Wort, das oft den Herzen,
Freud und Leid zu Zeiten steift;
Was bringt's hier von mein Geliebten,
Wegen sein mir höchst betrüben,
Echo sag, Freud oder Leid:
Echo mir antwortet: „Leid!"

XVIII.

O der Schmerzen, welche haben
Schon mein Herz gar sehr verwundt,
Ja schier solches durchgegraben,
Und bis auf die Mitt zerschrundt;

Aber was thut ihn vor Freuden
Bringen in so großes Leiden,
Mir die Wahrheit nicht bescheid?
Echo mir antwortet: „Neid!“

XIX.

Ach des Neids, hat denn gleich müssen
Der herzliebste Jesus mein
Ohne Schuld die Schulden büßen,
Und ohn' Schuld ein Schuldner seyn;
Wer ist der, der dort gefangen,
Ist vielleicht er mein Verlangen,
Sag mir Echo, wer ist der?
Echo mir antwortet: „Er!“

XX.

Ach, ist denn mein Schatz gefangen,
Mein herzliebster Bräutigam,
Der was Uebels nie begangen,
O du Lamm von Davids Stamm!
Ach, wo ist er doch, mein Leben,
Den Grausamen übergeben
Als ein zartes Wollenthier?
Echo mir antwortet: „Hier!“

XXI.

Weilen denn nun mein Verlangen
Und der Allerliebste mein
Allerschmerzlichst ist gefangen,
Will ich auch gefangen seyn;
Will mich an den Ort begeben,
Wo gefangen ist mein Leben,
Damit er, der G'fangene, mein
Werd genennt, und ich der sein.

XXII.

Ewig soll er seyn verschlossen
  In der Mitt des Herzens mein,
Von ihm ist mein Lieb entsprossen,
  Er wird ganz mein Alles seyn;
Ihm bleibet mein Herz zu eigen,
Dann mein' Seel zu sein Leibeigen
  Hab verschrieben samt dem Leib,
  Darum ich ihm ewig bleib.

Ein Gefangener Christi aber kann auf zweierlei Weis gefangen seyn, denn solche Gefangenschaft auch zweierlei, innerliche und äußerliche. Das innerliche Gefängniß ist nach den obersten Kräften, da das Gemüth ganz in Gott gerichtet wird, und ist mit ihm also verbunden, daß es wegen keiner Sache sich von ihm in dem Geringsten abwendet. Das äußerliche aber ist, wenn der äußerliche Mensch angegriffen wird mit unterschiedlichen Widerwärtigkeiten und Versuchungen; als zum Beispiel: wenn Einer an dem Seinigen Schaden leidet, als an den Gütern, Ehren und gutem Namen, wenn er beraubt wird alles Trostes und Beistands seiner sonst guten Freunde, da liegt der Mensch gefangen in der Gefangenschaft des Allerhöchsten, welcher strafet Jeden, den er liebet, mit unterschiedlichen Trübsalen, die der Mensch nach dem Vorbild seines Heilandes mit ruhigem Gemüth übertragen muß, wenn anders er auch mit Christo genießen will der glückseligsten Freiheit in Ewigkeit. Indem man sich bei solcher Beschaffenheit keines andern, gleichwie Daniel in der Löwengrube, als seines Gottes hat zu vertrösten, bei welchem man allein Trost einholen kann. Denn

Gott ist von keinem so weit entlegen, daß man demselbigen nicht mit stetem Seufzen könne nachfliehen, sintemalen in solchem Kerker keiner so stark liegt gefangen und verstricket, daß er nicht mit seinen Gemüths-Neigungen weit in den Himmel vermöge auszuspazieren. Auch ist kein Gefängniß so finster, welches, wenn man aus der Noth eine Tugend macht, nicht wie ein klarer Himmel erscheine, allwo durch die Geduld Gott und die heiligen Engel beiwohnend seynd.

Das 14. Kapitel.

Man wider den leicht klagt,
Der recht die Wahrheit sagt.

Es ist ein gemeines Sprichwort: Welcher die Wahrheit geigt, und das, was wahr ist, singt, dem wird die Geig gezeigt, daß sie am Kopf zerspringt; und solches hat Christus Jesus, ein Fürst des Friedens, auch die Wahrheit selbst, genug erfahren. Denn nachdem er erschrecklicher Massen gefangen, erbärmlich gebunden und als ein Uebelthäter mit vielen Stricken gefesselt fortgeführet worden, mußte er sich zuerst bei demjenigen einstellen, welcher der oberste der Schriftgelehrten und Gesetzerfahrnen war, unschuldig anzuhören, was ihm falscher Weis' vorgeworfen wurde, Lingua fallax non amat veritatem, auch sich unterwerfen demjenigen, dessen Richter und König Er selbst war.

Dieses ungeachtet fraget ihn dieser Hohepriester, über unterschiedliche Sachen. Aber Jesus, damit seine Lehre nicht in einen Argwohn geriethe oder ihm einige Ehr beigemessen würde, sprach er in Kürze: Frage nur diejenigen, so da gehört, was ich gesagt: Siehe, sie wissen, was ich geredt habe; unter diesem aber gab Einer von den herumstehenden Dienern, aus leichtfertiger Schmeichelei seinem Herrn desto mehr zu gefallen, Jesu, wiewohl ganz unschuldiger, erschrecklicher Weis', einen Backenstreich.

O unsinniger alberner Mensch! willst du also durch diesen Backenstreich die Gnade eines Menschen behalten, auf daß du die Gnade deines Gottes verlierest? Willst du deinem Herrn aus boshafter Schmeichelei gefallen, damit du demjenigen mißfallest, dessen dein Herr nicht würdig ist, zu seyn der mindeste Knecht? Deo placere non possunt, dergleichen können Gott nicht gefallen. O gar zu große und unbeschreibliche Blindheit! das haben wir Menschen auch zu unsern Zeiten; daß wir öfters unsern gütigen Heiland erzürnen, hominibus placentes, den Menschen zu gefallen; ach wie oft suchen wir die Gnad der Knechte, und versäumen die Gnade unsers Herrn und süßesten Jesu. Wie oft befleissigt sich die Jugend, ihrem Gegentheil zu gefallen, und verschwendet die Neigung des liebreichsten Bräutigams ihrer Seelen; allein bei ihnen heißt es: Erravimus a via veritatis, alles ist zu schwer vor Gott. Ja zuweilen lässet man auch nicht einschleichen sogar nur einen Gedanken, welcher von weitem Gottes Ehr und Gefallen beibrächte; aber gegen und wegen schnöder Creaturen-Lieb was leidet mancher nicht? was verspricht er nicht, was erdicht er nicht, damit er seiner Liebsten das Herz abgewinnen möge? Ut placeat uxori; diese ist sein Schatz, jene seines Herzens Platz. Eine andere seine Göttin, so von dem Himmel als eine Diana herunterkommen, der er täglich aufopfert seine heißen Thränen anstatt des Weihrauchs, sein Herz für ein Rauchfaß, seine betrübte Seel für ein Opfer, sein unterthäniges Flehen für ein Gebet. Da fürchtet er weder Frost noch Hitz, weder Schauer noch Blitz, weder Regen noch Schnee, weder Trübsal noch Wehe, weder Tag noch Nacht, weder Stunden noch Wacht, beschwert sich nicht über Leid noch Neid, fragt nichts nach Gewalt noch Rach. Es ist ihm nichts so süß, er kann es ausschlagen, nichts so sauer, er thut es übertragen, damit er nur ihre Gunst könne erwerben. Da ruhet er keine Zeit, denn der geflügelte Cupido zieht ihn auch aus dem lindesten Pflaum bei finsterer Nacht vor ihre Thür oder Fenster: Cor suum tradit ad vigilandum diluculo. Da ist ihm kein Nordwind zu kalt, die brennende Lieb und der entzündete Eifer seines Herzens vermögen ihn zu ertragen. Auch ob er schon Gott zu Lieb ein wenig da verbleibend sich beklagen würde zu erfrieren, so gibt er doch seiner Liebsten zu gefallen im höchsten Frost eine lange Zeit einen Sänger und Sterngucker ab. Ja sollte er auch mit jener verliebten Nachtwandlerin den Schaarwächtern und Rumorknechten sprechend: Invenerunt me vigiles, zu Theil werden, welche ihm die Haut dermassen reiben, daß er etliche Tage im Bett liegen und auf das Bad schwitzen muß, so will doch ein solcher an seiner Buhlerin hangen: Ut inveniat gratiam, damit er nur ihre Gunst und blauen Dunst möge erlangen, welcher gar leicht zu verscherzen oder vergehet; fallax et fana, wie ein Rauch einer Kerzen, der einen bösen Gestank hinter sich läßt. Dem sey nun wie ihm wolle, so hat sie der blinde Schütz dermassen verblendet, und Amor mit seinem Band die Augen dermassen verhüllet, daß sie all ihr Ungemach für lauter Freude halten, aber die Zeit, Gott zu gefallen, für die größte Langweil. Ungeachtet doch solche Fratzen und Ratzen vertragen viel Batzen, solche rostige Thüren brauchen viel Schmieren, solche Hulden kosten viel Gulden, ihr Zaschen leeret Taschen, ihr Antasten säubert Kasten, und ihr Liebkosen seynd Dorn ohn' Rosen; auch wenn man nicht stets schickt und spickt, gibt und schenkt, neigt und lenkt, werden solche unverschämte Bilder nur wilder, bis dergleichen Schlappsäck entfüllen Küsten und Säck; denn solches Frauenvolk ist gleich einem Egel, welcher nicht weiß, was wir im Leib haben, und dennoch uns das Blut heraus saugt, oder aber ist begabt mit den Tugenden einer Wanze, welche, so lang sie lebt, beißt, und, wenn sie stirbt, stinkt.

Aber auch auf das andächtige Weibergeschlecht, zu kommen, wie oft bemüht sich solches zu zwei, drei Stunden vor dem Spiegel aufzuputzen, einem stinkenden Erdwurm zu gefallen, und versäumt eine ganze Woche, kaum ein Viertelstündlein anzuwenden, die Gunst ihres gekreuzigten Jesu zu erlangen, quasi una de stultis mulieribus. Wie oft thut sich solches Gegengeschlecht bearbeiten, aus dem Kram und Apothekerladen was einzukaufen, auch mit theurem Werth, den

Lippen und Wangen mitzutheilen, was ihnen die Natur abgeschlagen, angenehm zu werden den menschlichen Augen, und hingegen mit Versparung eines wenigen die Seel kohlschwarz liegen läßt in dem Koth der Sünd und Laster, zum größten Mißfallen Christi Jesu.

Wie oft wendet man überflüssige Unkosten an, den Leib mit Sammet und Seiden zu schmücken, eine eitle Ehr bei den Menschen zu erwerben. Hingegen aber versäumt man, einem Armen ein schlechtes Almosen zu geben, damit man gewinnen möge die Liebe des Allerhöchsten. Wie oft gehet man daher gleichsam in Kleider eingepreßt, oder aber halb entblößt, leidend die größte Kälte, nur darum, auf daß man rein und zart angesehen werde, da indessen die Seel bedecket wird mit einem groben und rauhen Fell der Untugenden, als eine Ochsenhaut; da stehet auf dem Kopf ein hoher wilder Schopf, und seynd auf der Stirn ganz Thürn von Spitzen, aber darin sehr wenig Hirn. Keine Mühe und Arbeit versäumt man, beizuhalten der üppigen Gesellschaft; aber die kleinste Bewegung Gott zu Lieb und seiner Ehr ist viel zu schwer, auch thut man viel lieber leben dem Müssiggang ergeben, als Gott zu dienen. Aus welchem dann kommt, wie Cato sagt, daß die Menschen in dem Müssiggang allerlei Laster und Uebelthaten lernen, welches bekräftiget der weise Mann, meldend: „Viel Bosheit hat gelehrt der Müssiggang." Keine Frucht bringt der Müssiggang, sondern allezeit den größten Verlust. Und gleichwie durch einen verborgenen Spalt oder Ritzen das Wasser durch Unfleiß der Schiffleut das Schiff in große Gefahr stürzet, also aus Müssiggang und Trägheit thut das Schifflein des Herzens öft die grösste Gefahr erleiden, in der Sünd zu untergehen, auch wie ein Wasser, so keinen Ablauf hat, in der Grube verfaulet, gleicher Weiß die Seel durch Nachläßigkeit und Faulheit verdirbt. Dahin dann der heilige Hieronymus gar schön zielet, als er schreibet: Einem guten Vornehmen ist nichts so sehr zuwider, als der Müssiggang, alldieweil er nicht allein nichts erwirbt, sondern verzehret auch, was schon erworben ist. Dannenhero Pythagoras diese Lehr gegeben, man solle die Unwissenheit aus dem Gemüth, den Ueberfluß aus dem Bauch, die Uneinigkeit aus der Stadt, und den Müssiggang aus dem Leib vertreiben.

Paritius meldet von den Indianern, daß sie die Jugend, deren Zucht ihnen befohlen, nicht ließen essen, sie hatten dann zuvor angezeigt, was sie selbigen Tag gelernet oder Nützliches verrichtet. Valerius Maximus schreibt, daß bei den Atheniensern derjenige, so müssig gefunden, auf öffentlichen Platz an den Pranger gestellt worden. Wenn jetziger Zeit jede Leut eine solche Stell sollten vertreten, die dem Faullenzen ergeben, würden wenig ohne ein eisernes Halsband anzutreffen seyn. O große Thorheit! indem wir zu Zeiten also verblendet, daß wir mehr achten die Dorn als Rosen, mehr das Böse als Gute, mehr die Eitelkeit als das Ewige, mehr die Welt als den Himmel, mehr die Laster als die Tugend, und folglich mehr die Dienstbarkeit als die Freiheit; denn durch die Sünd werden wir Knechte des Teufels nach den Worten des Apostels, da er sagt: A quo enim quis superatus est, hujus et servus est; von welchem Einer überwunden wird, dessen ist er auch sein Knecht. Ja durch die Sünd wird der Mensch nicht nur allein ein leibeigner Knecht des Satans, sondern wird auch zugleich geworfen in die ewige Gefangenschaft des Todes. Der allerstärkste Feind, dem niemand kann entgehen, ist der Tod; doch nicht also zu fürchten wie die Sünd. Denn wenn er uns wohl bereitet hinweg nimmt, so seynd wir ledig von allen Stricken dieser Welt, und erlangen das ewige Gut in Gottes Reich, allein der Sünder Tod ist der allerbößeste, mors peccatorum pessima; denn die Seele, welche sündiget, wird sterben. Wie aber der heilige Augustinus schreibet, so hat der Mensch zwei Leben, eines des Leibes, und eines der Seele. Gleichwie aber das Leben des Leibes ist die Seele, also das Leben der Seelen ist Gott. Wenn aber die Seel den Leib verläßt, so ist der Leib todt, also wenn Gott von der Seel entweichet, so stirbt die Seele dahin. Unangesehen dessen fallen wir dennoch so oft in das Böse hinein, ohne Nachsehen, was es für einen Ausgang gewinne.

Von Diogene wird erzählet, daß Einer, als derselbige etliche Kräuter zu dem Essen sammelte, zu ihm gesagt: Wenn du wolltest dem Dionysio schmeicheln, so dürftest du nicht so schlechte Kräuter essen; aber Diogenes gab ihm zur Antwort: „Wenn du dich begnügen ließest mit diesem schlechten Kraut, so dürftest du dem Dionysio nicht schmeicheln; denn es für eine größere Glückseligkeit zu halten, daß man mit Kraut gespeiset werde, als daß man bei großen Herren ein Heuchler und Schmeichler sey. Gott hat den Tod nicht gemacht, spricht Salomon, der sonst alles erschaffen: Wer denn? Die Schmeichelei ist eine Ursach des Todes, von dem Weib hat die Sünd den Anfang, und um ihretwillen müssen wir alle sterben, das Weib aber ist verführet durch den schmeichlerischen Teufel, eritis sicut Dii, da er ihnen vorgebildet, daß sie seyn würden wie die Götter. Es geschieht oft, daß ein Schmeichler mehr angehöret und geliebt wird wegen einer bösen That und falschen Werk, als ein getreuer Diener, welcher Jahre lang gedient hat, als daß des Einen Falschheit viel angenehmer ist, als des Andern treue Dienst, und überall findet man dergleichen, die das Süß um's Maul reiben und den Affen drehen. Aber das ist der rechte Köder, damit man die Narren fängt.

Aelianus schreibt von den Wölfen, daß solche sich nicht schlafen legen in ihren Höhlen, sie haben dann ihre Fußtritt mit Hin- und Wiedergehen also zertreten, daß man ihr Gespur nicht könne merken, und ihnen nachstellen. Auf solche Weiß machen es die Schmeichler und Gleißner, die ihre bösen Werk, welche gleichsam seynd Fußpfaden, also verdecken, daß man ihren Betrug nicht leichtlich vermerket.

Die Schmeichler und diejenigen, so sich etwas aus Heuchelei zu Gefallen gethan, konnte nicht gedulden der römische Kaiser Sigismundus, denn er auf eine Zeit einen Schmeichler in das Angesicht geschlagen, und als er gefragt wurde, warum er ihm einen solchen Backenstreich gegeben, hat er geantwortet: „Warum hat er mich gebissen!“ Denn nach Meldung obangezogener heiliger Kirchenlehrer die Heuchler greifender hereingehen, aber mit dem Schweif stechen.

beissen, nicht mit dem Mund, sondern gleich den Scorpionen mit dem Letzten des Leibes, und wie die Katzen vornen lecken und hinten kratzen. Ein verständiger Mensch aber, der sich bewahret, bei dem Licht der Wahrheit zu bleiben, stehet und urtheilet recht, ohne einiges Gefallen und Liebkosen, gleichwie an der Sonne alle Leibsmaßen und Mängel gesehen werden.

Wie schmerzlich aber solcher Backenstreich dem geduldigsten Jesu müsse gewesen seyn, ist leicht zu erachten, denn in keinem Ort der heiligen Schrift wird gefunden, daß Christus sich beklagt habe einiger Schmach oder solche demjenigen vorgeworfen, der sie ihm angethan, als nur allhier, da er gesagt: „Si male locutus sum, testimonium perhibe de malo, si autem bene, quid me caedis? Habe ich übel geredt, so beweise, daß es unrecht sey, habe ich aber recht geredet, warum schlägst du mich?“

Ach welches Herz wird seyn von so hartem Stahl und Stein, daß es allhier gleichsam nicht zerspringe! Welcher Mensch hat ein so Tiegergemüth, daß es nicht in denen vergossenen Zähren herum schwimme? O liebreicheste Mildigkeit! o süße Barmherzigkeit! o unendliche Gütigkeit Gottes! Oza hatte alleinig die Archen des Bundes nicht mit genugsamer Ehrerbietung und Verehrung angerühret, und mußte gleich sein Leben lassen. Wegen einer einzigen Hoffart Davids seynd siebenzig tausend des Volks erlegt; und was! ist nicht größer die Hoffart dieses Dieners und der Backenstreich dieses Knechts, als die Hoffart Davids oder die Berührung Ozä? allein Christus wollte allhier seine Geduld erzeigen und zugleich erfüllen, was er gelehret.

Wenn dir Einer einen Backenstreich gibt, so reiche ihm den andern auch dar, welches genug ist, so er mit Geduld empfangen und ausgehalten wird. Dieses ist der herrliche Sieg, von welchem der heilige Chrysostomus meldet: Wenn wir nichts Böses verüben, und dennoch Uebels mit Geduld erleiden. Denn uns so viel Kräfte Gott gegeben, daß wir nicht mit Faustrecht, sondern mit Geduld gewinnen können. Dessen ist ein schönes Exempel jener Alte, welcher, als er auf eine Zeit seine Nahrung zu suchen in ein Haus gekommen, war ein besessenes Weib allda, die ihm einen Backenstreich gegeben. Der gute Alte aber reichet ihr gleich mit höchster Demuth die andere Wange auch dar, auf welches der Teufel laut geschrieen: O was haben Gewalt die Gebot Christi, Jesus treibet mich von dannen! Hat also dieser heilige Vater mit seiner demüthigen Empfangung des Streichs den Teufel überwunden und ausgetrieben.

Der Löwe hatte einstmals Grillen im Kopf, solche aber zu stillen, suchte er Ursach, wie er ein Thier bey den Ohren fassen, und seinen Zorn auslassen möchte, darum ladet er zu Gast, den starken Esel und listigen Fuchs. Diese zwei kamen nach einander, und zwar der arme Esel zuerst, welchen, als er in seiner eselischen Gravität in das Zimmer des Löwen, so wegen andern ertödteten Thieren, Häuten und Beinern, so wohl riechete als verbrannte Feigen, hereingetreten, der Löwe fragte, wie es ihm gefalle? Der einfältige Esel antwortete gleich: „Es stinket sehr übel von den tödten Thieren.“ Wart du grober Narr, sprach der Löwe, ich will dich lehren, ohne Respekt und Ehren also frech heraus reden, und zerriß den Esel in Stücke. Der Fuchs, so vor der Thür stund, solches hörend, wäre gerne zurückgewesen; erholet sich doch, klopfet an, und wird hineingelassen. Der Löwe fragt ihn gleicherweis wie es im gefalle, und ob er den Gestank nicht spüre? Der listige Fuchs, die Wahrheit zu sagen, traute sich nicht, solches zu loben, konnte er nicht; darum er also spricht: „Gnädigster König, ich bitte euer Majestät wollen mir für diesmal verzeihen, denn ich habe den Schnuper, Pfünsel und Strauchen so sehr, daß ich auch gar nichts rieche." Diesem verschaffte der Löwe eine herrliche Mahlzeit, und ließ ihn gehen. Also geschieht es überall; der die Wahrheit redet, wird verhaßt, wer lügt, wird veracht, wer zu Allem kann als ein listiger Mann weiß nichts zu sagen, und auf beeden Seiten Wasser tragen, sich zeigen und neigen, sich g'stellen und stellen, als ob er nichts zu merken, von bösen Werken, der ist zu Hof bequem, und überall angenehm.

Nun höre mich an, wie gefalle ich dir? auf eine Lüge gehört eine Maultasche; aber ich will die Wahrheit sagen. Kommet her ihr Richter, Prokuratoren und Advokaten, höret an, was der heilige Prophet Isaias sagt! Es sind seine Wort: „Deine Fürsten sind Abtrünnige und Diebsgesellen, nehmen gerne Geschenk; sie trachten nach Gaben, den Waisen schaffen sie nicht Recht, und der Wittwen Sache kommt nicht vor sie," mit welchem übereinstimmen die Wort des heil. Isidori, da er spricht: „Wenn der Arme nichts mehr hat zu geben, so wird er nicht allein in dem Verhör versäumet, sondern auch wider alle Billigkeit und Recht unterdrücket." Ein schönes Lob! aber nur damit können verlangen, zu prangen, welche es trifft, solches verteufelte Gift. Wie sie dann auch in dem Buch der Weisheit die Wahrheit ziemlich hören, da der heilige Geist ihnen sagt: „Lernet ihr Richter auf Erden, nehmet zu Ohren, die ihr über viel herrschet, und euch erhebet über viel Völker; ihr seyd seines Reichs Amtleut; aber ihr führet euer Amt nicht wohl, und haltet kein Recht; und thuet nicht nach dem, was der Herr geordnet hat. Er wird gar gräulich und bald über euch kommen, und gar ein scharfes Gericht wird gehen über die Obern, und die Gewaltigen werden gewaltig gestraft werden."

Die Römer hatten ein Gesetz, so Lex Cinthia genennet, in welchem verboten, daß keiner einige Besoldung annehmen oder fordern sollte. Jetzunder ist es so weit gekommen, daß, wenn man dergleichen Herren nicht nach Begehren die Hände salbet, sie nicht wohl können beredet werden, die Sache vorzunehmen. Es heißt bei ihnen stets: „Non apparebis in conspectu meo vacuus, du sollst nicht leer vor mir erscheinen." Wer sein Recht vollenden und gut enden will, der muß von Smyrna seyn, und den Wagen wohl schmieren, nicht zwar mit einer Wagensalbe, sondern mit der gelben Erde, des Goldes. Ungeachtet die Gerechtigkeit durch das Gold geschwächet wird, wie denn Gott selbst Mosi vorgesagt: „Non accipies munera, quae etiam excoecant prudentes, et subvertunt verba justorum, du sollst kein Geschenk nehmen, denn Geschenk blendet die Weisen, und kehren um die Wort der Gerechten, sintemalen dergleichen geschenknehmende Richter seynd, im Gemeinen ihren Urtheiles ungerecht, indem sie große Laster zu mild oder zu scharf strafen. Haben auch nicht zwei Ohren, wie Alexander, welcher eines dem Kläger, und das andere dem Beklagten dargereichet, sondern urtheilen nach ihrem Wohlgefallen, halten die Sache auf, beschweren die Unschuldigen, helfen den Reichen, Bekannten und Vielvermögenden, unterdrücken die Armen, daß sie wohl ihren Lohn sollten gewinnen wie Cambysis, dem die Haut abgezogen, und andern zur Erinnerung ihres Amts über den Richt-Stuhl gespannt worden.

Philippus, König in Macedonien, hat gepflogen zu sagen, daß keine Stadt, noch Schloß so fest, daß es nicht könne überwunden werden, wenn nur ein Esel mit Gold beladen, mögte dazu kommen. Damit wollte er anzeigen, wie geschwind diejenigen, so Liebhaber der Reichthümer, können überwunden werden. Pecuniae obediunt omnia. Welches auch die Poeten in der Fabel der Danä oder Dianä andeuten wollen, da sie dichten, es habe Jupiter solche keusche Göttin nicht können zu seinem Willen bringen, bis er sich selbst in Gold verwandelt, und wie ein goldener Regen in ihre Schooß gefallen. Ist also kein Wunder, daß das Gold die Herzen der geizigen Richter und Advokaten also bezaubert, daß bei ihnen geschieht, was Ovidius beklagt, da er sagt:

Gut machet Ehr, Gut wird geacht,
Gut machet Freund, wer arm ist, wird veracht.

Denn der Armen Sach wird also langsam vorgenommen, bis sie ganz schab ab, und ihnen zu dem Grab wird das Requiem gesungen. Da sie sich gar wohl mit Moses beklagend könnten sprechen: „Inimici nostri sunt judice", daß die Liebhaber des Gelds und Feind der Armen ihre Richter seynd."

Dieses können auch verstehen die Vormunder und Gerhaber, welche zu Zeiten über ihre anvertrauten Haab und Güter lange Finger bekommen, da sie solches gern haben, und als ungetreue Vormunder ihnen das Ihrige vor dem Mund hinstehlen und berauben; denn der Gerhaber und Advokaten Gewissen seynd schier allezeit zerrissen, wie aber solche bestehen werden bei demjenigen, der richten wird die Lebendigen und Todten? Lasse ich sie darum worgen und sorgen.

Höre mich an, wie gefall ich dir? Die Kaufleut hören gerne neue Zeitungen. Nun so wird von Genua geschrieben, daß allda ein Kaufmann zu sagen pflegte, wer sich vor dem Teufel scheucht, wird nimmermehr bereicht. Eine Rede, welche bei vielen Kaufleuten wohl in Acht genommen wird. Wie denn solches längstens jener Weise vorgesehen, sprechend: Ein Kaufmann kann sich schwerlich hüten vor Unrecht, und ein Krämer vor Sünden. Die ganze Welt ist voll ihrer List, die Waaren falsch und voll Betrug, das Gewicht zu klein und leicht, Alles thut voll Ränk und Falschheit seyn. Dahero auch oftermal ganze Länder mit Theuerung beschwert, und die Waaren gesteigert, da man ihrer am meisten bedarf. Mit dem Gewicht wissen sie auch den Vortheil, werfen das Gewürz und andere Sachen in die Schaale, daß das Gewicht über sich schnappt, und flugs heraus damit; auch meinet mancher, er habe einen guten Ausschlag, bringet er es nach Haus, so hat er nicht ein geringes weniger als er bezahlt. Solche sollten wohl beherzigen die Wort des Apostels, die da wollen reich werden, fallen in Versuchung und Stricke des Teufels. Will geschweigen, daß zu Zeiten auch Menschenfleisch wird mitgewogen, und sollte man Alles nach Haus tragen, so das Gewicht gezogen, würden viel keine Finger mehr an der Hand haben, die verlegenen Waaren wissen sie mit den süßesten und betrüglichsten Worten aufzusatteln, damit sie Einen desto leichter übervortheilen mögen. Darum Horatius nicht unrecht davon schreibet:

Auf viel Verheißen trau ihm nicht,
  Du wirst sonst bald betrogen;
Und wann er sich schon hoch verpflicht,
  Ist doch das meist erlogen.
Glaub nicht zugleich den Worten glatt,
Denn wer viel redt, viel Lügen hat.

Non est in ore eorum veritas. Sonsten seynd sie auch wohl erfahren, die Mängel ihrer Waaren zu verbergen und zu verschweigen. Bald verschwören sie, diese Waare sey aus Neu-Indien, da sie doch nur ist von Altdorf in der Schweiz. Bald ist dieses Tuch von Hartfort aus England, schaut man es bei dem Licht, ist es von Locheren bei Holland. Jenes kommt aus der Türkei, da es doch nur ist von Verdun aus Campanien, und ist bisweilen schon oft verthun, zerfressen, zerrissen, zerbissen von Mäusen, daß es mehr von Meißen aus Sachsen seyn könnte, als von einem solchen entlegenen Ort. Auch geschieht gar oft, daß etwelche zu Luderburg ihre Wohnung erwählen, die durch ihr Luderleben fallit werden, und wie sie andere geängstiget, in größere Trübsal sich stecken. Ich will nicht sagen ohne Klagen, daß auch Kundschafter und Verräther damit unterlaufen, so ein ganzes Land ja Vaterland selbst dem Feind unterstehen zu verkaufen; aber wehe euch, da aller solcher Betrug wird müssen verantwortet werden bei demjenigen, der nicht betrogen werden kann. Und dieses können bemerken alle Handelsleute, Krämer und Tändler, wie auch die Dienstboten, welche zu Zeiten dasjenige, was sie eingekauft, ihrer Herrschaft viel theurer ansagen, und das Geld zurück behalten. Allein Spatiosa via est, quae ducit ad perditionem, et multi sunt, qui intrant per eam. Dieses ist der weite und breite Weg, welcher führet zu dem Verderben, und viel seynd, welche ihn gehen. Weil solches entfremdtes Geld den Zorn Gottes nach sich ziehet, und folglich, wenn sie es nicht wieder erstatten, die ewige Unglückseligkeit; Adducit iram et perditionem. Eccles. 23. v. 21.

Höre mich an, wie gefall ich dir? der Wirth ihr Kunst thut seyn, wohlfeil gern kaufen ein, und machen theure Zech. Ich geb es ihnen umsonst, sie wollen es nur mit geneigtem Willen annehmen. Die letztere Zeitung von Wahrburg meldet, daß unter den Wirthen viel betrügliche Gesellen gefunden werden, welche billig von Jedermann ein schlechtes Lob haben, als die sowohl Augen als Hände nicht auf Liebe, Ehr, Freundlichkeit und Nothdurft der Gäste, sondern allein dieselbige zu stutzen, den Beutel zu putzen, und auf Eigennutz gerichtet haben. Kein Treu noch Glauben, gilt bei ihnen mehr, die sich nicht fürchten sehr, öfters in einem Tag zu verschwören, so ist auch die grobe Höflichkeit und ungefüderte Freundlichkeit bei vielen zu verehren, besonders das essigsauere Angesicht der Frau Wirthin, die stockfischische Gravität des Herrn Wirthes, samt der tölpischen Holdseligkeit des Hausknechts. Dieses aber wäre noch wohl zu geduldẽn, allein das Wasser zu viel in Keller lauft, und wird der Wein zu sehr getauft, das Fleisch wird in den Schüsseln gewärmet, weil man sich erbarmet, daß es der unsaubern Köchin solle so oft durch die Händ gehen, die alten Braten, davon schon gefressen die Mäus und Ratten, werden aufs Neue mit Speck gespickt, damit der Gast erquickt, ungeachtet sie schon aufgesetzt worden. Die Pasteten seynd angefüllt mit verrecktem Geflügel, oder von dem Schinder-Waasen eingebeiztem Roßfleisch als rothes Wildpret, welches zu essen, man die Nase verhalten muß. Die Eier seynd schon mit Blut oder Jungen angefüllt, daß man wohl sagen könnte, wie jener Schwab zu einem Tyroler, welcher auch in einem Wirthshause ein so frisches Ey bekommen, da er sprach: „Nauseat super cibo isto levissimo, Geschwind und still, iß zu, sonst mußt du das Junge auch bezahlen.“ Mancher kriegt eine Krankheit von solchen unfläthigen Speisen, ohne Wissen der Ursach. Soll man endlich bezahlen, ist alles mit doppelter Kreide angeschrieben, welches aber ich sie will verantworten lassen, wenn sie von ihrer untreuen Wirthschaft müssen geben Rechenschaft dem allergerechtesten Gott. Will sich aber Einer beklagen ihrer Grobheit, so geschieht oft einem, daß er neben verzehrtem Geld mit verzerrtem und verrissenem Haar und Bart davon kommt, und seine Haut für geleerten Beutel mit Stößen angefüllet wird, auch nicht viel höflicher seynd mit ihm, als die Juden mit Christo dem Herrn, der, da er die Wahrheit gesagt, mit einem Backenstreich belästiget worden.

Ach, wie wunderbarlich und verborgen seynd die Urtheile Gottes! daß nicht gleich dieser unsinnige Knecht nach gegebenem Streich von dem Feuer verzehrt oder von der Erde verschlucket worden; indem doch Cham nur allein angesehen die Schaam seines Vaters, und wurde gestraft. Chore, Dathan und Abiron haben allein ihre Verwilligung und Beistimmung gegeben, und seynd gleich von der Erde verschlucket, lebendig der Höll zugefahren. Achitophel hat gesündiget allein mit Rath, und ist gleich in solcher Sünd gestorben. Aber dieser wüthende Löwe hatte nicht allein gesündiget mit Rath, sondern in der That selbst, und gehet ungestraft davon. Lang geborgt ist nicht geschenkt. Die Maaß der Sünden war annoch nicht voll. Denn wie der heilige Gregorius sagt: „Aus gerechtem Urtheil Gottes wird zu Zeiten zugelassen, daß die Schuld vermehrt werde, damit zu strafen, solche mehr überhäuft werde. Verwundert euch derowegen nicht, wertheste Herzen, daß solche Straf von dem gütigsten Gott ist aufgeschoben worden. Verwundert euch nicht, denn es kommet die Stund, in welcher Alle, die in den Gräbern sind, werden die Stimme Gottes hören, und es werden hervorgehen, die Gutes gethan haben, zu der Auferstehung des Lebens; die aber Böses gethan, zur Auferstehung des Gerichts, denn des Menschen Sohn wird in der Herrlichkeit seines Vaters kommen mit seinen Engeln, und alsdann wird er einem Jedem vergelten nach seinen Werken. Wird also die verdiente Strafe nicht ausbleiben, denn der Vater hat dem Sohn Macht gegeben, das Gericht zu halten, und das Urtheil zu fällen, über einen Jeglichen nach seinen Werken."

Zophyrus, damit er seinem König zu Gefallen, die Stadt Babylon erobern könnte, ließ sich selber die Nase abschneiden und an dem ganzen Leib verwunden, wie viel mehr sollen wir uns befleißen, dem höchsten König in Uebung allerhand Tugenden ohne einige Verletzung zu gefallen, je vielmehr die Freundschaft Gottes beständiger ist, als der Menschen. Pompejus war von seinem vertrautesten Freunde dem Ptolomäo enthauptet. Lucius Seneca war von seinem Lehrjünger dem Nerone umgebracht. Cicero ist von dem Julio Cäs. dem Marco zum Tod überantwortet worden; derselbige Julius Cäsar war von seinen besten Freunden Bruto und Cassio ermordet. Daraus abzunehmen, was seye gefallen den Menschen; da oftermals man viel sicherer lebet unter den öffentlichen Feinden, als bei verstellten Freunden.

Höre mich an, wie gefall ich dir? Si veritatem dico vobis, quare non creditis. Unter Dornen seynd oft die schönsten Rosen. Obwohlen vielleicht meine Wort in deinem Herzen seynd Dorn oder Schmerzen, so verhoffe ich doch, daß sie mehr werden tragen Rosen, als alles Liebkosen. Du befleißest dich, deinem Gegentheil zu gefallen auf das Höchste. O falsches Weibergeschlecht, wenig gerecht, sintemalen man lässet sich sehen, bei den Thüren, die Jugend zu verführen, und bei dem Fenster, wie die Nachtgespenster. Da zeiget man mit Händen, sich zu verpfänden, winket mit den Augen, die viel zur Unzucht taugen, spricht Jedermann freundlich zu der Ruh, lachet, ladet und bittet, daß man bei ihnen einkehre, die Zeit verspehre, und Gott die Herzensthür versperre. Da fehlt es an keinem Waschen, noch mit Wein gefüllten Flaschen, und dieweilen sie zu Zeiten stinken, sich schmieren und schminken, den Menschen zu gefallen. Und kommet oft eine Theuerung beides, in Weinstein und ungelöschten Kalk, daß sie nur gute Lauge haben, sich frisch und roth zu machen, obwohlen ihnen viel besser thäte taugen eine Zäherlaugen, zu beweinen ihre Sünd. Da hat man die besten und schönsten Spiegel, sich hinten und vorne zu besehen, unangesehen es viel sicherer wäre, wenn solche Frauen wären beflissen, sich zu beschauen in ihrem Gewissen. Da braucht man die köstlichsten und wohlriechendsten Wasser, dem Leib zu geben einen Geruch, indessen aber stinket die Seel von Lastern als ein faules Aas. Allein die Laus sollte man nicht in den Pelz setzen, sie kriechet ohnedas hinein. Eine Jungfrau, welche eine Jungfrau ist, soll sich nicht nur vor diesem Allem hüten, sondern solle auch beobachten, daß sie niemal mit einer Mannsperson allein oder öffentlich conversire ohne sondere Behutsamkeit. Thamar war eine ehrliche Jungfrau, und hätte sich keineswegs eingebildet, daß ihr Bruder Ammon die Ungebühr mit ihr pflegen sollte. Allein die Gelegenheit machet Dieb, darum sagt der Apostel: „Bonum est homini, mulierem non tangere."

Konstantinus M. hatte die Jungfrauen so hoch geachtet, daß er vermeinte, alle Ehrerbietungen in der ganzen Welt, ausgenommen die Anbetung, so allein

Gott gebühret, solle ihnen erzeiget werden. Ursach dessen vielleicht auch die Alten die Jungfrauen unter die zwölf Zeichen des himmlischen Thierkreises erhoben, wie der heil. Hieronymus gedenket, darum dieses hellstrahlende Kirchenlicht unweit angezogenen Ortes vermeldet: Diejenigen, so sich verheurathen, erfüllen das Erdreich, die Jungfrauen aber das Paradies. Wie solchem auch gar schön beistimmet, der honigsüßende Lehrer, sprechend: „Was ist doch schöner als die Keuschheit? welche die von unreinen Saamen empfangene rein, aus Feinden Freunde, und aus Menschen Engel machet?“ Und Hildebertus von Cenomann schreibet: „Die Jungfrauschaft ist eine Stille der Sorgen, ein Fried des Fleisches, eine Erlösung der Laster, eine Oberherrscherin der Tugenden, begabet mit dem Geruch englischer Gemeinschaft, welche singet ein neues Gesang, ein glückseliges Gesang, ein Gesang, das Niemand singen kann, als allein diejenigen, so mit den Weibern nicht beflecket seynd, denn die Jungfrauen sind jederzeit Gott sehr angenehm gewesen, also, daß er im alten Testament ihrer zu verschonen, befohlen, wie in dem Buch der Zahlen zu lesen. Wenn denn Gott in der Jungfrauschaft so großen Gefallen über alle andere Stände hat, warum sollen sich nicht auch die Jungfrauen befleißen, ihm über Alles zu gefallen?

Wenn ich recht gedenke, so erzählet Plinius, daß der Scorpion die Eigenschaft habe, daß er die wahren Jungfrauen viel schärfer steche, als die keine rechten Jungfrauen seynd. Also thut auch der höllische Scorpion mit seinen Versuchungen. Eine Schnecke, wenn sie angerührt wird, so ziehet sie sich in ihr Häuslein.

Die Hühner, wenn sie den Hennendieb sehen, so laufen sie in die Winkel. Die Tauben, so der Sperber kommt, verstecken sich in ihre Kobel. Die Kastanien, so ganz und unbeschnitten in das Feuer geworfen werden, geben einen Schnalzer oder springen aus dem Feuer, welches aber eine aufgeschnittene nicht thut. Also soll eine Jungfrau, welche mit der vollkommenen Reinigkeit bereichert seyn will, alle und jegliche Reden, die nicht auf ein gutes End angesehen sind, fliehen, und ihnen kein Gehör verstatten, denn dadurch wird sie die Reinigkeit unfehlbar erhalten; darum sagt Paulus: „Eine Unverheurathete oder Jungfer gedenket, was des Herrn ist, daß sie sey rein an dem Leib und in dem Geiste.

Vor wenig Jahren suchten die jungen Knaben, die Jungfrauen zu haben, aber jetzünder, verkehrtes Wunder, die Jungfrauen laufen und schnaufen, bis sie haben die jungen Knaben. Ach, werthestes Herz! betrachte aus solchem die folgende Sünd und Laster, auch alsdann ihren Lohn, welche dich in der Ewigkeit erwarten, so wirst du dich mehr befleißen, Gott zu gefallen, als den Menschen.

Ich habe selbst eine Person gekannt, vielleicht lebet sie annoch, deren Angesicht so zart, als wie eine geschabene Ochsenhaut, die Nase so vollkommen und groß, daß, als ein Priester sie einmal kommuniciren wollte, das Maul nicht hat sehen können, die Zähne so schneeweis, wie die verfaulten Zaunstecken. Die Stirn so glatt, wie die schweizerischen Bauernhosen. Welche kaum das Brod zu essen, gleichwohl als eine von Adel aufziehet. Ungeachtet dessen (wie das Wei=

bervolk so viel sich schätzet) hat diese einundvierzigjährige Metz einen Spiegel für vierundzwanzig Thaler gekauft, in welchem sie sich täglich ganze Stunden besichtiget, da sie doch so schändlich, daß alle Teufel vor ihr fliehen möchten, und deren gibt es noch viel. Wie häßlich sie auch seyn, viel sich bilden ein, denn sie vermeinen, wenn sie sich selbst gefallen, so könnten andere sie nicht hassen, aber sie betrügen sich gar sehr, sintemalen, indem sie solches bei sich selbst glauben, zeiget das ganze Ort mit Fingern auf sie: Ecce mulier, quae erat in civitate peccatrix. Siehe, wie diese daher pranget, wie eine Geiß an dem Strick, ihr Kopf ist vermascherirt, als ob sie in der Fastnacht gehe, sie trappt mit bloßen Brüsten herein, als ob sie eine Fleischhackerin seye, und Saufleisch feil habe, sie tünchet und schminket sich mit allerhand Sachen, wie ein Tüncher ein altes Haus, und trägt oft so vielfärbige Kleider, als wie die Narren bekleidet werden, von unterschiedlichen Flecken. Sage mir nun, wie gefall ich dir? ohne Zweifel schlecht, denn du auch wenig gerecht. Ehrenwerthes Frauenvolk bleibt im besten Respekt.

Es ist jetziger Zeit die gemeine Red: „Des Herrn sein Diener," oder: „ich bitte, er wolle mich in seinen Gnaden erhalten." Wem seynd wir doch mehr verbunden zu dienen, als dem allerhöchsten Gott? Warum sehen wir denn nicht, daß wir in seinen Gnaden verbleiben? Der heilige Paulus sagt: „Si hominibus placerem, servus Dei non essem; wenn ich den Menschen gefiele, wär ich kein Diener Gottes." Wie können wir also Gott gegen uns mit Liebe entzünden, wenn wir nur verlangen einzuholen das Belieben der

Menschen? Ein Diener, der seine Besoldung verbessern kann, verläßt seinen Herrn, und suchet einen andern. Unsere Besoldung können wir höher nicht bringen, als wenn wir unsern liebreichsten Heiland zu einem Herrn verlangen zu haben, welcher auch den mindesten Dienst tausendfältig belohnet. Gott ist unser Schuldner worden, sagt der heilige Augustinus, nicht, daß er was von uns empfangen, sondern daß er es nach seinem Wohlgefallen versprochen. Und Bernhardus, das Versprechen Gottes ist aus Barmherzigkeit, die Belohnung aber aus Gerechtigkeit. Ja nicht allein vergeltet er alle unsere Werke, sondern da wir gefallen in die Strafe der Sünden, nimmt er solche auf sich, und derohalben wird er in sein zartestes Angesicht geschlagen, nach der Weissagung des Propheten, um der Missethat willen meines Volks hab ich dich geschlagen. Warum sollen wir denn uns nicht befleißen, ihm zu gefallen, welcher uns mit so viel Gnaden überschüttet? derowegen lasset uns, ihm zu gefallen nichts versäumen, damit wir nicht etwa hören müssen, was er bei seinem Propheten sagt: Siehe, ich will mit dir rechten. Lasset uns seine Liebe gegen uns gewinnen, damit uns nicht zu Theil werde jener Spruch: „Ihr seyd nicht meine Schaafe, denn meine Schaafe hören meine Stimme. Derowegen ihr Verfluchten, gehet hin in das ewige Feuer!“

Wenn einer gedenket zu verreisen, und mit der Wohnung an ein anders fremdes Ort zu ziehen, so muß er vor allen Dingen die Gebräuche und Gewohnheiten desselbigen Landes ansehen und begreifen, damit er sich hernach desto füglicher und besser darein schicken oder richten könne; also auch, wer gedenket den Himmel zu bewohnen, der muß den Weg und Gebrauch desselbigen wohl beobachten. Die Weise aber und Gestalt, in diesem Orte zu leben, ist, daß man Gott in Reinigkeit liebe. Von solcher Wohnung stehet geschrieben, daß die Stadt Gottes sey von lauter Gold, gleich dem reinen Glas, und werde nichts Unreines hinein gehen, sondern allein die, so geschrieben seyn in dem Buch des Lebens des Lammes. Damit man aber Gott mehr gefalle, soll die Lieb mit der Demuth vereiniget seyn; denn das Feuer der reinen und göttlichen Liebe kann nicht besser verwahret und erhalten werden, als in der Asche der Demuth. Sintemal es eine schöne Vermischung ist der Liebe und Demuth in einer gottgefälligen Seel, in welcher die Demuth regieret und die Liebe triumphiret. Durch die Demuth unterwirft man sich, und die Liebe gewinnt die Neigung des gütigsten Gottes. Gott zu gefallen stehet dem Menschen zu, daß er sich ihm mit Allem übergebe, wie der heilige Bernhardus sagt: „Sicut bona mea non placent tibi, nisi mecum; ita dona tua non mihi sufficiunt, nisi tecum.

Indem sich aber ein Jeder dessen befleißet, solle meine Seel sich bemühen, anzustimmen einen klagvollen Gesang, zu bedauern denjenigen, dessen Angesicht mit einem Backenstreich entunehrt, und also als eine traurige Turteltaube zugleich einladen, alle verliebten und betrübten Zeiten, welche sich verlieben in jenen, in quem desiderant angeli prospicere, dessen Angesicht die himmlischen Geister zu sehen verlangen. Darum

I.

Ach Augensonn, des Herzens Brunn,
Die du mein Jesum liebest;
Bewerb dich sehr, daß du ein Meer
Der Zäher von dir schiebest.
Sein zartes Fleisch jungfräulich keusch
Wird durch ein Knecht geschlagen;
Doch dieses er geduldig sehr
Aus lauter Lieb thut tragen.

II.

Er hat sein Herz zu Pein und Schmerz
Zwar willig längst bereitet;
Darum zugleich bei solchem Streich
Ihn die Geduld begleitet.
Was du verschuldt, er mit Geduld
Zu deinem Nutz thut büssen;
Darumen ach! ein Zäherbach
Aus Gegenlieb thu fließen.

III.

Ein Zähergus, ein Thränenfluß
Laß gehen aus dein Augen;
Vor dein Schwachheit zu jeder Zeit,
Ganz süß dir werden taugen.
Die Lieb ertrinkt nicht, und versinkt
Nicht in den heißen Zähren;
Ein Thränendamm, die Liebesflamm
Thut erst da recht ernähren.

IV.

Dieß ist gewiß, glaub mir nur dieß,
Sonsten von vielen Klagen
Hätt' müssen ich, elendiglich
Schon längstens, ach! verzagen.

Allein die Brunst mit heißem Dunst
Die Zäher bald verschlucket,
Und auf das Glas, der Wasserstraß
Sie eilend nacher rucket.

V.

Dieß Trauerg'sang und Zähergang
Wird dir mehr Nutzen bringen,
Als alle Freud und Lustbarkeit
Der vielgeliebten Dingen.
Ach, wein nur fort, brauch auch nur Wort,
Jedem dein Leid zu sagen;
Gleichwie ihr Schall ein Nachtigall
Erfüllt mit Traur und Klagen.

VI.

Ach seh! wie ich ersuche dich,
Mit steter Bitt und Plagen,
Darum mir du, sollst dieses zu
Und nicht einmal versagen.
Laß laufen dann all Wasser an,
Was in dir ist verborgen,
Laß fließen sie, und ruhen nie,
Aufs Wenigst heut und morgen.

VII.

Zum Brunnen ach, dein Augen mach,
Damit die Zäherstraßen
Der Wellen Schwall und Thränenfall
Niemalen thu verlassen.
Ganz Wasserflüth von dir ausschütt,
Im Weinen thu verharren,
Bis jedes Aug ein Zäherlaug,
Schier gleichsam wollt erstarren.

VIII.

Denn wer wollt seyn, härter als Stein,
Die Zäher zu versagen?
Ein Marmor hart nach seiner Art
So gar thut Thränen tragen:
Er solche oft ganz unverhofft
Von Ihme häufig schwitzet.
Worinnen dann nicht Jedermann
Vor Jesu Zäher spritzet.

IX.

Ein großer Schmerz nimmt ein mein Herz,
Wenn ich dieß thu bedenken,
Und immerzu nach Jesu thu
Mein G'müth und Sinn hinlenken,
Ich dann auch gleich in Thränen reich,
Mitleidend ach zerfließe;
Und einen Bach vor solche Schmach,
So er empfängt, ausgieße.

X.

Er mit Geduld träget die Schuld
Der Welt und ihrer Kinder;
Er kraftlos steht, und büßend geht
Die Sünden aller Sünder,
Er matt und krank zur Würgebank
Sich wagt, veracht all Freuden,
Er Hohn und Spott bis in den Tod
Thut willig für uns leiden.

XI.

Leichtfertigkeit hat nur ihr Freud,
Weil sie kann ihren Willen,
An Jesu zart, gebunden hart,
Mit Stricken jetzt erfüllen.

Sie denkt schon dort nichts aus als Mord,
All's ist in lauter Lärmen,
Und Niemand hat bei solcher That
Mit Jesu ein Erbarmen.

XII.

Niemal verfahrt so wild und hart,
Ein Tiegerthier mit nichten,
Mit seinem Raub, wie wild und taub
Man es nur mag erdichten,
Kein Leopart, so wilder Art
Mir leicht wird vorgebildet;
Wie da erscheint der Juden Gmeind'
Aus Haß und Neid erwildet.

XIII.

Er vor uns büßt, als wann er müßt
Zu ein Schlachtopfer werden.
Die Juden seynd, als seine Feind
Vor ihm wild in Gebärden.
Die falsche Rott den großen Spott
Dem Jesu mein erweiset;
Den sonsten doch, im Himmel hoch
Die Schaar der Engel preiset.

XIV.

All's Falschheit war, das solche Schaar
Thut bei Gericht vorbringen,
Was sie da klagt, was sie da sagt
Allein dahin thut dringen,
Wie sie könn Ihn, falsch richten hin,
Und dem Tod übergeben.
Der doch da ist des Lebens Frist,
Ja aller Menschen Leben.

XV.

Wie kannst du doch so harte Joch
Ach, Jesu mein! ertragen?
Willst du allein derjenig seyn,
Von welchem man kann sagen:
Er hat die Schuld, doch ohne Schuld
Geduldiglich ertragen.
Und ganz unrecht von einem Knecht
Ins Ang'sicht wird geschlagen.

XVI.

Stets will ich dich, gleichwie du mich,
Mit Liebesarm umfassen,
Dich ich nicht hin aus meinem Sinn
Werd liebster Jesu lassen.
O Herzenslicht, wenn mein Herz bricht,
Sollst du dann mein Herz bleiben,
Ach höchster Ruhm, zum Eigenthum
Dir ich mich thu verschreiben.

XVII.

O Unverstand vermessener Hand,
Wie grausam thust du schlagen,
Hinab zur Höll, eilend und schnell,
Warum wirst nicht getragen?
Ach, der Geduld, der nichts verschuldt!
Und ohne Schuld that leben.
Dem wird da gleich ein Backenstreich
Auch ohne Schuld gegeben.

XVIII.

Ach, ach! wer kann es sehen an,
Und kein Mitleiden tragen?
Ach, komme her, betrübtes Heer,
Und dieses thu beklagen.

Empfang den Streich mit ihm zugleich,
Dein eig'ne Schuld thu büßen,
Vor welche Gott viel Schmach und Spott
Hat hier ausstehen müssen.

XIX.

Dein Sündenwuß zu solcher Buß
Hat ihm Ursach gegeben;
Weil du mit Schand in allerhand
Lastern geführt dein Leben.
Die Seufzer schieß, die Thränen gieß,
Werd aller Freud vergessen;
Und bei ihm dann dich klage an,
Die Schuld thu dir zumessen.

XX.

Du, du sollst seyn in solcher Pein,
Du hast die Sünd begangen,
Vor welche Gott leidt solchen Spott,
Vor welche er gefangen.
Du hast die Schuld, er mit Geduld
Doch thut die Straf empfangen;
Obwohlen dort an jenem Ort
Er wird ganz göttlich prangen.

Die Lieb erkennet man aus dem Leiden, welche Lieb erzeiget jener vortreffliche Liebhaber unserer Seelen in diesem seinen Schmerz, so sein göttlich Angesicht durch den Backenstreich empfunden. Darum gleicher Gestalt die gottliebende Seele solle entzündet seyn mit Lob gegen denjenigen, welcher sie geliebet, und annoch liebet, solle auch zugleich erzeigen, den in ihr verborgenen Pfeil der Liebe in dem Herzen, daß sie nicht weniger verwundet ist gegen ihr, denn was kann trostreichers seyn als verwundet werden von der Liebe, welche Gott ist. Deus charitas est, spricht der heilige Johannes, gleichwie auch der Apostel sagt: „Deus pacis et dilectionis erit vobiscum, Gott der Liebe und des Friedens wird mit euch seyn.“ Als wollten sie melden: Betiteln andere Gott nur einen Allmächtigen, einen starken Eiferer, groß und erschrecklich, und einen Gott alles Landes; so sagen wir, er sey die Lieb. Nennen ihn andere nur einen Gott alles Wissens, einen Herrn der Heerschaaren, und einen König der Götter und aller Gewalt; so sagen wir, er sey die Liebe. Loben ihn andere nur einen Herrn aller Herrn, einen Erlöser und Tröster aller derjenigen, die ihn ehren und anrufen, oder aber einen Richter der ganzen Welt, so sagen wir nur, Gott ist die Liebe, und zwar diejenige Lieb, wer in solcher bleibt, der bleibt in Gott, und Gott in ihm. Ach, eine vortreffliche Wunde, ein süßer Wunderstreit! durch welchen das Leben hineindringet, und sich selber durch die Zertheilung einen Eingang machet.

Von unserm ersten Vater Adam haben wir gelernet den Ungehorsam, von der Mutter Eva den Fraß, von Kain den Todtschlag, von den Hebräern die Abgötterei, von dem König David den Ehebruch, von Senacherib das Gotteslästern, und von dem Petro das Weinen; aber von Jesu lernen wir das Lieben, durch welches er sich zu einem Menschen, und uns hingegen zu einem Gott gemacht, darreichend sein allerschönstes Angesicht den Streichen.

Da David auf der Flucht vor Saul in der Wüste ganz ermattet, schickte er zu Nabal, einem Reichen selbigen Landes, um etwas Speis anzuhalten, alldieweilen er seiner Hirten und Schaaf ein Beschützer gewesen, war Nabal so undankbar, daß er ihm nicht allein nichts überschickte, sondern die von David abgeordneten Boten mit harten Worten angefahren, und gesagt: »Was soll ich meine Speis und Trank darreichen solchen verloffenen Leuten, die ich nicht weiß, woher sie seynd. Tollam ergo panes meos, aquas meas et carnes pecorum, et dabo viris, quos nescio, unde sint.« Abigail aber, da sie solches vernommen, hat sie ohne Wissen ihres Mannes genugsame Speisen zusammen gemacht, und ist David, der solche mit dem Schwert suchen wollte, entgegen gegangen, hat ihn solchergestalt versöhnet, daß er nicht allein befriediget worden, sondern auch sogar nach dem Tode ihres Mannes sie ihm vermählet.

Der Leib und Seel sind Nabal und Abigail; von diesem Nabal dem Leib begehret der allerhöchste Gott zu Zeiten eine kleine Erquickung; deliciae meae esse cum filiis hominum, und verlanget nichts anders, als nur allein das Herz: Praebe mihi cor tuum, welches sich durch böse Neigungen ausgießet in die Lust und Ergötzlichkeit. Aber der närrische Leib, ganz ersoffen in den Wollüsten dieser Welt, redet, als wie einer, der von der Erde ist, und schlägt solches gänzlich ab: Ubi thesaurus tuus, ibi et cor tuum, nicht betrachtend, daß alles dem Erschaffer einig und allein zugehöre; also daß Gott nicht unbillig zu dem billigsten Zorn bewegt wird. Solches aber vermerkend, solle die Seel, als eine weise Abigail, dem erzürnten göttlichen David Christo Jesu, der in der Wüste dieser Welt sie d das Ihrige so oft beschützet und mit seinem Blut fochten, in demüthiger Lieb entgegen gehen, vor in wahrer reuevollen Bußfertigkeit zu Füßen fal- und um Verzeihung bitten. Aufer iniquitatem ulae tuae, so wird es geschehen, daß sie ihn nicht in versöhnet, sondern wird sie widerum zu Gnaden fnehmen, und nach dem zeitlichen Tod des Leibes in ewiger Glückseligkeit vermählen. Derowegen zu wünschen wäre es, daß wir ihn verehreten als en Herrn, liebeten als einen Vater, umfasseten ihn einen Bräutigam, fürchteten als einen Richter, anbeteten als einen wahren Gott mit allen himm- en Geistern.

Das 15. Kapitel.

Was wohl verwahrt,
Man stehlet hart.

Es meldet die göttliche Schrift, daß Jesus unden zu dem Hohenpriester Caiphas gesandt den; die andern Hohenpriester aber und der gan- Rath suchten falsche Zeugnisse. Die Unschuld d gedrückt, aber nicht unterdrückt, und obwohl es Zeiten das Ansehen gewinnet, als wenn das alles spähende Aug Gottes in unsern Widerwärtigkeiten eschlossen sey. Gleichwie Christus schlief in dem ifflein seiner Jünger unter den sausenden und brau-

senden Wellen
nur darum, au
wachte. Es ist
man Böses ge
lige Straf auf
sie zu nichts,
mit Geduld ü
König ermähl
salvare nos p
können? und
es nicht: Ille
heit erscheine
jedannoch mach
Schmähreden un
so von uns übel
welche uns ein
unsere ärgsten
man übel von
Es ist besser,
als jemals na
wird durch ebe
zu verschwärze
blühen, ein
von der Schä
gleitet, nicht
Ungeachtet
mit dem schä
behalten. D
von dem L
kleinerung
finden,

senden Wellen des Meers, so geschieht doch solches nur darum, auf daß die Unschuld desto mehr hervor leuchte. Es ist zwar besser, darum leiden, als daß man Böses gethan hat; denn diesseits erfolgt die billige Straf auf begangene Uebelthat, aber jenseits kann sie zu nichts, als zu Ehren gelangen, denen, die sie mit Geduld übertragen. Als Saul zum israelitischen König erwählt wurde, sagten die Kinder Belial: Num salvare nos poterit iste: was wird dieser uns erlösen können? und haben ihn veracht. Aber Saul achtete es nicht: Ille vero dissimulabat se audire. Die Wahrheit erscheine gleich geschwind oder langsam hervor; jedannoch macht sie denjenigen berühmt, der unbillige Schmähreden und Gewalt herzhaft überstanden. Die so von uns übel reden, seynd nicht gleich diejenige, welche uns am meisten schaden. Wir sind es, die wir unsere ärgsten Feind selber seynd. Es ist besser, daß man übel von uns rede, als daß wir Uebel begehen. Es ist besser, den Namen eines Unschuldigen verlieren, als jemals nachlassen, unschuldig zu seyn. Die Ehr wird durch eben dasselbige, durch welches man einen zu verschwärzen gedenkt, auf das Neue grünen und blühen, ein Herz, das mit Tugenden grünet, kann von der Schärfe, welche das Schwerdt der Zunge begleitet, nicht verletzt werden.

Ungeachtet dessen findet man doch gar wenig, welche mit dem schändlichen Laster der Ehrabschneidung nicht behaftet. Derowegen der heil. Chrysostomus schreibet: von dem Laster eines freventlichen Urtheils und Verkleinerung wird man nicht bald einen Menschen befreit finden, sowohl von denjenigen, welche ihr Leben in einem geistlichen Stande zubringen, als die es in der Welt verzehren, welches ein lustiges Panquet des leidigen Teufels ist. Derohalben Bernhardus sagt: „Nachdem ihr untereinander zusammen kommet, so verkostet ihr nicht das göttliche Abendmahl, sondern vielmehr trinket ihr den Kelch des Satans, da ihr einander zubringet das Gift der Ehrabschneidung, und durch die Ohren der andern zu dem Herzen genommen wird. Nicht allein aber bemakelt sich derjenige, so solches Laster begehet, sondern auch derjenige, welcher solches mit einem Wohlgefallen anhöret, oder solches nicht verhindert, der doch Amts halber solches zu verhindern schuldig ist. Die Ehrabschneidung geschieht nicht nur da, wenn einem die Ehre falscher Weis' benommen wird, sondern auch, wann ein Laster einer Person entdecket wird, welches annoch nicht offenbar, auch solches nicht zu verbessern weiß oder schuldig ist; und obschon dieses Laster mit dem Diebstahl in dem übereinkommt, da das Entnommene wiederum muß zurückgegeben werden, ist es doch viel eine größere Sünd als der Diebstahl, weil die Ehr und guter Name die Reichthümer weit übertrifft nach den salomonischen Sprichwörtern: Es ist besser ein guter Name als viel Reichthum. Unangesehen dessen findet man so viel diesem Laster ergeben, welche schwerlich dazu zu bringen, daß sie die entnommene Ehre zurückstellen, indem doch solches nach Lehr aller Theologen geschehen muß, zur Vermeidung der ewigen Straf.

Aristoteles sagt, daß des Menschen Zung gegen alle andere Gliedmassen des ganzen Leibes ein kleines und geringes Ding sey, welches die Natur also klein zusammen gezogen und in dem Mund versteckt, daml anzuzeigen, daß man es selten solle entblößen und au seinem Lager heraus gehen lassen.

Bias, welcher einer aus den sieben Weisen i Griechenland gewesen, pflegte zu sagen, daß die Na tur die Zung mit einer doppelten Thür und Pfort habe verwahret, nämlich mit den Lippen und Zähne auf daß sie sich nicht leichtlich sehen lasse. Gleichwi aber eine Festung in Gefahr stehet, wenn sie bei de Porte nicht wohl versichert ist, also an keinem O des Leibs thut das Leben und der Tod gefährlich seyn, als in dem Mund und der Zunge. Denn we sie beide ihre Thor allzeit offen haben, so kann da Leben hinaus gehen ohne einiges Reden, und der To hinein ohne einiges Rufen. Soll derowegen derjenig welcher den Tod fürchtet und gern lang leben wollt gute Achtung geben auf seine Zung; denn es kan sich sonsten begeben, daß er nicht wüßte zu leber noch auch vermerke, woher ihm der Tod komme darum sagt der weise Mann: „Wer seinen Mnnd be wahrt, der bewahrt seine Seele.“

Es schreibet Plato von den Egyptiern, daß si in ihren Schulen eine Zunge gemalt gehabt, welch mit einem Messer in zwei Theile getheilt gewesen damit sie haben wollen anzeigen, daß die Mensche das überflüssige und nothwendige Geschwätz sollten be schneiden und sich vor demselbigen hüten.

Ein mir wohlbekannter Geistlicher saß auf ein Zeit bei einer vortrefflichen Gasterei, und da er di ganze Mahlzeit durch kein einziges Wort verlor, wurd er von seinem Nachbarn gefragt, warum er so still schweige, hat er geantwortet, daß die Natur zwar dem Menschen die Rede gegeben, die Erwählung aber der Zeit, wann und was man reden solle, komme allein von einem klugen Verstand. Verständig soll man allzeit reden, besonders vor dem gemeinen Volk, welches ist ein blindes Thier, so sich leichtlich, wohin es durch das Geschrei geleitet wird, führen, und sich eine Sache, die von übler Nachred ausgebracht und für wahr eingeblasen worden, schwerlich aus dem Gemüth und Zunge reissen läßt. Malus obedit linguae iniquae, et fallax obtemperat labiis mendacibus. Ein Böser ist gehorsam einer bösen Zunge, und ein Falscher gehorchet den lügenhaften Lefzen. Zu fremden Lastern haben wir Augen so scharf wie ein Luchs; aber unsere eigenen Sünden zu sehen, sind wir wie ein Maulwurf. Der Unverschämtheit kann sich nichts widersetzen, denn sie ist wie ein Fluß, welcher die Felsen der Tugend, so gegen seine Ungestümigkeit gesetzt seynd, selbst zersprengt und mit sich reisset. Derowegen nolite multiplicare sublimia gloriantes, recedant vetera de ore vestro. Was schon geschehen ist, soll von keinem Mund hervorgehen, denn es sehr schändlich, sich durch Offenbarung des Nächsten Untugenden zu rühmen; vielmehr sollen die alten Ding von dem Mund also abweichen, daß sie niemal mehr gehört werden. Wer nicht weiß, ohne Ehrabschneidung und verständig zu reden, der befleiße sich, demüthig und schamhaftig zu schweigen, nach der Lehr Salomon: Ein Narr, wenn er schweigt, wird für weise gehalten.

Ein übel nachredender Mensch ist wie eine Spinne, sintemalen wie die Spinnen den guten Saft in Gift verwandeln, also macht er den guten Werken ein übles Aussehen, und macht durch seine falsche Ausdeutung, daß sie für bös gehalten werden. Doch geschieht es auch zu Zeiten, daß eine böse verläumderische Zunge einen andern warnet, wie Philippus, König in Macedonien, gethan, sagend von dem Verläumder Nicanore; denn als man ihm anzeigte, wie gemeldter Nicanor so schimpflich und übel von ihm rede, gab er zur Antwort: »Nicanor vermeint es nicht bös, sondern will mich auf solche Weis' anmahnen, wie ich mich verhalten solle, ungeachtet ein solcher wohl könnte betrachten, was Seneca sagt: »Die Red ist ein Bild des Menschen; wie der Mann, also auch seine Rede.«

Es bezeuget der heilige Augustinus, daß ein Volk sey, welches mit keinem Mund begabt, sondern den Athem durch die Nase ziehe, und auf solche Weis' das Leben erhalte. Glückselig wäre bei solchen zu wohnen, wenn sie in unsern Landen gefunden würden, damit man den falschen Zungen und bösen Mäulern entgehen könnte, deren man so viel erfahren von Anbeginn der Welt, daß man mehr als gar zu viel angetroffen; unter welchen so ruhig zu sitzen, als unter Ameisenhaufen, und solches hat Christus, die Unschuld selbst, erfahren und anhören müssen, da wider ihm falsche Zeugen sind aufgestanden; aber die Wahrheit hat ihr selbst gelogen. Inzwischen wollten sie dennoch ihn auf allerhand Weis' unter dem Schein des Gerichtes in das Verderben stürzen, insidias suas tribunalis schemate palliantes. O höllenmäßiger Frevel! o lasterhaftige Bosheit!

Der heilige Markus sagt, man habe Christum

gekreuziget um drei Uhr, und der heilige Matthäus meldet, er sey um sechs Uhr an das Kreuz geschlagen worden, diese unterschiedlichen Stunden seynd also meines Gedunkens zu verstehen, daß die Juden den geliebtesten Heiland von dem Pilato um drei Uhr begehrten zu kreuzigen, doch aber solches erst um sechs Uhr vollzogen, als daß sie eine Stunde ihn haben gekreuziget mit der Zunge, und in der andern sechsten Stund mit den Werken; mit der Zunge haben sie viele falsche Zeugen vorgebracht, mit der Zunge haben sie seine Lehre verachtet, und mit der Zunge haben sie sein Herz verwundet; daß also leichtlich abzunehmen, daß wir uns mehrer haben zu fürchten vor den Zungen der Bösen, als vor dem Schwerdt und Gewalt der Frommen.

Wollte Gott, daß man jetziger Zeit nicht auch dergleichen Gericht verspüren müßte! allein leider es ist zu beklagen, weil die Welt in solche Bosheit gerathen, daß man nicht viel mehr achtet der Gerechtigkeit, sondern vielmehr ansieht die Personen ohne Recht, darum jener Brillenmacher sehr wohl gesagt, als er gefragt wurde, warum er betteln gehe, geantwortet, weil das Brillenhandwerk nicht mehr gilt, denn die Leute sehen jetzt mehr durch die Finger, als durch die Brillen, aber nur welchem man will. Ungeachtet es doch hoch verboten, indem der höchste Gesetzgeber befohlen: »Du sollst kein unrechtes Urtheil fällen, du sollst die Person des Armen nicht ansehen, noch ehren das Angesicht des Gewaltigen; gib deinem Nächsten ein gerechtes Urtheil.« Was thust du also, o Caiphas! daß du die bekannten falschen Zeugen lässest vorkommen und selbige anhörest? hast du denn die Waag und das Schwerdt der Gerechtigkeit verloren, daß du nicht erwägen kannst die Unschuld vor den Lastern, oder die Falschheit vor der Wahrheit weißt zu unterscheiden? hat denn jenes schöne Tugendbild der Justiz den Flor oder Schleier seines Angesichtes bei dir verlassen, daß du mehr ansiehest die Juden als der Juden König? oder ist dein Verstand also in ihn eingewickelt, daß du denselben nicht kannst empor schwingen? Gleich mit gleich gesellt sich gern. Caiphas war nicht besser als die Juden, der Richter nicht frömmer als die Anklagenden, der Schriftgelehrte nicht wahrhafter, als die falschen Zeugen; denn den Vogel kennt man an dem Gesang und die Glocken am Klang. Was aber kann rein gemacht werden von einem Unreinen? was wahrhaftes kann von einem Lügenhaften geredet werden? Dannenhero weil Caiphas vermerkte, daß die Zeugnisse nicht übereinstimmten, auch Christus zu keinem ihm vorgehaltenen sich verantworten wollte, so stand er auf, und sprach mit zorniger Stimme: „antwortest du nichts zu diesen Dingen, die diese wider dich zeugen? O unverständiger Schriftgelehrter! ist's nicht nur zu viel, daß du zulässest solche falsche Zeugen, ohne daß du selbst ihnen beistimmest? Weißt du nicht, was die Schrift sagt: „Mein Sohn! wandle nicht mit ihnen, halte deinen Fuß zurück von ihren Wegen, denn ihre Füße laufen zum Bösen, und sie eilen, Blut zu vergießen." Aber der Mensch, da er in Ehren war, hat es nicht verstanden, er hat sich gehalten wie ein unvernünftiges Thier, und ist ihnen gleich worden; unangesehen Jesum ein Ochs für seinen Besitzer, und einen Esel für seinen Herrn in der Krippe erkennet hat. Daher der geliebte Heiland, weil er seinen Unverstand wohl vermerkte, gab ihm keine andere Antwort, sondern war wie ein Tauber, der nicht hört und seinen Mund nicht aufthut, uns zu unterweisen, wie wir ganz großmüthig die Ehrabschneidungen übertragen sollen. Derselbe aber ist großmüthig und edel, welcher gleich den großen Thieren das Bellen der kleinen Hündlein nicht achtet. Hiob mußte von seinen Freunden unterschiedliche Schmähworte anhören, allein er achtete es nicht, sondern sprach nur: „siehe! mein Zeuge ist im Himmel.“ Gar wohl; denn wer seines Lebens in dem Himmel Zeugen hat, solle die Urtheile der Menschen auf Erden nicht achten, dieweil, wer sich auf Lügen verläßt, der nährt den Wind.

Ein Richter, der die Gerechtigkeit recht üben und ein Diener derselben seyn will, der übe die Gerechtigkeit über sich selbst: Non valde attendas, quid homo faciat, sed quid, cum facit, aspiciat. Denn ein guter Richter soll mit dem gerechten Stabe seines Lebens das gemeine Wesen messen, auch welcher bei den Menschen bestehen will als ein Gerechter und bei Gott als ein Vollkommener, der sey nicht vermessen in seinem Amt; das Amt aber eines gerechten Richters ist, daß er vertheidige den gemeinen Nutzen, so für die Unschuldigen, übertrage die Unweisen, helfe den Armen, widerstrebe den Geizigen, bezwinge die Ungehorsamen, und einem Jeden gebe, was ihm gebührt; de fructibus eorum cognoscetis eos. Allein man höret wohl viel, welche sich rühmen, wie viel sie haben lassen henken, köpfen, viertheilen, verbrennen und spießen; recht, die Laster müssen bestraft werden; aber wo sind diejenigen, welche in Wahrheit sagen können, wie viele Gefangene sie haben erlöst, wie viel Waisen sie ausgeheirathet, oder wie viel armen Knaben sie haben aufgeholfen? Eine schöne Figur stellet uns vor die heilige Schrift an dem starken Simson; denn als seine ärgsten Feinde, die Philister, durch Verrathung Dalilä, ihn gefangen hinweg geführt, haben sie ihm die Haar abgeschnitten, an den Augen verblendet, und an die Handmühl gespannt, nachmals in das Haus Dagon, ihres Gottes, geschleppt, daß er vor ihnen spielte. Was aber für ein Spiel spielte Samson? Man erdenket unterschiedliche Spiele, als Ritterspiel, Freudenspiel, Trauerspiel, Verspott=, Vexier=, Würfel=, Bret= und Saitenspiel, auch dergleichen viel andere mehr; denn manches Spiel ist für die Sehenden gemacht, manches für die Blinden.

Weil nun jetzunder Meldung geschieht von dem Spielen, möchte ich wohl wissen, was in solchen Bemühungen für Kurzweil? ich vermerke bei keinem Spiel einen Gewinn oder Nutzen, ausgenommen beim Kartenspiel. Denn in dem Turnier und Ritterspiel haben also gespielet viel, daß sie das Pferd oder Glied am eigenen Leib verloren, und Ritter zu Fuß nach Haus kommen, oder die Sporn im Kopf getragen. Im Freudenspiel haben sich viele also ergötzet, daß sie ihre Seel und Leib in die größte Gefahr gesetzt, und nach geringer Freud erwarben schweres Leid. In Trauerspielen kann man keine Freude sehen, weil alles thut traurig hergehen. Im Vexier= und Spottspiel ist man öfters in Harnisch und Ernst gekommen, und wenig

Freud eingenommen. In dem Würfelspiel ist Nutzen nicht viel, besonders wenn man auf der Trommel sein Leben verspielt. Im Bretspiel ist wenig Ehr einzuholen, denn auch Fürsten und Grafen zu Schuster oder Schneider werden.

In dem Saitenspiel möchte wohl eine Erquickung seyn, aber auch oft beim besten Tanz bleibt nicht eine Saite ganz. Allein die Karte bringt Nutzen, aber wessen Arten sind die Karten? Vielleicht ein Neuner, welchen du kannst für Alles brauchen? Nein, denn was zu Jedem kann gebraucht werden, hält man in ringer Ehr. Vielleicht eine Sau? auch nicht, denn viel mit Säuen umgehen, thun auch nicht sauber bestehen. Vielleicht einen Kavall? auch nicht, denn viel mit dem Kavall gestürzet und den Hals gebrochen. Vielleicht einen König? dieses ging hin, wenn er nicht einen Gewinn oder königliche Schenkung mit sich brächte; allein der Schenker ist gestorben. Vielleicht der Schellen-Bub? auch nicht, denn die Schellen bald Jeden verrathen. Wessen Arten sind denn die Karten? ich sag es kurz, der Kreuz-Bub und Kreuz-Damen, die g'winnen Alles zusammen. Ich will sagen, diejenigen seynd die besten Spieler und reichsten Gewinner, es sey gleich, eine Manns- oder Weibsperson, die mit dem Kreuz, welches ihnen Gott zuschicket, in geduldiger Uebertragung also wissen zu spielen, daß sie den Schatz der himmlischen Freuden gewinnen. Die Schellen gehört dem Narren, die Schaufel zu dem Karren, die Eichel für die Sauen, der Eckstein zu dem Bauen, das Herz für die Soldaten, das Laub für große Thaten; aber das Kreuz gehört einem jeden Christen, dessen sich Keiner soll entschlagen, denn es bringt keinen schlechten Gewinn, sondern die höchste Seligkeit.

Was Samson für ein Spiel gespielet, ist leicht zu erachten. Ein blinder Mann, ein armer Mann, also vermeinen etliche, daß, weil Samson seiner Augen seye beraubt worden, haben die Philister ihn nach Weis der Blinden an die Wänd und Säulen gestoßen, auch auf vielerlei Weise geschlagen und gespottet.

Christus Jesus, der wahre Samson, nachdem er gefangen und gebunden hinweg geführet worden, mußte vielmehr Schand und Schmachworte einnehmen, denn obwohlen sie ihn seiner Augen nicht beraubet, haben sie ihm doch solche mit einem schändlichen Tuch bedecket, sie stießen ihn zwar nicht an die Wand, aber gleichwohl schlugen sie ihn mit vielen Stricken und Prügeln; sie haben ihm zwar die Haar nicht abgeschnitten, aber gleichwohl haben sie ihm solche mit großem Schmerzen samt dem Bart ausgeraufet, sein Angesicht mit stinkendem Speichel besudelt, und mit allerhand Gotteslästerung beschweret.

Warum aber Gott sein so holdseliges Angesicht hat verbinden lassen wollen, möchte vielleicht wohl eine Ursach seyn, alldieweilen der Wohlstand des menschlichen Lebens bei freundlicher Erhellung des göttlichen Angesichts, wie eine schöne Blum bei mildem Sonnenschein grünet und aufgehet, wie der königliche Harfenist singet: „Laetificabis eum cum gaudio in vultu tuo, du wirst den Menschen fröhlich machen mit deinem Angesicht.“ Ostende faciem tuam et salvi erimus. Laß uns dein Angesicht erscheinen, so werden wir genesen und selig werden. Woraus erscheinet, daß die

Glückseligkeit des Menschen der Erstrahlung des göttlichen Angesichtes zugemessen werde, die von der, als gleichsam das Licht von der Sonne herkommet. Wenn wir aber sündigen, und durch die Sünde uns von Gott abwenden, so wendet Gott sein Angesicht auch von uns, und wir werden mit allerhand Trübseligkeiten überschüttet, denn wenn das Unglück mit uns den Meister spielet, ist es eben so viel, als ob Gott sein Angesicht vor uns verdeckte, wie solches Hiob bezeuget: Cur faciem tuam abscondis, et arbitraris me inimicum tuum? Warum verbirgst du, o Herr, dein Angesicht, und hältst mich für deinen Feind? Aus welchen Worten erhellet, daß Hiob die Ursach seines Unglücks und seiner Mühseligkeit dahin ziehe, weil Gott sein Angesicht vor ihm verborgen und verhüllet hatte.

Es erzählet Plinius, daß in Afrika etliche Geschlechter gefunden werden, welche die andern Menschen mit der Stimm und Zung bezaubern, daß nemlich, wenn sie einen Baum von wegen seiner Schöne, die Frucht auf dem Acker, ein Pferd oder sonsten ein Thier, auch einen Menschen loben, so sterben sie alsobald, oder fangen zum Wenigsten an, zu verdorren, oder werden tödtlich krank. Nicht ungleich waren die Zungen der Juden, welche durch ihr giftiges Ausspeien der Unwahrheit nicht allein suchten das Verderben, sondern auch den Tod Christi.

Der Saffran sprosset alsdann nur viel schöner, wie Plinius meldet, wenn er mit Füßen wird zu Boden getreten; die Rose glänzet in verwunderlicher Schönheit hervor mitten unter den Dörnern; die ausgedorrten Felder und die vom Himmel entbrannte Erde in den heißen Sommertagen, werden durch die feuchten Regen wieder erfröhlichet. Also eine menschliche Seel, die durch die Laster ganz verdorret, wird durch die Regengüß der Schmach und Lästerwort erfrischet, scheinet als eine annehmliche durch den Purpur der Schamhaftigkeit bei Erhellung der Unschuld nur glänzender, aus den Dörnern der Verläumdung hervor, und je mehr sie unterdrückt wird, desto mehr schwinget sie sich empor.

Mancher Mensch gedenket, wenn nur andere Leut nicht wissen, was er für ein Schelm sey, und was er für saubere Stücklein die Tag seines Lebens getrieben, so sey es schon recht. Es ist jetziger Zeit der Welt Weise, daß man oft die allerärgsten Schelmen für die ehrlichsten Männer respektiren muß, wenn sie schon gleich ein Brandmahl in dem Gewissen haben, und ihr Lebtag nichts Gutes gestiftet haben. Aber was die Menschen nicht wissen oder zum Wenigsten vermeinen, daß man es nicht wisse, das weiß Gott. Und wollte Gott, daß sie gedächten, Gott sehe, höre und wüßte Alles, ob es ihnen schon vor den Menschen verborgen zu seyn gedunket, so würden sie ja zweifelsfrei nicht so frech, so sicher und verwegen zu dem Sündigen seyn, sich nicht so einbildisch und schönscheinend stellen, sondern sich vor diesem hellklaren Aug und leisen Ohr desto besser scheuen, so oft sie eine Winkelsünd begehen, oder heimlich die Ehr abschneiden, als wie die Juden Christo öffentlich gethan.

Wo bist du, Mitleiden tragendes Gemüth? wo bist du? mache dich herbei, und nimm wahr, wie der allersüßeste Jesus leidet so große Schmach und Qual. Beherzige, wie für deine überflüssige und durch die

Kunst gemachte, höchst schändliche Zierd deines Mundes und Lippen er wird verspeiet! Ach, erwäge, wie für deine gar zu große Begierd, welche du trägst, dein eigen Lob anzuhören, erschallen die allerschmachvollsten Reden in seinen Ohren! Betrachte, wie für deine gar zu frechen Augen werden die Seinigen mit einem wüsten Fetzen verbunden! Gedenke, wie für deinen so eigensinnigen Ochsenkopf der seine mit vielen Streichen werde belästiget. Derowegen, weil solches geschieht wegen dir, so eile du desgleichen zu ihm auf den Altar in den Tabernackel. Bereue alle deine Sünd und Laster, und da du solches verrichtest, will ich mit kläglicher Stimm meinen Jesum, der von den Juden viel erleidet, bedauern.

I.

Wer kann sagen,
Mit was Plagen
Werd geplagt der Liebe mein?
Wer wird können
Ihn ernennen
Für ein Spiegel mackelrein?
Man wird sagen,
Das Verjagen
Sey in seinem Angesicht,
Schönstes Prangen
Rother Wangen,
Die da nunmehr glänzen nicht.

II.

Ganz verblichen
Und entwichen
Ist das schönste Purpurfeld,

Wie die Rosen
Mit Liebkosen
Hatten ihren Sitz bestellt,
Jetzt bedecken
Und beflecken
Solches viel der Speichel wild,
Wer wird können
Es dann nennen
Der Schönheit kunstreiches Bild?

III.

Schönste Wangen,
Die gefangen,
Bald empfangen viel der Streich,
Welchen sonsten,
Doch umsonsten,
Wollt oft Flora werden gleich.
Was vor Arten
In dem Garten
Schöner Blumen wird gedenkt,
Wahrlich keine
Wie ich meine,
Also schön die Flora schenkt.

IV.

Nicht wird haben
Solche Gaben
Ein wohl zugerichter Gart,
Wo zu finden
Und zu binden
So viel Blumen schönster Art,
Die gemalet
Und bestrahlet,
Phöbus mit den Strahlen sein,

Wann zu morgen
Er verborgen
Bald sich stellet wieder ein.

V.

Dennoch aber
Ach, Liebhaber
Jesu! der die schönste Blum,
Dessen Wangen
Mehrer prangen
Als ein Blum des größten Ruhm.
Diese müssen
Da einbüßen,
Durch die Schärfe harter Streich,
Die geführte
Blumenzierde
Bald verwelken hier zugleich.

VI.

Wie die Sonnen,
Die thut wohnen
An dem blau gesternten Zelt,
Alles malet
Und bestrahlet.
Was in sich begreift die Welt.
Und die Sternen,
Die von Fernen
Zieren schön das Firmament,
Also werden
Auch auf Erden
Sonst die Augen schön genennt.

VII.

Sie bestrahlen
Ja zumalen
Jenes schöne Purpur-Bett.

Wo die Wangen
Röthlicht prangen,
Mit den Rosen in die Wett,
Sie all's zieren,
Und da führen
Hin und wieder ihren Glanz,
Als ob wollten
Oder sollten
Sie anführen einen Tanz.

VIII.

Nun bedecket
Und beflecket
Aber solche Strahlen sind,
Ja die g'wesne
Auserlesne
Klarheit, jetzt verderbt man find;
Denn mit Sorgen
Läßt man morgen
Ganz verhaßt den armen Mann,
Ist verlassen
Auf der Gassen,
Weil er nicht mehr sehen kann.

IX.

Große Schmerzen
Seynd dem Herzen
Dazu mangelt das Gesicht,
Augen haben,
Ihre Gaben
Aber dürfen brauchen nicht,
Besser taugen
Thut den Augen,
Sehen nach zulaßner Frohn,

Als verbunden
So viel Stunden,
Und nicht sehen Sonn und Monn.

X.

Der wird sollen
Und wird wollen
Alles recht wohl spähen aus;
Wenn die Wachten
Bei den Nachten
Ihm obliegt beym Schilder-Haus;
Wenn entgegen
Ohn Bewegen
Ihm das Aug verhüllet ist,
Wird nicht sehen
Er hergehen
Seinen Feind, noch dessen List.

XI.

In dem Gehen
Wird ausstehen
Viel Gefahr ein blinder Mann,
Wenn ohn Leitung
Und Begleitung
Er ein Straß wird treten an.
Mit beyd Händen
Er an Wänden
Suchet zwar gebahnten Weg,
Doch thut irren
Und verwirren
Oft er bei entwichnem Steg.

XII.

Wann indessen
Er vermessen
Weiter sich wollt wagen fort,

Voller Schrecken
An all'n Ecken
Suchet er ein sicher Ort,
Ja zu Zeiten
Fort zu leiten
Wird ein Hündlein müssen ihn,
Weil er gehet
Und nicht stehet,
Gehet, und weiß nicht wohin.

XIII.

Von den Knaben
Wird er haben
Oft viel Spott und Ungemach,
Doch zu rächen
Er befrechen
Kann sich nicht die g'ringste Schmach,
Auch beineben
Thut man geben
Ihm viel Stöß und harte Streich,
Die empfangen
Bald die Wangen,
Bald der Rucken, bald die Weich.

XIV.

Doch zu dulden,
Wann durch Schulden
Man der Augen wird beraubt,
Und zu sehen,
Noch zu gehen
Ihm die Gnad wird nicht erlaubt;
Aber leiden
Ohn Vermeiden
Was man niemals hat verschuldt,

In solch Nöthen
Ist vonnöthen,
Daß man wahrlich sich geduldt.

XV.

Mit was Schmerzen
Seines Herzen
Wird dann nicht mein Jesus seyn
Angefüllet,
Da verhüllet
Würd sein Angesicht ganz rein,
Und daneben
Ihm gegeben
Würden so viel harte Streich,
Daß für Schmerzen
Seines Herzen
Er schier worden wär ein Leich!

XVI.

Ach vermeßnes,
Ehrvergeßnes
Und treuloses Judeng'sind!
Sollst du jenes
Also schönes
Eingeborne Gotteskind
Wüst bemackeln,
Dem die Fackeln
Auf dem blauen Himmelssaal
Nicht zu gleichen,
Sondern weichen
Ihm an Schönheit allzumal.

XVII.

Wie verteufelt
Und verzweifelt
Gehst du um mit deinem Gott?

Wie so gräulich
Und abscheulich
Fängst ihn zu dem großen Spott?
Ach, so feindlich
Und unfreundlich
Ihm die Augen nicht verbind,
Dann du wahrlich
So verharrlich
Selbsten mehr als eulenblind.

XVIII.

Ei so schmerzen-
Vollen Herzen
Und verhülltem Angesicht,
Jesu würde
Solche Bürde
Schwer doch seyn gefallen nicht
Wann uns Blinden
In den Sünden,
Durch versteckte Dunkelheit,
Wir nicht würden
Schwere Bürden
Selbsten haben zubereit.

XIX.

Dann die Liebe
Ihme triebe
Von dem Himmel in die Welt.
Ach! es glaubet,
Ihn beraubet
Hat die Lieb des Himmelszelt!
Ihm verbunden
Und umwunden
Hat die Lieb sein Angesicht,

Und die Sünden
Thun verbinden,
Daß wir sehend sehen nicht.

XX.

O uns Blinden!
O der Sünden!
O der harten Finsternuß!
Die uns Sünder
Auch nicht minder
Bringt in große Kümmernuß.
Laßt die Augen
Uns nur taugen
Zu dem, der sie vorgebracht,
Daß wir sehen
Und entgehen
Jener steten Höllenmacht.

Es ist zu beklagen, daß wir Menschen in unserer Begierde und Anmuthungen, in unserm Wollen und Nichtwollen, in unserm Thun und Meiden nicht selten so unvorsichtig oder vermessen seynd, daß wir lieben, was wir sollten hassen, und hassen, was wir sollten lieben, daß wir verlangen, was wir sollten lassen, und lassen, was wir sollten verlangen, daß wir suchen, was wir sollten verwerfen, und verwerfen, was wir sollten suchen, indem wir nemlich jene Sachen hassen, verlassen und verwerfen, aus denen unser größtes Heil mit der Zeit erwachsen würde, hingegen aber dasjenige zu lieben verlangen und suchen, das uns endlich zu unserm höchsten Verderben gerichet. Es ist zu beklagen, sprech ich, daß wir albernen Adamskinder nicht wollen verstehen, was zu unserm Nutzen und Beförderung unserer Seelen Seligkeit, oder aber zu eigener Ehr und gutem Namen nöthig ist, da doch oft die Ehren reizenden Gedanken unsere Unehr lockenden Anfechtungen bestreiten. Ein unvernünftiges Thier, wenn es an einem Orte vermerket, seines Gleichen geschlagen oder gefangen zu werden, machet sich davon, wer seinen stärkern Feind weiß anzutreffen, und sich vor ihm nicht hütet, der geräth leichtlich in Gefahr. Wir aber wissen, daß die Augen unsere größten Feinde sind, die uns gar oft in das größte Verderben stürzen, und dennoch verstatten wir denselben alle Freiheit. Hätte Eva den Apfel nicht gesehen, so würde sie nicht verlanget haben ihn zu verkosten. Wie viel seynd, welche durch das Gesicht und Anschauen seynd betrogen, oder durch das Auge in dem Herzen verwundet worden?

Die Zauberer können einem Menschen auch nur mit ihrem Gesicht Schaden zufügen, wie die Glossa über die Wort des heiligen Pauli an die Galater bezeuget, da er zu ihnen schreibet: O ihr thörichten Galater! wer hat euch bezaubert, daß ihr der Wahrheit nicht glaubet?« indem gemeldete Glossa sagt: »daß etliche Menschen gefunden werden, welchen die Augen also entzündet, daß sie auch mit einem Augenblick andere beschädigen können.« Welches man denn nicht für seltsam und unglaublich halten soll, sintemal man in der Erfahrung befindet, wie Aristoteles sagt, daß eine Frau, so ihre gewöhnliche Zeit hat, einen neu polirten Spiegel, wenn sie darein siehet, beflecket. Ja man hält es auch davor, wenn einer, so ein mangelhaftes Aug hat, stark in ein gesundes Aug sehe, so stecke er dasselbige auch an. Ja nicht allein beschädigt ein ungesundes Aug ein anders, sondern auch Leib und

Seel; darum Christus spricht: „Si oculus tuus nequam fuerit, etiam corpus tuum tenebrosum erit, wenn dein Auge ein Schalk ist, so wird der ganze Leib dunkel.

Dina, eine Tochter Jakobs, ging aus, zu sehen die Weiber selbigen Landes, aber mit was für einem Nutzen?

Kaum thate sie ihr Augen auf,
Solches Frauenvolk zu sehen,
Hat man die Jungfrau bald darauf
Vermerket schwanger gehen.

Denn Sichem hat sie lieb gewonnen, zu sich gerissen, und ihre Jungfrauschaft schändlich geunehret, wodurch sie jenen köstlichen und schönen Edelgestein verloren, welcher nicht wieder zu finden. Also gehet es, wenn man sich nicht hütet vor dem Schießen des blinden Schützen, der Liebe, sintemal nichts betrüglicher und leichter ist der Veränderung unterworfen, als die Jungfrauschaft, denn wenn Amor das Band von seinen Augen hinweg nimmt, und einem andern umwirft, kann er ihn leicht verführen. Ohne daß man frische Blumen sonst gerne bricht, und wenn ein Schäflein die Hecken betritt, empfängt es unvermerkt einen Dorn. Die Augen seynd nichts anders als ein Distilirinstrument, wodurch das Herz weinet, und eine Thür, die offen steht dem Gesicht und dem Tod. Solches wußte gar wohl die S. Lucia des heiligen Prediger-Ordens. Diese, als sie vernommen, daß ein tapferer und hochadelicher Jüngling durch ihre Augenstrahlen so sehr verblendet, daß zu fürchten, seine Seel möchte dadurch tödtlich verletzet werden, weil er seine ganze

Lieb in solche Augen gesetzet, also rieß sie beide aus, und überschickte ihm solche in einer Schüssel, wodurch sie nicht allein sein Liebesfeuer gedämpfet, sondern auch durch sondere Gütigkeit Gottes ihr voriges Gesicht erlanget. So zwar andere der heiligen Jungfer und Martyrin Luciä zuschreiben, aber ohne Grund.

Was für Schaden die Augen dem David zugefüget, ist bekannt aus göttlicher Schrift, denn als er das Weib Uriä in ungebührlicher Weis angesehen, gewann er sie lieb, und durch solche Lieb wurde seine Seel zweifach verletzet, mit dem Ehebruch und Todschlag. Derohalben durch eigenen Schaden gewitziget, sprach er zu Gott, seinem Herrn: „Averte oculos meos, ne videant vanitatem, wende ab meine Augen, daß sie nicht sehen das Eitle. Also thut sich einer leicht verbrennen, wenn er sich nicht entfernet von einem Licht, dessen Glanz ihm nicht minder schädlich ist, als der Schein eines Kometen.

Der allerstärkste Samson stieg hinab in das Land der Philister, sah allda Dalilam, gegen welche er mit Liebesfeuer angezündet worden, schlief in ihrem Schooß und wurde dadurch seinen Feinden übergeben. Also geschieht es, wenn man den Weibern zuviel vertrauet. Ein böses Weib ist ein schlimmes Kraut. Wer einem losen Weib vertraut, der ist betrogen in der Haut, derowegen Paulinus aufschreit: „O daß er wäre so vorsichtig gewesen, sich vor dem Weib zu hüten, als stark er war den Löwen zu tödten; indem es ihm besser wäre gewesen, daß er von ihm auf den Boden geworfen, als daß er gefallen ist mit den Augen.“ Ursach dessen der heilige Bernardus sagt: „Ich ermahne dich.

du wollest einen Bund machen mit deinen Augen, auf daß du nicht unbehutsam seyest und sehest, was du nicht sehen sollst, denn, obschon es geschehen kann, daß derjenige, so angeschauet, sich stark und standhaft verhalte, so ist dennoch zu verhüten; daß er nicht falle.“ Weil es sich kann zutragen, daß der falle, so gesehen hat, aber es mag nicht seyn, daß der begehre und sich gelüsten lasse desjenigen, so er nicht gesehen, und jene zwei Alten ihre Gesichter von der keuschen Susanna abgewendet hätten, würde jener seinen Kopf behalten haben, wenn er die Judith nicht gesehen, und diese unkeuschen Alten nicht gesteiniget worden seyn. Allein auf solche Augen gehört eine solche Laugen.

Es meldet der heilige Augustinus von einem Brunnen in Epiro, daß solcher die in ihn gestoßene ausgelöschte Windlichter anzünde, die brennenden aber auslösche. Diesem Brunnen können gar wohl verglichen werden die menschlichen Augen, denn in ihnen ist ein sehr heißes Wasser, durch welches die Herzen mit Venusfeuer entzündet seynd, und ein anders, in welchem solche Venusflammen ausgelöschet werden, nemlich die bitteren Zähren der reuvollen Buß, und dieses ist der Brunnen, der Garten, eine Quellader der lebendigen Gewässer, welche mit großer Gewalt herunter fallen von dem Berg Libano, ich will sagen, über die Wangen einer büßenden Seel. In Wahrheit wird der Tugendgarten bei einer solchen Seel, von diesem Augenbächlein und Thränenbrünnlein viel schöner zunehmen, als das Paradies selbst, samt allen seinen Gewächsen, von jenem berühmten Fluß, welcher seinen Lauf mitten dadurch geführet.

Sonst sagt man: „Nichts ist gut für die Augen!“ Wenn wir ein solches Nichtspulver für die Augen unsers Gemüths und Herzen brauchen wollten, so ist's zu verstehen, daß das beste Mittel sey, dieselben in ihrer Klarheit zu erhalten. Wenn nemlich du, werthestes Herz, nichts Schändliches und Unkeusches von gemalten oder lebendigen Bildern der cyprischen Königin anzusehen dich befleißest, damit der kleine verschleierte Schütz sie nicht verletzen möge, denn seine Pfeile unvermerkt verwunden. Sollte es aber bei dir nichts verfangen, so gebrauche den Rath des Erzengels Raphael, welchen er dem jungen Tobiä verordnet, seinen Vater zu gebrauchen, nemlich die Leber jenes Fisches, so er hat auf der Reis' aus dem Fluß Tigris herausgezogen, ich verstehe die Leber Jesu Christi, der durch die dreiunddreißig Jahr in dem Fluß Tigris, dieser mehr als tiegerthierwilden Welt herum geschwommen, und in Brauchung solcher Leber, als in mitleidender Betrachtung seiner, für deine Geilheit ausgestandener Peinen wird dir gewißlich alle Unkeuschheit aus den Augen getrieben werden. Ach, gedenke o Mensch! wie du nach kurzer Ansehung eines dir gefälligen Bildes, das aber vor Gott häßlich und wild, ewiglich vielleicht die schändlichsten Teufel müssest vor Augen haben, in der Höll vergraben, thue deine Augen jetzund recht auf, und solchem Uebel entlauf, damit, wenn sie der Tod wird einmal zuschließen, nicht ewig müssest büßen, die gehabte kleine Freud in größtem Leid. Sondern vielmehr mit Hiob sagen kannst: „Post tenebras spero lucem, nach den Finsternissen hoffe ich das Licht.“ Gleichwie aber derjenige, welcher an das Licht sich verfüget, auch lichter wird, also die Seel, welche mit Verachtung des Anschauens einer Kreatur, sich durch die Lieb nahet zu der ewigen Schönheit Gottes, wird auch schöner. Darum sagt der Prophet: „Accedite et illuminamini. Die liebliche Schönheit, welche von der Welt so hoch geschätzet wird, ist eine mangelhafte und unvollkommene Schönheit, und wirket nichts anders, als daß sie die Augen ein wenig ergötzet, aber glückselig ist derjenige, welcher keine andern Augen hat, was zu sehen, als nur die Schönheit Gottes. Hast du viel Augen, blind du bist, wer eines hat, recht sehend ist. Wer viel Augen hat, nur zu sehen die Kreaturen, der ist blind, wer nur ein einziges Aug hat, Gott zu sehen, der hat ein scharfes Gesicht. Ich wünsche von Herzen, daß die Spiegel unserer Augen werden verkehrt in Brennspiegel, durch die Jesus, die ewige Sonn der Gerechtigkeit, seine Gnadenstrahlen auf unsere Herzen anleite, und selbige theils in Reuzähren zerfließen, theils mit himmlischen Liebsflammen entzündete. Ein einiger solcher Tropfen würde genug seyn, in unseren Seelen einzuführen den perlreinquellenden Brunnen der göttlichen Gnad, und jenes Wasser, von welchem Christus zu der Samaritanerin gesagt: »Es springe in das ewige Leben.«

Das 16. Kapitel.

Nicht All's, was scheint,
Wird Gold vermeint.

Man findet eine Art spanischer Fliegenbäume, deren der eine herrliche, schöne und wohlgeschmackte Früchte hervorbringet, der andere aber unannehmliche und geringe tragen solle, die Früchte des guten Baums können nicht zu ihrer Vollkommenheit gelangen, es sey denn, daß von dem andern Baum etwas auf ihn gelegt oder geworfen werde, aus welchem dann, so es verfaulet, Fliegen oder Mücken hervorkommen und auf die guten Früchte sitzen, auch also selbige gleichsam zeitig machen. Eine wunderbarliche Eigenschaft dieser Bäume! wenn wir solche betrachten, können wir denselben leicht die Kirch und Synagog vergleichen; denn Gott der Allerhöchste setzte ein diesen ersten Baum der Synagog durch Dargebung des Gesetzes Mosis. Weil aber solcher Baum durch allerhand Sünd und Laster des Volks stinkende Früchte begann hervorzubringen, als würde sein allerliebster Sohn, als ein hochverständiger Gartenmeister von dem himmlischen Paradies gesandt, einen andern Baum, der sehr wohlgeschmackte und köstliche Früchte tragen und mit sich bringen sollte, einzusetzen und zu pflanzen. Diesemnach wollte er in Mitte der Erde solches versuchen, auch in das Werk zu stellen. Darum fing er an, den schönen fruchtbringenden Baum seiner Lehre einzusetzen und durch sorgfältige Mühe und Arbeit fortzubringen. Weil aber die Früchte solcher heilsamen Lehre ihre Wirkungen nicht völlig erreichten, bis daß von dem faulen Baum der Synagog etwas darauf gelegt und geworfen wurde, ich will sagen, bis die Hohenpriester und Schriftgelehrten, solche seine Lehr durch allerhand Verkleinerung und Lästerwort beschimpften, und nicht allein mit Neid und Haß gegen ihn tobten, sondern es mußten auch die Mucken hervorkommen, nämlich die königlichen Soldaten, welche Jesum, indem die Juden an dem Fest keinen Todtschlag begehen durften, zu dem Tod verdammen, und also diese Zeitigmachung befördern helfen.

Daß auch Christus vergleichsweise ein Baum könne benamset werden, probieret solches Origenes, da er sagt: »Wie der Eschbaum unter den andern Bäumen des Waldes ist, also ist der Bräutigam unter den Söhnen, habend eine solche Frucht, welche nicht allein alle andern mit dem Geschmack übertrifft, sondern auch mit dem Geruch, denn er erquicket zwei Sinn der Seele, nemlich den Geschmack und den Geruch, in deren Genießung wird nicht allein die Kehle ihre Süßigkeit empfinden, sondern auch der Bauch Ersättigung, und zwar ohne allen Verdruß.« Darum die verliebte Braut dessen sich gar hoch und absonderlich rühmet, da sie sagt: Ich bin gesessen unter dem Schatten, dessen ich begehre, und seine Frucht ist meiner Kehle süß. Gleichwie aber die Feigen vor ihrer Zeit ganz grün, wenn sie aber zeitig, inwendig roth seyn, also hat Christus beide solche Farben an sich gehabt; denn er grünte in dem Wald unserer Natur durch das Fleisch, und gleichte der rothen Farb durch das Blut. Obschon aber der gute Feigenbaum Früchte trägt, die annehmlich sind, so haben sie doch nicht die Labung des Lebens, auch nicht die Frucht der Seligkeit; „denn es ist nur ein Anfänger des Lebens, ein Mittler Gottes und der Menschen, der allein derjenige ist, welcher nicht allein erquicket und beschützet von der Hitz der Laster, als ein schattenreicher Baum, sondern erfüllet auch, als eine annehmliche Frucht, mit Belustigung der Tugenden, welche nicht allein den Muud und die Lefzen süß machen, sondern so sie auch schon durch den innern Schlund hineingeschlucket seyn, behalten sie dennoch die Süße.“ Darum der heil. Ambrosius aufschreiet: was für eine Frucht war süßer, als die Predigten von des Herrn Leiden? Wer schöne Früchte bekommt, theilet sie auch gerne mit seinen guten Freunden; also schickt auch Caiphas diese gebenedeite Frucht des unbefleckten Leibs Mariä, Jesum Christum, Pilato zu verkosten, nämlich in das römische Richthaus zur Verhör, in welches doch die Juden nicht hineingegangen, auf daß sie nicht unrein würden, sondern das Osterlamm essen möchten, denn sie hielten es für eine Unreinigkeit, in das Haus eines Heiden nnd Unbeschnittenen zu gehen, ungeachtet sie unrein genug waren, indem sie begehrten zu vergießen das unschuldige Blut. Also vermeinen auch viel, dem Reiff zu entgehen, und fallen in den Schnee; viele glauben, etlichen Regentropfen zu entfliehen, und platzen in einen ganzen Bach; viel gedenken, den Ruthen zu entweichen, und unter die Brügel schleichen. Gleichwie die Juden hier einen kleinen Graben fliehen wollen, und stürzen sich in eine tiefe Grube, denn es ist ja viel sträflicher, den Gesetzgeber um das Leben zu bringen, als das Gesetz nur übertreten. Allein es ist nur zu beklagen, daß auch

Christen diesen mehr als höllenwürdigen Juden sich
gleichen, die dem äußerlichen Ansehen nach ein
npel des heiligen Geistes, in dem Herzen aber seyn
nicht anders als ein Geschirr des Teufels, von
ßen ein Engel, inwendig ein Schlingel, von Außen
1, inwendig ein Schwein, von Außen ein unschul-
Kind, inwendig voll Sünd; von Außen geistreich,
endig jenem gleich, der voller Haß, wie ein schön
ß, darin lauter Gift behalten wird, nachfolgend
er Zauberin, welche zwar mit höflichen Geberden
ssem samt seinen Gesellen zu sich geladen; aber
che ihre Freundlichkeit verkehrte sie in lauter Thiere.
eichwie auch gedichtet wird von den Sirenen, welche
rch ihr liebliches Gesang die Schiffleute also einnehmen,
ß sie gleichsam ganz verzückt untauglich werden, das
hiff zu leiten, bis und so lang sie solches zu Grund
hten und stürzen, auch nicht ungleich dem Crocodil,
lches durch sein klägliches Heulen die Menschen nur
rum zu sich locket, solche zu verzehren. Also daß
an öfters glaubte, dergleichen Leute seyen rechte
aienkinder der Vollkommenheit oder eines tugendreichen
andels, so sind sie doch viel falscher als das April-
etter, bei welchem sich die schöne Klarheit bald in
chwarz verwandelt, und da die Sonn nur ein wenig
chet, ergießt sich gleich darauf ein zäher Regenbach
ings herab fallenden Regen, was nützet aber solcher
ußerlicher Schein der Frömmigkeit? der bleichzornige
ichter wird nicht richten nach dem äußerlichen Schein,
ondern wie er den Menschen findet in seinem Ge-
vissen und beschaffen in dem Herzen. Was machet
hr denn, o falsche und gleißnerische Schriftgelehrte!

nennet ihr rei
wenn ihr rein b
ein Lindwurm d
aufhält an einer
nicht wollt gehe
ihr doch eure S
me, welche ihre
der Ochsen, di
Welschland g
weiß, inwendi
an solchen riech
such er sein Le
schen zwar unter
Ecc, der Alle
ist, wird keine
Rath, Witz u
der Sünden h
um den Hals,
kommen; der
schen ergeben,
verbirgt ihr se
Zukünftigen r
gegenwärtigen
sich selber in d
verläßt, was ihu
fernen Augen de
Als der He
kam, sich n di
Die Stad
verstanden we
dieser Welt e

vermeinet ihr rein und sicher zu seyn in euern Seelen, wenn ihr rein behaltet euern Leib? nein, es verliert ein Lindwurm darum nicht sein Gift, obwohl er sich aufhält an einem reinen Ort. Also auch, ob ihr schon nicht wollt gehen in das römische Richthaus, so traget ihr doch eure Sünd in eurem Herzen; wie jene Blume, welche ihren Ursprung haben soll von dem Schaum der Ochsen, die Herkules mit sich aus Hispanien nach Welschland gebracht, so von Außen ganz rein und weiß, inwendig aber voll Gift; also wer ein wenig an solchen riechen würde, durch deren vergifteten Geruch er sein Leben verlöre. Ihr betrüget die Menschen zwar unter dem Schein einer Aufrichtigkeit, aber Gott, der Alles sieht, und ein Erforscher der Herzen ist, wird keineswegs betrogen. Wahrlich ein Volk ohne Rath, Witz und Verstand, die ihre Köpfe in den Koth der Sünden hineinstecken, gleich einem Antvogel bis an den Hals, ihrer selbst eigenen Begierlichkeit nachzukommen; denn eine böse verkehrte Seel, so dem Zeitlichen ergeben, und in irdischen Wollüsten versenkt ist, verbirgt ihr selber die Nachkommen übel, weil sie die Zukünftigen nicht will vorsehen, welche pflegen die gegenwärtigen Freuden zu zerstören; und indem sie sich selber in den Belustigungen des zeitlichen Lebens verläßt, was thut sie anders, als daß sie mit zugeschlossenen Augen dem Feuer zugehet?

Als der Herr Jesus nahe zu der Stadt Jerusalem kam, sah er dieselbe an, und weinte über sie.

Die Stadt, darüber Jesus weinte, kann gar leicht verstanden werden, sey ein weltliches Herz, oder ein dieser Welt ergebener und gleißnerischer Mensch, wie

denn billig zu beweinen sind, können auch nimmer-
ehr genugsam beweint werden, daß diese Menschen
cht wollen merken die Tage ihrer Heimsuchung. Es
nn auch nicht schmerzlich genug beweint werden, weil
e nicht wissen, noch erkennen wollen, daß der Herr
sprochen: »Ja, wenn du es auch erkennetest, so wür-
st du auch weinen.« Sintemal die Zähren sind eine
peis der Seele, eine Stärke der Sinne, eine Los-
echung der Sünden, eine Erquickung der Gemüther,
n Wohlgefallen der Seligen, eine Freude der Engel,
nd eine Ueberwindung des unüberwindlichen Gottes.
arum nennet Christus solche Menschen selig, weil
e werden getröstet werden. O viel vermögende Zäh-
en! o vielwerthe Thränen! o vielfruchtender Regen!
oarum beweinest du denn nicht, ach werthestes Herz!
ein bevorstehendes Unglück, da solches beweint dein
ütigster Heiland? Ach wende deine trockenen Augen
uf die wasserreichen und mit Zähren überronnenen
Augen Jesu; vielleicht wird solcher Anblick ersprießlich
seyn, wo nicht ein kleines Zährlein, jedoch auf's wenigste ein Herz trauriges Ach und einen reuevollen
Bußseufzer auszuzwingen, weil es uns gleichsam ist
angeboren, in Beschauung eines traurigen Gegenwurfs
zu gleicher Traurigkeit erweckt zu werden.

Wir lesen bei dem hochfliegenden Adler Johanne.
Alles, was in der Welt ist, ist Wollust des Fleisches,
und der Augen Lust, und Hoffart des Lebens. Ach
ehrenwerthestes Gemüth! verursachen diese Worte nicht
einen ganzen Bach von Zähren? Ach erkenne, erkenne
sonderlich dieses an diesem deinen Tag, der dir noch
zum Frieden ist und zu Erlangung der Gnaden. Es

meldet weiter der heilige Lukas am obangezogenen Ort, daß Christus gesprochen: „Mein Haus ist ein Bethaus, ihr aber habt eine Mördergrube daraus gemacht,“ welches ist der Tempel oder Gotteshaus, das zu einer Mördergrube gemacht ist? Wahrlich nichts anders, als des Menschen Seel und Leib, welche viel eigentlicher Gottes Haus oder Tempel seyn, als alle Kirchen, so aus Holz und Stein gebauet. Solches lehret der Apostel, da er spricht: „Templum enim Dei sanctum est, quod estis vos; der Tempel Gottes ist heilig, und der seyd ihr.“ Nun aber, wenn Christus in diesen Tempel gehen will, so findet er, daß sie in eine Mördergrube verändert ist, da sie voller Gleißnerei stecken. Wie verhaßt aber dem höchsten Gott ein Gleißner sey, ist abzunehmen an den Schwanen, welche der mildreichste Erschaffer aller Creaturen verboten, ihm zu opfern, sintemal er an Federn weiß erscheint, wie ein Heuchler, und trägt ein schwarzes Fleisch. Sonst kennt man den Vogel an dem Gesang, aber solche Galgenvögel sind an ihrem Gesang nicht leicht zu vermerken, denn ihre Wort sind weit vom Herzen. ...

Weil aber die Juden nicht hineingehen wollten, so ging Pilatus zu ihnen hinaus, und sprach: Was bringet ihr für eine Klage wider diesen Menschen? Und als er in vielem angeklagt worden, hat er nicht geantwortet. Warum aber dieses? Es gibt die Ursach der heilige Chrysostomus, sprechend: Weil das Gericht verkehrt war, also hat das Lamm vor dem, der es scheeret, stillgeschwiegen, sintemal man die Perlen nicht vor die Schweine werfen soll. Er hat auch recht gethan, daß er geschwiegen, der keiner Vertheidigung vonnöthen gehabt. Derjenige mag sich entschuldigen, welcher befürchtet, überzeugt zu werden; Christus aber, der Allerunschuldigste, hat hierin nichts zu besorgen, denn höre ihre Anklag: diesen, sagen sie, haben wir gefunden, daß er unser Volk verführe, und verbietet, dem Kaiser Tribut zu geben, und spricht, es sey Christus ein König.

Eine schöne Anklag! was schämet ihr euch nicht, o unverschämte Juden! solche falsche und unwahrheitvolle Reden vorzubringen? hat er denn nicht selbst gesagt: „Ich bin nicht gekommen, das Gesetz aufzulösen, sondern zu erfüllen?“ Hat er nicht gesprochen: „Gebt dem Kaiser, was des Kaisers ist,“ und den Zollpfenning für sich und Petro selbst bezahlet, und ihr meldet, er verbiete, den Tribut zu geben? Ist er nicht, als ihr ihn zum König machen wollet, von euch entwichen, und ihr erkläret ihn, als ob er sich solche Würde selbst wollte zueignen? Ja recht habt ihr gesagt, denn wahrhaftig ist er ein König, und zwar ein König Himmels und der Erden. Darum hat er auch, als Pilatus ihn befragte, ob er ein König sey, geantwortet: „Mein Reich ist nicht von dieser Welt; wäre mein Reich von dieser Welt, so würden meine Diener mich ja verfechten, daß ich den Juden nicht überantwortet würde.

Die Weltweisen seynd unterschiedlicher Meinung von der Welt. Democritus und Epikurus wollen, es seyen viele und unzählbare Welten, welchen Methrodorus, ihr Discipul, nachfolget und saget, die Welten seyen unzählbar, sintemal ihre Ursacher auch unzählbar, und sey gleich eine so ungereimte Sach, wenn man sagt, es sey in dem ganzen allgemeinen Wesen nur eine Welt, als wenn man sagte, es sey nur eine Aehre auf dem ganzen Acker. Anaxagoras verursachte, daß der große Alexander weinte, da er ihm noch von andern Welten meldete, weil er bisher nicht eine in die Hälfte unter seine Gewalt bezwungen hätte. Es vermeint aber Klemens Alexandrinus, es sey dieser sonst berühmte Philosophus nicht so unverständig gewesen, daß er viele unterschiedliche Welten hierdurch verstanden, sondern er habe auch die weit entlegenen und unbekannten Inseln mit diesem Namen genennet und vermeinet, welches auch nicht so gar von der Meinung vieler anderer Weltweisen, die in solchem Verstande von vielen Welten geredet haben; andere glaubten auch, daß nicht nur einmal viele Welten seyn, sondern dieweil sie nicht begreifen können, welches zuerst gewesen, das Ei oder der Vogel, oder ob ein Vogel ohne Ei könne geboren werden, so haben sie sich die Gedanken gemacht, es sey die Welt, und der Anfang und das Ende aller Ding durch eine stetige Wiederumwälzung ewig. Dem sey nun, wie ihm wolle, so thut Gott und die Natur sich nicht zu karg erzeigen in dem Nothwendigen, noch zu freigebig in dem Ueberflüssigen. Und ungeachtet es schon das Ansehen gewinnet, als ob einem was entzogen werde, so wird es doch in einem andern ersetzt; denn wie die Natur das Unvollkommene fliehet, so ist sie auch mit Wenigem zufrieden, darum folget, daß sie nichts zu viel oder zu wenig mittheilet, und folglich nur eine Welt sey. Alldieweil, wenn mehrere Welten wären, hätte sich die

Natur ausgegossen, in ein Ueberflüssiges, sintemal zur Zierd des allgemeinen Wesens eine einzige Welt ganz genug ist; so ist die Frag, wo denn das Reich Christi sey. Weil aber nur eine Welt, folget, daß das Reich Christi nicht von diesem irdischen und elenden Jammerthal, sondern von jenem auserlesenen Ort, welcher von aller Finsterniß, Falschheit, Betrug und Lastern befreit ist, dem Himmel, da Niemand hinein gehet, er sey denn rein, keiner allda wohnet, er sey denn ohne Mackel. Ach wer gibt mir denn, daß ich solches Reich erlange? ich hätte vonnöthen einen himmlischen Kolumbus, der mir den Weg dahin suchte, als wie jener in die neue Welt. Ach auserwählte Herzen, warum streben wir solchem Reich nicht mehr nach? warum tragen wir nach ihm kein größeres Verlangen? warum ist unser Herz nicht mit inbrünstiger Begierd gegen ihn entzündet, alldieweil ohne das der Himmel uns zugehört? Er ist für uns erschaffen, die Wohnungen und Belohnungen in demselben rein für uns zubereitee, und haben zu demselbigen alle, die nur wollen, einen freien leichten Zu- oder Eingang. Dahin wird unser Lieb und Verlangen berufen, auch unsere Gemüther, wenn sie nicht selbst dawider streben, gezogen; und nicht anders als wie diejenigen, welche ihre Wartschiff an dem Ufer haben, in solche alle diejenigen, so über die See zu fahren Lust tragen, einladen. Also berufet uns auch Gott, als der höchste und erfahrenste Schiffmeister, ja zwinget uns gleichsam zu sich, als wie bei dem heiligen Evangelisten Lukas zu sehen: Compelle intrare, et impleatur domus mea, damit er uns möge an das glückseelige Gestade des himmlischen Jerusalems sicher überführen.

Es sah vor Zeiten der Prophet Ezechiel einen großen und herrlichen Tempel, in welchem unterschiedliche Wunder zu sehen, wie auch acht Staffeln, auf denen man in den Tempel ging. Octo gradus erant, quibus ascendebatur. Dieser Tempel ist das himmlische Jerusalem, die acht Staffeln aber seynd die acht Seligkeiten, als: die geistliche Armuth, die Demuth des Geistes, die Traurigkeit und Beweinung der Sünden, die Begierde und das Verlangen nach der Gerechtigkeit, die Barmherzigkeit gegen die Armen, die Sanftmüthigkeit und Lieblichkeit der Sitten, und die Geduld in den Verfolgungen. Durch diese acht Staffeln gehet der Mensch so leicht gen Himmel, als jene geflügelten Geister über die Leiter Jacob, und seynd ohne Zweifel diejenigen, von welchen Isaias meldet: Qui sunt isti, qui ut nubes volant? wer seynd diejenigen, die da fliegen wie die Wolken? alldieweil sie zu Beschauung der himmlischen Dinge so sehr hinauf sich schwingen, und von dem irrdischen frey, durch heilige Einsprechungen in die Höhe der Luft geführet werden, daß sie von der Erde nichts verlangen zu sehen, und nichts weiters in der Welt begehren, sondern werden ähnlich gleichsam jenem, der mit gleichem Eifer entzündet, und brennendem Herzen sagte: „Nostra conversatio in coelis est: Unser Wandel ist im Himmel.“ Sintemal gleichwie auch die Wolken eine zweifache Bewegung haben, als eine von der Sonne, welche Sonne die Wolken aus der vordersten Tiefe der Erde zu sich ziehet in die Höhe; nach den Worten des

Psalmisten: „Educans nubes ab extremo terrae, der die Wolken hervorbringet von dem Ende der Erde,“ und die andere Bewegung von den Winden, durch welche sie hin und wieder getrieben werden: also auch solche Herzen von der Tiefe der Erde und von dem Stand dieser Welt werden in die Höhe der Beschauung himmlischer Dinge von der Sonne der Gerechtigkeit, Christo Jesu, gezogen, und von dem Wind des heiligen Geistes auf den Weg der Seligkeit getrieben, wie solches David bezeuget: „Spiritus tuus bonus deducet me in terram rectam: Dein guter Geist führe mich auf den rechten Weg der Milch und Honig fließenden Erde des himmlischen Landes, allwo ist ein Schloß, dessen Speisehäuser seynd voll, daß eines in's andere überschüttet, allwo ist eine Stadt, die an allen Orten mit Gold und Silber gepflastert ist, allwo ist ein Haus der Freuden, denn Gott sie tränket mit dem Bach der Wollüste, allwo ist ein Ort der Ergötzlichkeit, allda gehört wird eine Stimme der Freude und des Heils in den Hütten der Gerechten, und selig seynd, die in solchen wohnen.“

Demades, als er seinem König eine Begierde machen wollte, der schönen Stadt Athen sich zu bemächtigen, hat er sich solche auf einem Ziegelstein abgerissen, und also dadurch den König eingenommen, daß er nicht nachgelassen, alle Mittel zu versuchen, bis er solche in seine Gewalt gebracht. Gleichergestalt hat Gott das himmlische Jerusalem auf einem Ziegelstein dieser Welt abgerissen und geschattirt. Gefällt uns nur der Schatten der Welt so wohl, daß wir uns ihr ganz ergeben, ei, so lasset uns vielmehr nachtrachten der Wahrheit selbst; vielleicht wenn wir erkenneten ihre Reichthümer, ihre Schönheit, ihre Herrlichkeit und Freuden, möchte uns wohl eine Begierde ankommen, mit völligen Kräften unserer Seele ihr nachzuhängen. Ach! wenn wir beherzigten, was für große Schätz uns in den Himmelsauen versprochen werden, so würde uns alles zu schlecht seyn auf Erden, denn da ist ein ewiges und seliges Leben, eine gewisse Sicherheit, eine sichere Ruhe, eine ruhige Wollust, eine glückselige Ewigkeit, und eine ewige Glückseligkeit. Derowegen sagt Christus seinen Jüngern schon vor: Gaudete et exultate, quoniam merces vestra copiosa est in Coelis. Freuet euch und frohlocket, denn eure Belohnung ist groß in den Himmeln, und zwar, welcher mehr gearbeitet wird haben, wird einen größern Lohn empfangen. Allein unsere Arbeit ist zu Zeiten gar klein, und lassen uns die Augen des Verstandes von dem Willen mit dem Schleier der Begierlichkeit gar oft verhüllen. Denn weil es uns ist angeboren, daß wir uns bemühen, auszuwirken, was wir mit innerlicher Begierde verlangen, so folget, daß unser Thun und Lassen auch blind sey, wenn das Gemüth durch die Begierlichkeit ist verblendet werden. Pondus nostrum amor est, ab illo trahimur, quocunque trahimur. Unser Gewicht ist die Liebe, von dieser werden wir gezogen, wohin wir nur gezogen werden. Wir werden gezogen nach der Erde, weil unsere Lieb sich dahin neiget. Aber auf daß in euch, wertheste Herzen! eine Lust erweckt werde, nach welchem der heilige Paulus zum öftern aufschreiend geseufzet, da er nur bis zur dritten Porte der freudenvollen Himmels-Stadt gelanget: Ich unseliger Mensch, wer wird mich erlösen von dem Leibe dieses Todes? Es liegt mir beides hart an, ich begehre zu sterben und bei Christo zu seyn. Also will ich, euere Begierde mehr anzuflammen, etwelche Eigenschaften desselben vorbringen. Darum:

I.

Ach liebste Schaar, wach' auf,
Erheb' dich aus dem Schranken
Der eilenden Gedanken,
Und nach dem Himmel lauf.
Schau, daß du dich durchzwingest
Durch höchster Wolken Spitz,
Schau, daß du dich durchdringest,
Wo Phöbus seinen Sitz.

II.

Erheb' dich nun empor
Von allen Städt und Flecken,
Bis zu denjenen Decken,
Die Cynthia seyn vor,
Wo die vergukdte Sternen
Samt allem ihrem Glanz,
Verwahren da von Fernen
Des Himmels höchste Schanz.

III.

Mach dich dann weiter fort
Bis zu denjenen Mauren,
Allwo thun ewig dauren
Ihr hocherbaute Pfort,
Die da aus den Saphiren,
Rubinen und Demant,
Dieselbe herrlich zieren,
Gemacht von Gottes Hand.

IV.

Man allerwegen frei
Führt ein beglücktes Leben,
Den Freuden stets ergeben,
All' Sorgen sind vorbey;
Kein Hunger, Frost und Schmerzen,
Kein Untreu, Haß und List,
Bei den beglückten Herzen
Allda zu finden ist.

V.

Wer jung ist, wird nicht alt,
Wer alt darein gekommen,
Thut erst allda bekommen
Ein schön liebreich Gestalt;
Kein Neid wird da verübet,
Kein Mord, kein Heuchelei,
Niemand wird da betrübet,
Weil stets der Freuden-Mai.

VI.

Was hier wird süß gerühmt,
Allda wird erst versüßet,
Der Göttertrank stets fließet,
Die Beeter sind geblümt;
Man Reichthum mehr thut haben,
Als Cröst Ueberfluß,
Wo weder Dieb noch Schaben
Davon wird ein Genuß.

VII.

Ein schöne Melodei
In solchem Ort man höret,
Ein Jeder, der begehret,
Kann selber stimmen bei,

So höret auch ein Jeder,
Im hell ergoßnen Schein,
Was singen thut für Lieder
Die g'sammte Himmels-Gmein.

VIII.

Ihm wird dann auch erlaubt,
Bei solchem G'sang den ganzen
Himmels-Saal durchzutanzen,
Mit einer keuschen Braut,
Zu folgen, wann beliebet,
Dem unbefleckten Lamm,
So Jedem sich dargibet
Zu einem Bräutigam.

IX.

Kein solchen Freuden-G'spaß
Mit seiner Höllen-Pfeifen
Kann machen, wann ergreifen
Wird solche Marsias:
Und Cimon mit der Leiren,
Minerva mit der Flöt',
Apollo muß auch feiren,
Sein Leiern da nicht geht.

X.

Phöbus mit seinem Glanz
Thut niemal da entweichen,
Viel minder die zwölf Zeichen,
Der Mond bleibt stets auch ganz:
Sich niemal thut verlieren
Der leuchtend Lucifer,
Noch sich läßt zornig spüren,
Nach' nehmend Jupiter.

XI.

All's ist in geößtem Fried,
Mars hat da nichts zu schaffen

Mit seinem G'wehr und Waffen
Und angestellten Glied,
Noch wird gespannt der Bogen,
Den Venus oft zuvor
Auf Erden angezogen
Gegen des Herzens Thor.

XII.

Der alt Saturnus auch
Darf sich nicht hinbegeben,
Zu dem beglückten Leben,
Der häßig, kalt und rauch,
Noch ist allda vonnöthen,
Mercurius gelehrt,
Da weichen all' Planeten,
Gott äll's ohn sie begehrt.

XIII.

Auch das Pheacer=Band
Wird nicht so viel der Früchten
Tragen, nach den Berichten,
Wie viel seynd da zu Hand.
Auch hat in seinem Garten
Kein solchen Ueberfluß,
So vieler Aepfel=Arten,
König Alcinous.

XIV.

Des Nereus reicher Schatz,
Und was im Meer zu finden,
In Erden, Luft und Winden,
Und was Midas im Hatz;
Allda muß all's verschwinden,
So köstlich hier mag seyn,
Ganges muß stehn dahinten
Mit seinem Edelg'stein.

XV.

Bacchus mit seinem Wein,
Ceres mit ihren Früchten,
Kann da bestehn mit nichten,
Denn man sie läßt nicht ein:
Mit sein'm Panquet kann halten
Aſſuer ſich in dem Schrank,
Cleopatra behalten
Ihr köstlich Perlgetrank.

XVI.

An allen Wänden glanzt
Das Gold, den Bau zu heben
Wodurch die Balken schweben,
Aus Cedernholz gepflanzt:
Das Dach ganz herrlich steht
Aus schönsten Edelg'steinen,
Die wunderlich erscheinen,
Mit höchster Kunst gedreht.

XVII.

Da auf krystallnem Grund,
Aus lauter Alabaster,
Liegt das vergoldte Pflaster,
Durchleuchtend in die Rund,
Worauf die rothe Strassen
Aus Marmor aufgebaut,
Die schönsten Häuser fassen,
Aus Demant ausgehaut.

XVIII.

Das angestellte Mahl
Wird auf ganz goldnen Tischen
Gehalten werden, zwischen
Der höchsten Geister Zahl;

Die Schüsseln angerichtet,
Belegt mit Speisen wohl,
Die kein Mensch ausgedichtet,
Noch auch ausdichten soll.

XIX.

Da stets zu jeder Frist
Das köstlichste Schauessen,
Das kein Sinn kann ermessen,
Jedem zugegen ist.
Auch in den Wollustbächen,
So da ansiehet man,
Mit Freuden sich bezechen
Jeder ganz selig kann.

XX.

D'rum, liebste Schaar, wach auf,
Erheb dich aus den Schranken
Der eitelen Gedanken,
Und nach dem Himmelslauf.
Halt dich nicht an die Erden,
Noch an die Lustbarkeit,
Denn dir da bald wird werden
Ein Freud in Ewigkeit.

Damit dir aber dieses himmlische Reich besser gefalle, und das Irdische besser (mehrer) verleide, weil du von jener Freude schon etwas vernommen, so will ich dir auch ein wenig von dessen Beschaffenheit vortragen:

Kurzer Freud, falscher Treu,
Langes Leids, später Reu,
Keiner in der Welt ist frei.

Und dieses braucht keiner Prob, dannoch sind unsere Herzen dermassen bezaubert, daß wir unsere Lieb und Freud setzen auf höchst schädliche und vergängliche Ding. Ach, wie seynd unsere Augen verblendet, daß sie die Freud dieses Lebens, wenn es doch anderst eine Freud kann gennennet werden, mit solcher Begierd verlangen, da keine wahre Freud noch Fröhlichkeit darinnen ist. Ach, wie oft begegnet uns, daß, ehe wir etwas Angenehmes, Süßes oder Liebreiches in der Welt erlangen, wir zuvor viel Bitteres, Saueres und Verdrießliches verkosten, einnehmen und verschlucken müssen, und je größere Begierde wir haben, desto stärkere Unruhe wir tragen. Ja wir leben in steter Furcht, und die kurze Freud, so wir in diesem Leben genießen, suchen wir mit großem Schrecken, behalten sie mit nicht geringer Arbeit, und verlieren sie endlich mit vielfältigen Schmerzen. Was soll denn dieses für ein Wohlleben seyn, in steter Gefährlichkeit leben, und gleichsam auf einer abschießigen Bergwand herum klettern, da man keinen sichern Tritt setzen kann, sondern jederzeit muß in Sorgen seyn, wenn man über Hals und Kopf herunter prallt, nud ohne Verzug der Hölle zu fallen werde. Ohne daß diese Welt also betrüglich und voll falscher Treu ist, daß, sobald der Eigennutz verschwindet, und das Blättlein sich wendet, zugleich auch vergehe alle Freundschaft. Bemühe sich auch ein Mensch wie er wolle, so wird er doch in den erschaffenen Dingen nicht finden können eine reine Lieb in Treu, oder eine wahre Freude ohne Reu, alldieweil ihre Wollust ist lauter Wust, ihre Belohnung dem Herzen seynd Schmerzen, ihre Lieblichkeit ist Bitterkeit, ihre Hilfe ein Nothzwang zum Untergang, und endlich für ein langes Leben thut sie geben Noth und Tod, für die himmlischen Freuden ewiges Leiden. Gustans gustavi paululum mellis, et ecce morior. Daß solche gar wohl mit Jonatham sagen möchte: »Ein wenig des Honigs habe ich gekostet, und siehe, ich sterbe.« Wir wissen zwar, daß über Leib und Leid doch ohne Bekümmernuß unsere Leiber müssen zertrümmern, und dennoch verlangen wir Narren in solchen lang zu harren. Wir wissen, was wir dem Leib erzeigen, sich endlich thue neigen: zu dem Verderben, durch Sterben; was wir aber der Seel anhängen, müßte immer währen in Schanden oder Ehren. Wir wissen, daß uns das Zeitliche ins Verderben stürze, darum solches billig zu verlassen und zu hassen. Es werden zwar viel zur Erwerbung und Begierd der göttlichen Dinge, wie auch wegen der Ewigkeit, sowohl der himmlischen Freuden als höllischen Peinen, nicht allein zu einer großmüthigen Verachtung der Welt, als zu unaufhörlicher Vernichtung ihrer selbst angezündet, auch kochen sie bei sich selbst aus das Verlangen der glückseligen Unsterblichkeit, und empfinden in sich solche Gedanken, die ungezweifelt von dem Himmel geschickt seynd, als daß sie ein besseres Leben, weit von allen weltlichen Freuden und Ergötzlichkeiten, weit von dem eitlen Rauch der Ehren dieser Welt, weit von falscher Betrügerei der Reichthümer führen sollten. Allein die Liebe zu der Welt überwindet alle solche Anspornungen, und hält auf die bessern Anschläge so lang und viel, bis sie gar verschwinden.

Einem dem Wein ergebenen Studenten wollt

ein Medikus ein Gerstenwasser zu trinken verordnen, und als er ihn fragte, ob er solches auch brauchen wollte, antwortete er: „Warum nicht? wenn es nur nach Wein schmeckt.“ Also geht es den weltliebenden Menschen, sie liegen krank an ihrer Seel tödtlich dahin, die Beichtiger und Prediger, als Aerzte derselben, schreiben ihnen vor ein heilsames Gerstenwasser der Pönitenz und Buß, allein es ist ihnen gar ungeschmackt, es sollte mehr nach der Ergötzlichkeit schmecken, es sollte mehr der weltlichen Wollüste verstatten, es kommt ihnen gar zu bitter vor, und seynd hart zu bereden, solches recht zu gebrauchen. Aber ach! Confortare, et esto robustus, zur Warnung laßt uns seyn, die leiden jetzt die ewige Pein, und unserer Seelen Heil achten mehr, denn alles Gut und zeitlich Ehr, sintemal Niemand kann dieser und jener Welt Freude genießen, so erwähle nur ein Jeder, was er will, die Rappen oder Schimmel, die Ruh oder Getümmel, die Welt oder den Himmel, das Ewige oder Zeitliche, Freud oder Leid, Rosen oder Dorn, Spreuer oder Korn, Kohlen oder Brod, Leben oder Tod. Fac quod placitum est, et bonum in conspectu Domini, ut bene sit tibi, glückselig ist, wer Alles veracht, die Welt besonders und ihre Pracht, denn solches beweiset selbst die heilige Schrift an Lazaro und dem reichen Mann, von welchem geschrieben steht, Lazarus der Arme ist von den Engeln getragen worden in Abrahams Schooß, der Reiche aber ist begraben worden in die Hölle, aus der beiden End war genugsam verstehen zu können, wenn wir anders wollen, daß Alles, was die Welt für liebreich thue halten, sey nur ein Traum und Betrug des Teufels, dessen Lohn seyn wird das höllische Feuer. Weil ein jeder Baum, der nicht gute Frucht bringet, wie die Früchte der Welt, wird ausgehauen, und ins Feuer geworfen. Warum thut denn in unsern Gemüthern die Erkenntnuß dieser Eitelkeit nicht grünen, welche doch nichts anders seynd, als eine schnell flüchtige Ergötzlichkeit, eine mit überschlagender Gall vermengte Süßigkeit, und mit Betrübniß überschwemmte Wollust. Wollte Gott, daß wir der Welt Verächtlichkeit und des Himmels Kostbarkeit genugsam erwägeten, würden wir uns mehr bemüssigen, zu vermehren die guten Werke, als die zeitlichen Güter. Non concupisses argentum et aurum. Was gedenket ihr, alberen Menschenkinder, verstockte Sünder! daß ihr euch so inbrünstig laßt angelegen seyn die Lustbarkeit eures Leibes, und so kaltsinnig euch erzeiget in Verwahrung eurer Seele? O Blindheit der Menschen, die Alles verlangen schön zu haben, als allein ihre Seel, ungeachtet alle Schönheit sich verlieret, wenn die Seel ungestalt ist. Ach, fasset zu Gemüth, daß ja weit vorzuziehen sey das Unsterbliche dem Sterblichen, Gott der Welt, Ehr dem Geld, die Seel dem Leib, mehr als Mann dem Weib, der Himmel der Erde, die Ruhe den Beschwerden, ein Redner dem Stummen, die Tugend dem Reichthume, und laßt euern Verstand nicht also vernebelt werden, daß er nichts anders wisse zu achten und betrachten, als Fleisch und Blut oder zeitlich Gut. Es solle euch dieses ein sonderliches Bedenken seyn, damit ihr die von diesen Seelen umringenden Eitelkeiten der Welt entfernet, wenn ihr nicht wollet von dem zeitlichen Elend gestürzet werden in das

Ewige. Si sic mihi futurum erat, quid necesse fuit, concipere, wenn mir's also sollte gehen, warum bin ich schwanger worden, sprach jene zarte Frau Rebekka, als Jakob und Esau sich stießen mit einander in ihrem Leibe. Ach, auserwählte Herzen, was nützet es euch, daß ihr schwanger worden, und verlanget und pranget mit den Wollüsten dieser Welt, und euch anfüllet mit Reichthum, mit Ergötzlichkeit, mit zerfließenden Freuden. Wenn Esau und Jakob, das Leben und Tod sich werden mit einander stoßen, und das Leben dem Tod muß weichen, wenn es euch also ergehet, wie es denn ist, daß ihr nach Kurzem zueilet dem Verderben, der größten Noth und Tod, und folglich der Hölle, was seyd ihr denn so begierig nach so kleiner Freud, euch zu werfen in ein ewiges Leid? Wenn die Wolken schwanger werden, und angefüllt mit Wasser, so entleeren sie sich wieder durch einen Regen, oder verschwinden, und zergehen durch den Wind. Also auch der Mensch, da er genug an sich gezogen der wässerigen Lustbarkeiten dieses fließenden Jammerthals, so kommt ein starker Wind einer Krankheit, treibet ihn hin und her, bis er sich ausgießt in einen kalten Regen des Todtenschweißes, und verschwindet ins Grab. Ach, wollte Gott! nicht gar in den tiefsten Abgrund der niemal vergnügten Hölle.

Ein Wirth hatte einen Gast, welcher in währender Mahlzeit einen Löffel eingestecket, als solches der Wirth vermerkte, steckte er gleichfalls einen ein, wie nun nach dem Löffel gefragt wurde, sprach der Wirth: „Es ist Verirung, hier ist mein Löffel, der Herr gebe nur seinen auch wieder her," welches denn nicht ohne sondere Schande geschehen. Also gehet's in der Welt, bey der der Mensch nichts anders ist, als ein Gast. Will er nur ein wenig ihrer genießen, da hat behend die Mahlzeit ein End, und kommt der langfüßende Stöffel, fragt um den Löffel, nemlich der Tod, zu Ankunft dessen muß man die eingesteckten Freuden wieder mit größtem Spott verlassen, daß man nichts davon trägt, als große Schmerzen in dem Herzen, ein verletztes Gewissen, und theuer verkoste Bissen. Demnach lieben wir so inbrünstig die eitle, veitle, mistende, fließende Welt.

In Steyermark ist ein Schloß unweit der Hauptstadt Grätz, so genennet wird Altenberg, sonst insgemein Tausendlust. Bei diesem Ort, ungeachtet selbiges Landvolk „grobe Steyrer“ betitelt wird, wollen doch die höflichste Zärtling und zarteste Höflinge ihre Wohnung benennen; indem sie verlangen, zu veralten auf dem Berg der größten Glückseligkeit, und zu genießen tausenderlei Belustigungen und Freuden dieser Welt. Aber ach! kein unheilsamer Krebs verzehret also die Glieder des Leibes, wie die verkehrte Lieb zu der Welt die Gliedmassen des Gemüthes anstecket durch Verwandlung der Tugend in lauter Laster. Aus dem süßesten Fleisch wachsen, alsbald es schmeckend wird, die Maden, und aus einer süßbrünstigen Liebe gegen der Welt leichtlich der Tod, und die Würmer des Grabs; und dennoch die Begierd zu der Welt thut den Menschen dermassen bezaubern, daß er ihre Strick und Netz zu melden nicht verlanget, unangesehen ein Anderer darinnen bestrickt und erdrosselt wird. Ja, es gehet ihnen wie etlichen großen Raubfischen und ungeheuern Schlangen, die zu Zeiten solche unkleine Bissen hinein schlucken, daß sie daran müssen erwürgen, oder wie den Vögeln, welche den Samen des Bilsenkrauts begierig fressen, wovon ihnen der Kopf ganz eingenommen wird, daß sie zur Erde, und dem Steller in die Hand fallen. Also geschieht auch solchen der Welt begierigen Menschen, welche dem Zeitlichen mit allen Begierden, ja ganzem Herzen nachhängen. Die giftige Süßigkeit der Lieb zur Welt verwirret ihnen dermassen den Kopf, daß sie von dem Pfad rechter Vernunft abweichen auf den Weg allerhand Untugenden, und je mehr sie die Welt lieben, desto süßer kommt ihnen vor derselben unerträgliches Joch, denn es gehet ihnen wie dem Jakob. »Servivit Jacob pro Rahel septem annis, et videbantur illi pauci dies prae amoris magnitudine, Jakob diente um Rahel sieben Jahr, und gedunkte ihn wenig der Tage, wegen der großen Liebe.« Die Liebe zu der Welt, welche bei ihnen überhand genommen, verursacht, daß sie die Dienstbarkeit, worin sie stecken, nicht betrachten, sondern verachten alle Mühwaltung und Arbeit, nur damit sie ihrer genießen mögen.

Eine Jungfrau, deren Eltern Haus war eine Schul der Tugend, in welchem sie, obwohl auf der Welt, dennoch von der Welt wenig wissend, von Jugend zu der Tugend auferzogen worden, wurde von ihren Eltern nach Verfließung nicht vieler Jahre in ein Kloster, als ein Paradies, wie denn ein solcher Ort nicht weniger ist, wo Einigkeit, Lieb und Zucht beisammen wohnen, sich zu begeben beredet. In solchem irdischen Himmel achtete sie wenig das Weltgetümmel, und war ihr die goldene Einsamkeit die größte Lustbarkeit! Sie brachte ihr Leben zu in stetem Fried und Ruh, sie wußte von keinem Tanzen noch Schanzen, Streiten noch Beuten, Klagen noch Jagen, Schulen noch Buhlen, als von einem Tanz mit dem Herrn Jesu, von einer Schanz, wie zu bewahren sich vor den Lastern, von einem Streit, wie zu streiten wider das Fleisch, von einer Beute, wie einzuholen die Tugend, von einer Klag, wie zu beklagen die verlorne Zeit, von einer Jagd, wie zu vertreiben das höllische Wildschwein, von einer Schul, wie zu lernen sich selbst erkennen, von einer Buhlschaft, wie verliebt zu seyn in den gekreuzigten Heiland. Aber endlich durch verdammliches Geschwätz Anderer, deren Gemüth zwischen den Mauern verschlossen, frei in der Welt herum schwebte, veranleitet, fragte unterschiedlichen Weltkurzweilen nach, belustigte sich in solchen, und weil ihr der Ausgang durch das Gelübdverbindniß verboten, und über die Klostermauer nicht nach Genügen aussehen mochte, steiget sie unter das Dach, stecket durch einen zerbrochenen Ziegel ihren Finger hinaus, und wollte an solchem, als einer Leimruthe, die Wollüste der Welt auffangen, darum sie nach Kurzem solchen zurückziehet, schlecket ihn ab, und sprach: „o Welt, wie bist du so lieb und süß!" Wer ist nun diese Klosterjungfrau? Ach Mensch! nun dich beschau, so wirst du sehen, wie du zum öftern von dem Guten ablässest, und dich zuviel dem weltlichen Wohlleben ergebest. Aber laß die Welt Welt seyn, et non concupiscas ex rebus ipsius aliquid.

Als jene egyptische Kleopatra aus heidnischer Ehrsucht ihre eigene Mörderin werden, und die Hüter, so ihr von dem Kaiser Augusto zugeordnet, überlisten wollte, mußte ihr die getreueste Kammerjungfer eine Schüssel voll der besten Feigen bringen, darunter eine kleine, aber giftreiche Schlange verborgen lag, von solcher Art und Natur, daß sie mit einer süßen Empfindung den Menschen umbringet. Diese Schlang hat sie an die Brust gesetzet, und sich dadurch in den ewigen Tod gestürzt. Eine solche Schlang ist die Weltlieb, oder vielmehr ihrer Seele mörderische Wirkung. Dieselbe hat der höllische Feind mit den süßen Feigen allerhand Wollüste bedecket, damit unsere Begierd durch einen so seltsamen Geschmack angereizet werde, sich selbst hinzurichten und zu verderben. Dioscorides und Nicanor schreiben von der Schlange tödtlichem Gift, daß, wo die Schlange einen beißt, nachfolgende Uebel daraus entspringen: die Wunde fließt mit Eiter und Unrath, der Mund ertrocknet, den Augen schwindelt, das Gehör verfällt, und neben Grimmen und Schwere des Hauptes wird der Mensch durch ein vergiftetes Fieber der Vernunft beraubet. Dieses thut auch das Gift weltlicher Liebe, denn aus dero Wunden rinnet hervor der Unrath anderer Sünden, der Mund wird trocken, Geistliches zu reden, die Augen werden verdunkelt, daß sie ihre Gefahr nicht sehen, die Ohren sind verstopft zu dem Guten, inwendig nagt das Grimmen des Gewissens, bis es von der Schwere der Sünden fällt gar in Verzweiflung und ewigen Tod; denn Jeder wird versucht von seiner selbst eigenen Begierlichkeit, nachmal wenn die Begierd empfangen hat, gebieret sie die Sünde, die Sünde aber, wenn sie vollendet ist, gebieret sie den Tod.

Mezentius ist einer solchen Grausamkeit gewese daß er nicht zufrieden war, die Menschen mit Schwe Strang oder Feuer hinzurichten, sondern mit dem G stank. Sintemal einem Todten und gleichsam faule den Menschen hat er die Lebendigen angebunden, d sie also durch den Gestank der Todten umgebrac wurden. Diomedes aber hat seine Gäste gar den Pf den zu fressen gegeben. Die Welt bindet den Me schen nicht nur an einen Todtenkörper, sondern a viel der abscheulichsten und stinkenden Teufel du ihre Freud, und da die Menschen vermeinen, sie sey am sichersten, so wirft die Welt solche vor die höl schen und plutonischen Pferd in Ewigkeit zu zerreiße denn

I.

In der Höll Niemand ist,
Der nicht dahin gerathen,
Durch der Welt böse Thaten,
Und ihr verstellte List.
Zwar Keiner thäte hoffen,
Von Gott veracht zu seyn,
Bis er ist fortgeloffen,
Gar in ihr Schlund hinein.

II.

Ach, sie durch ihre Pracht,
Viel tausend arme Seelen
In Ewigkeit zu quälen,
Hat in die Höll gebracht.
Viel durch den Weg gesprungen
Der Freud und Lustbarkeit,
Bis daß der Sprung mißlungen
Zum Land der Seligkeit.

III.

Auch sie durch ihre Tück,
Hat öfters schon verstoßen,
Jetzt in der Höll verschloßen,
Viel von dem höchsten Glück.
Ein Jeden sie anlachet,
Zeigt Rosen ohne Dorn,
Doch sie indessen machet
Nur Spreuer aus dem Korn.

IV.

Oft einer wird verstrickt,
In ihren Wollusts-Garnen,
Bis er, ohn alles Warnen,
In seiner Sünd erstickt.
Und durch die Freuden-Blätter,
Fällt in die große Pein,
Da zwischen eis'nen Gätter
Geplagt muß ewig seyn.

V.

Vielfach liegt man verhafft,
Mit vielen Strick umgeben,
In größter G'fahr das Leben
Liegt ohne Seelenkraft:
Eh man sich umgeschauet,
Ob ein Gefahr mögt seyn,
Ist man schon umgebauet,
Ja gar geschlossen ein.

VI.

Bei ihr ist Alls' Betrug,
Man meint in Freud zu leben,
Da wird ein Netz geweben
Zu ganz verborgnem Zug.

Bald man findt sich betrogen,
Durch falsch gelegte Strick,
Wenn man wird eingezogen,
Merkend zu spat ihr Tück.

VII.

Wie auf begrastem Herd,
Im grünen Haus vermauert,
Ein Vogler listig lauert,
Daß ihm ein Vogel werd'.
Er spielet auf der Pfeiffen,
Die Speis wirft er da aus,
Bis er ihn kann ergreifen,
Und führen nacher Haus.

VIII.

Also ist auch die Welt,
Welche die Speis vorwerfen,
Indem wird lieblich dürfen,
Ach, bis sie ihme fällt.
Kaum thut man ihr genießen,
Und ihr vermeinte Freud,
So muß man es gleich büßen,
In gar zu großem Leid.

IX.

Ein Grub wird auch gemacht,
Durch deren hohle Bogen,
Wird grün, schön überzogen,
Daß es Kein nimmt in Acht:
Wenn aber einer würde
Ganz frech darüber gehn,
Würd bald sein Leibes-Bürde
In tiefer Grube stehn.

X.

Die Welt auch also grün
Von Außen her bekleidet,
Wer aber sie nicht meidet,
Lauft zum Verderben hin;
Denn sie ist untergraben,
Hinunter bis zur Höll,
Wohin, die sie lieb haben,
Stürzt unvermuthet schnell.

XI.

Gleichwie den Abner hat
Joab ganz falsch erstochen,
An ihm die Treu gebrochen
Durch solche frevle That.
Die Welt auch thut verüben
Ein solche Grausamkeit;
An denen, die sie lieben,
Für wahre Fröhlichkeit.

XII.

Sie All's mit solcher List,
Dem Menschen da vorbildet,
Als ob es sey vergüldet,
So doch nur Koth und Mist.
Wenn dann in was verwesen
Ist solche Lustbarkeit,
So prüft man, daß gewesen
Sie nichts als Bitterkeit.

XIII.

Der Seelen ein Verdruß
Bringt sie, wie auch dem Herzen
Viel Ungemach und Schmerzen,
Vor ihr Gewinn und G'nuß.

Gleichwohl ist so verblendet
Des Menschen freies G'müth,
Daß es von ihr geschändet,
Vor ihr sich doch nicht hüt.

XIV.

Für weislich wird geacht,
Führen ein freudigs Leben,
Der Tugend sich ergeben,
Leider wird ausgelacht.
Allein man thut sich irren,
Ihr Freuden kennt man nicht;
Wer sie liebt wird bald spüren,
Daß sie hält keine Pflicht.

XV.

Sie zwar wohl viel verspricht,
Wer aber hat erfahren,
Daß er gelebt ohn' G'fähren,
Und sey betrogen nicht.
Gefunden wird g'wiß Keiner,
Der dieß bezeugen kann,
Ach wahrlich! ach nicht Einer
Wird seyn zu treffen an.

XVI.

Gar bald nimmt ab ihr Freud,
Darauf folgt großes Klagen,
Samt unerhörtem Plagen,
Und unbeschreiblich Leid.
Da muß des Sünders Rachen
Vor dem versüßten Wein,
Ganz stinkend Koth und Lachen
Gequälet nehmen ein.

XVII.

Vor einem Saitenklang,
Wird ein abscheulich Brüllen
Die Ohren stets erfüllen,
Samt einem Teufelsg'sang.
Auch in verschloßnen Schanzen
Stets scharfe Straf und Pein,
Für das zu üppig Tanzen,
Der Tanzer holet ein.

XVIII.

O du betrog'ne Welt!
So alle deine G'sellen
Hinschickest zu der Höllen,
Die du zuvor gefällt.
Die Pein wird von den Bösen
Nicht ruhen einen Tag,
Noch wird seyn aufzulösen,
Die auferlegte Plag.

XIX.

O gar zu großes Leid!
Wo einer ewig meiden
Muß auf den Himmels-Haiden
Die höchst erles'ne Freud:
Davor muß aber sitzen
Im Haus aus Feur bereit;
Und doch nicht kann ausschwitzen
In alle Ewigkeit.

XX.

D'rum billig man verflucht,
Die Welt mit ihren G'lüsten,
Die Milch mit samt den Brüsten,
Den Baum auch mit der Frucht:

Wer ihr nun will g'nießen
Der hat die freie Wahl,
Kann denn auch ewig büßen,
Sein Freud in höchster Qual.

Was diejenigen, so der Welt ergeben, für eine Seligkeit zu erwarten, ist leichtlich zu erachten aus jenen Worten, welche Abraham zu dem reichen Mann gesprochen: „Sohn gedenke, daß du Gutes empfangen hast in deinem Leben, und Lazarus desgleichen Böses; nun aber wird er getröstet, und du gepeiniget.“ Durch welche Wort Gott uns vorbildet, wie er etwelche Menschen pflegt zu belohnen, mit zeitlicher und vergänglicher Belohnung. Denn, weil Gott, der Herr, dermassen gerecht ist, daß er kein Uebel, es sey so gering es wolle, ungestraft läßt, hingegen auch keine Gutthat, sie sey so schlecht wie sie wolle, unbelohnet, also belohnet er solche auf Erden, weil sie die Seligkeit nicht verdienet. O wie furchtsam sollen alle diejenigen wandeln, welche in diesem Leben der Welt ergeben, glücklich und wohl daran seyn, auch denen Alles nach Wunsch von statten gehet, die vielleicht vermeinen, daß diejenigen Gutthaten, so sie in diesem Leben empfangen, nicht eine Vergeltung sey, von wegen ihrer geübten guten Werke.

Es spricht der geduldige Job: „Ich bin nackend aus meiner Mutter Leibe kommen, nackend werde ich wieder dahin fahren.“ Denjenigen, so der Welt ergeben, pflegt zu widerfahren, was der Maus von der Katze. Denn die Maus lauft durch ein kleines Löchl in die Speis-Kammer, und füllet den Bauch dermassen an, daß, wenn die Katz auf sie zueilet, sie vor Ueberfluß der Speis nicht mehr durch das vorige Loch entkommen kann, und also von der Katz gefangen und gefressen wird. Ebenso pflegen sich viel Menschen zu verhalten, wenn sie in die Speis-Kammer der Welt gekommen, füllen sie sich an von deroselben Ergötzlichkeiten. Aber wenn die höllische Katz will jagen, so lauret sie auf das enge Loch des Todes, und weil solche Menschen von den Wollüsten ganz aufgeschwollen, aus der Speis-Kammer der Welt nicht entlaufen können, so jaget, fängt und tödtet sie selbige ohne alle Barmherzigkeit, sie nach sich ziehend in die höllische Glut, massen dem reichen Mann geschehen. Denn die Lieb und Freud der Welt keinen andern Gewinn erlanget, als das ewige Verderben. Ach! viel besser wäre es, wenn wir die Zergänglichkeit und Falschheit der Welt zu Gemüth führeten. Allein niemand will verstehen den Weg der Wahrheit, von dem Christus spricht: »Ich bin der Weg, die Wahrheit und das Leben.« Darum auch Jesus Pilato geantwortet: »Mein Reich ist nicht von hinnen, ich bin dazu geboren, und in die Welt kommen, daß ich der Wahrheit Zeugniß gebe. Wer aus der Wahrheit ist, höret meine Stimm. Die Wahrheit aber ist eine sittliche Tugend, durch welche der Mensch ohne einige Erdichtung, Zuthuung oder Minderung sich in seinen Worten oder Werken erzeiget, wie er in dem Herzen beschaffen ist, alldieweilen sie, gleichwie die Gerechtigkeit, gibt einem Jeden, was ihm billiger Massen gebühret, nemlich daß sie ihm, was wahr ist, offenbare. Denn wenn der Mensch, nach Aussag Aristotelis, ein geselliges Thier und zu der Gemeinschaft geboren, also ist nothwendig, damit solche Gemeinschaft besser könne erhalten werden, daß ein

Vertrauen unter den Menschen seye, welches Vertrauen aber ohne die Wahrheit nicht bestehen kann. Allein sie zu finden wäre es nöthig, daß man ginge in die immergrünenden Felder der seligen Ewigkeit, weilen sie auf Erden nicht mehr anzutreffen. Facta est veritas in oblivionem. Darum als auf eine Zeit die versammelte Tugend-Gesellschaft sich unter einander besprachen und einen Rath gehalten, weilen aber Phöbus seine Schimmel an den Himmel zu baden in das Abend-Meer ausführete, und der Mond auf den blau gesternten Auen seine Wacht zu halten in dem Anzug begriffen war, konnten sie ihr angefangenes Gespräch nicht zu Ende bringen, sondern diminutae sunt veritates a filiis hominum, nahmen von einander Abschied, jedoch hinterlassend, wo eine jede Tugend anzutreffen. Die Gerechtigkeit sagte, sie sey anzutreffen in den gewissenhaften Vorstehern und Richtern; die Liebe, sie habe ihre Wohnung in den rein verliebten Herzen; die Hoffnung, sie behalte ihren Sitz in den auf Gott ihr Vertrauen setzenden Gemüthern; die Mässigkeit, sie bestelle ihre Behausung in den Abbruch leidenden Gesellschaften; die Demuth, sie halte ihre Residenz in den sich selbst wenig schätzenden Menschen, und so fort; allein corruit in platea veritas, die Wahrheit wußte keinen Ort zu benennen, wo sie ihren Unterschleif hätte, weil Niemand sie will beherbergen. Denn gehet sie zu den fürstlichen und königlichen Höfen, da ist sie ganz unangenehm, weil in vielen solchen hohen Häusern alles in liebreicher Süßigkeit und Freuden hergehet; die Wahrheit aber ist bitter, eines runzelnden Angesichts und trauriger Gestalt. Sucht sie ein Unterkommen in den Kauf= und Handelsläden, so ist sie ganz verachtet, alldieweil mehr angesehen wird der Betrug. Will sie ihre Einkehr nehmen in den Gast= und Wirthshäusern, so findet sie rechte Gesellen, welche bei freundlichen Schilden die größten Unbilden gebrauchen. Mancher hängt einen Engel aus; geht man in das Haus, kommt anders nichts heraus als ein betrüglicher Schlengel. Bei den Schwanen lauft oft der Wasserhahnen, und thut man leicht erfahren, wie wenig man thu ersparen, wenn man bei Raben wird eingekehrt haben. Bei dem Lambl ist der Wirth ein Geld=Kampl, und kampelt den Beutel reiner manchem armen Tropf, als ein Kampel die Läus' von dem Kopf. Zu dem Schiffsanker und Galeeren darf sie gar nicht gehen, ohne Gefahr eines Schiffbruchs. Vermeint sie dann aufgenommen zu werden von der zarten Jugend, bei welcher aller Betrug und Unwahrheit sollte unbekannt seyn, ist ihr der Eingang verschlossen, denn was die Alten singen, das thut die Jugend springen. Bemühet sie sich, bei den Geistlichen eine Beherbergung zu erlangen, so wird sie zwar gern eingelassen, aber man getrauet sie nicht zu behalten, sintemal man jetziger Zeit nur dergleichen Seelsorger und Beichtväter haben will, die mehr durch die Finger sehen, als die Wahrheit gestehen.

Aber was nützt es einem Kranken, der nur einen Arzt begehrt, welcher ihm eine Arznei vorschreibet, die angenehm einzunehmen, aber die Krankheit nicht vertreibt? Ich will sagen: Was bringt es einem Sünder für Gesundheit seiner Seele, wenn ein Prediger oder Beichtvater ihm nicht darf zu Herzen reden, und für den Zucker der Nachsehung freien Willen hat, anzuwenden die heilsame Aloe wahrer heilwirkender Buße? Wenn ein Blinder den andern führt, fallen beide in die Grube. Ach leider! ach die Wahrheit wird sich finden, wenn der Schnee dieses leicht zerfließenden Lebens vergeht. Darum laßt uns alle Falschheit meiden und die Wahrheit lieben, für welche Christus sterben hat wollen und sich selbst die Wahrheit nennen; alldieweil die lügenhaften Lippen seynd Gott ein Gräuel, wünschte also von Herzen, daß ein Jeder wandle in dem Licht der Wahrheit, damit er gelange an jenen glückselige Ort und Pfort, dessen inwohnender König ein Herr der Wahrheit; der rechte Weg aber zu der Wahrheit ist das Allererste und Rechte in der Schul Christi, die Demuth S. August. Epist. 56.

Das 17. Kapitel.

Was dich nicht brennt,
Laß unberennt!

Als Pilatus aus der falschen Anklag der Juden verstanden, daß Jesus das Volk sollte verführt haben, von Galiläa bis gegen Jerusalem, vermerkte er zugleich, daß Jesus in jenem Land, dessen Herodes ein König war, müsse auferzogen seyn worden. Derohalben wollte er Herodi, welcher sonst sein Feind war, nicht eingreifen, sondern damit sie vielleicht gegen einander eine

Freundschaft eingingen, so auch erfolget, als sandte er Jesum zu ihm.

Es geschieht oft, daß zwei Feinde zu dem Schaden des dritten Freund werden, welches aber eine schlechte Freundschaft, daraus des andern Feindschaft entsteht; denn nichts Gutes zu wirken, auf daß etwas Böses daraus entspringe. Weil ein solches Werk nicht gut, sondern bös gemacht wird; sintemal wer wird es für gut erkennen, wenn ich meinem Nächsten das Seinige nehme, dadurch mich zu bereichern. Wer wird es loben, wenn ich einen andern beschimpfe, mich dadurch hervorzustreichen? Wer wird es rühmen, wenn einer sich eines Lasters, so er begangen, entschuldiget, den andern dessen zu beschuldigen? Wer wird es recht heißen, daß einer den andern verlämnde, sich dadurch zu beschönen? Detrahentia labia sint procul a te, und dennoch, wenn man einen verspotten und verlachen kann, so entstehet die größte Freud. Ja man findet jetziger Zeit deren viel, welche sich erlustigen den ganzen Tag bis zu Aufgang des Abendsterns, kein anderes Werk zu verrichten, als nur bald diesen bald jenen zu verläumden, gleichsam ob sie des Pasquini Lehrjünger oder aber Schulgesellen seyen; aber hos devita, sagt der Apostel, hüte dich vor diesen, und meide sie. Es läßt sich an, als ob ein anderer Momus entstanden, der in keiner Kunst mehr erfahren, als jedes Werk zu tadeln, oder aber ein neuer Pirticus, dem das Maul zu klein, Jeden zu verlachen, ungeachtet er eine Goschen machet, daß eine Kuh aus selbiger saufen könnte. Es ist gut, wenn man solcher sich entfernt. Cum Detractoribus non comiscearis. Ungeachtet Niemand des Verlachens mehr werth, als eben solche ehrenbedürftige Gesellen, Detractores Deo odibiles, die würdig zu begleiten Daphiten, der wegen seiner bösen Zeugen auf dem Berg Thorak zwischen Himmel und Erden seinen Lohn empfangen, denn sie nicht mehr verdienen. Abominatio hominum Detrectator. Oder aber sie sollten mit dem Rab bezahlet werden, von welchem die Poeten dichten, daß er gar schön gewesen, aber wegen seines Geschwätzes in einen schändlichen Vogel verwandelt worden; insonderheit, weil ihrem Gespötte niemand mehr unterworfen, als die betrübten und tugendreichen Gemüther.

Solches hatte auch schon seiner Zeit erfahren der königliche Prophet David, da er von seinem Sohne Absolon flüchtig war. Denn als er zu Achis, dem König zu Geth, gekommen, und die Knechte Achis ihn sahen, sprachen sie: Ist das nicht David, der König des Landes, sangen sie nicht von ihm an Reihen, und sprachen: Saul schlug tausend, und David zehntausend? Er nahm selbige Worte zu Herzen, und fürchtete sich sehr vor dem Angesicht Achis, verstellte seinen Mund vor ihnen und fiel unter ihren Händen, und Achis sprach: Warum habt ihr ihn zu mir hereingeführt, haben wir denn Mangel an unsinnigen Leuten, daß ihr diesen hereingeführt habt? und wurde also von Achis und seinen Knechten verlacht.

Obwohl David in Vielem gewesen ein Vorbild Christi, kann doch hierinnen erscheinen ein absonderliches betrachtungsvolles Geheimniß. Sintemal Christus nicht minder kam in die Hände der Knechte, nicht zwar Achis, sondern in die Hände der Knechte Herodis, von welchem er ihm ist vorgestellt worden, so Jesum ohnedas schon lang zu sehen begierig gewesen, nicht zwar, ihn zu verehren, sondern ein Zeichen von ihm zu sehen; denn weil er viel von ihm gehört, fragte er ihn über viele Sachen.

Ach, wie viel seynd, welche sich verwickeln in allerhand Sachen, denen doch viel besser anstehet, sich selbst zu erkennen! Wie viel seynd, deren höchster Fleiß nur allein bestehet in diesem, nicht was zu lernen, welches ersprießlich der Seel, sondern etwas Vorwitziges und Neues zu sehen und zu hören? Wie viel seynd, welche zu Zeiten der Predigt beiwohnen, nicht, daß sie einen Nutzen daraus schöpfen, aber wohl zu erforschen die Wissenschaft, Aussprach oder Wohlredenheit des Predigers? Ja wollte Gott, daß dieses genug. Allein es muß auch oft ein Prediger in so unnützen Mäulern herum getragen, und von dem mehresten Theil der Zuhörer getadelt und verlacht werden. Ein großer Zulauf ist oft des Volks, aber ein kleiner Nutzen, alldieweil viel nur kommen, ihre Ohren zu füllen, nicht aber das Wort Gottes zu Herzen zu nehmen, ihre Seel zu versorgen, und ein besseres Leben zu führen. Viel seynd, welche sich zwar begeben in die Kirche, dem Gottesdienste beizuwohnen; kaum aber kommen sie in den Tempel, ist ihnen lieber das Geschwätz und Schlaf, also daß sie in dem Gotteshaus nicht einmal an Gott gedenken, oder da sie doch was bemerken, seynd sie wie ein Reuter oder Sieb, welches, wenn es in das Wasser gestoßen, geschwind voll wird, aber wieder herausgezogen keinen Tropfen behaltet; also auch solche Menschen, so die Predigt gleichwohl anhören und mit Andacht angefüllt werden; aber kaum hat die Predigt ein End, ist Alles, was sie in ihr Herz gefaßt, verschwunden. Cor fatui, quasi vas confractum, omnem Sapientiam non tenebit, sagt der weise Mann; das Herz des Narren ist wie ein zerbrochenes Geschirr, keine Weisheit kann es behalten. Was hilft es einem Hungerigen, den Bauch mit Speis anzufüllen, wenn er gleich solche wieder von sich gibt? was frommet es, daß einer geboren wird, aber in dem ersten Anblick der Welt in den Tod verbleicht? Was nützt es, daß man den Samen in einen zerbrochenen Sack schüttet, die Buchstaben in das Wasser machet, Fische und Vögel fangt, und solchen gleich wieder freien Lauf und Flug verstattet? Das Wort Gottes solle stets und wohl behalten werden, und müssen dem Menschen allzeit davon die Ohren klingen. Das Wort Gottes ist der himmlische Hammer, der die harten Felsen der verstockten und kieselsteinharten Herzen zerbricht, zerschlägt und erweicht. Wie denn Gott selbst spricht durch seinen Propheten: Seynd meine Worte nicht wie Feuer, und wie ein Hammer, der die Felsen zerschlägt? Sintemal das Wort Gottes entzündet die Frommen, und wie ein Hammer zerschlägt es die lasterhaften Herzen. Indem wie der Hammer nothwendig ist, harte Sachen bequem zu machen, anzunehmen die Gestalt, so man von ihnen verlangt; also auch das Wort Gottes ist sehr nützlich, die verstockten Sünder zu bewegen und in schöne Gestalt zu bringen. Jael hat dem starken und tapfern Sisara mit dem Hammer einen Nagel durch die Schläf getrieben, und sein Haupt an die Erde geheftet, gleichergestalt auch die christliche Kirche, welche in göttlicher Schrift öfters einem Weibe verglichen wird, thut die Sünden und den Satan als einen Fürsten der Finsterniß umbringen und mit dem Hammer des Wortes Gottes tödten. Darum ist das Wort Gottes aufmerksam anzuhören, und solchem mit möglichstem Fleiß nachzukommen. Denn wie ein Kranker nicht gesund wird durch das bloße Anhören der Worte und des Rathes eines Arztes, sondern durch die fleißige Vollziehung dessen vorgeschriebenen Medizin, die er ihm vorgeschrieben hat. Also sagt der heil. Jakobus: „Estote factores verbi, et non auditores tantum, seyd Thäter und Vollzieher des Wortes, nicht allein Zuhörer," denn so Jemand ist ein Hörer des Wortes, und nicht ein Vollzieher, der ist gleich einem Mann, der sein Angesicht in dem Spiegel beschauet, weil er, nachdem er sich beschauet hat, hingehet, und vergißt, wie er gestaltet war.

Wenn man verlanget zu wissen, ob die Fisch frisch seyen, wird solches aus ihren Ohren wahrgenommen, denn, wenn ihre Ohren bleich oder stinkend sind, ist solches ein Zeichen, daß der Fisch alt und faul sey, seynd aber die Ohren roth und frisch, also folget, daß der Fisch auch also beschaffen. Auf gleiche Weis, wenn wir einen Menschen sehen, der das Wort Gottes unfleißig anhöret, oder einen Verdruß darob empfindet, also hat ein solcher bleiche Ohren, und folglich eine stinkende Faulheit bei sich verborgen. Herentgegen wer solches mit freudiger Aufmerksamkeit beobachtet, der hat sich zu vertrösten der ewigen Seligkeit. Beati qui audiunt verbum Dei, selig seynd, die da hören das Wort Gottes; und anderswo: „Wer von Gott ist, der höret Gottes Wort,“ darum höret ihr's nicht, denn ihr seyd nicht von Gott.

Es hatte ein hessischer Wortsdiener einen Hammel, welchen er also gewöhnet, daß er ihm an jeden Ort, auch in die Kirche, nachgegangen, und vor der Kanzel, wenn er geprediget, still gelegen. Nun begab es sich einmal, daß ein Schneider unfleißig auf die Predigt merkte, einschlief, und in dem Schlaf mit dem Kopf wankte; als der Hammel dieses ersehen, hat er vermeinet, der Schneider wolle mit ihm stutzen oder stoßen, dessentwegen er geschwind aufgestanden, und mit seinem Kopf den Schneider also vor die Stirn gestoßen, daß er von dem Stuhl auf den Boden gefallen, und von Jedermann zu Schanden worden. Solche Aufwecker hätte die katholische Kirche auch viel vonnöthen, ungeachtet sie öfters ermahnet werden. Ohne daß es ihnen eine große Schand, daß die unvernünftigen Vögel weit aufmerksamer als die mit Vernunft begabten Menschen. Denn wie Geßnerus schreibt von dreien Nachtigallen, welche zu Regensburg zur Herberg bei der goldenen Krone im Jahre 1546 auf dem Reichstag in Frühlingszeit etwan um Mitternacht einen Streit und Zank mit einander gehabt, und Alles, was sie den vorigen Tag von den Gästen gehöret, deutsch geredet, also zwar, daß keine der andern in die Rede gefallen, sondern wenn eine zu reden aufgehöret, habe die andere angefangen. Gleichergestalt sollten wir auch wohl beobachten unsere Seligkeit, welche uns gezeiget wird durch die Prediger, per Os Sanctorum, und wir diese kleine Vögelein nicht gleich wieder vergessen

Das Tiegerthier, welches sonsten ein sehr wildes Vieh, und dem Menschen feindlich nachstellet, wenn es den Klang einer Trompete oder Trommel höret, läßt es seinen Grimm wider den Menschen fallen, tobet und wüthet wider sich selbst, zerfetzet und zerreißet sich mit eigenen Klauen.

O undankbarer Mensch! O verstockter Sünder! welcher du mit lastervollen Gedanken, Wort und Werken deinen gütigen Gott beleidigend in ein treuloses Tiegerthier dich verwandelst, warum läßest du den billigen Zorn nicht gegen dich selbst heraus, da du hörest den Klang des Wortes Gottes, und thust dein boshaftiges Leben mit wahrer Mortifikation und fruchtbringender Buß nicht in Etwas abtödten? Besser wäre dir, den Weg der Gebote Gottes nicht wissen, als solchen erkennen und verachten; denn wer den Willen seines Herrn weiß, und nicht thut, der wird mit vielen Streichen geschlagen werden, solchen seinen Unfleiß in der höllischen Gefangenschaft ewig zu büßen. Es ist nicht genug anhören, sondern das Angehörte vollziehen. Das Werk lobt den Meister. Wer von der Straße weicht, der thut verirren leicht; und wer nicht meidet die Gefahr, ist vom Verderben nur ein Haar. Derowegen der mailändische Kirchenlehrer Ambrosius aufschreiet: O, die ihr verlassen habt die rechte Pfad, und seyd hingangen auf die Wege der Finsterniß! O, die ihr euch erfreuet in dem Bösen, und frohlocket in böser Verkehrung! Warum verlachet ihr den Weg der Gebote Gottes? Und anderswo: Es seynd solche Verlacher billig zu beweinen, welche nur lachen und nicht weinen können, die solche Sachen begehen, die billig zu beweinen, und so sie gleich selber weinen, haben sie doch keine Zäher für ihre Schuld. Darum Herodes eben zu beweinen, weil er lachte und verlachte seinen Gott.

Man findet viel Menschen, die, wenn sie mit ehrlichen Personen handeln sollen, liederlich seynd; wenn sie mit weisen Leuten reden sollen, einfältig seynd; wenn sie mit vorsichtigen Gemüthern umgehen sollen, unbesonnen seynd; wenn sie aber mit den Narren traktiren sollen, vermeinen sie, daß sie verständig seynd. Ein jeder Narr sich selbst bildt ein, sein Kolb der schönste thue seyn. Ein Schalk macht zehen. Bei Tanzern lernt man Tanzen, bei Schanzern lernt man Schanzen, bei Saufern lernt man Saufen; bei Kramern lernt man Kaufen, bei Lausigen kriegt man Läus, mit Katzen fängt man Mäus, und wer sich gesellt zu Narren, der wird von gleichen Haaren. Warum aber das? die Ursach ist, wenn man's betracht; weil Einer den Andern macht. Wie solches die Schrift von den Furchtsamen bezeuget: »Quis est homo formidolosus et corde pavido, vadat et revertatur in domum suam, ne pavere faciat corda fratrum suorum, sicut ipse timore perterritus est.« Hätte Herodes solches betracht, hätte er Christum nicht verlacht, wie solches geschehen. Denn als er unterschiedliche Sachen Jesum befragte, aber keine Antwort erhalten, hat er ihn mit seinem Hausgesind verachtet, ihm ein weißes Kleid angelegt, und wiederum zu Pilatum führen lassen, welche Verachtung und Schmachreden die ewige Weisheit mit aller Sanftmuth und Geduld übertragen, weil nach dem heil. Gregorium Ihm lieder ist gewesen, von den Stolzen und Hoffärtigen verachtet zu werden, denn von den Unglaubigen ein Lob anzuhören.

Also geht es leider bei fürstlichen Höfen oft zu, da man bei Vielen nichts Anders findet, als böshaftige Gemüther und Anleitung zu vielen Untugenden, daß man wohl möchte sagen, es seyen alle Unarten, auch der unvernünftigen Thiere, bei Vielen versammelt, denn sie seynd hoffärtig wie ein junges Pferd, listig wie ein Fuchs, geil wie ein Bock, falsch wie ein Leopard, geschwätzig wie eine Schwalbe, verspottisch wie ein Affe, und gebissig wie ein Hund. Also, daß kein Unterschied zwischen den wilden Thieren und dergleichen Höflingen zu finden, als daß bei diesen die Untugenden herum gehen, angethan mit dem Bildniß der Menschen, bei jenen aber bekleidet mit dem Bildniß der unvernünftigen Thier. Daß sich zu verwundern, wie ihre Mütter sich haben neun Monate hindurch gedulden können, sie in ihren Leibern zu tragen, da man auf der Welt ihrer so geschwind genug hat. Ja es gibt dergleichen, welche sich so viel einbilden, als wenn sie allein Herren wären der ganzen Welt, oder ob sie Niemand unterworfen; denen aber man gar wohl könnte zurufen, was König Heinrich der Vierte einem solchen gesagt; denn als ihm einer dergleichen Höfling und unbekannter Edelmann begegnete, fragte er ihn, wem er zugehöre? Antwortet solcher, daß er sich selbst zugehöre. Meldet darauf der Kaiser: Ei, so hast du wohl einen großen Narren für einen Herrn. Dennoch vermeinen sie ihre tugendhaften Mitgespane hundertmal zu verkaufen, ehe sie nur einmal, welches zwar leicht zu glauben, denn tugendreiche Gemüther liebet Jedermann, aber für solche unnütze Höflinge gäbe Niemand einen verworfenen Heller, weil bei ihnen das Geschlecht und Stamm viel scheinbarer als die Tugend.

Daß aber solche unhöfliche Höflinge bei etwelchen Höfen gefunden werden, ist nur zur Zierd anderer, welche sich der Tugend befleißen. Zwei widerwärtige Diener neben einander gesetzet, machet einer den andern schöner zu erscheinen. Ein Unvollkommenes einem Vollkommenen, ein Schändliches einem Wohlgestalten ertheilet eine größere Zierd, und solches wird mit der Wahrheit bekräftiget zum Theil in dem Bürgerlichen, in welchem die Vollkommenheit eines guten Bürgers, dessen Amt ist, das Gemeine seinem Theil vorzuziehen, aus Vergleichung dessen gegen einen Andern, so nur auf seinen eigenen Nutzen sieht, nicht wenig erscheinet, zum Theil auch im Sittlichen, in denen die Vollkommenheit eines gottergebenen Menschen vielmehr erhellet durch Betrachtung eines Lasterhaftigen, und endlich in dem Natürlichen, denn wer nicht verstehet, was die Hitz und wessen Kraft sie sey, der stelle sich nur in's eiskalte Wasser, und wird es leicht erfahren. Gott selbst zur Zierlichkeit des allgemeinen Wesens verstattet wunderseltsame Sachen hervor zu kommen, wie aber solches geschehe, erzählet der heil. Albertus Magnus unter andern zwei Ursachen, nämlich, daß solches sich aus Abgang der genugsamen Materien oder derselben überflüßig ereignet. Ursach dessen dann die Zwerglein geboren werden, von welchem einen Nicephorus meldet, daß er nicht mehr als zu eines Reb- oder Feld-

Huhnes Grösse gewachsen, gleichwie auch die grossen Riesen oder andere mit 6 Fingern an einer Hand, zwei Nasen und dergleichen auf die Welt kommen, also seynd auch solche verspottende Menschen, die an dem Verstand Mangel leiden, und in der Bosheit einen Ueberfluß haben, in der Tugend Zwerglein, in den Lastern aber Riesen, dadurch der Tugendhaften Zierd nur mehr hervor glänzet.

Es dichten die Poeten von Achilao, daß, als er mit dem streitbaren Hercules um die schöne Dejaniram streiten wollte, sich aber gegen einen solchen tapfern Helden zu schwach befand, sich in eine Schlange, bald in einen Stier, bald in einen Fluß verwandelt.

Christus Jesus, der nunmehr den Streit mit dem leidigen Teufel um die schöne Dejaniram, die menschliche Seel eingegangen, wollte sich auch nicht minder in unterschiedlichen Gestalten verändern: denn Er ist ausgegangen als ein Gespons, Er ist gelaufen als ein Ries, gelegen als ein Kind, geflohen als ein Vertriebener, gewandert als ein Fremder, gehorsamet als ein Untergebener, und gedienet als ein Knecht, und wie hat Er nicht gefastet als ein Büßender, gestritten als ein Kämpfender, und ist gekrönet worden als ein Ueberwinder, und wie hat Er nicht vertreten die Stelle eines Arzts unter den Kranken, eines Lehrmeisters unter den Jüngern, und eines Vaters unter den Kindern? Ja was noch mehr ist, so hat Er sich gegeben zu einer Speis; Er hat sich versprochen zu einer Schankung; Er hat geschwitzet als ein in Zügen Liegender; Er ist gefangen worden als ein Mörder, geschlagen wie ein Leibeigener; seine Augen verbunden als einen falschen Propheten, angeklagt als einen Verführer, gehalten als einen Gotteslästerer, und hier verlacht als ein Thörichter.

Gehet also her ihr Liebhaber der vielen und neuen Dinge, und betrachtet einen überirdischen Achelaum, einen himmlischen Proteum, einen göttlichen Chamäleon, der sich in allerhand Farben und Gestalten der Tugenden gestaltet, bald die Gestalt eines Liebhabers, bald eines Demüthigen und bald eines Geduldigen annimmt, besehet euch an Ihme, als in einem vollkommenen Tugend-Spiegel, und geruhet Ihn nur ein wenig zu betrachten, da ihr vielleicht etwelche Stunden anwendet für euren krystallenen Rathgeber, die Zwietracht eurer Haar mit unnöthiger Mühewaltung zu entscheiden. Ach kommet herbei und beherziget, wie ihr so ungestalt gegen Ihm gesehen werdet, die ihr doch zu seinem Ebenbild geschaffen seyd. Befleißet euch in allen Tugenden, Ihme nachzufolgen. Leget ab alle überflüssige Pracht und Hochmuth, und bemühet euch mit dem geduldigen Liebhaber eurer Seelen, der sich dem Gespött der Juden unterworfen, das Fleisch dem Geist unterthänig zu machen. Lobet und ehret Ihn aus allen euren Kräften. Betet Ihn an für solche Schmach im Geist und Wahrheit, im Geist und in dem Glauben, im Geist und in der Liebe, im Geist und in der allertiefsten Demuth für seine unermessene Hoheit. Und da ihr solches verrichtet, will ich zugleich einladen zu seinem Lob, was erschaffen ist zu seiner Ehr.

I.

Ach ihr Himmel hoch erhoben,
Seht, wie da der höchste Gott,

Würdig von all G'schöpf zu loben;
Leiden muß so großen Spott:
Es ein wenig thut erachten,
Und ein Kleines es betrachten;
Wie der, so euch hat gemacht,
Spöttlich hier wird ausgelacht.

II.

Und ihr auserwählte Geister,
Schwinget euch ein wenig her;
Seht, wie euer höchster Meister,
Euer Gott und euer Herr:
Von der falschen Juden-Schaaren
Wird gezogen bei den Haaren;
Und so spöttlich ausgelacht;
Die er doch aus Nichts gemacht.

III.

Wie könnt ihr, o wilde Wellen,
Und auch du, grausames Meer,
Jetzt einstellen euer Bellen,
Die ihr sonsten wüthet sehr:
Ihr den Jonam habt verschlucket,
Und in ein Wallfisch verzucket,
Aber da Gott wird verlacht,
Ihr nicht zeiget eine Macht.

IV.

Wo verhältest deine Flammen,
Und dein Grimm, o scharfes Feur;
Da du sonsten sie zusammen
Schlugest weiland ungeheur:
Als du Sodomam zerstörest,
Und zu Aschen ganz verzehrest;
Wo ist jetzt nun solche Macht,
Indem Gott wird ausgelacht?

V.

Ach! wo seyd ihr hohle Klufften
Jener rachnehmenden Erd?
Die ihr in verborgne Kruften
Habt verschlungen ohn' Beschwerd
Ganze Städt. Ja ohn' Verschonen,
Daß kein mehr jetzt da kann wohnen;
Und indem Gott wird verlacht,
Ihr nicht zeiget eine Macht.

VI.

Aeole mit deinen G'sellen
Hier erzeige deine Macht;
Der du kannst zu Haufen fällen
Was gebaut im höchsten Pracht:
Du dem frommen Job ein Grausen;
Hast gebracht mit deinem Sausen;
Aber da Gott wird verlacht,
Du nicht zeigest eine Macht.

VII.

Wohl Diana hat gehandelt,
Wenn sie in ein Hirsch geschwind,
Wie Actäon hat verwandelt
So grausames Juden=G'sind:
Daß sie von selbst eignen Hunden
Waren worden gleich geschunden;
Weil sie Gott, der sie gemacht,
Also spöttlich ausgelacht.

VIII.

Oder wie Penteus zerrissen
Worden ist vor Angaö;
Der nach so viel Freuden=Güssen,
Mußt mit Charon auf die See:

Wo er mußt sein Leben lassen
Auf der schwarzen Höllen-Straßen
Zu dem Rad des Irion,
Welches der Verräther Lohn.

IX.

Aber wenn wir recht betrachten,
Woher komm so großer Spott,
Werden wir gar leicht erachten,
Daß von uns verspott werd Gott:
Wir seynd schuldig des Verlachen,
Weilen wir kein End thun machen;
In dem stolzen Kleider-Pracht,
Vor dem Gott wird ausgelacht.

X.

Hat was die Natur gegeben,
Man nicht mit zufrieden ist;
Sondern suchet oft darneben
Viel der Sünd und falscher List:
Man den Leib thut köstlich zieren,
Die Seel aber läßt man irren
In der dunklen Sünden-Nacht,
Darum Gott wird ausgelacht.

XI.

Bald das bleiche Ungewitter
Färben muß ein rother Schneck;
Denn der Schaum von dem Saliter
Muß bedecken alle Fleck:
Man mit halb entblößten Brüsten,
Und recht cyprischen Gelüsten,
Geht daher in gleicher Tracht,
Darum wird hier Gott verlacht.

XII.

Hohe Thürn gekrauster Locken,
Mit den schönsten Edelg'stein,
Und der indisch Seiden-Flocken
Vieler Häupter binden ein:
Die Rubin auf goldnen Gründen
Mehr die schwarze Haar entzünden,
Als der Mond die dunkle Nacht,
Davor Gott wird ausgelacht.

XIII.

Auch die wilde Sommer-Flecken
In die Runzeln tief gelegt,
Unvermerkt sie zu bedecken,
Und zu füllen oft man pflegt:
Bald die Perl'n mit goldnen Spangen
Müssen an den Ohren hangen;
Auch der Hals, wie er erscheint,
Blut durch die Corallen weint.

XIV.

D'rum ihr Himmel hoch erhoben,
Vor so unerhörtem Spott;
Tausendmal fangt an zu loben...
Meinen Jesum, meinen Gott:
Ihm das höchste Lob thut singen,
Und vor solche Bosheit bringen
Den gebührend Preis und Ehr,
Und im höchsten Grad verehr.

XV.

Ihn soll loben und erheben,
Ja der ganze Himmels-Lauf;
Ihm die größte Ehr soll geben
Jener Geister schönster Hauf:

Die auf höchsten Himmels-Spitzen,
In den größten Freuden sitzen;
Und herführen ihren Stamm
Vom verliebten Bräutigam.

XVI.

Höchstes Lob soll ihm erweisen
Alles Baum- und Laub-Geflecht:
Mit ihr'n Zünglein ihn soll'n preisen
Das wohlsingend Federg'schlecht:
Ihn soll höchstens auch verehren
Und desselben Lob vermehren,
Das befindend sich im Meer,
Unbeschreiblich Schuppen-Heer.

XVII.

Dann ihr blaue Wasserwellen,
Und ihr weissen Brunnenquell,
Gott zu loben, euch einstellen
Mit Neptuno thut ganz schnell:
Euer lieblich sausend Rauschen
In ein Lob-G'sang zu vertauschen.
Damit vor so großen Spott
Werd' gelobt der große Gott.

XVIII.

Auster du mit allen Winden,
Und samt allem Windgesind;
Laßt euch auch dabei einfinden,
Kommt und lobt Gott windgeschwind:
Thut verkehren euer Sausen,
Und verwandeln euer Brausen,
Gott zu einem Lobgesang
In ein stillen Wörterklang.

XIX.

Ach! könnt doch sein Lob verkünden
Jedes Körnlein Sand am Meer;
Damit Gott in ihm mögt finden
Sein gebührend Lob und Ehr:
Ach! daß doch ein jedes Stäublein,
Alles Gras und alle Läublein
Wären nichts als Zungen rein,
Dadurch Gott gelobt möcht seyn.

XX.

Wär ein Zung, mein Gott zu loben,
Ach ein jeder Wassertropf,
Oder so viel Haar man oben
Findt auf jedem Menschenkopf:
Ja auch all's, was ist zu finden
In dem Feur, Erd, Wasser, Winden,
Und was sonst ihn loben mag,
Lob ihn alle Nacht und Tag.

Als Socrates von einem Athenienser seines Geschlechtes halber verspottet wurde, sintemal er einer Hebamme Sohn war, gab er zur Antwort: Du sollst wissen, daß mein Geschlecht meine Schande ist, aber du bist eine Schande deines Geschlechts. Diogenes achtete es wenig, daß man ihn verlachte wegen seiner Wohnung in Mitte eines Fasses. Und unangesehen dieser Weltweise ein so armseliges Leben führte, so hat doch der große Alexander sich nicht geschämt, ihn zu besuchen und zu sagen, wenn er nicht Alexander wäre, daß er Diogenes werden wollte. Auch als dieser große Monarch ihm seine Gnade angeboten, hat er doch nichts begehren wollen, sondern alleinig ihn gebeten, daß er ihm nicht sollte dasjenige nehmen, so er ihm nicht geben könnte. Denn weil Alexander ihm die Sonne benahm, so begehrte er, daß er ihm aus der Sonne stehen, und dero Bescheinigung nicht benehmen sollte. Eine solche Antwort könnte man billig geben allen Verspottern und Verlachern.

Zu Zeiten des heil. Hieronymi war zu Rom eine vornehme Matron, von dem Geschlecht der Camiller, mit Namen Puria, von dem Glück mit ansehnlichem Reichthum, und von der Tugend mit ansehnlichen Gebärden beseeliget. Diese Matron mit einem von gleichem hochadelichem Herkommen verheirathet, wurde bald gezwungen, den freudigen Aufzug ihrer Vermählung mit schmerzlichem Kehrab einer Leichenbegängniß zu verändern, ihr Eheherr fiel unter der Sichel des Todes. Welches Frauenbild, damit sie ihren Tugend-Glanz mit wiederholtem Hochzeit-Tanz nicht benebelte, bittet sie den h. Hieronymum inbrünstig, ihr günstig eine Weis zu größerer Vollkommenheit mitzutheilen. Der h. Vater willfahret ihr gern, und unter andern gibt er ihr diese Lehr: „Bediene dich der guten Gelegenheit und mache aus der Noth eine Tugend!“ Als wollte er sagen: Weil alle diejenigen, welche in Christo Jesu verlangen fromm zu leben, Verfolgung ausstehen müssen, sie solches mit Geduld annehme. Auch wie der h. Chrysostomus spricht: „Nicht ansehe die Verachtung, sondern den Gewinn vor Augen habe.“ Indem nach dem englischen Lehrer die Geduld dem Besitzer das Böse in das Gute verändern kann. Denn welche uns mit Lästerworten angreifen, können uns nicht schädlich seyn, sondern befördern uns mehr zu dem Guten, wenn wir es mit Geduld übertragen.« Welches an sich selbsten erhellet, da er nach Eintritt des h. Ordens von seiner Frau Mutter und Herrn Brüdern, als ein kostbarliches Perlein in dem Mörsner der Verfolgungen gleichsam zerstoßen und viel Zäher samt heilsamen Lehren von sich gegossen, daß er durch Beihilf des Brands göttlicher Liebe und Zublasen des h. Geistes zu einem wunderthätigen Kraftwasser geworden, welches Anderen zum Heil und Gesundheit gerathen. Ja der allerhöchste Gott lässet zu Zeiten die Verspottungen über uns ergehen, zur Demüthigung oder auch Besserung unsers Lebens. Indem solche Verlachungen uns antreiben, zu erkennen unsere selbst eigene Nichtigkeit und sündvollen Handel und Wandel.

Petrus Consales, ein Spanischer und der tudensischen Kirche Decanus, verzehrte die geistlichen Renten in weltlicher Ueppigkeit. Als er einmal mit seinen Gesellen zu Pferd durch die Stadt sprengte, ist er als ein anderer Saulus von dem Pferd gestürzet in eine Kothlacke, ganz voller Unrath herausgezogen und von Jedermann verlachet worden. Er aber machte solche Verlachung sich zu Nutzen, fasset aus der Ursach einen Zorn wider sich selbsten und sagte: Weil mich die Welt deßwegen also auslachet, so will ich selbe auch auslachen. Gehet also hin, begehret den h. Predigerordenshabit, thut in solchem große Buß und verschied in gleicher Heiligkeit. Kein Rauch beißt so scharf die Augen, als die Verachtung den Hochmüthigen wehe thut, derohalben kann sie die Hoffärtigen zur Demuth bringen, viel seynd, welche die Verlachung ihrer Person halber weniger leiden können, als einen Dorn im Herzen. Allein man muß nicht auf alle Schnacken Achtung geben, die über den Kopf fliegen, der Mond fragt nichts darnach, daß ihn die Hund anbellen. Sie schlugen mich, sprach der weise Mann, aber es that mir nicht wehe, sie haben mich gezogen, aber ich empfand es nicht. Und gesetzt, man gehe mit einem um, wie die Juden mit Christo, die ihn einen König geheißen und zugleich geschlagen, so folge er auch Christo in der Geduld; denn in Verlachung- und Verspottungs-Schmerzen ist die beste Arznei die Geduld. Wer gedenket des unläugbaren Exempels unsers Seligmachers, welcher für die Menschen den Menschen ist zu Spott und Hohn worden, der wird leicht angetrieben, und krieget einen Eifer, sich selbsten zu verfolgen. Von der Welt veracht zu werden, solle den Menschen zur geduldigen Uebertragung anspornen der glorwürdige Sieg, so aus einem solchen klein zu achtenden Streit zu verhoffen erscheinet. Ursach dessen Bernhardus Colnagus ein hellglänzendes Kleinod der hocherleuchten Societät seinen Rock hat ausgezogen, hingegen mit einem zerrissenen Lumpen bedecket, einen Strick umgürtet, und einen Sack auf den Achseln einem Unsinnigen als Bettler viel gleicher, durch die vornehmsten Gassen der weltberühmten Stadt Neapel gehend, der Welt hat wollen zu Spott werden, zu größerm Aufnehmen der Ehre Gottes und sonderm Preis der niemal genug gelobten Gesellschaft Jesu.

Das 18. Kapitel.

Wer das Saure nicht verkost,
Dem wird das Süße nicht gekost.

Es ist ein Altes, Gewalt ist über Recht. Ungeachtet Gott der Allergerechteste befiehlt: Was recht ist, das sollst du mit Recht thun; damit durch dieses Mittel die Gerechtigkeit einem Jeden ein Genügen verschaffe, welche da ist eine solche Tugend, die den Willen des Menschen neiget, einem Jeden durch rechtmäßige Mittel das Recht zu wählen, welche in der begierlichen Kraft, oder in dem vernünftigen Willen ihre Wohnung hat, vermittelst deren er geleitet wird, ein ehrliches Werk zu wirken, nämlich, daß er einem Jeden begehre und wünsche, was ihm rechtmäßiger Weis zugehöret, sintemal dem Willen eine solche Tugend vonnöthen ist, die ihn leite, dieses zu wünschen. Denn er wegen der eigenen Lieb und aus Anmuthung zu seinem sondern Nutzen in diesem Fall oftermals eine Beschwerd empfindet. Derohalben bei den Ehr- und Geldgeizigen die Gerechtigkeit schwerlich gefunden wird, weil diese wegen gar zu großer Lieb gegen die Ehren und Reichthümer verhindert werden, einem Jeden das Seinige zu lassen, oder das Entnommene wieder zu geben. Ungeachtet solche insonderheit bei den Richtern und Vorstehern erscheinen sollte, indem sie in höheren Aemtern und Ehren gesetzet, auch Andern an Tugenden vorleuchten müssen, in der Gerechtigkeit aber seynd alle anderen Tugenden. Darum auch Cicero sagt: „welcher eine rechte beständige Ehr will haben, der befleißige sich der Gerechtigkeit.“ Derohalben der Kaiser Alexander Severus jederzeit in höchsten Ehren gehalten worden, weil er niemal was geschlossen, er habe es denn zuvor durch zwanzig Rechtsgelehrte, so er am allerweisesten, vorsichtigsten und verständigsten erkennen oder erfinden konnte, erwägen lassen. Von dem Kaiser Trajano aber wird in den römischen Geschichten gemeldet, daß er auf eine Zeit einer sehr armen Wittib, deren Sohn von den Seinigen, so auf einem schönen und unbändigen Pferd gesessen, beschädiget worden und den Geist aufgeben, solchen Trost und Ersetzung ertheilt, daß er ihr seinen Sohn anstatt des Verstorbenen, auch die Erbschaft des ganzen Reiches geschenkt habe. Ein Exempel ohne Nachfolg; denn man findet keine Scipiones mehr, welcher, als er die Zucht des Cyri bei dem Xenophonte gelesen, mit inbrünstiger Begierd verlangte ihm gleich zu werden. Man findet wenig Julios Cäsares, welcher als er die herrlichen Thaten Alexandri gehöret, eiferte er in dem höchsten Eifer über seine Tugend. Man findet wenig dergleichen, aber warum? Wenn man es recht betrachten will, so kommt es nirgend anders her, daß Gott scharfe Richter und Obrigkeiten den Menschen vorsetzet, als von der Undankbarkeit und andern Sünden der Unterthanen, durch welche Sünden der Allerhöchste angereizt wird, ihnen Vorsteher zu geben in seinem Grimm. Wessentwegen vor Zeiten der gottlose Sennacherib, der grausame Nachbuchodonosor, der hartnäckige Pharao, seynd zur Krone gelanget als Werkzeug der göttlichen Straf, derohalben der gräuliche Tyrann Attila, Gottes Geißel, und Tamerlanus, der tartarische König, Gottes Zorn genennet worden, fintemal gleichwie sich in jenem Leben der allerhöchste Monarch bedient, der Teufel, die Verdammten zu peinigen, also hat er auf dieser Welt die strengen Richter und Regenten, welche er zu der Regierung stellet, daß sie sollen Diener seyn seines Zorns unsere Sünden abzustrafen, und solches erhellet aus göttlicher Schrift, allwo Gott durch den Mund des Propheten spricht: „Der Assur oder Konig in Assyrien ist eine Ruth und Stab meines Zorns.“ Eine solche Ruthe hat der himmlische Vater auch gesandt in Jerusalem dem Landpfleger Pilatus, seinen Sohn Christum Jesum für Erlösung und Genugthuung des ganzen menschlichen Geschlechtes, dessen Sünden er aus seiner unergründlichen Barmherzigkeit und Lieb auf sich genommen, zu züchtigen, et vulneratus est vehementer. Von Tito Manlio Torquato erzählet Textor ein denkwürdiges Exempel, nämlich, daß er auf eine Zeit zwischen den Macedoniern als Klägern, und seinem Sohn als Beklagten sollte urtheilen, einen solchen Sentenz und Ausspruch gefället habe: „Auf Beweis, daß mein Sohn Tilanus das Geld empfangen, verstoße ich ihn,“ und hat darauf seinen Sohn den Anklägern übergeben.

Ein scharfes Urtheil von einem Vater wider seinen Sohn; allein noch schärfer ist verfahren der Allerhöchste, welcher seinen Eingebornen ohne einige Verschonung, ohne Schuld, ohne Beweis, sondern nur allein wegen angenommener Lieb gegen das menschliche Geschlecht ihn seinen Feinden übergeben werden läßt. Darum der römische Landpfleger Pilatus ihn also erschrecklich geißeln ließ, ut gravissimis vulneribus esset saucius, daß sein Leib von den Geißelstreichen grausamst ist zerrissen worden, seine Schönheit und schöne Leibesgestalt war jämmerlicher Weise verändert, seine hellglänzenden Augen verloren das Licht, den süßesten Mund peinigte der bitterste Durst, sein allerheiligstes Haupt neigte sich vor Schmerzen. Ja, die Schönheit war so gar von ihm gewichen, daß zwischen ihm und einem Aussätzigen kein Unterschied zu finden, er schien gleichsam nichts zu seyn, der doch die göttliche Weisheit war, die viel schöner als das göttliche Weltlicht, die Sonne. Könnte also nicht unfüglich aufschreien: „In was Schmerz und Widerwärtigkeit bin ich jetzt, der ich vormals so geliebt war!“ Denn eben Diejenigen, welche kaum zuvor ihn mit Preisen und Frohlocken haben in die Stadt Jerusalem eingeführet, die vermehren ihm eine Pein über die andere, einen Streich über den andern, eine Wunde über die andere, und machen hervorschießen Blut über Blut, also, bis und so lang sein allerschönster Leib ist dergestalt zugerichtet worden, daß keine Gestalt mehr an ihm zu sehen, weil er so viel Streich eingenommen, deren keine Zahl noch Weis, indem er unsere Sünden getragen, welche wegen ihrer Vielheit über alle Weis und Zahl. Ipse vulneratus est propter Scelera nostra. O Jesu! du Trost meiner Seelen! O Schönster unter allen Menschenkindern! O unschuldiges Lamm Gottes! Ach, daß ich doch könnte solche Streich und Wunden, Schläg und Schrunden, für dich mein Gott empfangen nach Verlangen, der ich gesündigt hab. Ach, könnt ich nachfolgen so vielen unzählbaren Martyrern und Heiligen, welche zu aller Zeit bereit gewesen, das Blut des Herzens allein oder zugleich des Leibes auch zu vergießen, dir meinem Gott gleichförmiger zu werden. Ach, was für Trost, was für Süßigkeit, was für Erquickung würde ich finden in solchem Leiden, denn wie viel seynd, welche nicht allein durch geduldiges Leiden sich zu dem höchsten Gipfel der Tugenden geschwungen, sondern auch nur durch Betrachtung so harter Zergeißelung und Blutvergießen ihr Leben gebessert. Viel seynd, die sich in dem Unflath der Sünden umgewälzet, bald aber in Betrachtung solcher Schmerzen alles Kreuz und Leiden mit inbrünstiger Herzensanmuthung umfangen. O höchst ersprießliche Blutvergießung! durch welche Viele, die sich aus lauter Zärtlichkeit kaum ertragen könnten Ursach empfunden, sich nicht allein viel angenehmer Ergötzlichkeiten zu entziehen, sondern auch neue Erfindungen, größere Strengigkeiten zu erdichten, damit sie sich den also verwundeten Jesum zum Freund macheten, und die zuvor ihren Leib gar zu fast liebten, selbigen jetzt nur als einen Knecht versorgen. Viel seynd, welche zuvor wie die grausamen Wölf mit Grimmen und Zorn umgeben waren, jetzt gleichsam als sanftmüthige Schäflein zu allerhand Unbild schweigen und leiden, auch die ihr Gewissen mit Schmerzen und Trauern, gleich als mit eisernen Banden verstricket hielten, nun sich mit Freuden über alle Ding, welche auf diesem Erdenplan die Welt geben kann, in großer Herzensfreiheit erheben, fliehen mit freiem Gemüth zu dem himmlischen Vaterland, sich verwundernd, daß sie also von der Finsterniß weltlicher Lieb haben können verblendet werden; viel seynd, welche durch Betrachtung so schmerzlicher Zergeißlung von dem Wirthshaus in ein Gotteshaus, von dem Trapeliren zum Psalliren, von dem Tanz zum Rosenkranz, von dem Rapier zu dem Brevier, vom Trinken und Essen zum Gottesdienst und Messen, vom Spielen und Lachen zu nützlichen Sachen, vom Springen und Singen zu geistlichen Dingen, vom Jagen und Schießen ihre Sünden zu büßen, vom Fluchen und Toben Jesum zu loben angereizet werden. Viele seynd, welche durch solche Blutvergießung, theils durch dero Betrachtungen, theils durch Einbildungen oder Erscheinungen seynd geführet worden von einem gottlosen Leben und Handel zu einem gottseligen Wandel. Viele seynd, welchen in Beherzigung solcher Schmerzen nicht genug war, viel und große Dinge zu wirken, wenn sie nicht beinebens auch schwere Anstöß zu leiden hätten, denn sie wissen wohl, daß sie mit dem Leiden Gott dem Herrn ihre Liebe und starken Glauben desto scheinbarer darthun und erweisen möchten, welcher die Seinigen weiß auf dergleichen Fechtplätz zu üben, auf daß nicht weniger ihr Mitleiden als Mitwirkung größerer Dinge und männlicher Tugend an den Tag käme. Deren guten Begierden Gott darnach mehr statt zu geben unter dem glücklichen Zufluß der himmlischen Gnaden, ihnen auch die Sturmwinde der Widerwärtigkeit niemals ermangeln lassen, damit ihre Geduld wohl geübet tiefere Wurzel mache, und die versuchte Tugend sich heller an den Tag legen möge.

Unter andern aber hat solches mit ihrem größten Nutzen erfahren jene mit großer Freundlichkeit, Schönheit und annehmlichen Gebärden begabte, jedoch mehr übermüthige als demüthige, mehr verdächtige als andächtige, mehr unzüchtige als züchtige, mehr unerzogene als erzogene, mehr gelle als heilige römische Matron, welche, weil sie einige Andacht zu den überenglischen Jungfrauen Mariam getragen, Gott nicht wollt ewig lassen verloren gehen, sondern als sie auf eine Zeit in der Stadt Rom hin und wieder spazierte, begegnete ihr auf der Gasse ein überschöner Jüngling, so nach gehaltenem holdseligem Gespräch sich zu ihr zu Tisch geladen, und nach seinem Wort auch erschienen. Gegen welchen diese Matron mit solcher innerlicher Liebesflamm angereizet würde, daß sie selbst nicht konnte erachten, woher so starkes Liebesfeuer mit Untermischung größerer Ehrerbietung möchte seinen Ursprung haben; also, daß sie ihn nicht wohl ansehen durfte. Aber die Vorsichtigkeit Gottes, solche auf den Weg ihrer Seligkeit zu bringen, ließ bald ihre unergründlichen Anschläg hervorblicken. Denn kaum waren sie zum Essen an die Tafel gesessen, kam diesem Frauenbild vor, alles dasjenige, was der Jüngling anrührte, sey mit Blut vermenget und besprenget. Vermeinend, er habe sich in einen Finger geschnitten, verlangte ihm also zu helfen. Allein er sprach: „Ich habe mich nicht verwundet, aber ist es nicht recht, daß ein Christ seine Speise esse, und dieselbe mit dem rosenfarbenen Blut seines Gottes besprenget habe?“ Diese Reden in ihrem Haus ungewohnt, brachten sie in große Verwunderung, also, daß sie gleichsam in einen Irrgarten allerhand Gedanken gerathen, ohne daß ihr dieser Jüngling mehr und mehr schöner vorkommen, dergestalten, daß sie sich eingebildet, die Natur hätte nur Versuchzüg gethan in Abbildung anderer Schönheiten, die sie hier zugleich als ein ausgemachtes Wunderwerk ihres Vermögens vorstellte, wußte derohalb nicht, was sie gedenken sollte, wessentwegen sie ihm anredend vermeldete: „Mein Herr! weil ihr mir dergestalt verwunderlich vorkommet, daß ich euch anzusehen nicht vermag, so bitte ich euch, ihr wollet mir nicht verhalten, wer ihr seyd.“ Er hingegen antwortete: „Sie solle es bald erfahren.“ Nachdem das Nachtessen vollendet, und nunmehr der halbgehörnte Mond sich an dem himmelblauen Feld blicken ließ, führte sie ihren Gast in die Schlafkammer, allda dem Gott des Schlafes den gewöhnlichen Tribut zu erstatten und abzulegen. Da siehe ein großes Wunder, indem sich solcher Jüngling als ein anderer Chamäleon in unterschiedliche Gestalten verändert; bald erzeigte er sich als ein Knäblein, so sehr betrübt und angefochten war, bald mit einer dornenen Kron, bald mit einem Kreuz, bald die Hände, Füß und Seite gezeichnet mit frischen Wunden, bald über den ganzen Leib begossen mit lauter Blut, gleich ob er derjenige sey, welcher durch die Henkersknecht der Juden so grausam zerfleischet worden, Christus Jesus.

Kein Wunder wäre es, wenn sie über solches Gesicht in Ohnmacht gefallen. Allein der geliebte Heiland, so dieser edle Gast gewesen, tröstete sie mit freundlichen Worten, sprechend: „Es ist genug meine Tochter, es ist genug, laß ab von deinem Irrthum und leichtfertigen Leben, sehe, wie viel es mich gekostet, stehe ab von dem Wege des Verderbens, betrachte dich, und sehe mich an, kehre um, und gehe in dich selbst, du armselige und elende Kreatur, vergiß niemals, was du jetzunder gesehen, denn dieses ist der einige Weg deiner Erlösung!" Darauf er vor ihr verschwunden. Sie aber hingegen löschte aus ihr geiles Liebesfeuer mit einem bittern Zäherbach ihrer Augen, und war ihr viel nützlicher, als wenn erhalten worden durch das Wassergießen ihr Haus von der Brunst. Ihre Augen verschloß sie mit sonderer Ehrerbietung vor den Liebespfeilen des blinden Kupidinis, und war ihr viel ersprießlicher, als wenn sie die Balken und Läden vorgezogen an ihren Fenstern bei hagelwerfenden Winden. Ihre Händ hielt sie ein vor allem ungebührlichen Antasten, und war ihr viel besser, als wenn sie mit solchen empfangen hätte die köstlichsten Edelgestein und Perlen. Ihre Haare, welche gleichsam gewesen Maschen und Strick, in welchen gehangen verblieben viel der geflügelten Herzen, mußten von dem Haupt, und trug ihr viel mehr ein, als der reichste Wildfang. Ihre stolze Kleiderpracht vertauschte sie in schlechte Tracht, denn da sie zuvor daher prangte in Silber und Gold, zu werden Vielen hold, bedeckte sie ihren Madenblock mit einem geringen Rock, und erschien viel schöner auf der blauen Himmelsau, als wenn sie bunt gezieret wäre wie ein Pfau. Ihr Fleisch, welches so oft gleichwie ein Götzenbild verehrt wurde von den Venusbuben, zerhackte sie mit den Disciplinen zu einem Rauchwerk dem allerhöchsten Gott, und war solche Zerhackung ihr mehr fruchtbar zu der Vollkommenheit, als alle Arzneiläden. Ihren Leib umgürtete sie mit einem Cilicio und härenen Kleid, dadurch sie viel mehr war versichert, als der rareste Blumengarten mit Dornen umgeben. Und ungeachtet sie darum viel Widerwärtigkeiten erleiden mußte, so verhielt sie sich wie jener Fisch, welcher ein herbeikommendes Wetter merken kann, und bei solcher Wettervermerkung einen Stein mit sich unten an dem Boden der See nimmt, damit, wenn die Wellen zu sehr schlagen, er sich an demselbigen so lang halten könnte, bis der Sturm vorüber sey. Gleicher Weise hielt sich diese bekehrte Matron an dem Stein der Geduld unter den wildesten Wellen und Bellen allerhand Wiederwärtigkeiten, bis sie nach würdiger Hervorbringung der Buß und Abnehmung der brausenden Winde dieses Jammerthals selig verschieden.

Es meldet der heilige Erzkanzler Lukas in seinem 16. Kapitel von dem reichen Mann, daß er sich gekleidet in Purpur und köstliche Leinwand, lebte alle Tage schämbarlich, starb, und ward begraben in die Hölle. Der Mond wird niemals verfinstert oder leidet eine Erlöschung, als wenn er voll ist; also pflegen die Menschen in der Liebe und Verehrung Gottes nicht abzulassen oder zu erlöschen, bis sie überhäuft werden in dem Reichthum; je voller auch der Mond, je weiter und ferner ist er auch von der Sonne. Gleichergestalt je mehr die Menschen mit Gütern bereichert seynd, je weniger gedenken sie an Gott und je weiter entfernen sie sich von ihm, und folgen dem reichen Mann nicht allein nach, sondern übertreffen ihn auch nur zu viel. Ach wertheste Herzen! erwäget und beherziget es wohl, daß dieser Reiche sich nicht eingeschlossen in goldene Armbänder und Ketten, sich nicht bekleidet in Silber und Goldstück mit Perl und Edelgestein besetzet; die Finger mit den köstlichen Ringen nicht angefüllet, und ist dennoch verdammt worden. Ihr aber nehmet an euch täglich andere Farben wie ein anderer Chamäleon, verkehrt euch in unterschiedliche Formen der Kleider, als ein anderer Proteus; ihr bedecket euch mit Silber, Seide, Sammet, Perlen und Gold, fürchtet ihr euch nicht, in die ewige Pein geworfen zu werden? O närrischer Vorwitz! o vorwitzige Narrheit! die also die Liebhaber der Welt bezaubert und verdunkelt deren Augen, da doch das höllische Feuer und der Sold dieses Prassers sie erleuchten sollte? Ich will nicht melden, daß deren Kleider oft mit dem Blut gefärbt, und Christus in den Bedürftigen durch solche ist beraubt, geschlagen und verwundet worden. Gedenket ihr denn nicht, daß ihr durch euere Wollust dem ewigen Verderben zulaufet? denn der Pracht-Hanns stirbt eben sowohl als der Schmal-Hanns. Dem Tod ist alles gleich, gleichwie die Sterne, welche im Orient oder Aufgang ausgehen, letztlich wiederum in Occident und Untergang niedergehen; also pflegen wir in den Wiegen alle, wie die kleinen Sternlein, in dem Leben zugleich aufzugehen und aufzustehen, aber doch fallen wir letztlich zugleich wieder in das Grab, aber leider! auf ungleiche Weise. Denn wie in der Offenbarung Johan. geschrieben steht, Apoc. 15: „Wie viel sie sich herrlich gemacht und in Wollüsten gewesen ist, so viel schenkt ihr Pein und Leiden ein. Denn billig ist es, daß derjenige mit Schmerzen und Peinen angefüllt werde, welcher durch die eitle Wollust seinen Gott nicht verschont.

Artagatus, ein Wundarzt, welcher diese Kunst zuerst zu Rom geübt und dahin gebracht; als er aber angefangen, den Patienten zur Erhaltung des Lebens die Glieder zu brennen oder auch zu schneiden, ist er also verhaßt worden, daß die Römer ihn nicht allein getödtet, sondern auch durch die ganze Stadt geschleift. Wenn Arcagatus zum Nutzen des Kranken wegen Verwundung ist getödtet worden, was für eine Strafe wird derjenige zu gewarten haben, von welchem nicht ein Mensch, sondern Gott selbst, aus lauter Bosheit durch so vielfältige Sünden, deren eine jede den ewigen Tod verdient, also gransam zerschrundet und verwundet wird. Tunc vulneratus est. 1 Macch. 16. v. 9. Zu wenig wird seyn des Irions Rad, zu gering der Megarä Schlangengeißel, zu süß der plutonische Schwefeltrank, zu mild des dreiköpfigen Cerberi Zerreißung; zu kühl des Vulkans Feuer, zu sauber des Asmodäi Kothlacke, zu sanft der Proserpinä immer brennendes Bett.

Darum, o werthestes Gemüth, nehme dich wohl in Acht, und mit zerknirschem Herzen thue die Größe deiner Sünden, mit denen du den zartesten Leib deines Heilandes öfters grausam verwundet, erwägen: Super dolore vulnerum meorum addiderunt. Psal. 68. 17. Die Werke aber eigener Genugthuung gering achten, welche mit deinen Sünden verglichen, nicht mehr zu schätzen als ein Tropfen gegen dem Meer. Verehre dieß so kostbarliche Blut, welches aus seinem Leib fließet. Sanguis ejus magno fluxu deflueret. 2 Macch. 14. v. 45. dessen ein einziges Tröpflein für tausend Welt Sünden genug gewesen wäre, sintemal es so großen Werthes, daß weder Crösi Ueberfluß noch Midas rarer Wunsch alle die unendlichen Güter bezahlen können, die in solcher Betrachtung verborgen liegen, also zwar, daß ihm nichts kann und mag verglichen werden. Aber gleichwie die Frucht von dem Baum des Lebens unserm ersten Vater den Tod nicht verursacht, bis er solche in die Hand genommen, also ist die Frucht des hohen Baums, des Kreuzes, gleichwohl genugsam, das Heil der Welt auszuwirken; doch ist nothwendig, daß uns die Frucht desselben zuvor zugeeignet werde. Eine Arznei hat zwar die Kraft, die Unpäßlichkeiten zu vertreiben, aber nicht eher und zuvor, als sie angewendet wird. Jener bethsaidische Schwemmteich heilte gleichwohl allerlei Krankheiten, doch mußten sich die Presthaften in denselben begeben, und gleichergestalten das Leiden Christi ist gleichwohl dermassen kräftig, daß ein einziges Tröpflein seines kostbarsten Blutes viele tausend Welten erlösen könnte; allein kann es dem Sünder das Leben nicht wieder geben, wofern desselben Wirkungen ihm nicht zugeeignet werden. Lobe, preise und erhebe Jesu Barmherzigkeit und Geduld. Ich aber indessen werde mit einem Trauerklang mich befleissen, solches vergossene Blut zu verehren.

I.

C

Christe, du meiner Seelen Licht,
Mein Zuflucht, Trost und Leben,
Wie wird dein zarter Leib auch nicht
Den Geißeln dargegeben:
Wie lauft von dir
All Blut ja schier,
Ganz Bäch von dir entspringen;
Doch alle Güß
Seynd Gnadenflüß,
Und lauter Gnaden bringen.

II.

H Hier wird der edle Traubensaft
Vom wahren Stock genommen;
Kein Trank so süßer Eigenschaft
Jemal man hat bekommen:
Keinem bewußt
Ist, was für Lust
Mit ihme thu herfließen;
Der Himmel, und
Der Erden-Grund
Kein solchen Saft ausgießen.

III.

R Rubinen sind all Tröpflein klein
Mehr als Rubinen gelten;
Ja gegen ihn all Edelg'stein
Thut man ganz billig schelten:
Denn solchen Saft
Hat diese Kraft,
Die Seelen zu erquicken;
Nichts Besser's kann
Man treffen an,
Nichts kann ein mehr beglücken.

IV.

I In ihm, wie in dem rothen Meer
Ist Pharao ertrunken;
Seynd unser Sünd ja noch vielmehr
In den Abgrund versunken:
Er für uns büßt,
Als wenn er müßt
All unser Schuld bezahlen;
Darum er geht,
Und auch aussteht,
Für uns all Schmerz und Qualen.

V.

S Scinis ganz wild mit seinem Raub
In dunklen Wald umgangen;
Er zwischen Bäum und dicken Laub
Hält solchen oft gefangen;
Bis daß er buckt,
Und wieder zuckt,
Die Bäum, ihn d'ran zu bringen,
Bald dann er laßt
Die krummen Äst
Schnell in die Höhe springen.

VI.

T Tyrannisch ist zwar dieser Mann,
Und keineswegs zu loben;
Doch sehe man die Juden an,
Ach sie viel wilder toben!
An Jesu thut
Man nichts als Blut
Bei allen Gliedern sehen;
Er ganz verwundt,
Ja ganz zerschrundt,
Vor Schmerzen nicht kann stehen.

VII.

U Vielfältig wurde er verletzt,
Kein Glied war ohne Wunden;
Der ganze Leib mit Blut benetzt,
Viel Schmerzen hat empfunden:
Sogar der Mund,
Auf bleichen Grund,
Wurd mit dem Blut umfangen;
Und dann der Bart,
Im Blut erhart,
Sehr schmerzte seine Wangen.

VIII.

S Sein ganzer Leib ach zartes Herz!
Ist durch die Streich zerschlagen;
Durch solche Schläg, den größten Schmerz
Thut er darum auch tragen:
Schau wie ohn Zahl
Die Wunden-Mahl
Durch alle Glieder gehen;
Die menschlich G'stalt
Er kaum behalt
Ist kaum ein Mensch zu sehen.

IX.

G Gleich wenn die Reb beschnitten ist,
Sie fänget an zu weinen;
Von ihr gemach der Saft aussließt
Und fruchtbar thut erscheinen:
Darummen er,
Der Weingärtner,
Läßt sich kein Arbeit reuen;
Die Hand legt recht
An's Rebeng'flecht,
Die Müh thut ihn erfreuen.

X.

E Ein Rebensaft von Jesu fließt,
Kein Rebstock also weinet,
Von ihme er sich häufig gießt,
Er fruchtbar ganz erscheinet:
Wer ihn genießt,
Sein Lust wohl büßt,
Darin all Freuden findet;
Die dann auch weit
An Lustbarkeit,
All Freuden überwindet.

XI.

G Gleichwie der Wein dem Herz bringt Freud,
Auch dieser es ergötzet;
Doch wird bei dem der Unterscheid
Dem andern wiedersetzet:
Weil dieser Saft
Bringt Nahrungskraft,
Wenn einer Hunger leidet;
Er speist und tränkt,
Wer sich hinlenkt,
Und ihme nicht vermeidet.

XII.

E Ei so lauf dann ein Jeder her
Zu diesen Gnadenquellen;
Gleichwie ein Hirsch inbrünstig sehr
Dem Wasser thut nachstellen:
So rothen Quell
Jeder nachstell
Daß kaum was überbleibe;
Und er allgmach
In solchem Bach,
Sein heißen Durst vertreibe.

XIII.

I Jeden verleiten seine Sinn,
Und sein Wollust einnimmet;
Dieser lauft durch viel G'fahr dahin,
Jener durch Strudel schwimmet:
Auch dieser bald
Durch dicken Wald,
Durch Mörder sich hinwaget;
Bis er erlangt,
Was er verlangt,
Und solches mit sich traget.

XIV.

S So schwing sich denn ein Jeder hin,
Wohin sein Herz entzündet;
Worauf sein G'müth und seine Sinn
In wahrer Lieb gegründet:
Ich vor mein Theil
Zu jenem eil,
Nachdem ich von der Wiegen,
Bei Tag und Nacht
Hab stets getracht
Ihme nach Wunsch zu kriegen.

XV.

S So viel man Wollust in ihm findt,
So viel man thut verlangen;
Denn alle Freud in ihm gegründt,
So man hier kann erlangen:
Darum denn ich
Bemühte mich
Ihn öfters zu erreichen;
Daß er müßt mein,
Vor allzeit seyn,
Er sollt mir nicht mehr weichen.

XVI.

L Laßt uns dann nur mit freiem Muth
Nach ihme bald erheben;
Und nach so unschätzbarlich Gut
Mit allen Kräften streben:
Ich geh voran,
Mir folg, wer kann,
Durch hinterlass'ne Zeichen;
So wollen wir
Ihn wahrlich schier
Nach kurzer Zeit erreichen.

XVII.

E

Es steh'n die Thor bei ihme all
Schon nach Wunsch und Verhoffen,
Nämlich die seine Wunden=Mahl,
Biß zu dem Herzen offen:
Es steht sein Sinn
Auf uns auch hin
Mit seinem Blut zu laben;
D'rum laßt uns nicht,
Ach ich euch bitt!
Versäumen solche Gaben.

XVIII.

T

Trostreich mir wäre, wenn doch ich
Dich klärlich könnte sehen
Ohn' Wunden, wie jetzt sehen dich,
Jesu, die um dich stehen:
Um solchen Fund
Aus Herzens Grund
Schwör ich, daß wollt hergeben,
Samt allem Gut
Mein Leib und Blut,
Ja selbsten auch mein Leben.

XIX.

I

Ich muß bekennen großen Trost
Hab öfters ich empfunden,
In diesem süßen Wunden=Most,
Und purpurfarben Wunden:
Denn er ist der
Im rothen Meer,
Der in sein Blut thut stehen;
O G'stalt der Welt
Jetzt vorgestellt
Solche genug zu sehen.

XX.

S Schau an, o Welt! manch bunte Au,
Mit Blümlein ausgezieret;
Ob sey so schöner Blumen-Bau
Allda doch aufgeführet?
Im Purpur-Schmuck,
All Blümlein-Stuck
Vor seinem Purpur weichen;
Nichts kann so schön
Vor Augen steh'n,
Und vor den Augen streichen.

XXI.

T Trutz dir, o schöne Himmels-Stadt,
Gebaut von Alabaster;
Wo man die schönsten Freuden hat,
Auf dem vergoldten Pflaster:
Durch deine Thor
Zum Engel-Chor
Verlang ich nicht zu kommen;
In solchem Saal,
Durch die Wundmahl,
Ich werden kann aufg'nommen.

XXII.

W Wann soll ich doch dein Angesicht,
O liebster Jesu! sehen?
Wann werd ich nun in deinem Licht,
O Licht der Seelen! stehen?
Wann werd ich doch
Dieß schwere Joch
Von meinen Schultern legen?
Wann wird sich mir
Doch thun herfür
Dein Blutes Kraft und Segen?

XXIII.

O Schmerzen! bin ich denn der Welt
Zu dienen nur erschaffen?
Und hat mein Schöpfer mich bestellt,
Damit ich solle gaffen,
Nach ihrem Gut,
Und meinen Muth
Auf ihre Thorheit setzen;
Die doch geschwind
Mit ihrer Sünd
Den Leib und Seel verletzen.

XXIV.

Reich mild erschaffen hat mich Gott
Zu jenem Freudenleben;
Doch weil ich leb in Sünden todt
Kann ich nicht recht erheben
Zu ihm mein Herz,
O großer Schmerz,
Soll ich denn nicht genießen,
O höchstes Gut!
Dein zartes Blut
Und hartes Blutvergießen?

XXV.

Des Fleisches, Welt- und Augen-Lust
In mir laß nicht mehr walten;
Ich dich nur setz auf meine Brust,
Daran will ich mich halten,
Laß meinen Sinn
Sich schwingen hin,
Dein Blut-Trank zu verkosten,
Weil dich die Lieb
Vom Himmel trieb,
Denselben anzumösten.

XXVI.

Ei mögt ich Armer doch befreit
Von aller Angst und Schrecken;
Dein unaussprechlich Süßigkeit
In jenem Leben schmecken!
O süße Kraft!
O Lebens-Saft!
Wann werd ich dich empfinden?
Laß mich die Welt,
Als wie ein Held,
Ganz siegreich überwinden.

XXVII.

D'rum Liebster mein! O klares Licht!
O Süßigkeit ohn' Enden!
O Freud! O Fried! O Zuversicht!
Erquick mich doch Elenden!
Laß mich von hier,
Nimm mich zu dir,
Mit deinem Blut zu weiden:
Denn ich bin dein,
Und du bist mein,
Darauf hoff ich mit Freuden.

Weil nun aber vonnöthen ist, daß wir durch viele
rfolgung eingehen in das Reich der Himmel, und
Herr der Herrlichkeit so große Schmerzen ausge-
iden aus reiner Liebe gegen uns, so ist billig, daß
wir, die seine vertrauten Freunde seyn wollen,
z geduldig leiden, was er über uns verhängt und
men läßt, zu welchem denn uns der heil. Apostel
trus anmahnet, da er sagt: „Weil nun Christus für
s im Fleisch gelitten hat, so waffnet euch auch
t denselben Gedanken.“ Gleichergestalt auch der hl.

Paulus uns aufmuntert mit solchen Worten: „Laßt uns laufen durch die Geduld zum Kampf, der uns vorgelegt ist, und aufsehen auf den Angeber und Vollender des Glaubens, Jesum, welcher, da ihm Freud vorgelegt worden, erduldet er das Kreuz mit Verachtung der Schand.“

Niemand kann recht selig werden, Niemand kann ein Bürger des himmlischen Jerusalems seyn, der nicht geduldig erfunden wird in der Verfolgung, Angst, Trübsal und Kümmerniß dieser Welt. Die Geduld ist diejenige, welche alle widerwärtigen Sachen überwindet, nicht durch Streiten, sondern durch Gedulden, nicht durch Unwillen, sondern in guter Bereitung, nicht durch Murren und Kurren, sondern in Gott loben und danken. Sie ist ein Schiff, welches alle Gott liebenden Seelen an den gewünschten Port führet; sie ist ein Schloß, durch welches die Hölle verschlossen und der Himmel geöffnet wird, allen denen, die sie umfangen und lieb haben. Denn sie ist diejenige Tugend, ohne welche kein Mensch mag gerechtfertiget werden.

In dem alten Gesetz pflegte man Alles mit einer gleichmäßigen Strafe zu vergelten, als: Hand für Hand, Aug für Aug, Finger für Finger, Leben für Leben; aber in dem evangelischen Gesetz werden wir unterwiesen, daß wir die Geduld sollen brauchen, unangesehen, daß solches uns an dem Gut, an zeitlicher Wohlfahrt, so oder sonsten auch in etwas schädlich ist. Was ist also, werthestes Herz, so dich kann bestürzen? Siehe an den so zerfleischten Heiland, und betrachte, ob dein Leiden das seinige überstiegen? Ach! du wirst sehen, daß dein Leiden gegen dem seinigen sey ein Kurzweil und Gespaß. Ist dir in einer Sache Unrecht widerfahren, so gedenke, was Schmach, Spott-Reden und falsche Laster Christus hat müssen anhören.

Hast du bei niemand einen Trost, bist du bei andern unschuldiger Weise verhasset, so erwäge, wie die Juden Christum mit größtem Haß verfolget. Bist du vielleicht beraubet worden, und erarmet, daß du übel bekleidet und schier nackend aufziehen thust, so beherzige Christum, wie er allhier seiner Kleider entblößet worden. Bist du von den Deinen verachtet und verlassen, so führe zu Gemüth, wie Christus von dem Haupt der Apostel, dem heiligen Petrus, verläugnet, und von Judas verrathen worden. Bist du von Gott mit einer Krankheit und sondern Schmerzen heimgesucht, so siehe an Christum, einen Mann der Schmerzen, in welchem von der Fuß-Sohle an bis auf die Haupt-Scheitel keine Gesundheit zu finden, und deinen Schmerzen; in Vereinigung dessen gedenken, du habest noch nicht bis zum Blut-Vergießen Widerstand gethan. Derowegen nimm die zugeschickten und von Gott zugesandten Schmerzen willig an, trage solche mit ruhigen und bereitem Gemüth und vereinige selbige mit den Schmerzen Jesu.

Das 19. Kapitel.

Wer haben will die Rosen,
Der muß die Dorn liebkosen.

Daß die Kronen jederzeit den Kaisern, Königen und Triumphirenden gebühret, ist ein gemeines, wie der

auch die Heiden ihren Göttern, welche sie verehren wollen, eine Kron gemachet, wie Jedem was besonders ist zugeeignet worden, als nämlich: der Göttin Juno eine Kron von Reben, Venus hingegen wurde gezieret mit einer von Myrthen, Herkules von Pappeln, Jupiter von Eichen, Apollo von Loorbeerblättern, Bacchus von Epheu oder Wintergrün, und so fort. Ja nicht nur allein den Göttern, sondern auch den Heroen und tafern Helden wurden Kronen aufgesetzt nach ihren Verrichtungen oder Stand. Derowegen bei den Römern unterschiedliche Kronen gefunden worden, als: die Kron der Triumphirenden, die Kron der Bürger, die Kron der Belagerten, die Kron der Mauer und die Kron der auf dem Wasser Streitenden und Siegenden.

Der Triumphirenden Kron wurde den Siegenden zur Verehrung aufgesetzt, geflochten von Loorbeerzweigen, wie annoch jetziger Zeit an den Bildern der Kaiser zu sehen, welche bald hernach zu größerer Zierd von Gold gemacht worden. Die Kron der Bürger war von den Bürgern zu Rom jenem gegeben, welcher einen in dem Krieg von der Gefahr des Todes errettet, deren der herkulische Held Sicinius Dentatus vierzehn zu unterschiedlichen Malen mit sonderbaren Ehren erhalten. Die Mauerkron ist von Gold gearbeitet gewesen, Coronas recte aureas habent, und war demjenigen mit großen Ehren verehret, welcher in Belagerung und Eroberung einer Stadt zuerst auf des Feindes Mauern gestiegen; hätte derohalben auch die Form einer Zinnen- oder Stadtmauer. Der erste, so solche empfangen, war Manlius Capitolinus.

Die Kron der Belagerten wurde jenem gegeben,

welcher einige Besatzung oder Festung, so er belagert und in Gefahr gestanden, errettet. Der Erste, so mit solcher ist begabet worden, ist gewesen Quintus Fabius Maximus.

Die Kron der auf dem Wasser Streitenden war, wie das Vordertheil eines Schiffes, aus Gold gemacht, und diejenigen wurden damit beschenket, so in einer See- oder Meerschlacht die ersten auf dem Schiffe gewesen des Feindes, deren eine Marcus Agrippa erlanget. Billig seynd diese, so dergleichen Kronen empfangen, alle zu loben, wie auch zu krönen jeder nach seiner Gebühr und Zier. Wer that sich aber erkühnen, solche insgesamt zu verdienen? Keiner ist zu ergründen, oder zu finden, der dieser durch Wohlverhalten unterschiedliche erhalten, ausgenommen Christus Jesus, welchem alle zugleich gebühren, darum die 24 Aeltesten ihre Kronen legten vor seinen Thron, und ihr aller andern Kronen würdig erkennet. Dignus es Domine Deus noster accipere gloriam, et honorem, e[t] Virtutem. Denn die Kron der auf dem Wasser Streitenden hat er, meritirt zu werden, damit geziert, al[s] er seinen Jüngern wider das Sausen und Prause[n] des Meeres zu Hilfe kommen, da die widrigen Wind ihr Wehen eingehalten und das Bellen der wilde[n] Wellen sich gefangen gegeben. Die Kron der Belager[-]ten gebührte ihm, alldieweilen er so viel Menschen al[s] Städte Gottes, in denen der hl. Geist seine Wohnun[g] hat, von so viel Feinden der Teufel erlöset. Di[e] Mauerkron hat er erobert, da er der erste gewese[n] auf den Mauern des Tempels zu verjagen daraus di[e] Käufer und Verkäufer, welche waren Feind des allerhöchsten Gottes. Die Kron der Bürger gehörte ihm nicht allein, weil er viele bei dem Leben erhalten, sondern weil er auch die Abgestorbenen sogar zu dem Leben auferwecket. Die Kron der Triumphirenden hat er empfangen, als er jenes höllische Monstrum, so ihn versuchen wollte, bestritten, überwunden und besieget. Ist also durch ein jedes solches Werk der geliebteste Heiland würdig mit einer besondern Kron zu zieren. Nicht zwar, wie der große Alexander, nachdem er Indien unter seine Gewalt gebracht, mit Epheu und Loorbeerzweigen gekrönet alle Städt und Länder durchgezogen. Nicht zwar mit einer solchen Kron, als wie die Lacedämonier pflegten zusammen zu flechten und dem Bild Juno aufzusetzen, damit sie wollten andeuten, erkennen und bezeugen, daß sie von ihr, als einer der vornehmsten Göttinnen der Luft, gut ersprießlichen Wetters und aller Annehmlichkeit gewärtig seyn und verhoffen. Nicht zwar mit einer solchen Kron, als wie die dichtenden Poeten gedichtet von dem Prometheo, daß er zu allererst sich der Krone bedient, da er von seinen Banden, mit welchen er auf dem Berg Kaukaso angefesselt worden, aber von Jupiter erlööt, dieweil er demselbigen angezeigt, daß der Thetis Sohn durch eine sonderliche Anordnung der Lebensgöttinnen sollte größer werden, als sein Vater, darauf er zum Zeugniß seines Sieges, dadurch er seine Strafe, so ihm von den Göttern aufgelegt, ausgestanden und überwunden, einen Kranz oder Kron zusammen gearbeitet, und dieselbige auf sein Haupt gesetzet. Nein, mit keiner dergleichen, sondern mit einer von Rosen, inarcessibilem gloriae coronam, wie solche von Anacreonte getragen worden. Denn die Rosen bedeuten nichts anders als die Tugenden, zur Anzeigung, daß, gleichwie die Rosen mit Dörnern umgeben, die Tugend niemals ohne Gefahr, Mühe und Arbeit zu finden, auch zu erlangen sey. Wer ist aber tugendhafter, holdseliger und liebreicher, als der Jungfrau Sohn, Jesus, also billig mit Rosen zu krönen. Allein gleichwie man jederzeit mehrere Dornen findet, als Rosen, und das Gute mit Bösem belohnet, also wird auch der allerschönste Jesus für die Rosen mit Dornen gekrönt. Hier ist schon die Kron, jetzt wird sie ihm aufgesetzt; ja nicht allein aufgesetzt, sondern also in sein allerheiligstes Haupt eingedruckt, daß selbiges bis auf das Hirn durchlöchert worden, und reichte diese Dornenstaude dem holdseligen Heiland in sein göttliches Angesicht so weit herab, daß sich kaum die Augenbraunen möchten über sich schwingen, ohne daß sie sich an die Spitzen anstoßen. Illum in capite vulneraverunt. Ach der unleidentlichen Schmerzen! Ach der gar zu großen Marter! Ach des erbärmlichen Spektakels! Data est ei corona et exivit.

Eine andächtige Klosterjungfrau, S. Dominici Ordens, war entzündet mit inbrünstiger Begierde, Christum Jesum ansichtig zu werden, wie er gewesen in seiner zartesten Kindheit, aufschreiend mit der verliebten Braut: „Wer gibt mir, daß ich meinen Bruder, der du meiner Mutter Brüste saugest, draussen finden und küssen möge, daß mich hinfüro Niemand verachte?“ Da sie aber einemals mit herrlichem Verlangen solches in ihrer Andacht begehrte, erschien ihr Christus als ein kleines Kindlein in einem Gebund stechender Dör-

ner, als in Windeln eingewickelt, daß sie selbiges nich
erlangen konnte, sie greife denn mit Ernst in die Dorne
hinein. Nachdem sie wieder zu sich selbst gekommer
erkannte sie, daß, wer dieses Kindlein haben wollt
der müsse sich allerhand Widerwärtigkeiten zu ertrag
bereit halten. „Verflucht sey die Erde in deiner A
beit, Dornen und Disteln wird sie dir tragen,“ spri
Gott zu Adam, nachdem er gesündigt, über welc
Worte der heilige Cyprian glossirt, daß Gott zu Ada
sagte: die Erde werde Disteln und Dornen trage
bedeute, daß unser Fleisch nichts anders hervorbringe
werde, als Sünd und Straf, welche wie spitzige Do
nen unser Gewissen stechen und die Seele blutig mache
Ja eine verfluchte Erde ist unser Fleisch, welches nich
anders trägt, als Dornen eines bösen Gewissens, Dis
der Vermessenheit und Nesseln der Bosheit, und obsch
man ihm benimmt den Samen der Hoffart, so trä
es doch Dornen des Neids, und ob man schon vertil
den Saamen des Geizes, so bringt es doch herv
Distel des Zorns, Füllerei und Dörner der Geilhe
welche Christo viel schmerzhafter sind, als die dörner
Krone; denn die dörnerne Krone schmerzte ihn n
einen Tag, aber unsere Sünden beleidigen ihn tägli
und so viele Sünden wir täglich begehen, so vi
Dörner flechten wir in die Krone unsers Heiland
die ihm weit größere Schmerzen verursachen, als
Krone Pilati; sintemal solche nicht tiefer hinein gi
als in das Haupt Christi, aber die Sünden dur
dringen die Seel: quoniam vulnerata est anima ej
Als auf eine Zeit Christus der heiligen Jungfrau C
tharina von Senis, einer wohlriechenden Blume a

dem Lustgarten des hochheiligen Patriarchen Dominici, erschienen, tragend in seinen Händen zwei Kronen, eine aus dem reinsten Gold, besetzt mit den köstlichsten Edelsteinen, die andere, zubereitet aus den spitzigsten Dörnern, solche ihr vorhaltend, daraus zu erwählen, welche ihr am besten gefallen werde. Niemand wird zweifeln, daß sie nicht ihre Arme habe ausgestreckt nach solchem kostbaren Geschenk der goldenen Krone, solche auf ihr Haupt zu setzen. Aber Catharina, sich gleichförmiger zu machen ihrem Bräutigam, verlangte vielmehr die Krone von Dornen, als das aus unschätzbarem Werth zusammen bereitete Kleinod, auf daß sie aus freiem Herzensgrund aufschreien könne: »Mein Geliebter ist mein und ich bin sein, der unter den Rosen geweidet wird, bis es Tag werde, und die Schatten weichen; über welchen Vers der honigfließende Lehrer Bernhardus sagt: »Was ist dieses, das sie redet: Er ist mein und ich bin sein?« Wir wissen nicht, was sie redet; denn wir empfinden nicht, was sie empfindet. Heilige Seele! was hat jener dein Geliebter mit dir, und was hast du mit ihm zu thun? Ich bitte, was ist dieses unter euch für eine freundliche und großgünstige Vertraulichkeit gegen einander? Er gegen dich, und du desgleichen gegen ihn? Meines Erachtens nichts anders als eine wahre Lieb, welche in einer geliebten Seele erschallet und wieder zurück hallet; denn für ihn was leiden oder ihm helfen leiden, bezeugt die wahre Freundschaft, sintemal Niemand hat eine größere Liebe, als daß er setze seine Seel für seine Freund. Majorem dilectionem nemo habet hoc, ut animam suam ponat quis pro amicis suis. Solches

Geheimniß der schmerzvollen Krönung hat auch mit sonderer Verehrung jene geruchvolle limanische Rosa de Sancta Maria, ein schönes Kleinod der Indianer und große Zierde des heiligen Predigerordens, welche, damit die Rosen nicht wären ohne Dörner, hat jederzeit unter ihrem Weihel Dornbüschel getragen, dadurch auch nicht kleinen Schmerzen empfunden. Nur allein aber hat sie solches gethan, auf daß sie seyn könnte derjenige Rosenstock, unter dessen Rosen und Lilien der Geliebte geweidet wird. Sintemal es ein Ding ist, wie das hellglänzende Claravallische Weltlicht Bernhardus meldet: „Derjenige, so geweidet wird, und der weidet; denn der unter den Rosen geweidet wird, der regieret in dem Himmel unter den Sternen, und derjenige, der in der Höhe ein Herr ist, der ist in der Niedern ein Geliebter; über den Sternen regiert er, und unter den Rosen ist er ein Liebhaber.“

Weil aber der Liebhaber unserer Seelen weiß und roth, also sollen wir uns auch befleißigen, weiße und rothe Rosen zu haben, wenn wir verlangen den Liebhaber und liebreichen Einwohner der weißen und rothen Rosen zu umarmen. Die Werk, der Fleiß, die Begierd sollen bezeugen, daß sie lauter weiße und rothe Rosen seyen, gleichsam als eine sittliche weiße Farbe der Reinigkeit und guter Geruch der rothbrennenden Liebe. Indem, weil der Bräutigam die Tugend ist, hat er sein Wohlgefallen ob denen Tugenden alleinig. Coronabit eum in vasis virtutis. Sollte es aber seyn, daß er zu Zeiten keinen Gefallen erzeiget an unsern Werken, ist ihm solches nicht zuzumessen, sondern vielmehr uns, indem wir vielleicht mit schlechter

Liebe solche verrichten, oder auch mit grosser Hinlässigkeit, dadurch wir verursachen, daß sie von ihm schlecht angesehen werden, und da sie nicht seynd zu unserm Heil, von ihm nicht gestattet werden. Sintemal der heilige Gregorius sagt: „Wenn Gott sich läßt regieren von unsern Händen, und uns Alles ergehet nach Gelüsten und Wunsch, so ist es ein Zeichen, daß wir verloren, und zur Hölle verdammt seynd; denn wer Gottes Freund und zur Glorie erwählet, dem begegnen viele Widerwärtigkeiten, Trübsale und Kreuz.“ Multae tribulationes justorum. Indem Niemand kann beider Glückseligkeiten theilhaftig werden, denn nach Freud folget Leid, nach dem annehmlichen Herbstschein fällt der Winter ein, nach dem Freuden-März folget allezeit ein Schmerz, wer genießt der Fröhlichkeit halte sich zum Kreuz bereit, wenn vergehen die Rosen, so bleiben doch die Dorn, das Glück hat verborgene Tück.

Policrates war auf der Insel Samo ein mächtiger und reicher Fürst, welchem alle seine Sachen und Anschläge dermassen glücklich von statten gingen, daß er niemals einigen Schaden erlitten, sondern Alles, was er wünschte und begehrte, erhielt er, und brachte es zuwegen. Als er derowegen dem Glück selbst nicht traute, und sich des gemeinen Sprichworts erinnerte, daß nämlich kein Mensch ohne Unglück und Widerwärtigkeit sein Leben hinbringen könne, so hat er das Unglück selbst an sich ziehen, und eigenwilliger Weis wollen eingehen, auf Meinung, es würde also seiner Unbeständigkeit in der Glückseligkeit ein Begnügen geschehen seyn. Wessentwegen begab er sich auf eine Zeit in eine Galeen auf das ungestüme Meer, und warf seinen Petschierring, der ganz köstlich gearbeitet und einen großen Schatz werth war, mitten in das Wasser, und zwar mit Rath des Königs Amasis, mit welchem er Freundschaft und Bündniß gemacht hatte. Es begab sich aber etliche Tag hernach, daß ein Fischer einen großen Fisch fing, der in die Küche des Policrates gekauft wurde. Als aber der Koch solchen öffnete, fand er seines Herrn Ring darin. Obwohl Jedermann dieses für ein großes Wunderwerk gehalten, und dem Polikrates für ein großes Glück ausgelegt war, so hat doch der König Amasis, als er solches vernommen, ihm alle Freundschaft und Bündniß abgesagt, denn er vermeinte, daß ohne allen Zweifel einem solchen glückseligen Menschen ein sonderbares großes Unglück müsse vorbereitet seyn, wie solches auch geschehen. Sintemal Policrates von dem Oronte, des Königs Darii Feld-Obristen, bekrieget, gefangen und gehangen worden. Wer also will die Rosen, den Dornen muß liebkosen, sonst wird er niemals mit Wahrheit sagen können: „Coronimus nos rosis.“

Die Tugend theilet der Seele mit eine sondere Schönheit, aber solche Tugend, ausgenommen die eingegossene, wird nicht erlanget ohne Streiten und Ueberwinden. Je mehr also eine Seel sich bearbeitet und überwindet, desto siegreicher, tugendvoller und glorwürdiger ist sie. Gott belohnet den Sieg, und krönet die Arbeit. Also hat der heilige Paulus durch die Geduld und Demuth in der Liebe geübet von sich selbst gesagt: „Bonum certamen certavi, cursum consummavi, fidem servavi, in reliquo reposita est mihi Corona justitiae, quam reddet mihi Dominus in illa die justus Judex, ich habe einen guten Kampf gekämpft, den Lauf vollendet, den Glauben behalten, im Uebrigen ist mir vorbehalten die Krone der Gerechtigkeit, welche mir geben wird der Herr an jenem Tag, der gerechte Richter.« Welchem beistimmet der weissagende Harfenschlager David in seinen Psalmen, da er singet: »Euntes ibant, et flebant mittentes semina sua, venientes autem venient cum exultatione, portantes manipulos suos.« Als wollte er sagen: »Daß die der Tugend Beflissenen hingegangen, weinten, und warfen aus ihren Samen, im Wiederkommen aber werden sie kommen mit Freuden, und bringen ihre Garben.« Denn sie werfen aus den Samen guter Werk in Müh und demüthigem Herzen, aber sie werden sich erfreuen in Ewigkeit wegen der gehabten Schmerzen. Welches bekräftiget der Psalmist, meldend: »Labores manuum tuarum manducabis, beatus es, et bene tibi erit.« Du wirst dich nähren im Schweiß deines Angesichts, in Mühe und Handarbeit, selig bist du, es wird dir wohl gehen, selig wirst du seyn hier in der Hoffnung, und an jenem Ort in dem Werk selbst, allwo du nicht mehr wirst essen das Brod in Schmerzen, sondern in größter Freud und ewigem Scherzen; denn Gott wird abtrocknen alle Zähren. Laß derowegen deine Seele allhier ein wenig betrübet seyn, damit nach einer Trübsal schwangern Zeit sie Gott gefalle, und sich erfreue in Ewigkeit. Denn also verspricht es die ewige Weisheit selbst: Wer seine Seel auf dieser Welt hasset, der wird sie erhalten zum ewigen Leben. Niemand aber kann das ewige Leben erlangen, welcher mangelhaft ist, darum muß er geprüfet werden, durch die Trübsal nach den Worten des weisen Mannes: „Vasa figuli probat fornax, et homines justos tentatio tribulationis, der Ofen bewährt die Geschirr des Hafners, und die Versuchungen die gerechten Menschen.“ Und gleichwie ein Hafner an seinem Geschirr klopfet, zu versuchen, ob es gut sey, also klopfet auch der mildreichste Gott durch die Widerwärtigkeit an dem Menschen, zu erfahren seine Geduld und Beständigkeit. Was aber solches Klopfen für Nutzen erwecke; erhellet aus den Worten Davids: „Secundum multitudinem dolorum meorum, laetificaverunt consolationes tuae animam meam. Nach der Vielheit der Schmerzen in meinem Herzen haben die Tröstungen erfreuet meine Seele.“ Darum spricht gar schön der heilige Augustinus über diesen Ort des Psalmes: „Multi dolores, sed multae consolationes, amara vulnera, sed suavia medicamenta. Es gibt zwar viel Schmerzen, aber auch darauf viel Scherzen, bitter seynd zwar die Schrunden von Wunden, aber viel Heil und Süßigkeit wird in der Arznei empfunden.“ Sintemal die Hoffnung der zukünftigen Erquickungs-Fülle verursachet in der Trübsal nicht wenig Trost, und welche solchen Trost verhoffen, die können mit Paulo sagen: „Wir erfreuen uns in den Trübsalen.“

Es spricht der heilige Hierglosier in jenem Vers Baruch: „Ich habe gesehen allerhand Vögel, die im Garten auf den Hecken saßen.“ Diese Vögel seynd nichts anders als die Versuchungen, so wir leiden, und die Widerwärtigkeiten, so wir ausstehen. Allein wir sollen uns solche Vögel und Hecken nicht erschrecken lassen, alldieweil der Sohn Gottes sich hat krönen lassen mit Hecken und Dornen. Wer aber verlangt sich theilhaftig zu machen der Kron Christi, der mache sich selbst zu einer Dornstaude und Hecke, eines rauhen und strengen Lebens, und sey geduldig in der Widerwärtigkeit, so wird er gleich werden jenem Dornbusch, welchen Moses gesehen, daß er brenne und nicht verbrenne. Wie aber solches geschehe, höre den seraphischen Vater Bonaventuram, da er über angezogenen Ort also fragt: „Wer ist dieser Dornbusch anders, denn der Mensch mit vielen Trübsalen und Widerwärtigkeiten umgeben? Das Feuer aber ist die Geduld, welche das Herz entzündet, aber es nicht verbrennet, sondern vielmehr verursachet, daß, welcher solches in sich hat, von keiner Wiederwärtigkeit bestürzet, auch von seinem Geliebten keineswegs kann abgesondert werden.“

Sozomenus schreibet, daß, als auf eine Zeit Julianus Apostata seinen heidnischen Göttern geopfert, haben die, so das Opfer besichtiget, in dem Eingeweid ein Kreuz, über welchem eine Kron gestanden, gefunden, darüber sie erschrocken und aussagten, es bedeute solches nichts anders als die Kraft, den Sieg und die Ewigkeit des christlichen Glaubens. Auf welches denn auch siehet der königliche Prophet, da er spricht: „Du hast gesetzt auf sein Haupt eine Kron von einem köstlichen Stein.“ Welches von der Kron und ewigen Königreich Jesu zu verstehen ist, denn wie die Ewigkeit ohne Anfang und End, solches an einer Kron eben so wenig zu finden ist. Darum auch Bacchus seine Lieb gegen seinen Ehegemal zu verewigen, ihre Kron unter des Himmels Gestirn gesetzet hat. Weil bei den Alten die Kronen waren eine Anzeigung der Lieb, wie Clearchus meldet, und pflegten sie die Liebhaber zu tragen, als wollten sie zu erkennen geben, daß sie unter der sichtbarlichen und empfindlichen Schöne, die höchste und unbegreifliche Schöne anbeteten. Sonst erinnert uns Christen Alexius in hippisco einer Kron von Zweigen der Feigen und Rosen geflöchten, indem, weil die Rosen die Mühseligkeit eines tugendsamen Wandels, die Feigen aber die Süßigkeit und Ruhe bedeuten. Also zeiget an diese Kron, daß auf ein tugendsames Leben und Uebertragung vieler Widerwärtigkeiten erfolge eine Ruhe und freudenvolle, ewige Zeit. Hingegen haben etliche unter den alten Königen sich ihre Kron in Gestalt eines Schiffes lassen zubereiten, damit die hieran vorgebildete Erinnerung dieses wenigen Metalls, welches sie auf das Haupt setzten, so voller Unbeständigkeit, Unruhe und Gefahr wäre, allezeit über ihre Gedanken schwebte, und diesen ohne Unterlaß die Warnung gleichsam eindrückt, die Regierung sey ein betrügliches und ungewisses Meer, dem der Steuermann nimmer zu viel trauen, sondern weislich besorgen müsse, es könne in gar kurzer Zeit die jetzo windstille und friedliche See mit unbeschreiblich vielen aufgebergten Wellen, Sturm und Wirbel beunruhiget werden, wie der Prophet geweissaget: „Corona coronabit de tribulatione."

Wenn einer an dem Kopf eine Wunde empfänget, so bringet solche viel größern Schmerz, als wenn sie an einem andern Glied des Leibes wäre, nach dem gemeinen Sprichwort: „Wer leidet Schmerz in dem Kopf, im Hirn und in Gedanken, der ist ein armer, kranker Tropf, und liegt im harten Schranken.« Fürwahr, ein sehr großer Schmerz war es, da das Haupt Christi mit Dörnern gekrönet wurde, denn weil wir einen Dorn schmerzlich empfinden, wenn wir mit den harten Fußsohlen darein treten, um wie viel schmerzlicher wird es Christo gewesen seyn, da man Ihm solche dörnerne Kron hat aufgesetzet, und also in sein allerheiligstes Haupt eingedrückt, daß der obere Theil ist ganz roth worden von dem rosenfarben Blut des Lammes, die Spitz aber dieser Dornen angeheftet der zartesten Haut seines Hauptes. Was wird es denn gewesen seyn so großer Schmerz, welchen der geliebte Heiland empfunden, durch so viel Wunden, die ihm zugefüget die dörnerne Kron.

Ein größeres Mitleiden erzeigte der himmlische Vater gegen des Abrahams Sohn, den Isaak; denn als dem Abraham befohlen war, solchen seinen einigen Sohn Gott zu einem Brandopfer aufzuopfern, und nunmehr solchen Befehl vollziehen wollte, siehe! der Engel des Herrn rief vom Himmel und sprach: »Abraham, strecke deine Hand nicht aus über den Knaben, ich habe jetzt erfahren, daß du Gott fürchtest, und hast deinen eingebornen Sohn nicht verschonet um meinetwillen.« Da hob Abraham seine Augen auf, und sah hinter sich einen Widder, der in den Hecken hing mit den Hörnern, den nahm er und opferte ihn zum Brandopfer für seinen Sohn. Wollte Gott, daß hier auch zugegen wäre jener Widder, der da hing zwischen den Dörnern jener Kron, welche umgibt und durchsticht das allerheiligste Haupt des eingebornen Sohnes des himmlischen Vaters, oder thäten solche Dörner so wenig stechen, als so wenig sie verbrannt, wie Moses gesehen, daß der Busch gebrannt und verbrannt. Aber ach! diese grausamsten Dörner durchlöchern Haut und Bein, durchbohren alle Fugen und Näth, auch jenen Ort, wo die irdischen Kaiser ihre Kronen tragen, dringen sie dem höchsten König durch und durch. Ach der königlichen Krönung, bei welcher die Freuden- und Lobgesänge nichts anders seynd, als gotteslästrige Reden, der Scepter ein hohles Rohr, die Kron ein Dornstrauch, das Kleid ein zerrissener Purpur, das Oel zu der Salbung die stinkenden Speichel, die Ehrerbietung Schläge, der Thron ein ungestalteter Stock, die Trabanten die Henkersknechte, die Hofbedienten die gottlose Synagog, der König aber der eingeborne Sohn Gottes, Christus Jesus, in dessen Erscheinung wir die unverwelkliche Kron der Herrlichkeit empfangen werden. Denn er an jenem Tag den Uebrigen von seinem Volk eine Ehrenkron und Freudenkranz seyn wird.

Die kleinen Vögelein, auf daß sie ihre Eier sicher ausbrüten, auch die Jungen behutsamer vor den Raubvögeln verwahren, und beschützen mögen, machen ihre Nestlein am liebsten in dem Dorn-Geständ: also auch wir Menschen, wenn wir begehren unsere Seelen vor dem höllischen Raubfalk sicher zu halten, ist das Rathsamste, daß wir uns hinwenden zu dem göttlichen aber verwundeten Haupt Christi unter die dörnerne Kron; sintemal allda ist die wahreste Sicherheit, die sicherste Freiheit und freieste Zuflucht, wo der Mensch keinen Schaden, noch Gefahr erleiden wird, ohne sein selbst eigene Schuld. Aber leider! wir seynd zu Zeiten, wie jenes Bauern-Mensch, in welche sich ein Reiter verliebt, diese abzuholen, bestimmte er eine gewisse Zeit, zu welcher sie auch versprochen, zu Hause zu bleiben. Da nun die Stunde vorhanden, verfügte sich diese Bauern-Magd in ein Faß, versteckte sich, und gedachte ihre Jungfrauschaft zu erhalten. Indessen kommt der Reiter vor das Haus, klopfet an, suchet sie, und weil er sie nicht konnte finden nach vornen, nach hinten, noch unten, noch oben, also fängt er an zu toben, vermeinet betrogen zu seyn, steigt auf das Pferd, Willens, davon zu reiten; aber solches ersehend die Magd, rufet sie durch das Spundloch dreimal: „guck, guck!“ und verrathet sich selbsten. Also gehet es auch oft mit uns Menschen, die wir nach schlechtem Widerstand der Sünd einwilligen. Sonsten leget der Guckuck seine Eier in andere Vogel-Nester, solche auszubrüten; gleicher Weise machet es der leidige Teufel, welcher seine Versuchungen wirft in unsere Herzen, damit wir solche durch die Verwilligung in das Werk ausbrüten. Darum ist gar gut, wenn wir unsere Herzen verbergen unter die dörnerne Kron Christi Jesu, allwo keinen Zutritt hat der höllische, bellische, stinkende, blinkende Guckuck, der Satan.

Was für Schmerzen ein in dem Fleisch empfangener Dorn verursache, geben sogar zu erkennen die wilden Thiere: denn als jener einem Löwen aus seinem Fuß gezogen einen Dorn, welcher Löw, nachdem er gefangen, und derjenige, der solche Gutthat ihm erzeigt, in Verhaft genommen, auch den wilden Thieren vorgeworfen worden, erkennete dieses der grausame Löw, welcher ihn zu zerreissen losgelassen war, indem er ihm nicht allein keinen Schaden zugefügt, sondern er leckte ihm sogar die Füß.

Wenn die Gutthat in Erlinderung dieses Schmerzens, so ihm ein einiger Dorn zugefüget, mit solchem Dank bezahlet hat ein unvernünftiges Thier, was würde nicht der mildeste Gott, so die Güte selber ist, für Gnaden aus seiner unerschöpflichen Schatzkammer mittheilen, wenn wir solche Pein mit bedaurigem Gemüth würden beherzigen und erwägen. Wollte Gott, daß wir es recht erkenneten, so würden wir uns mehr bemühen, damit das innerliche Verkosten nicht durch äußerliche Dinge angereizet, betrogen würde, sondern bemüheten uns, mit Geduld und Dankbarkeit alle Schmerzen zu ertragen, und verlangen unter denjenigen zu seyn, die sich erfreuen für Christus etwas zu leiden, und Widerwärtigkeiten zu empfangen. Ich aber indessen habe Ursache genug, über meinen also mit Dornen gekrönten Jesum ein Trauer-Gesang anzustimmen:

I.

Ach Schmerzen! wo seynd dann
All' Freuden hin verschwunden,
Welche ich hab gefunden
Jesum zu sehen an?
So schön war seine Stirn,
Wenn man es thut beherzen,
Gleiches kann nicht verscherzen,
Phöbus an dem Gestirn.

II.

So schön nicht Davids Sohns
Gewesen, die Haarlocken,
Goldstrahlend Krausen-Flocken,
Des schönen Absolons:

Ach jenes man nicht kann
Mit diesem es vergleichen,
Von weitem es muß weichen,
In Goldgelb angethan.

III.

Ach Liebste! ich weiß klar,
Daß sein Gesicht gewesen,
So schön und auserlesen,
Viel mehrer als die Haar:
Denn ich verg'wißet bin
Daß nichts so schön ist kommen,
(Er selber ausgenommen)
In eines Menschen Sinn.

IV.

Die Augen waren schön,
Gleichsam wie jener Tauben,
Und völlig wie die Trauben,
Die da zu Engad stehn:
Die Wangen waren roth,
Zugleich mit Weiß vermenget,
Und Myrrhen-Oel besprenget,
Jetzt leider voller Koth.

V.

Den auserwählten Glanz,
Thut man ach! nicht mehr sehen,
Noch jene Farb thut stehen
Auf der erhebten Schanz:
Die Stirn als schönem Zelt,
Wo die Schaam hat geschlagen
Ihr Lager, und thut wagen
Sich in das off'ne Feld.

VI.

So viel der Schmerzen ach,
Es haben eingenommen,
Daß mir all' Freud entnommen,
Der ich gestellet nach:
Denn dieses schöne Feld
Mit Dornen jetzt besetzet,
Das sonsten hat ergötzet,
Das Stern besetzte Zelt.

VII.

Und was ich klage mehr,
Ist auch, weil er alldorten
Mit Schand und Lasterworten
Wird angefüllet sehr:
Er leider muß allein
An seiner G'stalt verkehret,
Mit Schlägen hart beschweret,
Unschuldig, schuldig seyn.

VIII.

Denn sein so zartes Haupt
Hat eine Kron umgeben,
Aus scharfen Dorn=Geweben.
Und alles Trosts beraubt:
Die größten Schmerzen leidt,
Durch deren scharfe Spitzen,
Darunter er muß sitzen,
In größter Bitterkeit.

IX.

Ist das der Ehren=Lohn,
So Jesus sollte haben
Für seine Lieb und Gaben?
O Dörner-reiche Kron!

Ist das der schöne Brauch,
Die König so zu krönen,
Und schändlich zu verhöhnen,
Mit einem Dörner-Strauch?

X.

O wilder Dörner-Strauch!
Warum thut man nicht stehen,
Dich durch das Feu'r vergehen
Eilend in einen Rauch:
Denn du durch solche Pein
Ursach genug hast geben,
In größter Flamm zu schweben,
Und ihr Ernährer seyn.

XI.

In größtem Schmerzen-Last,
Thust du mein Jesum bringen,
Da du durch hartes Zwingen,
Ihme verletzet hast:
Fürwahr ist solcher Schmerz,
Der so gespitzten Waffen,
All unser Sünd zu strafen,
Zu hart so zartem Herz.

XII.

Man schlägt ihn mit dem Rohr,
Die Kron auch grausam zwinget,
Bis sie das Haupt durchdringet,
Und kommt das Blut hervor:
Kaum die Augbraunen dann
Ein wenig sich bewegen,
Wer wird ohn' Herzens-Regen,
Ihn können sehen an?

XIII.

O! unerhörter Schmerz!
O! unerhörte Plagen!
O! Jammer jener Tagen!
O! hart geplagtes Herz!
Ach! Ach, ich billig klag,
Ueber die Unglücks-Flammen,
Die sich ganz voll zusammen,
Entzünden auf ein Tag.

XIV.

Ach thät doch solches Haupt,
Für diese Dorn und Hecken,
Umgeben und bedecken,
Ein Loorbeer frisch belaubt!
Oder für solchen Baum,
Von mir dazu gebeten,
Soll seine Stell vertreten,
Ein linder Feder-Pflaum.

XV.

Ach scharfes Dorn-Geflecht!
Ach scharfe Spitz der Hecken!
Die dieses Haupt bedecken,
Ach scharfes Staud-Geschlecht!
Ist denn bekannt nicht dir,
Daß dich aus ihrem Magen,
Die schwang're Erd thu tragen,
Zu einem Fluch herfür?

XVI.

Wer aber muß der seyn,
Der dich so eingerichtet,
Zu einer Kron geschlichtet,
Und so geflochten ein?

Die Lieb muß wahrlich seyn,
Die allzeit vorgegangen,
Und Jesu jetzt gefangen,
Verursacht solche Pein.

XVII.

Denn dieses that die Lieb,
Daß sie ganz unbescheiden,
Ihn von des Himmels-Haiden,
In dieses Elend trieb:
Und das so zarte Gut,
Mit unerhörten Plagen,
Auf seinem Haupt mußt tragen,
Von Dorn gemachten Hut.

XVIII.

Wie kannst du aber auch,
Mein Jesu, doch gedulden,
Der du bist ohne Schulden,
So harten Dörner-Strauch?
Ach, an des Sünders Statt;
Der solches sollt ausstehen,
Und zu der Straf hergehen,
Dein Herz groß Kummer hat.

XIX.

O wundersüßes Herz!
Dir gibt sehr viel zu schaffen,
Zu tragen unsre Strafen,
Nicht anders ist dein Schmerz:
Als jenen, dessen Sünd,
Dein Zorn zu g'rechten Waffen,
Die Laster abzustrafen,
So frech hat angezündt.

XX.

Verleih mir Jesu ach!
Daß ich für solche Schmerzen,
Dich liebe doch von Herz'n,
Und bitten darf ein Sach!
So wird mein Bitten seyn,
Daß ich mich könnt verstecken,
In solche Dorn und Hecken,
Ja gar verschließen ein.

XXI.

Denn du weißt es vorhin,
Daß du an mir hast einen,
Der Ursach deiner Peinen,
Und der Kron schuldig bin:
D'rum laß mir seyn erlaubt,
Die Sünden hier zu büßen,
Werfend mich zu den Füßen,
Jesu! gekröntes Haupt.

Es schreibet der gottselige Thomas a Kempis in seinem ersten Buch von der Nachfolge Christi, daß so lang wir in dieser Welt leben, können wir ohne Trübsal und Versuchungen nicht seyn. Darum ist bei dem Job geschrieben: „Das Leben des Menschen ist ein Streit auf Erden“, und solches erhellet aus den Hohenliedern Salomonis, da der heil. Geist hiervon spricht: „Wie die Lilien unter den Dornen, also ist meine Freundin unter den Töchtern.“ Welche Wort der heil. Bernhardus also ausleget: So lange die Seele in dem Fleisch ist, befindet sie sich unter den Dornen; und kann anders nicht seyn, denn daß sie von den Versuchungen und Trübsalen beunruhiget werde.

Denn Gott pfleget aus zwei Ursachen so scharfe Dornen der Trübsale zuzuschicken, die eine, damit er uns durch solche übe, und die andere, damit wir keine grösseren ausstehen, oder daß uns nicht unsere Tugenden durch unterschiedliche Begierden benommen werden. Denn gleichwie man die guten fruchtbringenden Bäume zu Zeiten mit Dornen umwindet, auf daß deren Früchte nicht sobald geraubet werden, also auch Jesus, damit uns das Verdienst durch das eigene Wohlgefallen nicht entfrembet werde, umgibt er uns mit einem solchen Dorngesträud. Wer diese mit Geduld überträgt, der wird sich nicht beschweren über die Widerwärtigkeiten, besonders wenn er gedenket, daß die Rosen unter den Dornen am schönsten blühen, ohne daß es uns auch der größte Spott wäre, unter einem mit Dornen gekrönten Haupt zarte Glieder zu seyn.

Das 20. Kapitel.

Wer selbsten sich erkennt,
Der wird reich g'nug genennt.

1. Nichts beweget den Menschen mehr zu einem Mitleiden, als diejenige schmerzhafte und mitleidsvolle Gestalt, mit welcher einer behaftet: darum diejenigen an der Straße liegenden Verwundeten, Lahmen oder Krummen jederzeit den Vorübergehenden hervor zeigen ihre beschädigten Glieder, solche zu vermögen, damit ihnen ehender ein Almosen gegeben werde. Niemand wird seyn, der nicht ein herzliches Mitleiden erzeige,

in Ansehung solcher Presthaftigkeiten, wenn anders sein Gemüth nicht wilder ist als ein Tieger-Fräulein: Gewiß muß ein Herz, welches ein Mitleiden da verweigert, härter seyn als Stein, indem viele derselben gewissen Uebertragungen der Luft und des Wetters sich milder erzeigen: sintemal oft man sie siehet aus verborgener Eigenschaft mitleidend die Zäher vergießen. Denn wer wird ohne Erbarmen anhören können, was solche bedrängte Leute für klägliche Worte, ihre Schmerzen zu erklären, ausgießen, und dem Gemüth mehr als den Augen vorbilden. Welche die aus der Tiefe ihrer Seelen, gleich als Zeugen solcher Betrübniß, herzerbebende Seufzer begleiten. Jenes geduldig fromme Herz Job, deß Geist gewesen ein immerwährendes Werk der Geduld, dessen ganzer Leib angefüllet war mit lauter Schmerzen, also daß von dem Haupt bis zu den Fußsohlen nichts Gesundes an ihm gewesen, ist ein genugsames Exempel. Obwohl er auch Gott dem Allerhöchsten so angenehm, daß seines gleichen keiner zu finden auf Erden, der seinen Willen in unveränderlicher Aufrichtigkeit gegen Gott erhalten, hat dennoch der Zunge so viel verstattet, damit sie sein so großes Elend beklagte, die Freund und Verwandte dadurch zu einem Mitleiden anzureizen, sintemalen er also der Gewalt des leidigen Teufels unterworfen, daß er Alles an ihm vermochte, was er verlangte, allein seinen Gefallen durfte er nicht vollziehen an seiner Seele: Ecce in manu tua est, verum tamen animam illius serva.

Christus Jesus war auch übergeben dem Willen und Gewalt, nicht zwar des Teufels, aber gleichwohl seinen Gliedern, alle ihre Bosheit an Ihm zu verüben, welche sie dann also grausam an Ihm vollzogen, daß nichts Gesundes an seinem ganzen Leibe zu sehen, und zwar so entsetzlich, daß auch der heidnische Landpfleger Pilatus zu einem Mitleiden ist gebracht worden, auch Ihn von größerer Pein und Schmerzen zu befreien, oder das wüthende Volk zu besänftigen, hat er Ihn mit diesen Worten vorgestellt: „Ecce Homo, sieh ein Mensch!“ O des traurigen Anblicks! O des erbärmlichen Augenscheins! O der jämmerlichen Zerfleischung! Ecce Homo!

Ein Mensch, seht an treue Herzen,
Christum Jesum wahren Gott,
Christus ein Mann voll der Schmerzen,
Ei was leidt er nicht für Spott?
Helfet tragen Ihm die Schmerzen,
O ihr all, die dieses hört,
Macht herbei euch, o ihr Herzen!
Ohn Verzug, und ihn verehrt.

Wo seyd ihr alle mitleidenden Gemüther? Wo seyd ihr Jesum liebende Herzen? machet euch herbei ach wertheste Herzen! zu Jesu, voll der größten Schmerzen! Ach Jesu! ach durch das theure Blut Jesu Christi erkaufte Seelen! ach grausamste Juden! wohin soll ich nun meiner Feder den Lauf lassen? oder was für eine Herzens-Regung soll ich in einer christliebenden Seel erwecken? wollen wir mit herzlichem Mitleiden bedauern den Holdseligsten unter den Menschen-Kindern, nunmehr aber gleich einem Aussätzigen? und die noch nicht vergossenen Thränen mit seinem unschuldigen vergossenen Blut vereinigen und vermischen? Aber ach! diese entsetzliche Gestalt wird durch die Feuchtigkeit der silberfarbnen Wasser-Quellen sich nicht lassen beschönigen! Soll ich mit rechtmäßigem Zorn und wohlbefugtem Unwillen über der gottlosen Juden unmenschliche Grausamkeit hervorbrechen? oder melden, Ihre Väter seyen gewesen die grausamsten Löwen? ihre Mütter das erschrecklichste Tieger-Fräulein? Ihre Wohnungen das wilde asiatische Gebirg, und nicht das heilige Land der Gegend Jerusalem? aber was will ich mich mit einem vergeblichen Zorn beunruhigen! oder soll ich mich zu euch, mitleidende Herzen, hinwenden? Ja zu euch will ich mich kehren, und zugleich beisetzen die klägliche Gestalt Jesu! Ecce Homo!

Er ein Lämmlein, das da träget
Creutz und Leiden, Schmerz und Pein,
Christus sich zum Leiden waget,
Er will nicht ohn Leiden seyn.
Händ und Füß seynd voller Wunden.
Ohne Haut, das Fleisch ist bloß,
Man Ihn gleichsam hat geschunden,
O der Schmerzen gar zu groß.

Mich gedunket, ich höre von vielen, bei denen gleichsam die liebliche Ungestümigkeit der wegen Mitleiden verursachten Schmerzen sich zu viel ausgieße, in welchen als in so viel brausenden Wellen ihr Herz einen Schiffbruch leide, mich gedunket schon, ich vermerke viele, bei denen die schön gekrausten Haarlocken durch der ausraufenden Händ unsanftes Verfahren müssen verlassen ihren gewöhnlichen Ort: ja wohl recht, wenn diese ausgerissenen Flocken, so wohl als das Haar der heiligen Büßerin, könnten abwaschen das auf den Wunden erstockte Blut, und zugleich hinweg nehmen alle Schmerzen. Mich gedunket, ich sehe viel, welche ihre zarte Brust darbieten den ungütigen Faust-Streichen mit dem heil. Hieronymus, bis zu Unterlaufung des Bluts, ja nicht uneben, wenn dadurch dem holdseligsten und liebreichsten Jesu seine schöne Gestalt wieder würde gebracht werden, als wie sie ihm durch die grausamen Schläg ist entfremdet worden. Mich gedunket, ich vernehme viel, von welchen vor lauter Schmerzen und Traurigkeit nichts anders gehöret werde, als neben einem leise fallenden Zäher-Regen, die ein wenig mehr, als die Thränen dumpfer lautende Seufzer, ja nicht unbillig, wenn durch solches stumme Reden, die mehr als Marmor und kieselsteinharten Herzen der wüthenden Juden zur Nachlassung ihres Tobens könnten beredet werden. Aber ach! durch deren Wind wird nur mehr angeflammet das Feuer ihrer unmenschlichen Tyrannei und zwar also, daß sie aus dem einmal gefaßten Neid nunmehr ausbrechen in den Zorn, von dem Zorn in die Grimmigkeit, von der Grimmigkeit in ein Ungestüm, von der Ungestüm in ein Wüthen und Toben; sintemal man nichts anders höret, als: „kreuzige, kreuzige Ihn!“

Ein gepurptes Kleid ihn kleidet,
Carmesinroth er da steht.
Christus große Pein erleidet,
Er für uns zum Tod hingeht.
Hart thut ihn all Leid umgeben,
Ohn End er nimmt Schmerzen ein;
Mithin sinkt sein schwaches Leben
Ohne Kraft vor großer Pein.

Ecce.Homo. Siehe, einen Menschen! ach, des Menschen! der für die sterblichen Menschen, als er der unsterbliche Gott war, ist worden zu einem Menschen; hat sich selbst erniedriget, die Gestalt eines Menschen angenommen, und ist andern Menschen gleich worden, jetzund aber die Gestalt eines Menschen gleichsam verloren. Ach, kommet her ihr werthesten Herzen, und sehet mit den Augen eures Gemüthes einen Menschen, in welchem keine menschliche Gestalt! Sehet, wie seine liebreiche Farb durch die erschrecklichste und grausamste Zerreißung ganz entwichen! Sehet sein so übel zugerichtetes Angesicht! Sehet seine in Blut vertrunkene Augen! Ach! ach sehet es an, und vertränket eure Augen in dem Meer der Zäher! Ja, nicht allein vertränket euch, sondern verwandelt euch gar mit des Nerei und Socidis Töchtern in einen Zäherbach, oder aber verkehret euch mit jenem Hirtenknäben, dem wohlgestalteten Acis in einen Brunn der Thränen, damit Jedermann in euch, als in einem klaren Spiegel des Mitleidens, sehen durch eure so heißen Zäher die so großen Schmerzen des liebreichsten Liebhabers euerer Seelen, welcher mehr euch geliebet, und annoch liebet, als alle euere getreusten Freund. Denn wenn ihr aussätzig gewesen oder gefunden würdet, so würden eure besten Freund kein Blutbad machen aus ihrem eigenen Blut, auf daß ihr möcht gereiniget und gesund gemacht werden. Jesus aber, der holdseligste Heiland, ist um eurer Sünden willen, aus Lieb gegen euch auf die Welt gekommen, hat um eurer Lieb willen sterben wollen, und hat euch mit seinem Blut gewaschen. Auch damit er euer niemals würde vergessen, hat er euch aus lauter Lieb in alle seine Glieder schreiben lassen. Das Papier war seine zarteste Haut, die Tinte sein allerkostbarlichstes Blut, die Federn Geißel, Dorn, Nägel und Speer, die Büchstaben die Wunden, die Schreiber die Juden, welche ihm vermehrt seine Wunden nach der Zahl unserer Sünden, die zu empfangen ihn die Lieb auf die Welt getrieben.

Ei, seht, wie ihm doch die Liebe
Creuz und Pein geladen auf;
Creuz, man sieht ihm nur beliebe,
Er aus Lieb sich selbst ladt auf.
Hat getragen es mit Freuden,
O der großen Liebesbrunst!
Macht sich d'rum aus allem Leiden
Opfer nach der Liebeskunst.

Ecce Homo. Sehet einen Menschen! Ach, des kläglichen und traurigen Ansehens! ein Sehenswürdig, nach welchem die Augen keine andere Verrichtung mehr haben, als daß sie unaufhörlich hervorquellen die weißen Perl der Thränen. Ach, laßt uns mit dem Propheten aufschreien: „Wer wird meinem Haupt Wasser genug geben, und meinen Augen einen Brunn der Zäher, daß ich Tag und Nacht weine. Ach, ergießet euch ihr Flüß! kommet ihr Nymphen! erscheine Neptune mit all deinen Angespanen und beschenket mit eurem Wasser unsere Herzen, auf daß wir unsern Jesum, also verwundten, also ungestalten, also zerfleischten genugsam beweinen. Ach, thäte jetzund der Medusen Haupt uns verkehren, nicht in einen Stein, sondern in einen lebendigen Wasserfelsen, damit durch alle unsere Blutadern sich ergieße die reichste Quellader

der Zäher! Ach, wer gibt uns nicht nur gewünschte Brunnquellen der Augen, sondern aller Glieder, nicht Wasser, sondern Blutstropfen zu beweinen mit blutigen Thränen den mit eignem Blut über und über begossenen Jesum! O glorwürdigste Martyrer, erlaubet, ach, erlaubet uns all euer Blut, durch die Marter ausgepresset in unsere Herzen, als in einen Schwamm einzudrücken, damit wir es mit allem Wasser vermischt zu hellen Perlen und rothen Rubinen in dem Herzen gebären, und Jesu für sein für uns vergossenes Blut aufopfern mögen. Darum

Eilet her getreue Herzen,
Christum Jesum sehet an;
Christum Jesum, voll der Schmerzen,
Ei seh ihn, wer sehen kann:
Haltet offen nicht verschlossen,
Offen halt das Zäherhaus,
Macht, daß werd ein Brunn entsprossen,
Oder gar ein Fluß daraus.

Ecce Homo: Siehe ein Mensch! dessen Leiden schon in dem bethlehemitischen Stall angefangen. Er wurde von den gemeinen Herbergen ausgeschlossen; er war auf das Heu in die Krippe gelegt, Kälte und andere Ungelegenheiten ausgestanden, von welchem der heilige Basilius bezeuget, daß, als wie er seinen Eltern willig untergeben gewesen, also auch mit ihnen alles Elend und Mühseligkeit erduldet habe; und wie seine Eltern arm und bedürftig waren, er als ein Herr Himmels und der Erde, habe mit ihnen, um die leibliche Nothdurft zu haben, arbeiten, und das Brod mit seiner Hilfe gewinnen wollen, weil er für uns von den Himmeln herabgestiegen, auf daß wir selig würden. Er hat seine Armseligkeit nicht aus Noth, sondern aus Liebe für uns auf sich genommen, auf daß wir sollten die Geduld lernen und das zeitliche Elend ohne Unwillen übertragen; denn er hat niemals gesündiget, dennoch hat er alle unsere Sünden auf seinen Achseln getragen, er hat seine Hoheit und Majestät hintan gesetzt und hat unser Fleisch angenommen; er ist unschuldiger Weise verwundet worden, damit er unsere Schuld auslöschen und uns selig machen könnte. Er als der Herr hat seine Knechte mit Wasser abgewaschen, und damit er dieselbigen erlösete, hat er sich nicht gescheut, mit seinem eigenen Blut übergossen zu werden. Vierzig Tag hat er gefastet, auf daß er die Hungerigen und Durstigen mit der geistlichen Speise und Trank der göttlichen Gnade erquicke.

Eilet her dann abzuklauben
Corallrothen Traubensaft;
Christus ein fruchtbarer Trauben,
Ein Traub von heilsamer Kraft:
Häufig gießet, wie ein Reben,
Oben an dem Aeuglein zart;
Manchen Zäher er thut geben,
O wohl nicht ein Tröpflein spart!

Ecce Homo: Seht einen Menschen! aber was für einen Menschen? Höret an den königlichen Harpfenschlager, nämlich denjenigen, von welchem er in seinen Psalmen sagt: Was ist der Mensch, daß du seiner gedenkest? du hast ihn ein wenig geringer als die Engel gemacht: mit Ehr und Schmuck hast du ihn gekrönet, Alles hast du unter seine Füß gethan. Nunmehr aber ist er geringer als die Menschen, und der mit allen Ehren gekrönt war, ist umgeben mit einem zerrissenen Purpur, tragend auf seinem Haupte eine bis in das Hirn eingedrückte Dornenkrone, wie auch in seinen Händen statt eines Scepters ein hohles Rohr.

Er von ihm läßt laufen einen
Corallrothen Blutgetrank,
Cron von Dorn bei ihm erscheinen
Er sie trägt, doch ohne Dank!
Hat ein Rohr in seinen Händen,
Ohne Trost allda er steht,
Mensch! thu dich zu ihme wenden,
O was Trost von ihme geht!

Bei den Theologen wird diese Frag gehalten, ob die Erkenntniß edler sey, oder die Lieb. Zu Erläuterung dessen lasse ich Verständige davon an ihrem Ort disputiren. Jedoch ist eines vonnöthen, wie Christus selbst sagte, was aber für eines? Die Erkenntniß, daß nämlich wir erkennen, daß die Nichtigkeit unser eigen sey. Wer sich bearbeitet, solches zu erlangen, der hat mit Maria den besten Theil, ja das Allerbeste erwählt. Gar schön sagt der heilige Bernhardus: Gedenke, woher du kommest, und schäme dich; gedenke, wo du bist, und seufze; gedenke, wo du gehest hin, und erschrecke. An einem andern Ort aber spricht er also: es seynd viel Wissenschaften der Menschen, allein keine ist besser, als dieselbige, durch welche der Mensch sich lernet selbst erkennen. Darum, wertheste Gemüth! so dich die Hoffart kitzelt, so oft sollst du ohne einigen Verzug in deine selbst eigene Erkenntniß und Nichtigkeit dich versenken; denn sehe dich selbst an, was du bist, was du vermagst, und woher du deinen Ursprung hast, nämlich von einer unreinen und unflätigen Materie, welche nicht allein in ihr selbst, sondern auch in allen Menschen abscheulich ist. Nun aber, was bist du worden? Ein gleiches unreines Geschirr voll bösen Gestankes. Es kommt keine so reine und köstliche Speise oder Trank in dich, welche nicht in und von dir einen unerträglichen Gestank an sich ziehe. Was überhebest du dich, du Erde und Asche denn? Ach gedenke, wie dir seyn wird, wenn du bei Auslaufung der Zeit deines Lebens von demjenigen, welcher die, so stolz dahertreten, demüthigen kann, anhören mußt: Hauet den Baum um, schneidet seine Zweige ab, und streifet ihm das Laub ab, verstreuet seine Frucht, daß alle Thiere unter ihm hinweglaufen, und die Vögel von seinen Zweigen fliehen, nämlich da der grimmige Tod seine Sichel in die Hand nimmt, damit den Faden dieses ohnedas schnell laufenden Lebens abzuschneiden. Erkenne also dich, und beherzige,

Wie dir wird dann geschehen,
Wenn du nun sterben mußt,
Die Welt nicht mehr ansehen;
Bei der du so viel Lust,
Gehabt! O edle Zeit!
O weh der Bitterkeit!
Die da durch deine Sünden,
Bei dir wird seyn zu finden.

Ach! ach hüte dich, o durch den Tod Jesu von dem Teufel erlösete Seel, die du wiederum in dem Koth der Sünden versenket, erstickest und darin verfaulest. Halte es für gewiß, wenn du dein Leben nicht besserst, und des unbändigen Muthwillens zu sündigen kein Ende machest, so wird das verfluchte Geweb der Laster mit dem Laster abgeschnitten werden, und das Ende deines lasterhaftigen Lebens ein Anfang des ewigen Todes seyn, und in Beherzigung dessen schäme dich, du elende und zergängliche Kreatur, daß du einmal auf zeitliche Ehr und Hoffart gedacht hast; neige deinen Hals unter die dörnerne Kron der Widerwärtigkeit, nehme in die Hand das Rohr deiner Nichtigkeit und selbst eigener Erkenntniß; denn es wird der Tag anbrechen, an welchem Gott strenge Rechenschaft von den Gaben erfordert, die er jetzunder so reichlich unter die Menschen ausgießt, deren sie sich doch so schläferig bedienen ohne einige Furcht, er aber indessen alles beständig leidet bis in den Tod, damit in ihm das vollkommene Leiden geendiget würde. Darum spricht der heilige Paulus: „So gedenket an denjenigen, der ein solches Widersprechen von den Sündern erduldet hat, daß ihr nicht müde werdet, noch ablasset in euerem Gemüth, sondern steif und männlich alle Widerwärtigkeit übertraget.“ Darum

Er erwartet euch mit Schmerzen,
Christliebende Seelen all,
Christus schenken euern Herzen,
Etwas will von seiner Qual,
Heil und Trost ihr werdt erlangen,
Oefters zum beglückten Tod,
Macht all Tröpflein aufzufangen,
Ob dem Marmor liegend roth.

Ecce Homo: Siehe ein Mensch! der will ein Schauspiel seyn dem Himmel und Erden, wiewohl er allein bisher eine Verwerfung gewesen ist. Er hat keine Gestalt, wir haben ihn begehrt den verachtetsten und verworfensten Mann, welcher zu diesem Ziel und Ende kommen, auf daß er uns in den Schwemmteich seines Blutes versenke, und uns also von allen Krankheiten der Seele erledige, und in Beherzigung dessen betrachte dich selbst, sagend mit dem Job der Fäule: du bist mein Vater, meine Schwester, und meine Mutter der Würmer. Besonders wenn dein Leib wird nieder fallen, wird man unter dir die Schaben streichen, und dein Oberbett werden seyn die Würmer. Ja noch in deiner letzten Krankheit wirst du also verachtet und verworfen seyn, daß du billig könntest, wenn die Schmerzen dir so viel gestatten, mit dem bei dem bethsaidischen Schwemmteich liegenden Kranken aufschreien: „Ich habe keinen Menschen." Da die Stirne stehen wird voll kalter und trüber Tropfen des Todes- und Angstschweißes, die Augen voller Todtenzähren, und die Nase voll stinkender Materie, daß man dich gleichsam nicht mehr erkennen kann für einen Menschen; und wenn du dann stirbst, so ererbest Schlangen, Thiere und Würmer, jetzt aber dich so übermüthig erzeigest? Ach wertheste Seel

Ei sehe an vielmehr du schnöde
Christum der Jungfrauen Sohn,
Christum ach nicht völlig tödte,
Er schier todt da lieget schon,
Heiße Brünnlein durch die Ruthen,
Oder durch der Geisel Qual,
Machen Jesum häufig bluten.
O der Schmerzen ohne Zahl.

Wo seyd ihr hochadeliches Frauenzimmer? stellet euch vor diesen Spiegel und betrachtet darin ein wenig, ob ihr so viel Zeit in Beherzigung dessen großen Schmerzen zubringet und euch bemühet, euere Seele in seiner Nachfolge zu unterrichten, als wie ihr in einem gemachten Spiegel erlernet, mit warmem Eisen zu kraussen euere Haar. Setzet ein wenig auf euer Haupt seine dörnerne Kron, und erwäget, wie theuer und sauer sie ihm gewesen. Ihr wollt haben, daß ihr glänzet von Gold und Edelstein, hier findet ihr einen ganzen Ueberfluß der schönsten Rubinen seiner Wunden; diese nehmet und bezieret damit euere Seel, ihr verlanget daher zu prangen in Sammet und Seiden, hier findet ihr ein schönes Purpurkleid, euere mehr als halb entblößten Brüste zu bedecken. Ihr begehret, daß euere Wangen berösselt erscheinen mit einer von Meerschnecken verpurpurten Röthe. Hier findet ihr genug in dem Angesichte Christi des rosinfarben Blutes, euere durch die Sünden in den Tod erbleichte Seel anzustreichen, wodurch ihr werdet erlangen die Schöne, welcher nichts abgehet, sondern vielmehr von ihrem Bräutigam anhören wird: „Du bist ganz schön, meine Freundin, und ist kein Mackel an dir.“ Denn die Schöne der Seelen ist die allerschönste Schönheit. Eine schändliche Sache aber, sagt der heilige Klemens, ist es, daß diejenigen, welche erschaffen zur Gleichniß Gottes, eine äußerliche Zierde anstreichen wollen, und die böse menschliche Kunst dem Werk Gottes vorziehen. Viel besser wäre es, wenn wir uns befleißen würden, die Seele zu schmücken als den Leib, wie uns denn ermahnet die göttliche Schrift, da sie sagt: Nun du verderbte. Lieber, was willst du thun? ob du schon Purpur anlegest und dich mit goldenem Geschmeid aufmutzest und dein Angesicht anstreichest, so schmückest du dich umsonst. Ja so du dich schon mit Wascherde und viel Seife waschest, so bist du doch unrein in deiner Bosheit vor Gott. Wasche derowegen ab dein Herz von Bosheit Kap. 4. Betrachte, ach betrachte werthestes Gemüth, wie mit vielen Pfeilen getroffen, wie mit vielen Wunden zerrissen, wie mit viel tödtlichen Stichen verletzt sey deine unglückselige Seel! wehe und abermal wehe, wann wird kommen der Tag des Zorns, der Tag des Gerichts, der Tag der Mühseligkeit und Elend! der Tag des Wüthens und der Tag des Schreckens, wann werden eröffnet werden die Bücher der Gewissen, da wird gesagt werden: Ecce Homo, siehe den Menschen und seine Werk. Allda wird den Königen nicht verhülflich seyn ihre Kron und Scepter, wenn der Herr wird zerschlagen die Könige an dem Tag seines Zorns. Kein Kriegsheld wird sich verfechten mit seinem Gewehr. Es wird nichts helfen einer gottgeweihten Person ihr geistliches Kleid, so sie ohne geistliche Werk getragen; einem Theologo sein kluger Verstand von Gott zum Disputiren, welchen er gar schlecht verehrt; einem Weltweisen und Philosopho zu wissen, ob etwas Leeres seyn könnte oder gegeben werde, da er ganz leer und arm an Tugenden erscheinet. Nichts wird verfangen des Galeni Arzneikunst den Aerzten und Medicis, da Himmel und Erde an ihrer Seelenkrankheit verzweifelt; noch den Juristen ihr übellautendes Sprichwort: Si fecisti nega: wenn du es gethan hast, so läugne es; sintemal allda wird wahr werden: „Nichts ist so klein gesponnen, es kommet an die Sonnen.« Da hilft nichts, sondern was der strenge Richter und Recht geben wird, also wird es in einem Augenblick vollzogen werden. »Wie einen der Herr findet, wenn er rufet, also wird er ihn auch richten.« Es wird Alles an Tag kommen. Obwohl viel der Venuskinder ihr Spiel getrieben bei der Nacht, so werden sie doch viel klarer gesehen werden von der ganzen Welt, als bei dem hellsten Sonnenschein. Daher sprach der Prophet Nathan zum David: »Du hast es heimlich gethan, ich aber will es thun an der Sonne.« Da wird nichts frommen den Wucherern ihr Gold, den Geizigen ihr Silber, den Betrügern ihre List und Ränk, noch den Kaufleuten ihr kurzes Ellenmaß, davon sie werden gar zu kurz kommen. Sündige derowegen ein Jeder so oft er will, fliehe ein Jeder das Licht und die Zeugen, so oft es ihm beliebt, so wird doch sein Leben an Tag kommen, denn also sagt der Prophet: »Ich will dir deine Schaam unter dein Angesicht aufdecken, und den Völkern deine Blöße, und den Königreichen deine Schand sehen lassen.« Als der unschambare Cham die Schaam seines trunkenen Vaters Noe entblößet, und ihn zugleich verspottet hatte, erwachte Noe, und ihn verfluchend, sprach er: »Verflucht sey das Kind Kanaan, und sey ein Knecht aller Knechte unter seinen Brüdern.« Ach, ihr undankbare Kinder und verstockte Sünder! Jetzunder schlafet zwar Christus in dem Bett der Barmherzigkeit auf den blauen Auen in der Liebe gegen euch betrunken, aber ach! ihr entblößet ihn durch euere Sünden, verspottet ihn durch allerhand Laster. Allein an jenem Tage des Gerichtes wird er erwachen wie ein Starker, der von dem Wein betrunken gewesen ist, und wird seinen Fluch wider euch ausstoßen, und euch seiner Gesellschaft berauben ewiglich. Ite maledicti in ignem aeternum, gehet hin, ihr Verfluchten, in das ewige Feuer! O erschrecklicher Donnerknall dieser Worte! besonders da das Feuer vor ihm hergehet, und verbrennet umher alle seine Feinde. Weil die Königin von Saba vor der mehr als königlichen Majestät Salomonis erstummet, und ihr der Geist gleichsam entflohen. Weil die Königin Esther sich vor dem Angesicht des großen Asveri fürchtete, und nicht zu ihm gehen durfte. Weil Daniel vor dem Anschauen des Engels verschmachtet und unkräftig zur Erde niederfiel. Weil eine hochverständige Person einer Gemeinde sich also entsetzet vor der Majestät Leopoldi primi, daß sie kein einziges Wort hat vorbringen können, wie wird es dir geschehen, o Sünder und Sünderin! wenn du mußt erscheinen vor Gott selbst, und dem Richter aller Menschen, vor welchem werden versammelt werden alle Menschen? Weil jene Kriegsschaar und Soldaten der Juden, welche Christum Jesum fangen wollten, wegen des einigen Wortes: „Ego sum, ich bin's," dermassen mit Schrecken angefüllet worden, daß sie zurück niederfielen. Ach, wie wird's dir geschehen, wenn du wirst sehen, wie der allergerechteste Richter auf den Flügeln der Winde getragen, und mit höchster Majestät in seinem Thron sitzen wird, dem gegeben ist alle Gewalt im Himmel und auf Erden? Weil die Brüder Josephs ihren Bruder herrschen gesehen über ganz Egypten, und zugleich beherzigten, was sie vor Zeiten wider ihn begangen, wurden sie mit solcher Furcht überschüttet bei jenen Worten, wo er sagt: „Ich bin Joseph, euer Bruder, den ihr in Egypten verkauft habt,“ Genes. 45., daß sie kein einziges Wort reden konnten. Was werdet ihr thun, wenn ihr denjenigen, welchen ihr mit euren Sünden so oft zu dem Zorn bewegt habet, werdet sehen zu Gericht sitzen? wenn er mit einer erschrecklichen Stimm zu euch sprechen wird: „Ich bin Gott, welchen ihr so oft beleidiget, und so vielmal zu dem Zorn gezwungen, so spöttisch gelästert und geschmäht habt.“ Was werdet ihr hierzu sagen? Ach, kein einziges Wörtlein, sondern ihr werdet wollen gehen in die Felsen, und euch verbergen in eine Höhle unter der Erde vor der Furcht des Herrn, und vor seiner herrlichen Majestät.

Erkenne sich also ein Jeder, und erforsche sein Gewissen, wie er von allen seinen Gedanken, die bei der Welt zollfrei gewesen, könne Rechenschaft geben, wie er wird bestehen mit all seinen unzüchtigen, übel nachlautenden, verkleinerlichen, lästerlichen, schmählichen und allen sündlichen Worten, mit den äußerlichen fünf Sinnen, wie er sich derselben im Sehen, Riechen, Hören, Kosten und Tasten gebrauchet oder mißbrauchet habe. Wie wird er sich verantworten wegen allen Gnaden und Gaben des Leibes, der Seele und äußerlichen Güter? Ein Jahr hat acht tausend sieben hundert und sechzig Stund, wo seynd sie hingekommen? wie hat ein Jeder sich solche gemacht zu Nutzen? Erforsche ein Jeder sein Thun und Lassen, so wird er ersehen, was er für ein Mensch, welcher für ein kleines Beten stets thut die Gassen treten, und liebet mehr den Tanz als Rosenkranz, mehr das

Wirthshaus als Gotteshaus, mehr eine gute Kompagnie als heilige Kommunion, mehr das Rauben als Glauben, mehr das Beuten als Beichten, mehr das Springen als Singen, ungeachtet er auch öfters mit einem wilden Ju, Ju-Geschrei ganze Gassen und Straßen angefüllet, und wie ein anderer Waldesel daher brüllet. Das wirket der Wein, wenn man voll und rauschig thut seyn.

Einen wunderlichen Rausch muß gehabt haben Vincentius Ferrerius, da er durch sein Ju, Ju, die ganze Welt erschrecket. Freilich wohl war er voll, aber nur der göttlichen Lieb und eines ungemeinen Seeleneifers, es brannte sein Angesicht nicht von einem Muscat oder Malvasier, sondern es war entzündet von dem innerlichen Feuer der Seelen-Heil. Es waren ihm zwar seine Augen aufgeschwollen und aufgelaufen, aber nur von dem vielfältigen Weinen über die Sünd der Menschen. Er rief, schrie und füllete an alle Gassen mit einem dem Menschen unangenehmen Ju, Ju, Ju, aber solches war nichts anders als das erschrecklichste Ju, Ju, Judicium, Gericht Gottes, dieses Gericht verkündigte er jederzeit, den Sünder zu bewegen zu einer wahren Buß, damit er Gnad erlange, wenn er vor solchem scharfen Gericht muß er erscheinen, und Rechenschaft seines Lebens, auch von dem geringsten Gedanken geben muß. Vor welchem sich zwar der heilige Augustinus zwar keiner Sünd bewußt, höchstens gefürcht und um Gnad aufgeschrieen: „Ach, mein Jesu! erbarme dich mein, damit ich nicht verzage, und ob ich schon verdient hab, daß du mich verdammen kannst, so wirst du doch mich Verlornen selig machen. Bis eingedenk deiner Güte gegen deiner unwürdigen Kreatur, nicht aber deiner Gerechtigkeit gegen mir Sünder. Lasse mir zuvor verkosten den Trank deines Kelches, damit ich würdig, mich dir zu versöhnen, werde.

Ei, hast du für mich empfangen ..
Christe! so viel Pein und Spott!
Christe, dich ich, mein Verlangen,
Ehr und preise als mein Gott.
Halte mich bei deinen Heerden,
O mein liebster Bräutigam!
Mach, daß ich genennt mög werden,
O getreuer Hirt, dein Lamm.

Ein jeder Mensch sollte sich befleißen, durch die Abtödtung seiner Sinne zu einem tugendreichen Wandel zu gelangen. Seinen Leib solle zerfleischen und durchstechen die Liebe Gottes und dessen Furcht. Der Purpur solle seyn die Mortifikation der äußerlichen Begierlichkeiten, das Rohr die Erkenntniß seiner selbst eigenen Schwachheit, die dörnerne Kron ein Dorngesträuch der fruchtbringenden Tugendrosen, die Strick und Band die Uebergebung seines eigenen Willens, durch welchen er verstrickt wird mit dem Göttlichen, die Bloßheit die Verachtung alles Ueberflüssigen, damit von ihm in Wahrheit gesagt werde, Ecce Homo, siehe, ein Mensch!

Das 21. Kapitel.

Nichts so schwer man findet,
Die Lieb es überwindet.

Als Isaak von seinem Vater Abraham zu einem Schlachtopfer sollte aufgeopfert werden, mußte er selbst das Holz, so dazu vonnöthen war, auf seinen Schultern herbei tragen. Christus Jesus, welcher von seinem himmlischen Vater in die Welt gesandt war, für unsere Sünden genug zu thun, und ein Versöhnungsopfer aufzuopfern, welches er selbst seyn sollte, trägt nicht weniger das Holz des Kreuzes auf seinen Achseln, denn weil er genug zu thun verlangte für unsere Sünden, also mußte er auch tragen die Straf. Die Straf aber, dadurch für unsere Sünden sollte genug gethan werden, war das Kreuz, darum er solches trug auf seinen Achseln, weil er dazu geboren, daß er solches, als ein Kennzeichen seines Reiches und Herrschaft führte, nach jenen Worten: „Ein kleines Kind ist uns geboren, und ein Sohn ist uns gegeben, und seine Herrschaft ist auf seiner Achsel." Was ist aber seine Herrschaft? nichts anders als sein Kreuz, durch welches der Teufel überwunden, und die ganze Welt von seiner Dienstbarkeit in die Erkenntniß Christi, und seinen Gnadenschatz berufen worden.

Als Samson gen Gaza gekommen, da umgaben ihn seine Feind, die Philister, und setzten Wächter an die Thor der Stadt, und warteten allda die ganze Nacht in der Still, daß sie ihn an dem Morgen erwürgten, wenn er heraus ging. Samson aber schlief bis zur Mitternacht, darnach stund er auf, nahm beide Thüren des Thores mit ihren Pfosten und mit dem Schloß, und legte sie auf seine Achsel, und trug sie oben auf den Berg der gegen Hebron liegt. Apprehendit ambas portae forces cum postibus suis et sera, impositasque humeris suis portavit ad verticem montis, qui respicit Hebron.

Der eingeborne Sohn Gottes, als der stärkste Samson, war auch mit vielen Feinden umgeben, ungeachtet aber dessen, nahm er die Thüren des Thores, ich will sagen die zwei Hölzer des Kreuzes, so die rechte Pforte zu dem himmlischen Pallast, und trug sie gegen den Berg, der genennet wird Kalvaria.

Es schreiet auf der heilige Augustinus in Betrachtung der schmerzlichen Kreuztragung: Siehe, o Herr! meine Missethaten sind über mein Haupt gangen, wie eine schwere Last seynd sie mir zu schwer worden, und so du nicht, dessen Eigenschaft ist allezeit sich zu erbarmen und verschonen, die Hand deiner Majestät unterlegest; so werd ich gedrungen, erbärmlich niedergedrückt zu werden. O mein Jesu! freilich gehen wir zu Grund, wenn du nicht hilfst, aber deine Barmherzigkeit läßt solches nicht zu, sondern hat dir schon längstens aufgetragen zu erretten uns, und die Hand zu unterlegen. Ja, nicht allein hast du untergelegt deine Hand, sondern dargeboten den ganzen Leib. Wer wollt sich denn nicht mit ganzem Herzen bequemen zu einem geringen Kreuz, wenn er sich dadurch dir ganz und gar vereiniget?

Der selige Amandus oder Henricus Suso lehret: Welchem Gott also in dem Herzen, oder mit welchem er also innerlich vereiniget ist, daß das Kreuz ihm leicht zu tragen vorkommet, der hat keine Ursach, sich zu beklagen. Niemand empfängt aus ihm mehrere ungewöhnliche Süßigkeit, als nur derjenige, welcher mit dessen unannehmlichsten Bitterkeit ersättiget ist. Denn derjenige beklaget sich am meisten über die Bitterkeit der Schaalen, dem die Süßigkeit des Kernes verborgen ist, und den Geschmack noch nicht empfunden.

Es reden zwar viel ganz leicht in dem Wohlstand von dem Kreuz, aber die wirkliche Gegenwart desselben schmerzet, ja die angefochtenen Menschen gerathen zu Zeiten vor Angst so weit, daß sie vermeinen, Gott habe ihrer ganz vergessen, und sie tragen alles Kreuz allein, aber ach, wertheste Gemüther, betrachtet euren Heiland, und erhebet eure Augen gegen euren unter dem Kreuz gebogenen Jesum, und beherziget, ob ihr ein gleichmäßiges Elend, Leiden und Erniedrigung euer selbst ausgestanden. Erwäget, ob ein Schmerz sey, als wie derjenige, den er erleidet, und in Betrachtung dessen, welcher ihn also mit der Last des Kreuzes beschweret in seinem Herzen und Gemüth ansieht, kann sich nicht beklagen, sondern wird sich vielmehr unter alle ihm begegneten Widerwärtigkeiten mit freudigem Gemüth hinwerfen, und solche mit geringen Schmerzen übertragen. Es vermeinet zwar ein Jeder, sein Kreuz sey das Härteste, Schwerste und Unerträglichste, aber halte er solches nur gegen jenes, welches der geliebteste Jesus auf seinen zartesten Schultern getragen, so wird er erfahren, daß es sey annoch gar süß.

Vielleicht wirfst du ein, und sagest, wenn solches

Kreuz dir Schuldigen wäre auferlegt worden, so wolltest du es gern tragen.

Aber höre: Bist du unschuldiger als der unschuldigste Jesus? du verlangest zu wissen, was für ein Verbrechen, Sünd oder Laster dich habe durch eine Krankheit in das Bett geworfen? sage, was für eine Mißhandlung hat Jesum gedrückt unter der Last des Kreuzes? Bist du vielleicht mehr ohne Sünden als er, welcher ist das unschuldigste Lamm? Du beklagest dich gar zu hoch der Unehr, mit welcher man dein gutes Gericht beflecket. Ist nicht Christus, ein Verführer des Volkes und ein Schwarzkünstler zu seyn, angeklagt worden? Du hast vielleicht keinen Trost von der Erde? trage es mit Geduld, und solchen Abgang wird erstatten der Himmel. Denn ein solcher est discipulus ille, quem diligebat Jesus, ist der Jünger, welchen Jesus lieb hat.

Es hat einer sein Weib wegen ihrer übergroßen Faulheit geschlagen, die schrie und sprach: „Was schlägst du mich, thue ich doch nichts.“ Der Mann antwortete: „eben darum schlag ich dich, du faules Rabenvieh, alldieweil du nichts thust.“ Also macht es der gütigste Gott mit uns Menschen. Er schlägt und plagt uns zu Zeiten mit allerhand Kreuz und Leiden, mit Prügeln, mit Bengeln, mit Stecken, mit Stengeln, mit Geißeln, mit Ruthen, zu den Gluthen, da wir doch vermeinen, wir thun schön scheinen von Tugenden, als wie das Angesicht Moses, und riefen oft aus Kleinmüthigkeit und Zagtheit: Ach, warum schlägt mich der gerechteste Gott mit diesem oder jenem Kreuz, mit dieser oder jener Trübsal? mit dieser oder jener Kämmernuß, wohl eine harte Nuß, und wollen gleich mit dem Blinden an dem Weg davon los seyn, und schreien allerseits: „Jesu, du Sohn David, erbarme dich meiner!“ Ach, werthestes Gemüth! weißt du nicht, wen der Herr liebet, daß er solchen züchtiget, damit ihm kein grösseres Uebel begegne? Wie denn solches mit sondern Freuden bezeuget der königliche Prophet, da er singet: „Der Herr hat mich gezüchtiget, und dem Tod nicht übergeben,“ welchen er wohl verdienet hat. Ich lasse zwar zu, daß du viel Gutes verrichtest und übest, aber beherzige, wie viel Zeit verfließet, die du mit Müßiggang, Faullenzen und Schlenzen verzehrest. Darum thut dich der mildreichste Heiland mit dergleichen Widerwärtigkeiten anspornen, fleißiger zu seyn, und mehr Tugenden zu sammeln ein, ungeacht solcher Ungelegenheit öfters eine Ursach ist die Sünde.

Als Joab die Stadt Abel belagerte wegen des Rebellen Seba, und nunmehr sich rüstete, dieselbige zu stürmen, da rief eine weise Frau aus der Stadt: „Warum willst du die Stadt umkehren, und die Mutter Israel verderben? warum willst du den Erbtheil des Herrn umstürzen?“ Joab antwortete, und sprach: „Das sey fern, das sey fern von mir, daß ich umstürzen und verderben sollte. Die Sach stehet nicht also, sondern ein Mann vom Gebirg Ephraim mit Namen Seba, der Sohn Bichri, hat sich empöret wider den König David; gebet denselben her, so wollen wir von der Stadt abziehen.“

Solchergestalten machet es auch der gerechteste Gott, wenn die Sünd in den Menschen hinein schleichet als der ärgste Feind Gottes, so belagert er solchen mit unterschiedlichem Kreuz und Leiden, er wirft auf unterschiedliche Bollwerk und Batterien von Geschwulsten, er setzet solchen Ort in das Wasser allerlei innerlichen Feuchtigkeiten und Wassersucht, er macht unterschiedliche Laufgräben, Minen, und durch den fressenden Krebs, er beschießt solchen mit mancherlei Kunstfeuer des warmen und kalten Brandes, er wirft die Mauern seines Fleisches darnieder durch die Schwächungen der Glieder. Aber warum ist der allergütigste Heiland so scharf gegen den Menschen, welcher doch nicht will den Tod des Sünders, sondern vielmehr daß er sich bekehre und lebe. Die Ursach ist alleinig, ach, werthestes Herz! weil du der Sünde einen Unterschleif verstattest. Gieb die heraus über den Wall deiner Lefzen durch eine reuevolle Beicht, so wirst du von allem solchen Elend erlediget.

Ein betrübte und sehr angefochtene Seel stellte vor auf eine Zeit ihr Kreuz dem mit Kreuz beladenen Jesu, in herzlicher Betrachtung dessen so schweren Kreuzes, und ihren Unkräften oder Schwachheit. Da hörte sie gleichsam eine Stimme in dem Innersten ihres Herzens: „Trage solches mit Lieb meine Tochter, denn ich will, daß du die Bitterkeit meines Kreuzes versuchest, damit du mir allein mit Liebe verstricket bleibest. Ich will, daß du die Bitterkeit meines Kreuzes versuchest, damit du alsdann auch die Süße meiner Freuden mehr erkennest. Ich will, daß du veracht seyest und gedrückt mit Kreuz oder Leiden, damit du meine Freundin seyest in den ewigen Freuden.“ Wenn ein Schiff mit höchster Gefahr des Unterganges und Verderbens auf der See von den Winden herum getrieben wird, aber siehet, daß ein anderes Schiff das Land oder Port erreichet, so wird es in Hoffnung gestärket, auch gleicher Weise das Ufer sicherlich zu erreichen; wie auch ein Soldat, wenn er vermerket, daß ein Hauptmann mit fliegender Fahne des Feindes Mauern erstiegen, ein Herz fasset, und sich bemühet ihm zu folgen, und die Stadt zu erobern, also ist die Welt eine ungestüme See, in welcher wir täglich vielen Gefahren und Müheseligkeiten unterworfen, weil wir aber wissen, daß so viel Auserwählte den Port des Heiles erreichet, und mit fliegenden Fahnen, in Tragung des Kreuzes, über alle Schanzen und Basteien des Himmels steigen, sollen wir ein Herz fassen, auch dahin zu gelangen, und die Waffen des Kreuzes ritterlich zu führen, denn das Himmelreich leidet Gewalt, und die Gewalt thun, die reißen es zu sich.

In den Büchern der Könige ist zu lesen: „Da die Kinder Israel zur Zeit Elisäi Holz hieben bei dem Fluß Jordan, trug es sich zu, daß Einer ein Holz abhieb, und das Eisen in das Wasser fiel. Elisäus aber schnitt ein Holz ab, und warf dasselbige dahin, und das Eisen schwamm.“ Zu unserm Vorhaben redet gar schön der heilige Hieronymus, da er sagt: „Hier ist Elisäus mit dem Holz zu suchen das Beil, das in das Wasser versenkt, und dem Holz nachgeschwommen ist; denn das menschliche Geschlecht, so von dem verbotenen Holz bis in die Tiefe der Hölle gefallen, ist wieder durch das Holz des Kreuzes Christi und die Taufe des Wassers in das Paradies eingeschwommen.“ Darum, weil die Welt nichts ist als ein ungestümes

Meer, auf welchem der Mensch als ein unerfahrner Schiffmann herum fährt, schreit der heilige Augustinus auf: „O Christe Jesu, des menschlichen Geschlechtes einige Hoffnung, dessen Licht von fern unter den dicken und finstern Nebeln auf dem ungestümen Meer hervorscheinet, erleuchte unsere Augen als wie der Glanz des Meersterns, auf daß wir zu dir, als einem sichern Gestade, geleitet werden, regiere und leite unser Schiff mit deiner Hand, und mit dem Steuerruder deines Kreuzes, damit wir nicht untergehen in den Wellen, daß uns die Ungestüme des Wassers nicht unterdrücke, und die Tiefe uns nicht verschlinge, sondern mit dem Hacken des Kreuzes ziehe uns heraus aus diesem Meer zu dir, unserm einigen Trost, den wir mehr glänzender als den Thurm Pharos in Egypten, von fern auf uns wartenden, an dem Gestade des himmlischen Vaterlandes kaum mit weinenden Augen anschauen.“

Dieses Holz des Kreuzes, von dem der heilige Augustinus redet, und Christus auf seinen Achseln trägt, ist dasjenige Ehrenzeichen, in welchem sich der Lehrer der Heiden gerühmet, sprechend: „Es sey weit von mir, daß ich mich rühme, als in dem Kreuz unsers Herrn Jesu Christi, durch welchen mir die Welt gekreuziget ist, und ich der Welt.“ Aus welchem man abnehmen kann die wahre Nachfolgung, durch die der Mensch seinem liebhabenden Jesu nachzufolgen verlanget. Denn Niemand ein Nachfolger Christi zu seyn erscheinet, als Jener allein, welcher das ihm zugeschickte Kreuz geduldig trägt. Darum Christus auch sagt: „Wer sein Kreuz nicht trägt, und mir nachfolget, der kann mein Jünger nicht seyn.“ Ungeachtet derjenige, welcher vermeinet und sich bemühet, dem Kreuz und Beschwerniß Christo nachzufolgen, zu vermeiden, der fällt unter viel andere Kreuz, die ihm viel bitterer seyn werden. Denn weil er das süße Joch Christi nicht tragen will, wird er aus Verhängniß göttlicher Gerechtigkeit mit vielen und schweren Bürden beladen werden, unter welchen er ermüdet unterliegt. Ein jedes von Jesu zugeschicktes Kreuz ist ein zu dem Herzen abgefertigter Liebesbot, und alle Widerwärtigkeiten seynd köstliche Gnadenzeichen seiner honigfließenden Lieb. Wie aber diejenigen ihre Gnadenpfenning mit größten Freuden herum tragen, und auf das Fleißigste verwahren, also sollen wir alle Trübsal, Angst und Noth mit Geduld übertragen, und in unsern Herzen als köstliche Kleinodien verschließen, damit sie nicht durch eine Ungeduld uns entraubet werden. Denn nichts Schöneres, Schätzbareres, Liebreicheres und Gewünschtes kann seyn einer verliebten Seele, als das Kreuztragen und Widerwärtigkeiten ausstehen. Sintemal, wofern in dieser Welt ein Ding würde vorhanden gewesen seyn, welches edler, köstlicher und dem Menschen nützlicher gewest als die Trübsal, so hätte es Gott seinem eingebornen Sohn gegeben; aber weil nichts Edleres und Kostbarlicheres vorhanden war, so hat Gott haben wollen, daß er mehr hat leiden und ausstehen müssen als alle Menschen, denn des Leidens Lohn ist eine dreifache Kron. Darum ist

I.

Selig, ja selig, wer sich selbst beweget,
Leiden zu tragen, Kreuz, Schmerzen und Streit;
Welches nach dieser Zergänglichkeit pfleget,
Mit sich zu führen die ewige Freud:
Selig, wer alles geduldig erduldet,
Welches im Himmel wird dreifach verschuldet,
Jeder zum Leiden nun seye bereit.

II.

Zeitliches Leiden und Streiten zu leiden
Scheinet gar Vielen unmöglich zu seyn;
Aber das Leiden bringt ewige Freuden,
Ewige Freuden für ewige Pein,
Zeitliches Leiden nimmt Ende behende,
Himmlische Freuden beharren ohn' Ende,
Welcher Mensch wollte ohn' Leiden denn seyn?

III.

Zeitliches Leiden noch schmerzet gelinde,
Zeitliches Leiden vergehet wie Schnee;
Schwindet geschwinde wie schwindende Winde,
Zeitlicher Wollust bringt ewiges Weh:
Schmerzen der Höllen beharren ohn' Ende,
Zeitliche Schmerzen vergehen behende,
Jeder mit Freuden zum Leiden dann geh.

IV.

Dieser Zeit Plagen seynd leichtlich geschlagen,
Gegen der ewigen höllischen Qual;
Zeitliche Klagen und Plagen uns jagen
Hin zu den Freuden, im himmlischen Saal:
Zeitliche Schmerzen entzünden die Herzen,
Wie miteinander zwei Liebende scherzen,
Je höher die Ehren, je tiefer der Fall.

V.

Brausende Wellen den Felsen anbellen,
Schlagen und wüthen gar sausend nach ihm:
Aber der Felsen der bellenden Wellen
Achtet nicht, weder ihr wüthenden Grimm:
Weilen ihr brausend= und schlagendes Krachen
Selben nur schöner und sauber thut machen,
Zu Jesu das Kreuz ist ein' rufende Stimm.

VI.

Wann treffliche Früchten soll tragen die Erden,
Muß sie geackert und wohlgebaut seyn;
Gepflüget, geeget, muß fleißig sie werden,
Sonst man von ihr nicht viel Gutes bringt ein:
Mit dem Pflug=Eisen man thut sie zerreißen,
Wacker und aber man muß sich befleißen,
Also Frucht bringet das Leiden und Pein.

VII.

Wie emsig dem Garten thut täglich abwarten
Der Gärtner, mit Putzen und Stutzen gar harb;
Bis er der Blumen vorbringet viel Arten,
Welche schön riechen, und zierlich an Farb:
Also der Mensch, der nichts anders als Erden,
Muß umkehrt, stutzet und putzet auch werden,
Bis er erhaltet Frucht reichliche Garb.

VIII.

Daß ein ungestalter Stock werde formiret
Zu einem schön und gestalteten Bild;
Welcher sein Stamm von der Grobheit herführet
Von Asten und Rinden ganz schändlich und wild:
Muß solcher zum Hammer und Schlag sich bequemen,
Ihme die Grobheit und Wilde zu nehmen,
Bald daraus kommet ein zierlicher Schild.

IX.

Die Erden gestoßen, gewürket, geknetten
Vom Hafner zu brauchen, gar fleißig auch wird
Genetzet, getrocknet, mit Füßen getreten,
Sie auf der Scheiben vielmalen umführt:
Also Gott auf der Welt rundigen Scheiben,
Thut den Mensch in dem Kreuz tapfer umtreiben,
Bis er gewinnt sich ein' g'fällige Zierd.

X.

Auf daß das Weizen-Korn werde zerrieben
Zu einem schön weißen und sauberen Mehl;
Wird es durch Steiner und Beutel getrieben,
Also auch jede Christ liebende Seel:
Christus sie, sein Getreid weißer zu mahlen
Treiben thut durch die Kreuz-Steiner und Qualen,
Daß ihr nicht gebe das himmlische Fehl.

XI.

Die Ballen das Schlagen in Höhe thut jagen,
Dem Silber der Hammer bringt einige Zier;
Die Bäume und Pflanzen mehr Früchten thun tragen,
Wann ihnen beschnitten das Schädliche wird:
Das Stutzen und Putzen dem Weinstock bringt Nutzen.
Behänget mit Trauben kann andere trutzen,
Bis er zur Tafel gen Hof wird geführt.

XII.

Empfangen ein' Wunden, ist noch nicht geschunden,
Gefochten, gestritten, gelitten muß seyn;
Keiner das Beuten ohn' Streiten gefunden,
Streiten und Leiden das Beuten bringt ein:
Welcher verlanget bereichet zu werden,
Muß zuvor leiden unzahlbar' Beschwerden,
Pressen der Trauben macht endlichen Wein.

XIII.

Ein Ballon je stärker geschlagen auf Erden,
Je mehrer und stärker er über sich springt;
Je tiefer ein Bäumlein wird eingesetzt werden,
Je höher ein solches sich über sich schwingt:
Je tiefer die Wellen in Abgrund thun fallen,
Je stärker und höher sie über sich wallen,
Mit Schlagung der Saiten ein Tänzl erklingt.

XIV.

Dieser Zeit Schmerzen im Herzen verscherzen,
Stehet all liebendem Christum wohl an;
Welche im Herzen seynd brennende Kerzen,
Und uns erleuchten die himmlische Bahn:
Keiner soll wider das Leiden was schelten,
Weilen im Himmel es gar viel thut gelten,
Leide nur Jeder was leiden er kann.

XV.

Dieser Zeit Leiden ist wie nichts zu achten
Gegen dem ewigen höllischen Leid;
Besonder wenn man thut beharrlich betrachten,
Die darauf folgende himmlische Freud:
Einem in Jesum verliebenden Herzen
Ist nichts angenehmer als dieser Zeit Schmerzen,
Liebest du Jesum, das Leiden nicht meid.

XVI.

Zeitliche Schmerzen seynd herziges Scherzen,
Welche erlangen den zierlichsten Kranz;
Die auch beschützen von Sünden die Herzen
Wie ein' wohltrefflich geordnete Schanz:
Wenn sich zu Abend die Sonn hat verborgen,
Ist sie dem Mensch den zukünftigen Morgen,
Schöner und lieber in strahlendem Glanz.

XVII.

Wenn sich der Tag hat bekleidet in Dunkel,
Und sich bedecket in traurigen Flor;
Scheinet mir heller der edle Carfunkel,
Werfend von sich seine Strahlen hervor:
Also ein' Seel, die mit Schmerzen gefüllet,
Und mit Kreuz, Leiden, ist dunkel verhüllet,
Scheinet nur klärer im himmlischen Chor.

XVIII.

Je stärker die Winde mit Brausen thun wehen
Auf der grünkrausen gewässerten Straß;
Je geschwinder mit Segeln ein Schifflein thut gehen,
Zertheilend desselben zerbrechliches Glas:
Also das Kreuz, Pein, auch Schmerzen und Leiden,
Wenn wir von dieser Welt müssen hinscheiden,
Machen zum Himmel eröffneten Paß.

XIX.

Heiliges Leiden, wer sollt dich denn meiden?
Dich meiden ist scheiden und weichen von Gott,
Niemand soll meiden so kostbares Leiden,
Wer nicht will werden im Himmel zu Spott:
Leiden in Freuden sich leichtlich verkehret,
Weilen das Leiden ein Kleines nur währet,
Auf Leiden Freud bringet der eilende Tod.

XX.

Wer liebet das Leiden, stets lebet in Freuden,
Weil das, so man liebet, das Herze erquickt;
Darumen das Leiden nicht einer soll meiden,
Wenn er im Freien will stets seyn beglückt:
Lustiges Scherzen seynd Schmerzen dem Herzen,
Entzünden die Herzen wie brennende Kerzen,
Leide ein Jeder was ihme Gott schickt.

Nun vielleicht möchte einer einwerfen, wenn das Kreuz und Leiden so nützlich, ersprießlich und hochgeachtet wird, warum ist es denn so beschwerlich und mühsam zu tragen?

Ich vermerke dreierlei Ursachen. Erstlich von wegen der schlechten Lieb, die wir zu Christo unserm Erlöser haben; zu dem andern, weil wir so wenig gedenken an die große Nutzbarkeit, welche aus den Trübsalen entstehet; drittens, weil wir so wenig beherzigen das heilige Leiden und Schmerzen, welche Christus unser Heiland erlitten wegen uns elenden Menschen, dahero spricht der heil. Gregorius, wofern das Leiden Christi unsers Herrn würde zu Gemüth geführet, so würde kein Ding so hart, rauh und bitter seyn, welches wir nicht mit einem geduldigen und mitleidsvollen Herzen übertrügen. Keine schlechte Gnad und Ehr erzeiget Gott demjenigen, welcher in dieser Welt mit Trübseligkeit angefochten wird. Denn er machet sich demselbigen selbst gleich, und theilet mit ihm seine ausgestandene Angst, Mühe, Trübsal und Verfolgung. Es ist zwar nicht ohne, solche Uebertragungen der Widerwärtigkeiten verursachen Schmerzen, denn dadurch wird sein Name vertheidiget; doch bringet das Kreuz nur eine kurze und kleine Pein, aber eine ewige Freud. Jenem allein ist es auch nur beschwerlich und verdrießlich, dem es zuwider, welcher es aber mit Lieb traget, demjenigen ist es ganz angenehm, der Welt zwar verächtlich, aber bei Gott in großen Ehren. Alldieweilen das Kreuz den Zorn Gottes viel ehender auslöschet, als ein ganzes Zäher-Meer. Dem Menschen bringet es die göttlichen Gnaden-Flüß und Freundschaft, machet aus einem irdischen einen himmlischen Einwohner. Das Kreuz zieret den Menschen mit Tugenden, ziehet von der Welt, und führet ihn zu der göttlichen ewigen Gemeinschaft; denn das Kreuz der sicherste und kürzeste Weg dahin. Das Kreuz haltet verborgen einen solchen Nutzen, daß, welcher es recht erkennete, der würde es nicht anders als ein unschätzbarliches Geschenk von der Hand Gottes annehmen; ja den mildreichsten Gott Tag und Nacht unaufhörlich bitten, um die Gnad, ein Kreuz zu empfangen. Kurz abzubrechen, so ist das Kreuz dasjenige Tausendguldenkraut, welches den Menschen erhaltet vom gefährlichen Fall, und die Seel behaltet in der Demuth, bringet seine Selbsterkenntniß, lehret die Weisheit, beschützet die Keuschheit, und bringet die Kron der ewigen Seligkeit. Denn wie viel seynd, welche gleichsam gefährlicher und näher waren ihrem Verderben, als Einer zwischen Scyll und Charybd dem Versinken, und seynd durch das Kreuz errettet worden? Wie viel seynd, welche gleichsam als wilde Thier unvernünftig gelebet, und in dem Koth der Sünden schändlicher Weis sich herum gewälzet, aber durch das Kreuz auf den rechten Weg gebracht worden? Wie viel seynd, welche an der Lieblichkeit ihrer Seele ganz verwelkt erschienen, und durch das Kreuz als eine liebliche Rose von dem Thau des grünen Mai befeuchtiget worden? Was hat den Nabuchodonosor nach seinem sündigen Leben wieder zur Buß getrieben, als allein das Kreuz? Was hat Manassen, da er die Abgötter verehret, und ihnen geopfert, wieder zu dem wahren Weg gebracht, als das Kreuz? Denn nachdem ihn seine Feind gefangen hingeführet, von der Reu über seine Sünd gerührt, ist er in sich selbst gegangen und hat sein Leben gebessert. Was hat dem Schächer an dem Kreuz diese guten Worte zuwegen gebracht: „Heut wirst du mit mir seyn in dem Paradeis," da er an demselbigen Jesum gebeten, seiner zu gedenken, wenn er in sein Reich kommen werde, als allein das Kreuz? Sintemalen das Kreuz machet aus einem von Schlenzburg einen Freiherrn von Debetman, wodurch man muß und gezwungen wird zu dem Guten. Ist also das Kreuz derjenige Magnet, welcher den Menschen zu Gott ziehet, er wolle oder wolle nicht. Das Kreuz ist ein süßer Balsam-Geruch vor dem Angesicht der göttlichen Majestät, darüber sich das ganze himmlische Jerusalem verwundert. Das Kreuz bekleidet die Seel mit einem über die Massen schönen Kleid, bekrönet dieselbige mit den wohlriechenden Rosen, und begabet sie mit einem sehr schönen Scepter von dem grünsten Palmenbaum. Was hat die Martyrer angefrischet zu erleiden so viel Peinen, als solche Eigenschaft des Kreuzes? Was hat gemacht, daß sie mit freudigem Gemüth sich allen Tormenten unterworfen, als solche Eigenschaften des Kreuzes?

Es meldet ein Doktor bei Johann Gerson, daß obschon ein Mensch dermassen gerecht und heilig seyn könnte, daß er ganz rein und unbefleckt von allen Sünden wäre, auch daß er würdig gemacht würde mit den Engeln zu reden, inmassen der heiligen Büßerin geschehen, so würde doch derselbige nicht so viel verdienen, als derjenige, welcher nur eine einige kleine Trübsal mit wahrer Geduld erträgt in dieser Welt von wegen Christi, in wahrer Lieb nachzufolgen.

Wer gibt mir denn das Kreuz Christi, damit ich es trage und ihm nachfolge? Ach süßester Jesu! verschaffe, daß ich dich liebe, und aus Begierd deiner ablege die Last aller fleischlichen Neigungen, oder die allerschwersten Bürden der irdischen Wollüste, welche widerstreiten und beschweren meine arme Seel, lade auf dafür mir dein Kreuz, damit ich dir nachfolge, und ich möge mit deinem Apostel rühmen zu seyn ein Nachfolger deines Leidens. Solle denn besser seyn ein unvernünftiger Esel, welchem die Natur ein Kreuz auf seinen Rücken gebildet, als ich, der zu einem Ebenbild Gottes und Nachfolger seines Sohns erschaffen? Nein, nein, sondern, o mein Gott! drucke mir auch ein die Abbildung des Kreuzes, die Last zwar meinem Leib, die Süßigkeit aber meiner Seele. Doch bitte ich zugleich auch um Geduld, daß ich dir nachfolge, o mein Jesu! in dem Geruch deiner Salben. Indessen will ich einladen zur Nachfolg alle Herzen, mit welchen du hast deine Freud, damit, wenn ich schlafe, mein Herz dennoch wache, und mit ihnen dich zugleich begehre unter die Kreuzes-Last zu begleiten.

I.

Kommt ihr Liebste, euch bereitet,
Euch ergießt in Zäher reich;
Meinen Jesum, ach begleitet!
Laufet her, ach kommet gleich!
Euch herfügt und nicht mehr stehet,
Denn mein Jesus allhier gehet
Mit dem Kreuz beladen schwer,
Kommet ach! ach kommet her.

II.

Wie viel Schläg muß er ertragen,
Von der schweren Last gedruckt;
Niemand kann g'nugsam beklagen
Mit Bedauren, wie geduckt:
Er geduldig seinen Rucken
Unter diese Last thu bucken;
Und die schwere Kreuzes-Last
Mit beid Händ und Arm umfaßt.

III.

Hercules hat wohl mit nichten
Ein so starken Unterstab;
(Wie von ihme man thut dichten,
Er die Himmel tragen hab,)
Da gebraucht, darauf den seinen
Muden Leib, daß er könnt leinen;
Wenn vielleicht ermüden wird
Er von solcher schweren Bürd.

IV.

Da den Goliath erschlagen
David, als ein Hirten-Knab,
Hat er nur bei sich getragen
Einen schwachen Hirten-Stab:
Aber da geschlagen werden
Muß der Feind Himmels und Erden;
Braucht man einen großen Trab,
Nicht nur einen Hirten-Stab.

V.

Samson beide Thür der Pforten
Traget leicht und unverzagt;
Aber Jesus jener Orten
Schwer an diesen Pfosten tragt:

Schwerer war da nichts zu finden
Als alleinig unsre Sünden,
Deren aber ganz allein
Jesus will ein Träger seyn.

VI.

Wenn ein wenig ich betrachte,
Wie dich, o mein höchster Gott!
Meine Freud und Wollust machte
Vor der ganzen Welt zu Spott:
So weiß ich nicht, wie ich können
Mich werd doch glückselig nennen,
Ohne, wenn ich nicht werd seyn
Härter als ein Kieselstein.

VII.

Wenn ich führ zu G'müth und Herzen
Dein' so große Qual und Pein;
Ist gleichsam vor großen Schmerzen
Ganz erstarrt das Herze mein:
Es vor Schmerz zu Boden sinket,
Da dein' Lieb mein Kreuz austrinket;
Und verwundet allerseits,
Treibt dich annoch zu dem Kreuz.

VIII.

Darum wie wollt es sich schicken,
Wenn ich stets ohn' Kreuz sollt seyn?
Wenn du wolltest mich erquicken
Und hinnehmen alle Pein?
Nein, nein, dieß soll nicht geschehen,
Weil du thust hinaus auch gehen;
Tragend selbsten das Kreuz dir,
Es vielmehr gebühret mir

IX.

Weil du denn das Kreuz thust tragen
Für mich, und so schwere Pein;
Ich mich nicht des Kreuz entschlagen
Kann, und ohne Peinen seyn:
Denn wenn ich dich recht will lieben,
Ich nicht kann das Kreuz hinschieben;
Und genießen höchster Freud,
Du hingegen höchstes Leid.

X.

Weil du bist die wahre Liebe,
Die allzeit das Kreuz begleit;
Also dich von mir hinschiebe,
Wenn zum Kreuz ich nicht bereit:
Mehr die Dorn ich will als Rosen,
Dir mein Liebster zu liebkosen;
Daß mir nach der Dörner-Strauch
Werd zu Theil die Rosen auch.

XI.

Denn ich kann das Kreuz nicht schelten,
Weilen es bei deinem Thron;
Unaussprechlich viel thut gelten,
Und bringt ein erwünschten Lohn:
Hast du nicht auch viel gelitten,
Und bis auf das Blut gestritten?
Warum wollt ich denn allein
Ohne Kreuz und Leiden seyn?

XII.

Darum will ich auf mich nehmen,
Was mir schickt der liebe Gott;
Will zum Kreuz mich stets bequemen,
Zu den Peinen, Schmerz und Spott:

Will mit Freuden es umfassen,
Und niemalen mehr verlassen,
Sondern Jesu folgen nach,
Der für mich trägt Kreuz und Schmach.

XIII.

Wenn ich meine Arm verwandlen
Könnte doch in Fessel-Band;
Oder Sailer könnt einhandlen
Für die ein und andre Hand:
Ach wie wollt ich nicht hinlaufen;
Solche Band geschwind zu kaufen,
Zu verstricken mir das Kreuz,
Daß ich hätt es allerseits.

XIV.

Ach wie wollt ich es umfangen
Wie ein G'spons sein' Braut umfangt;
Denn nach ihm steht mein Verlangen,
Und mein Herz nach ihm verlangt:
Nichts ich lieber wollt erkennen,
Nichts ohn' Jesu ich wollt nennen
Liebers, als o süßes Kreuz!
Dich zu haben allerseits.

XV.

Denn du bist die goldne Schüssel,
Darin liegt verborgner Weis
Der erwünschte Himmels-Schlüssel,
Zum beglückten Paradeis:
Mir auch alle Ehren-Zeichen
Müssen ohn allein dir weichen;
Du bist mir die liebste Gab,
O du schöner Kreuzes-Trab.

XVI.

Ich ein Liebesbot dich nenne.
Denn du mir das Liebste bist;
Wodurch ich allzeit erkenne
Was mir sonst verborgen ist:
Wenn du mir mein Herz getroffen,
Hab mein Jesu dich zu hoffen;
Darum ich dich allerseits
Liebe, o du werthes Kreuz.

XVII.

Weil du thust die Seel bekleiden
Mit ein schönen Hochzeit-Kleid;
Wodurch man nach kurzem Leiden
Genießet einer steten Freud:
Wie der Magnet Eisen ziehet,
Dir die Himmels-Freud nachfliehet;
Darum mir die liebste Gab
Bist, o süßster Kreuzes-Trab.

XVIII.

Du die Seel auch schön bekrönest,
Zierest sie mit goldner Kron;
Und den Sünden-Mensch versöhnest,
Dem erzürnten Gottes Sohn:
Auch auslöschest du die Sünden,
Und den Mensch thust Gott verbinden;
Darum mir die liebste Gab
Bist, o süßster Kreuzes-Trab.

XIX.

O du seligs Ungewitter!
Das du mit erwünschtem Zwang
Vielen durch die Unglücks-Gitter
Hast geleitet ihren Gang:

Von dem eitlen Welt-Getümmel
Auf den rechten Weg des Himmel;
Darum ich dich jederseits
Liebe, o du werthes Kreuz.

XX.

Ei so komm denn Pein und Qualen,
Mehrers nichts verlange ich;
Doch mit deinen Gnaden-Strahlen
Jesu! auch bestrahle mich:
Damit mich nach Kreuz und Leiden
Nichts von dir mehr möge scheiden;
Sondern nach dem Kreuz und Leid
Ewig sey mit dir in Freud.

Freilich wohl, wenn wir erkenneten die verborgene Süßigkeit, welche begriffen ist in den Widerwärtigkeiten, würden wir die Segel unserer Begierden viel mehr ausspannen gegen deroselben brausenden Winden, als gegen die liebkosenden Lüfte der göttlichen Tröstungen, indem wir uns mit einem sehr großen Schatz bereichern können von den Trübsalen. Hingegen haben wir große Verantwortung wegen den Tröstungen. Ach! wo wären jetzunder viele, als sie richteten die Schifffahrt ihres Lebens nach dem Nordstern, ihren Neigungen, wenn ihnen Gott nicht wäre in dem Weg gestanden durch das zugeschickte Kreuz? Unfehlbar wären sie schon getragen worden durch die Wind der Ueppigkeiten in die öde Wüstenei der Eitelkeit. Also ist das Kreuz ein glückseliges Ungewitter, welches viele laufende Begierden gewendet, daß sie gezwungen worden, Port zu fassen in dem sichern Hafen der göttlichen Lieb und Furcht, da sie sonst gestorben wären auf jenem Bett, wo die Diebe ihr Leben endigen ohne Krankheit, und nicht unfüglich, denn für solche Buhler gehört eine solche unehrliche Ruhestatt. Es ist ein erwünschter Zwang, welcher viel mehr nöthigt zu dem Guten, als das Zuchthaus zu Amsterdam, und nicht unrecht, denn auf solche Buben gehört gleiche Züchtigung, und für solche Vögel ein nicht ungleicher Käficht. Es ist eine süße Gewaltthätigkeit, welche viel mehr getrieben ohne ihr Anmassen zu der Tugend, als die Ruthe des Herkules, und nicht unbillig, denn zu solchem Stockfischklopfen gehört ein solcher Hammer, und zu einem solchen Tanz gebühret ein gleicher Hackbretschlager. Es ist eine glücksvolle Noth, welche dem Menschen zueignet einen unschätzbaren Schatz der himmlischen Verdienste, und nicht uneben, denn auf solche Arme gehört ein solches Allmosen, aus welchem, der es empfängt, erkennen kann die Lieb und Wohlgewogenheit desjenigen, so es schenket.

„Es ist zwar nicht ohne, alle Züchtigung, so lang „sie währet, gedunket sie uns nicht fröhlich, sondern „ein traurig Ding zu seyn; aber hernach wird sie ge„ben eine friedsame Frucht der Gerechtigkeit, denen, „die dadurch gegerbet werden. Denn welchen der Herr „liebt, den züchtiget Er. Er geißlet einen jeglichen „Sohn, den Er aufnimmt. Wenn aber Gott den „Sohn geißlet, spricht der heil. Augustinus, so versorgt „und heilet Er ihn unter der Hand des Vaters, der „ihn geißlet, alldieweilen, da Er ihn geißlet, das Erb„theil anzunehmen, unterrichtet Er ihn von der Erb„schaft und schließet ihn nicht von derselben aus, indem „Er ihn strafet, sondern darum züchtiget Er ihn, da-

„mit Er sie empfange.“ Denn gleichwie das Gold und Silber in dem Feuer, also werden die Menschen, so Gott gefallen, in dem Ofen der Trübsal bewährt, darum sollen wir uns rühmen in den Trübsalen, dieweil wir wissen, daß Trübsal Geduld bringet, Geduld aber bringt Bewährung, die Bewährung Hoffnung, die Hoffnung aber läßt nicht zu Schanden werden, insonderheit da wir dazu berufen seynd; sintemal auch Christus gelitten hat für uns, und uns ein Vorbild gelassen, daß wir sollen nachfolgen seinen Fußstapfen. Wie wir aber denselbigen sollen nachfolgen, lehret gar schön der heil. Ambrosius, da er sagt: „Der Gerechte „verlanget sein Leben anzustellen nach Form und Gleich„heit seines Geliebten, schweiget zu der Anklag, belei„diget, läßt die Schuld nach, achtet nicht die Ver„spottung, damit er demselbigen nachfolge, welcher als „ein Lamm zu der Schlachtbank geführet, nicht aufge„than hat seinen Mund, denn er weiß gar wohl, daß „der Herr nahe bei denen ist, die eines betrübten Her„zens seynd, und hilft denen, die demüthig seynd von „Herzen. Wessentwegen David voller Zuversicht ge„sungen: wenn ich schon wandeln werde mitten in dem „Schatten des Todes, fürchte ich doch kein Unglück, „denn du bist bei mir.“ Wie wir aber vermerken, daß Gott bei uns in der Trübsal? solches beantwortet der heil. Bernhardus, da er ihm auf angeregte Frag antwortet: „Weil wir mit Trübsal behaftet seyn, denn „wer würde die kleineste Widerwärtigkeit ohne ihn „können ausstehen?“ Ohne seine Gegenwart würden wir seyn in den Trübsalen, als wie ein ruderloses Schiff bei brausenden Winden unter den ungestümen Wellen.

Als David erzählte, was für köstliche Sachen in der Schatzkammer der göttlichen Majestät gefunden werden, benennet er vornämlich die Wind und Ungestümigkeiten der Trübsale. Qui producit ventos de thesauris suis. Er bringt die Wind aus seinen Schätzen hervor. Alle Väter verstehen diesen Ort von den Widerwärtigkeiten. Darum, als jene Braut ihrem Geliebten in Allem zu gefallen verlangte, und auch ihn zu ihrer Lieb anzureizen begehrte, bereitete sie ihm ein Gärtlein, pflanzte allerhand Bäum darein, erquickte und erfrischte solches mit lustigen Brunn-Quellen, und erfüllte es mit den schönsten Blümlein, mit Einladung der ungestümesten Winde: „Surge aquilo „et veni auster. Stehe auf Nordwind und komme „Südwind und wehe durch meinen Garten, damit seine „Gewürze triefen." Die Seelen der Auserwählten seynd die Bräute Gottes und Lust-Gärten, in welchen die Bäume der Tugenden, die Brunn-Quellen der Gnaden, die Blümlein der guten und heilsamen Begierden, und die Früchte der Verdienste gepflanzet seynd, dieses aber kann nicht wachsen noch in die Höhe sich erheben, wofern nicht die Trübseligkeiten des Nord- und Südwinds sich erheben und solches durchweben. Bei Durchwehung aber dieser Wind kann eine solche Seel sprechen: „Wie ein Palmbaum bin ich erhöhet worden;" denn je mehr der Palmbaum gedruckt und beschweret wird, je mehr er über sich steigt, also auch eine Seel, je mehr sie durch die Trübsale angefochten wird, je mehr wird sie dem Himmel näher.

Das 22. Kapitel.

Wer streitet auf den letzten Mann,
Sich billig dann erfrischen kann.

Als Isaak befohlen, Jakob sein Vaterland zu beurlauben, und in Mesopotamien sich zu begeben, in das Haus Pathuel des Vaters seiner Mutter, und sich zu verehlichen mit einer der Töchter Laban seiner Mutter Bruder, folgte er dem Befehl seines Vaters, und reisete aus von Bersabea. Aber nachdem er zu einem Ort gekommen, da er nach Untergang der Sonnen ruhen und schlafen wollte, nahm er einen von den Steinen, die da lagen, und legte ihn unter sein Haupt, und schlief an demselbigen Ort. In dem Schlaf aber sah er eine Leiter, die stund auf der Erde, und rührte mit den Spitzen an die Himmel; auch sah er die Engel Gottes auf derselbigen auf- und abgehen, und den Herrn auf die Leiter sich lehnen.

Eine nicht viel ungleiche Leiter, erstreckend sich von der Erde bis zu den Himmeln, wird unserm Gemüth allhier zu betrachten vorgestellet, nemlich das heilige Kreuz, an welchem sich nicht nur allein anlehnet der gütigste Heiland, sondern ist sogar an dieselbige angeheftet, damit er nicht weichend stets vor den Augen unsers Gemüthes gegenwärtig verbleibe, gleich als ein wahrer Nordstern, nach welchem unser Herz sich mit richtiger Wendung ohne einigen Irrgang solle neigen. Denn, wenn die Welt anders nichts ist, als ein großes, weites Meer, auf welchem der arme Mensch von den Wellen der Widerwärtigkeiten herum getrieben wird, so ist das heilige Kreuz ein an dem Gestade fest eingewurzelter Baum, an dessen Stamm wir das Schifflein unsers Gemüthes, welches von unterschiedlichen Bewegungen hin und wieder geworfen wird, verfestigen können. Wenn die Welt anders nichts ist als jener Irrgarten Dädali, in welchem der höllische Minotaurus dem Menschen nach der Seele stellet, so ist das heilige Kreuz jener hilfliche Faden Ariadne, durch welchen ihm wird heraus geholfen. Wenn die Welt anders nichts ist, als eine, wie die egyptische, von den Sünden gleichsam begreifliche Finsterniß, so ist das heilige Kreuz jener glänzende Thurm Pharos, an welchem ausgestecket zu sehen ist das hellstrahlende Licht Christus Jesus. Wenn die Welt anders nichts ist als ein fremdes Land, durch welches die Nachkömmlinge Adams nach dem wahren Vaterland reisen müssen, so ist das heilige Kreuz ihnen bei großer Hitz der lasterhaftigen Liebesflamm ein erwünschter Schatten bringender Baum, unter welchem sich kann erfrischen der Mensch. Darum, wenn ich solches anschaue, so bedunket mich, ich sehe den Baum des Lebens, der mitten in das Paradies gepflanzt war, oder den Stab Mosis, der die Schlange unsers Egyptenlandes verschlungen, und die Gewässer Mariä süß gemacht. Wenn ich meine Augen gegen ihn hinrichte, so bedunket mich, ich sehe den Thron Salomonis, der auf den Löwen stehet, den Tabernakel des Bundes, der mit Flügeln der Cherubinen bedeckt ist, oder aber den Schlüssel Davids, der die ewige Thür aufsperret, den Stab Jakobs, mit welchem wir durch den Jordan dieser Welt gehen, die Schlinge Davids, mit der wir die höllischen Riesen erlegen, und die Leiter Jakob, auf der wir gen Himmel steigen. Es sagt der geliebteste Heiland von sich selbst: „Ego sum Pastor bonus, ich bin ein guter Hirt.“ Nun aber, wenn ein guter Hirt sieht, daß seine Schaafe hin und wieder zerstreut seynd, so pflegt er etwan auf einen Bühel oder hohen Ort zu steigen, damit seine Stimm von den Schaafen mehr gehöret, und er auch selbst möge gesehen werden. Christus Jesus, der wahre Hirt, als er in diese Welt kam, und wahrgenommen, daß die Schaar des menschlichen Geschlechtes hin und wieder in Sünden und dem Verderben zerstreut sey, also ist er auf den Berg Kalvariä, ja sogar auf den Gipfel des Kreuzes gestiegen, und siebenmal mit so starker Stimm seinen verlornen Schaafen zugerufen, daß er letztlich heiser wurde, et clamans voce magna exjuravit, und ihm die Stimm samt der Seel entflohen.

In der philippinischen Insel Manilla wird ein wunderseltsamer Baum gefunden, welcher den Einwohnern, sowohl als der Wasserbaum in Kanarien für einen lebendigen Brunnen dienet, und eine große Gemein mit überflüßigem Wasser versieht, doch nicht auf gleiche Weise, sintemal dieser gemeiniglich stehet mit einer Wolke oder Nebel bedecket, und läßt sein Wasser von den Blättern herab tropfen. Jener aber wächst an einem dürren Ort, von welchem, wenn er an dem Stamm oder Aesten ein wenig zerrissen wird, ein lieblich süßes Wasser hervorspritzet. Ein hoher und rauher Ort ist der Berg Kalvariä, auf welchem zu sehen ein solcher Baum kräftiger Labung, das heilige Kreuz welches nicht weniger an seinen Aesten und Stamm der daran ausgestreckten Füß, Händ und Herzen Jesu verwundet, einen mehr als lieblich süßen Trank uns dargibt, und sich ausbreitet zu einem angenehmen Schatten, darunter sänftiglich zu ruhen; denn nichts annehmlicher kann seyn bei dem entzündten Sonnenschein, als der Schatten. Derowegen jener aufgewachsene Kürbis Jonam sehr erfreute, da er ihm einen Schatten verursachte. Nathanael erquickte sich auch unter dem Schatten eines Feigenbaumes. Gleichwie auch nicht weniger den Schatten verlangte jener, welcher sprach: „er hoffe unter dem Schatten der Flügel des Herrn zu ruhen.“ Darum sagt nicht unfüglich Origines: „Diejenigen, so mit Lieb verwunden, suchen ihren Trost unter den Bäumen.“ Wessentwegen die verliebte Braut, sich erfreuend, aufschreiet: „Ich bin gesessen unter dem Schatten, dessen ich begehre,“ nemlich, die verliebte Braut oder vermählte Seel unter dem Schatten Christi Jesu. Alldieweil er hat seine Händ ausgestrecket, auf daß er die ganze Welt überschattete. Denn wie der heilige Ambrosius spricht: „Seynd wir nicht an dem Schatten durch die Bedeckung seines Kreuzes beschirmt worden? darauf er sich gelehnet, damit er unsere Sünden auf sich nehme, da wir durch die Hitz unserer Laster abgemattet seynd. Darum, o werthestes Herz! schwinge auch über sich deine Augen, zu beschauen denjenigen, welcher daran hängt. Sehe an seine unschuldige Gestalt, sehe seine lilienweiße Brust, welche allenthalben verwundet und mit Blut besprenget ist. Betrachte, wie der Krystall seiner Augen sich verdunkle in dem Schatten des Todes, und das Korall seiner Lippen verbleiche! Führe zu Gemüth, wie seine allerzartesten und ausgedehnten Glieder erdürren! Beherzige, wie aus seiner eröffneten Seite, durchlöcherten Füßen und Händen hervorquellen die annehmlichsten Bächlein seines allerheiligsten Blutes! Erwäge, wie sein königliches Angesicht bemackelt durch die Speichel, Schläg und dörnerne Kron verfalle! Seine ausgespannten Arme erstarren, und sein sonst mit aller Schönheit blühender Leib nicht anders bedecket sey als mit den purpurfarbenen Wunden! Wo er sich hinwendet, so wird er mit bittern Aengsten umgeben, denn er allein die Kälter treten, und den bittern Kelch für alle Menschen verkosten und trinken müssen. Ja, also entsetzlich war seine Marter, daß viel eher die Wohlredenheit aller Reden erstummen würde, und die Flüß aller ihrer Worte austrocknen, wenn sie sich befrechen wollten, solches klägliche Trauerspiel mit gleich kläglichen Farben hervor zu stellen. Denn, wer kann genugsame Klagworte finden, zu beschreiben die gar zu großen Schmerzen, die todtkläglichen Seufzer, die Flüß und Güß der Thränen, die mit dem Blut vermischet über den ganzen Leib wallten; also, daß es schien, und wie es auch war, ob seyen alle Schmerzen zusammen, und in dem gekreuzigten Jesu angelangt. Welches Gemüth wird sich können enthalten von Ergießung bitterer Zäher in Erwägung, was der geliebte Jesus an dem Kreuz ausgestanden? Wahrlich, es müßte einer haben eines Tauben und Unempfindlichen meerfelsenes Herz, das in Beherzigung der Peinen sich nicht bewegen ließ. Die Lieb gegen den gekreuzigten Jesu muß gar kalt seyn, welche nicht kann auspressen etwelche Zäher gegen den, der für uns hat ausgegossen all sein Blut. Ach, Alle! die ihr eines reinen Herzens seyd, ach! werdet bewegt durch das purpurfarbne Blut, so aus seinen Wunden hervor quellet. Alle, die ihr einige Herzenstrübsal erleidet, merket auf und sehet, wie kein Schmerz seinem zu vergleichen, der alle unsere Schmerzen trägt. Zu verwundern wäre es nicht, wenn in Erwägung dessen sich unsere Herzen zerspalteten, und wir vor großem Mitleiden ohne Kräften dahin sinken, indem in seinem Leiden auch die Felsen zersprungen, die Erd erzittert, die Sonn mit verhülltem Angesicht sich in ein schwarzes Trauerkleid der Finsterniß bekleidet, und ihre Strahlen eingezogen, damit sie ihrem Erschaffer ein Mitleiden erzeigte. Wenn solches unempfindliche Kreaturen gethan, wie viel billiger stehet solches uns an? Weil Agar, als sie ihren Sohn Ismael in der Wüste verlassen, und großen Durst leiden sah, zurück gegangen, auch ihn nicht länger anzuschauen vermochte, sondern sagte aus betrübtem Herzen: „Non videbo morientem puerum, ich kann nicht sehen den Knaben sterben." Wie viel mehr sollen wir Mitleid tragen mit Christo Jesu, welcher aus lauter Durst gegen unsere Seelen stirbt? Ach, werthestes Herz! wie ist es möglich, daß du nicht auch stirbst, wenn du hörest, daß dein Gott in Tod verblichen? Ganz Judenland beklagte den Tod des tapfern Kriegsmannes Judå Machabäl, und beweinte mit diesen Worten: „Quomodo cecidit potens, qui salvum faciebat populum Ismael, wie, ist der Starkmächtige gefallen, der Israel so oft erlöset hat? „Warum wolltest du denn nicht auch also thun, weil du siehest und hörest, daß Christus

Jesus zu erlösen deine Seel in dem Streit und Schlacht umkommen? David, als er vernommen den Tod seines Sohnes Absolon, schrie er auf: „Absolon, mein Sohn! mein Sohn Absolon! wer gibt mir, daß ich für dich sterbe? Ach, mein Jesu! wer gibt mir, daß ich für dich sterbe? welcher du den Tod aus lauter Lieb für mich ausstehest, gleicher Weise aus Gegenlieb gegen dich auch sterbe? Keine Marter und Pein soll zu finden seyn, welche mich verhindern würde, mit einer Bürd dir nachzufolgen durch vielerlei Pein und Spott bis in den Tod. Mir die größten Schmerzen verursachet, weil ich ohne Verlangen des Lebens dennoch lebe, und nicht vielmehr mit dir sterbe. Denn das Leben ist mir ein Tod, und mein rechtes Leben wäre, wenn ich stürbe aus Liebe gegen dich, weil ich sonst nicht vermag zu sterben. Alldieweil

I.

Süß entzündt mein Herz zu lieben
Hat der göttlich Liebes-Brand;
Das alleine sich zu üben
Seufzet in dem Liebes-Stand:
Ach ich leb, und doch nicht lebe;
Weil ich nur in Hoffnung schwebe,
Die allein dahin sich richt,
Daß ich sterb, weil ich sterb nicht.

II.

Süße Hoffnung, süßes Leiden,
Hoffnung voller Kreuz und Pein!
Meine Tröstung in den Freuden,
In dem Leid die Süße mein!

Ich in Furcht und Hoffnung schwebe
So lang ich auf Erden lebe;
Und allein das mich ansicht,
Daß ich sterb, weil ich sterb nicht.

III.

Wie lang zwei Herz seynd gescheiden
Von einander in die Fern;
So lang sie seynd in dem Leiden,
Und scheint kein freudvoller Stern:
Also auch wenn ich muß leiden
Seyn von Jesu hier gescheiden;
An dem Kreuz das Herz zerbricht
Bis ich sterb, weil ich sterb nicht.

IV.

Jesum an dem Kreuz gefangen
Hält der süße Liebes-Brand;
Wodurch mein Herz thut gelangen
In erwünschten Freiheits-Stand:
Aber ach! ich schier zergehe,
Weil am Kreuz ich hangen sehe
Jesum, das so göttlich Licht,
Das da stirbt, weil ich sterb nicht.

V.

Ach! wie ist es so verdrießig
In dem Elend seyn so lang;
Da man aller Liebe müßig
Lebet doch in Liebes-Zwang:
O du Kerker meiner Glieder!
Wie bist du mir doch zuwider,
Wo ist der, der dich zerbricht?
Daß ich sterb, weil ich sterb nicht.

VI.

Absolon, als er beraubet
Wurd des Davids Angesicht;
Hat er bei sich selbst geglaubet
Daß er sterb, weil er sterb nicht:
Wie werd ich denn länger leben
Und verbannet herein schweben
Von des schönsten Angesicht?
Ach ich sterb! weil ich sterb nicht.

VII.

Sich so weit mein Elend strecket,
Daß all Glieder es nimmet ein!
Darin mein Gemüth jetzt stecket
Und ertraget solche Pein:
Ach! mein Herz dieß Wachen bricht,
Und mit Schmerz dasselb durchsticht;
Weil so lang es Gott nicht slecht,
Ach ich sterb! weil ich sterb nicht.

VIII.

Wo Gott ist nicht zu genießen,
Ist das Leben wie ein' Gall;
Ja das Warten macht verdrießen,
Wenn schon süß die Liebes-Quäl:
Ach mein Jesu! thu bequemen
Zu dir meine Seel zu nehmen;
An das Kreuz-Holz aufgericht,
Daß ich sterb, weil ich sterb nicht.

IX.

Daß ich werd vom Tod getroffen,
Leb ich nur in Hoffnung hoch;
Und mir sicher macht mein Hoffen,
Daß ich sterb und lebe doch:

Ach! wie lang wirst du ausbleiben,
Bittersüß mich zu entleiben;
O Tod! du mein' Zuversicht,
Daß ich sterb, weil ich sterb nicht.

X.

Nichts soll mich von Jesu scheiden,
Keine Trübsal, Angst und Spott;
Keine Schmerzen, Kreuz und Leiden,
Ja auch selbsten nicht der Tod:
Weilen ist mein größt Verlangen,
Mit ihm an dem Kreuz zu hangen;
Bis man in der Wahrheit sieht,
Daß ich sterb, weil ich sterb nicht.

XI.

Von dem Bogen schnell geflogen
Tod erfahrner Bogen-Schütz;
Mir verwundt mein Herz gewogen
Mit dem scharfen Pfeiler-Blitz:
Ich erwart dich mit Verlangen,
Ach! wenn kommst du doch gegangen,
Schießend auf mich hingericht,
Daß ich sterb, weil ich sterb nicht.

XII.

Leben! ich mich thu nicht irren,
Stark ach ist der Lieb Gewalt!
Leben! dich muß ich verlieren,
Will ich, daß ich dich erhalt:
Leben! dich ich gern verlasse,
Dich, o Tod! mit Freud umfasse;
Deine Pfeil stracks auf mich richt,
Daß ich sterb, weil ich sterb nicht.

XIII.

Süß ist sterben und erwerben,
Was man wünscht so offtermal!
Du mein Leben! mein Verderben,
Ach Verderben, süße Qual:
Leben! woraus bist entsprossen,
Daß du hältst so lang verschlossen
Jenes, so mich schnell zerbricht,
Daß ich sterb, weil ich sterb nicht.

XIV.

Ach mein Gott! der in mir lebet,
Was wird ihm mein' Schankung seyn;
Als daß ich zu ihm erhebet,
Nur verlier das Leben mein?
Tod! darum dein Bogen schlichte,
Und zu meinem Gott mich richte;
Mich allein sein' Lieb anficht,
Daß ich sterb, weil ich sterb nicht.

XV.

Wenn ich muß, ach seyn gescheiden
Von mein allersüßtem Gott!
Ja so lang ich ihn muß meiden,
Ist mein Leben nur ein Tod:
Ach! daß ich nicht kann erwerben,
Mit dir an dem Kreuz zu sterben;
Jesu! o du göttlichs Licht!
Daß ich sterb, weil ich sterb nicht.

XVI.

Ich in größtem Elend schwebe
So mich allenthalb anficht;
Sterbend ich vor Schmerz doch lebe,
Weil ich sterb, und doch sterb nicht:

Mir das Herz vor Schmerz zerfließet,
Da zu seyn es nicht genießet;
An dem Kreuz auch aufgericht,
Daß ich sterb, weil ich sterb nicht.

XVII.

Wo bist du, o Tod zu finden
Mit dem Bogen, Sensen, Pfeil;
Mich des Lebens zu entbinden
Brauchest gar langsame Eil:
Ach! Langsamer! mich verwunde,
Und bis auf das Herz zerschrunde;
Mich beraub des Lebens=Licht,
Daß ich sterb, weil ich sterb nicht.

XVIII.

Wenn ich seh mein Gott verborgen
Unter weißem Flor=Gezelt;
Sich die Hoffnung häuft mit Sorgen,
Jedes meine Seel sehr quält.
Mir die Hoffnung macht Versüßung,
Weil ich aber der Genießung
Bin beraubt, das Herz zerbricht,
Ach ich sterb! weil ich sterb nicht.

XIX.

Wenn in Hoffnung ihn zu sehen
Mein Verlangen ziehet mich;
Wie es pfleget zu geschehen,
Furcht und Schmerzen doppeln sich;
Ein Verlust ich fürcht möcht g'schehen,
Weil am Kreuz ich nicht thu sehen
Mich mit Jesu aufgericht,
Ach ich sterb! weil ich sterb nicht.

XX.

Ich beweinen will mein Leben,
Will bedauren meinen Tod;
Weil ich meiner Sünden wegen
Sterbe nicht für meinen Gott:
Jesu! ach laß mich erwerben
An dem Kreuz mit dir zu sterben;
Daß mein Mund mit Wahrheit spricht:
Herr ich sterb, weil ich sterb nicht.

Absolon, als er an einem Eichbaum hangen geblieben, wurde von Joab mit dreien Lanzen durchstochen. Der Sohn, jenes Königs Himmel und Erde, Christus Jesus, durch die Strick der Liebe ist hangen geblieben an dem Baum des Kreuzes, und wird nicht weniger mit dreien Nägeln durchbohret, an beiden Händen angeheftet an das Holz des Kreuzes; zu Vollziehung jener Figur, welche Moses vorgestellt, da er die eherne Schlang erhöhet in der Wüste, und sie gesetzet für sein Zeichen, damit diejenigen, so von den feurigen Schlangen gebissen, gesund wurden, wenn sie solche ansehen; also und gleicher Gestalt muß des Menschen Sohn erhöhet werden, auf daß alle, die an Ihn glauben, nicht verloren werden, sondern das ewige Leben haben. Denn dieses heilige Kreuz ist ein Schlüssel, welcher unsern Tugenden wird eröffnen den Himmel; o köstliches Kreuz! herrlicher und schöner Baum! O Cederbaum des Bergs Calvariä! O allzeit grünender Loorbeer-Baum, welcher uns von dem feurigen Blitz des Zorns Gottes beschützet! O himmlischer Oelbaum, durch welchen bedeutet wird die Barmherzigkeit! O edles mit Wunderwerken erfülltes Kreuz! Dich fürchten die Teufel, dich ehren die Engel, und dich beten an die Menschen. Du bist der hohe Therebinth, an dessen Wurzel unser Jacob, Christus, die Götzenbilder Labans, das ist, die Sünd der ganzen Welt, eingegraben. Du bist die starke Kelter, darinnen die große Weintraube der Menschheit Christi Jesu ausgepreßt ist worden, durch das Kreuz ist erfolgt die Glorie des Himmels, der Schrecken der Hölle, die Hoffnung der Welt, die Verzeihung der Sünden, die Vermehrung der Gnaden und der Trost aller Betrübten, sintemal das Kreuz ist jener bethsaidische Teich mit den fünf Schöpfen der Wunden, daraus das heilsame Wasser fließet, welches unsere Seelen reiniget und gesund machet. Dieses Kreuz ist ein Schild, welcher vor unsern Füßen wird niederfallen machen alle Pfeil der Widerwärtigkeiten. Es ist ein Zeichen, durch welches wir unsere Feind alle überwinden: denn es strecket Christus Jesus aus seine mildreichesten Arm, alle unsere andringenden Schmerzen aufzufangen und unsere Seelen zu beschützen, wie solchem der heil. Augustin wohl beistimmet, da er meldet: „Hoc tantum scio, quia male mihi est praeter te, non solum extra me, sed etiam in me ipso; et omnis copia, quae Deus meus non est, egestas mihi est: Dieses erkenne ich allein, daß mir sehr verdrießlich ist ohne dich, nicht allein außer mir, sondern auch in mir selbsten; ja aller Ueberfluß, welcher mein Gott nicht ist, ist mir eine Armuth und Mangel, dieses Kreuz ist mir ein lustiger Spring-Brunnen, von welchem fünf der annehmlichsten Quellen herabspritzen, zu Trost aller derjenigen, die mit absonderlichem Verlangen begehren zu dem frischen lebendigen Wasser als ein Hirsch, quemadmodum desiderat cervus ad fontes aquarum, gleichwie aber ein Hirsch, wenn er gar zu durstig, nicht nachlässet, bis er den Brunnen erlanget, also laßt uns diese Gnaden-Quelle auch suchen, damit wir Ihn finden.«

Allein schreiet auf Origenes: »Wer wird mir anzeigen, den meine Seele liebet? wehe mir, wo will ich ihn finden?« Die Brünnen seynd gemeiniglich auf den Märkten und Plätzen der Stadt, darum will ich aufstehen, in der Stadt herum gehen auf allen Gassen, und suchen, den meine Seele liebt. Aber dieses verbietet der heil. Hieronymus, da er meldet: »Ich will nicht, daß du den Bräutigam suchen sollst auf den Gassen, ich will nicht, daß du herum schliefen sollst in den Winkeln der Stadt, oder auf dem Markt, zu erfragen denjenigen, welchen deine Seele liebet.« Warum aber dieses? solches beantwortet der heil. Ambrosius, indem er spricht: »Christus an dem Kreuz hangend als ein lebendiger Brunnen wird nicht gefunden auf dem Markt noch auf den Gassen: denn Christus ist der Frieden, auf dem Markt ist Zank; Christus ist die Gerechtigkeit, auf dem Markt ist Ungerechtigkeit; Christus ist arbeitsam, auf dem Markt ist der eitle Müssiggang; Christus ist die Liebe, auf dem Markt Haß und Neid; Christus ist der Glaub, auf dem Markt ist Betrug und Meineid.« Wie werden wir Ihn dann finden? Quaeritis me et invenietis, cum quaesieritis me in toto corde vestro. Ihr werdet mich suchen und auch finden, wenn ihr mich suchen werdet aus ganzem eurem Herzen; wo aber und an welchem Ort? In den hohen-Liedern Salomonis spricht der

Geliebte selbsten: »Ich will auf den Palmbaum steigen und seine Frucht ergreifen.« Ueber solche Wort sagt der heil. Bernhardus: Durch den Palmbaum wird verstanden das heil. Kreuz, welches das Kennzeichen ist seines Streits und Erlösung aller unser von der Gefangenschaft des Königs der Finsterniß, allwo Ihm seine Händ und Füß durchgraben und seine Seiten mit einem Speer durchlöchert; durch dieselben Runzen ist uns erlaubt der Honig aus dem Stein und das Oel aus dem härtesten Felsen hervor zu saugen, auch zu verkosten und zu sehen, daß der Herr seye süß. Die durchdringenden Nägel der Händ und Füß seynd drei Liebes-Zeichen, die uns als drei aufsperrende Schlüssel eröffnen seinen zartesten Leib, aus solchem zu versuchen die Süßigkeit seines bittern Leidens, welche den heil. Paulum also eingenommen, daß er nicht zweifelte zu sagen: Ich habe mich erachtet nichts zu wissen unter euch, als nur allein Jesum Christum, und denselben gekreuziget. Darum sagt gar schön der heil. Augustinus: »Est sine fine quaerendus, quia sine fine amandus.«

O selig und überselig ist derjenige, welcher solchen an dem Kreuz hangenden Jesum allezeit vor Augen hat, denn hierinnen ist die Fülle der Gerechtigkeit gesetzet, die Vollkommenheit der Wissenschaft, die Reichthümer des Heils und der Ueberfluß der Verdienste eingeschlossen, hierin schafft zu Zeiten eine mitleidende Seel einen Trunk heilsamer Bitterkeit und eine süße Salbung des Trosts.

Als der heil. Gregorius von der Buß Mariä Magdalenä reden wollte, sprach er: »Wenn ich an die

Buß Mariä Magdalenä gedenke, so wollte ich lieber weinen als reden; „welches wir viel billiger von dem Leiden und Sterben Christi Jesu bekennen mögen, besonders wenn uns der Spruch Jeremiä zu Gemüth kommet: „Ach wer wird meinem Haupt Wasser genug geben, und meinen Augen einen Brunnen der Thränen, daß ich Tag und Nacht weine.“

Da David vernommen, daß sein Kriegs-Obrister Abner durch den Joab war umgebracht worden, zerriß er seine Kleider, seufzte und weinte er nicht allein für seine Person, sondern er begehrte und ermahnte auch andere dergleichen zu thun, und sprach: „Zerreisset eure Kleider und gürtet Säck um euch, und traget Leid vor der Leiche des Abner.“ Wie viel mehr steht uns Christen solches an, wegen dem Tod Jesu? Denn mit eben diesen Worten kann ich euch, wertheste Herzen, erinnern, weil wir haben allhier eine viel kläglichere Traurigkeit, indem uns vor Augen stehet die Leiche Christi Jesu, welchen die Juden schmählich gekreuziget; zerreisset und zerschneidet derowegen nicht eure Kleider, sondern eure Herzen; und weinet samt mir bei der Leiche unsers gekreuzigten Heilandes.

Sobald der alte Patriarch Jakob den blutigen Rock seines Sohnes Joseph gesehen, entsetzte er sich dermassen darüber, daß er seine Kleider zerrissen, er fiel auf den Boden, erfüllte die Himmel und Erde mit seinem Weinen und Seufzen und wollte durchaus keinen Trost annehmen; denn also sagt die Schrift: „Er zerriß seine Kleider, legte einen härenen Sack an und trug Leid um seinen Sohn lange Zeit.“ Aber ein noch viel kläglicheres Trauerspiel wird uns an dem Stamm des heiligen Kreuzes vor Augen gestellt, nämlich der blutige Rock der Menschheit Christi und dessen schmählicher Tod. Wer wollte denn nicht immerdar weinen?

Als die Freunde des Job gesehen, daß er auf einem Misthaufen, voller Geschwär und Wunden ganz erbärmlich saß, dabei sich erinnernd, daß er zuvor ihr reicher, mächtiger und ansehnlicher Herr gewesen, hatten sie ein großes Mitleiden mit ihm und konnten 7 Tage hindurch kein einziges Wort mit ihm reden. Wer ist aber unter euch durch das theure Blut Christi Jesu erkaufte Seelen, welcher, wenn er beherziget, was Gestalt der Sohn Gottes an das Kreuz geheftet, mit Dornen gekrönet, mit Geißeln zerhauen, mit Nägeln durchbohret, mit der Lanze durchstochen, sein heiliges Angesicht voller Blut, und daß derjenige sogar bemackelt und zerschrunden, welcher zuvor ein Fürst der Engel, ein Kaiser der ganzen Welt und ein Haupt aller Kreaturen, sich hierüber nicht verwundern, entsetzen, zittern und die ganze Zeit seines Lebens erstummen würde?

Es meldet der heil. Chrysostomus: „Die rechten Liebhaber haben diesen Brauch, daß sie die Lieb nicht verbergen können, sondern solche heraus lassen gegen die Freunde und sprechen, sie haben diese oder jene Person recht lieb. Denn es ist ein inbrünstiges Ding um die Liebe, und kann es die Seel nicht ertragen, daß sie solches in der Still behalte. Also auch der verliebte Bräutigam Christus Jesus, der gleichsam in der Liebe brennet, kann es nicht gestatten, daß er solches nicht zu erkennen gebe, wie inbrünstig er liebe das menschliche Geschlecht, sondern verlanget, daß Jedermann solches ersehe an dem Stamm des heiligen Kreuzes: denn gleichwie niemand ein Licht anzündet und setzet es unter einen Leuchter, damit es denen allen leuchte, so in dem Haus seynd, also wollte auch das göttliche Licht, welches einen jeden Menschen erleuchtet, so in diese Welt kommet, seine Liebes-Flammen nicht verborgen halten, sondern wollte gesetzet seyn auf den Leuchter des Kreuzes, damit solches einen jeden bestrahle und erleuchte. Wie können wir denn etwas anders ansehen als dieses hellstrahlende Licht? Was beweget uns doch, etwas anders anzuschauen? Warum ist uns nicht alles ungeschmackt und wird alles von uns verachtet?

Die Königin Esther verließ sich auf ihre Schönheit und ging zum König Assuerum in sein Zimmer, sobald aber sie seine große Majestät, Hoheit, Glanz und Herrschaft sah, erschrack sie dermassen, daß sie vor ihm in Ohnmacht gesunken. Was sollen wir denn thun, werthe Herzen, wenn wir in das Zimmer unsers Königs Assueri und Erlösers Christi Jesu gehen, den Berg Kalvariä mit andächtigen Betrachtungen besuchen, seine Demuth, Armuth, Schmach und Pein anschauen? Vermeinet ihr nicht, daß wir nur zu viel Ursach haben, darüber uns zu entsetzen und vor lauter Verwunderung verzuckt zu werden, da an dem Kreuz Gott leidet und stirbet, der Erschaffer von seinen eigenen Geschöpfen gekreuziget wird? Wer hat geglaubt, was wir gehört haben? Wer wird sich einbilden können, daß Gott, der unsterblich, habe sterben können? Darum spricht der heilige Paulus, wir predigen den gekreuzigten Christum, den Juden ein Aergerniß, und den Griechen eine Thorheit, und dennoch ist es nicht anders, Gott ist gekreuziget, der Erschaffer aller Dinge, an dem Stamm des Kreuzes angeheftet und alle seine Gebeine haben sich zertrennet. O unerhörte Lieb Christi Jesu! Nichts soll uns derowegen hinfüro lieber seyn, als der an dem Kreuz hangende Jesus. Ermangelt uns etwas an nothwendiger Unterhaltung der Natur, so laßt uns erheben das Gemüth und anschauen den ärmsten Jesum, welcher sich nicht gescheuet, die angenommene menschliche Natur mit erbetteltem Trank und Speis zu erhalten und in Erwägung dessen laßt uns versenken in die tiefste Armuth unsers gekreuzigten Heilandes. Werden wir unterdrückt, gedemüthiget, oder gar nicht geachtet, so laßt uns beherzigen, wie der allerhöchste Gott bei seinem Eintritt in diese Welt sich gedemüthiget bis unter den allerverächtlichsten Menschen; der von Ewigkeit der Allerhöchste war, hat in der Zeit wollen werden der Unterste: ja der Unbegreifliche begriffen, der Unermeßliche klein, und die unerschaffene ewige Weisheit ein unmündiges Kind hat wollen seyn. Werden wir angefochten von Uebermuth und Hoffart, so laßt uns betrachten, wie Christus Jesus sich erniedriget auf die allerverworfenste Weise, indem er den schmählichsten Tod des Kreuzes mit höchster Schand und Spott erlitten, und in Beherzigung dessen sollen wir uns in unsern geliebten Heiland ganz vertiefen, und in dem Weg der Demuth nach Vermögen ihm gleichförmig werden, tragend die Wunden und Leiden Christi in unsern Herzen. Auch damit ein Jeder auf seine Weise der göttlichen Gütigkeit seines Erlösers dankbar sich erzeige, so solle er selbst sich und seinen eigenen Willen, ja alles das Seinige seinem allergütigsten Erlöser mit fröhlichem Herzen aufopfern, und nicht mehr zurück fordern; also wird er mit Christo seiner Kleider entblöset. Die umschweifenden Augen, vorwitzigen Geschwätz, neubegierigen Ohren, alle Belustigung der Sinne soll er abtödten, und sich befleißen solche zu vertreiben, oder zu drücken unter die dörnerne Kron der Mortifikation. Auch damit er Christo Jesu an dem Stamme des heiligen Kreuzes gleichförmiger, und mit ihm an solchem Kreuzesbaum angehefter werde, so muß er nichts Ueberflüßiges, nichts Unnöthiges noch Ungebührliches angreifen, so werden ihm angenagelt seine Händ, auch durch Beständigkeit der guten Werk, und Einhaltung der ausschweifenden Gemüthsregungen werden an das Kreuz angeschlagen seine Füß. Und wenn er niemals die Kräfte der Seele durch das Fleisch wird lassen in eine Lauigkeit gerathen, sondern in dem Angefangenen verharrlich seyn, alsdann werden seine Arm mit den Armen Jesu an dem Kreuz ausgespannt verbleiben, oder aber mit der beglückten Sünderin sitzen zu den Füßen Jesu, mit dem unglaubigen Apostel berühren seine Händ, mit dem glückvollen Mörder hangen unter seinen Armen, und mit dem Jünger, welchen er liebet, liegen auf seiner Schooß; wodurch er wird erlangen, daß er sterbe mit ihm an dem Kreuz, und nach dem Kreuz lebe allerseits in Ewigkeit. Indessen aber will ich an dem Schatten, so ich begehre, die Zeit vertreiben mit nachfolgenden Versen, und nach meinem liebsten, durstigen Herzen:

I.

Wie Alles lauft, ganz überhauft
Vor Hiz sich abzukühlen;
Dem Schatten nach vor Ungemach
Kraftlos ein' Kraft zu fühlen:
Also auch ich verhoffe mich
Bei dem Schatt zu erquicken;
Eh' ich vor Hiz bei dürrem Siz
Müßt auf dem Feld ersticken.

II.

Ein junges Schaaf wird seinen Schlaf
Bei heißem Sommer nehmen,
In einem Schatt, ganz müd und matt
Sich zu der Ruh bequemen:
Oft wird auch das sich von dem Gras
Und von der Waid erheben;
Nur dieß darum, zu sehen um
Wo werd ein Schatt gegeben.

III.

Ein Hirsch wird auch nach seinem Brauch
Sich in das G'stäud verstecken;
Nach schnellem Lauf sich bald darauf
Mit kühlem Schatt bedecken:
Wenn er gehezt und fortgesezt
Schnell über eine Haiden;
In Sicherheit, von Feinden weit
Den Tod da zu vermeiden.

IV.

Ein Wandersmann gleich fängt bald an
Den Schatten aufzusuchen;
Sein' Ruh benennt, mit Hiz berennt
Bei Schatten reichen Buchen:

Wenn heiße Strahl, von seinem Saal
Phöbus herab thut werfen;
Und ihne schnell, ohn Baum-Gestell
Auf seinen Rucken treffen.

V.

Er auch zugleich ein klares Teich
Verlangt, und frische Quellen,
Bei solcher hellen Wasser-Quell
Sein heißen Durst zu stellen:
Er oft wünscht auch bei Wald-Gestrauch
Und kühler Felsen-Ritzen;
Daß ihm ein kleines Brünnelein
Von einem Baum thät spritzen.

VI.

Ich mir auch such schattreiche Buch
Mich unter sie zu stecken,
Die frisch belaubt könnt meinem Haupt
Zu einem Schatt erklecken:
Wenn mir nur bald von einem Wald
Ein' solche würd geschicket,
So würd mein Herz nach solchem Schmerz,
Dann auf das Neu' erquicket.

VII.

Wer wird denn mir, ach Todten schier!
Doch ein' Erquickung geben,
Die solcher Kraft und Eigenschaft,
Mich aus der G'fahr zu heben?
Wo ist ein Baum, daß ich find Raum,
Mich unter ihn zu geben?
Ach nur wer kann ihn zeigen kann,
Will mich nach ihm erheben.

VIII.

Nur dir allein wird jener seyn,
Der mich wird können laben;
Der häufig fließt und von sich gießt
Ein Schatt samt Enggadts Gaben:
Wer wird der seyn, wahrlich sonst kein,
Als der da ist gepflanzet
Von jenem Geist, der alles weißt,
Und mehr als die Sonn glanzet.

IX.

Dieß ist der Baum, der nicht nur Schaum
Des süßen Tranks ausgießet;
Ein köstlich Trank, der Seelen krank,
Ohn' Unterlaß er fließet:
Die Frucht die ist zu jeder Frist
Jesus Glanz süß an Kräften,
Der für den Pflaum, sich an ein Baum
Ließe für uns anheften.

X.

Hier will ich steh'n, nicht weiter geh'n,
Hier ist mein höchst Verlangen!
Ach! daß für ihn ich könnt mithin
An diesem Kreuz-Baum hangen:
Auch will ich seyn, wo Jesus mein
Sich hat nun hin begeben;
Denn ohne ihn, ich sonst mithin
Aufgeben wird mein Leben.

XI.

Seht, wie er von einem Speer
In seiner Seit verletzet;
Die Liebe hat auf dieser Statt
Ihm diese Wund versetzet:

Seht, wie so hell ein' Lebens-Quell
Aus dieser Wund thut fließen;
Aus Händ und Füß drei Brunnen süß
Zugleich auch heraus schießen.

XII.

Dieß ist der Saft und Nahrungs-Kraft,
Der mein' Seel wird erquicken;
Wenn ihn zu Trost als süßen Most
Jesus ihr wird zuschicken:
Ein Tröpflein klein wird mehrer seyn
Als alle Schätz der Erden;
Ach könnt mir doch! vor dem End noch,
Ein solches Tröpflein werden.

XIII.

Bei diesem Stamm und Liebes-Flamm
Sich ganz hat ausgegossen;
Der beste Theil zu unserm Heil,
Daraus ist uns erspossen:
Ach sehet an, den Pelican,
Der seine Jungen speiset;
Mit eignem Blut, o höchstes Gut!
Das uns die Gnad erweiset.

XIV.

Darum alldort, an jenem Ort
Will ich mein Lager schlagen;
An dem Kreuz mich, für Jesu dich
Die Nägel sollen tragen:
Ich sag's ohn' Scheu, es bleibt dabei,
Wenn du es wirst gestatten;
Damit ich hab von dir die Gab,
Mich da zu überschatten.

XV.

Längst ich mich hab entsetzt darab
Es dir zu hinterbringen,
Wie ich so sehr nach dir begehr,
Dein Schatt auf mich zu bringen:
Ich wünschte mir, daß ich bei dir
Beständig könnt verbleiben;
Und solche Qual der heißen Strahl
Bei dir ganz süß vertreiben.

XVI.

Ach daß doch ich, was jetzt ich sprich,
Von dir könnt bald erlangen;
So wollt in Eil, ich dir mein Heil
Verlangend süß umfangen:
Ich streck zu dir beid Händ von mir,
Mein Schatz dich zu umschranken;
Denn in dem Werk dich lieb mein' Stärk,
Und nicht nur in Gedanken.

XVII.

Darum von hier, niemal ich mir
Gedanken werd zu fliehen;
Weil du mich wirst, o Schatten-Fürst!
Wie ein Magnet anziehen:
O Schatten-Thron! O Freuden-Wohn!
Nach dem steht mein Verlangen;
Dieß ist die Sach, der ich stell nach,
Sie nach Wunsch zu erlangen.

XVIII.

Mir du gehst ab, o Schatten-Gab!
Mein Herz-Brand zu vertreiben;
Darum weil ich nun finde dich,
Verhoff bei dir zu bleiben:

Denn oft hab ich, mein Jesu! dich
Ersucht mir zu gestatten;
Daß mit der Schatt mich müd und matt,
Doch wolltest überschatten.

XIX.

Jesu mein Schatz! sey mein Ruh-Platz
Dein Kreuz, und du der Schatten;
Für linden Pflaum, mir den Kreuz-Baum
Thu mir zur Ruh gestatten:
Damit ich ruh und schlafe zu
Bis alles wird vollendet;
Und meine Zeit in Bitterkeit
Zum Vaterland geendet.

XX.

Bequem
dein Kunst
ist, meine
Brunst und
schweren Brand zu hemmen; auch
sonst nicht hat ein ander Schatt,
den Schmerzen mein zu dämmen:
d'rum schönster Baum, gestatt mir
Raum, bei
dir doch ein-
zukehren; so
will zum
B'schluß,
mit einem
Kuß, ich
deine Frucht
vereh-
ren.

Wenn wir nun also unsere Ruh nehmen unter dem liebreichsten Schattenbaum des heiligen Kreuzes, sollen wir solchen recht vor Augen stellen, und den holdseligsten Jesum also ansehen, daß sein heiliger Leichnam uns gleichsam sey ein eröffnetes Buch, als wie der heilige Joannes gesehen, Librum scriptum intus et foris signatum sigillis septem, ein Buch, geschrieben inwendig und auswendig, versiegelt mit sieben Siegeln; welches der Apostel dergestalt durchlesen, daß er bekennt, er habe alle Erkenntniß daraus geschöpft, und wüßte ganz und gar nichts, als allein Jesum den Gekreuzigten. Non enim judicari me scire aliquid inter vos, nisi Jesum Christum, et hunc crucifixum, ich gab mich nicht aus unter euch, daß ich etwas wüßte, ohne allein Jesum Christum und den Gekreuzigten, in welchem wir nachfolgende Unterweisungen zu lernen uns bemühen sollen.

Die Erste ist die freiwillige Armuth, welche wir in diesem Buch zu lesen haben, da der süßeste Jesus ganz blos an dem Kreuz angeheftet ist, damit wir aus rechter Gegenlieb auch gern arm seyn wollen und sollen, indem er wegen uns also arm worden ist, daß, obwohl ihm alle Reichthümer zu eigen seynd, er doch nicht so viel für sich hat behalten wollen, daß sein bloßer Leib an dem Stamme des heiligen Kreuzes könnte bedecket werden. Darum er selbst gesagt: „Beati pauperes spiritu, selig seynd die Armen im Geist.“ Denn die Armuth ist eine Mutter der Zucht und Ehrbarkeit, eine Stifterin der Andacht, eine Erhalterin der Demuth, eine Anweiserin zur Gottesfurcht, eine Ermahnerin der Heiligkeit, eine Pflanzerin aller Tugenden, und eine Erbarmerin der Himmel.

Die Armuth aber ist zweierlei, äußerliche und innerliche. Die erste besteht in Uebergebung und Verachtung aller zeitlichen Dinge um Gottes willen, und ist ein evangelischer Rath, daran nicht Jedermann verbunden ist, sondern allein, welche Gott durch innerliche Einsprechungen ermahnet, Alles zu verlassen, die Leibesnahrung zu sammeln, auf daß sie der äußerlichen Menschheit Christi Jesu in dem höchsten Staffel nachfolgen, wie Dominikus mit seinen Gesellen, und viele andere Heiligen gethan. Zu dieser äußerlichen Armuth gehört auch die innerliche, des Geistes und rechter Demuth des Herzens. Gleichwie aber die äußerliche Armuth verursachet allen zeitlichen Trost, also lehret die innerliche, zu verlassen alle innerlichen Erquickungrn, welche wir aus den Tugenden, empfindlicher Andacht und innerlichen Freuden empfangen mögen.

Die andere Unterweisung ist der vollkommene Gehorsam, welchen Christus erzeiget, da er gehorsamet, oder gehorsam ist worden bis zu dem Tod des Kreuzes. Solchen Gehorsam sollen und müssen wir oft beherzigen, damit wir auch zu gleichem angezündet, und darin gestärkt mögen werden, denn wer nicht in der letzten Stund in der Tugend des Gehorsams erfunden wird, der hat von dem Gehorsam des gehorsamsten Jesu keinen Theil zu genießen.

Die dritte ist die Reinigkeit und Schamhaftigkeit, welche Christus uns gelehret, da er also blos an dem Kreuz vor der ganzen Welt ist angesehen worden. Diese Blosheit nach etlicher Meinuug solle ihm größern Schmerz verursachet haben, als die Annaglung an Händen und Füßen. Wodurch wir lernen sollen uns jederzeit zu befleißen, die Reinigkeit des Leibes und der Seele zu beobachten, damit an uns nichts gesehen werde, welches ein keusches Aug oder Herz ärgern und beschämen könnte.

Die vierte ist die Ehrerbietung gegen die Eltern, welche er erzeiget, da, obwohl er in großen Schmerzen an dem Kreuz angeheftet war, gleichwohl seine schmerzenvolle Mutter nicht ohne Trost hat wollen seyn lassen, sondern selbige seinem lieben Jünger Johannes befohlen, uns zu unterweisen, daß wir unsere Eltern zu verehren haben, wie es denn das erste Gebot, welches eine Verheißung hat.

Die fünfte Unterweisung ist die unbewegliche Standhaftigkeit, so er hierin erwiesen, da er seine Füß hat anschlagen lassen an das Kreuz, anzuzeigen, daß er unbeweglich an dem Kreuz zu verharren, und in dem Gehorsam beständig wolle seyn bis in den Tod. Uns dadurch zu lehren, daß, wenn wir etwas Gutes vorgenommen, das ersprießlich zu einem löblichen und ihm wohlgefälligen Leben, beständig darin verbleiben, und das Bußkreuz bis in den Tod tragen müssen. Ja, wir sollen an das Kreuz eines tugendvollen Lebens also angeheftet seyn, daß uns nichts mehr davon abwendig mache, damit wir verharrend bis zum End selig werden.

Das sechste ist das stetige Gebet. Indem er schier die ganze Zeit, so er an dem Kreuz gehangen, zu seinem himmlischen Vater ausgegossen, denn es schreiben Etwelche, daß er von dem ein und zwanzigsten Psalm fortgebetet bis auf jene Wort des dreißigsten Psalmes: »In deine Händ befehle ich meinen Geist.« Uns dadurch zu unterweisen, daß wir in allen unsern Trübsalen nicht sollen verzagen, sondern unser Vertrauen in und durch das Gebet auf Gott setzen, ihn um Hilf anrufen, damit wir nicht unterliegen. Denn also ermahnet uns der heilige Apostel Jakobus: »Ist Jemand traurig, der bete.« Als wollte er sagen: Ueberziehet Jemand der Krieg, ergreifet Jemand der Hunger, bestürzet Jemand der Schmerz einer Krankheit, der bete. Wird Jemand angefochten mit Versuchungen, überhäuft mit Trübsalen, entfernt von Tröstungen, der bete. Ist Jemand behaftet mit Leibesschwachheiten, drückt Jemand sein Gewissen, beschweren Jemand seine Sünden, der bete. Denn das Gebet löschet aus die Sünd, nach jenen Worten: »Dieweil du mich batest hab ich dir alle Schuld nachgelassen.« Sintemal das stetige Gebet eines Gerechten vermag viel. Derowegen laßt uns beten, und Gott allzeit ein Lobopfer opfern, das ist die Frucht der Lefzen, die preisen seinen Namen.

Amen!

Lightning Source UK Ltd.
Milton Keynes UK
UKHW020234090119
334943UK00006B/768/P